21世纪经济管理新形态教材·金融学系列

金融衍生工具
（第2版）

安毅 ◎ 编著

清华大学出版社
北京

内 容 简 介

本书对金融衍生工具市场的基础工具、定价方法、交易策略、市场发展、监管改革进行了综合性的介绍。全书力求深入浅出，尽可能多地融入国内外金融创新和市场发展的最新内容，希望使读者能够更好地了解本土的市场创新方向、追踪前沿进展，合理学习衍生工具的基本理论和交易策略。本版在不改变上一版总体结构的情况下，做了大范围的修订和完善。经过这次修订，本书的系统性、前沿性、易读性均得到进一步提升。

本书可作为金融本科高年级学生或金融专业硕士一年级学生教材，同时也可作为社会培训、市场分析和理论研究的参考书。

本书封面贴有清华大学出版社防伪标签，无标签者不得销售。
版权所有，侵权必究。举报: 010-62782989,beiqinquan@tup.tsinghua.edu.cn。

图书在版编目(CIP)数据

金融衍生工具/安毅编著. —2版. —北京: 清华大学出版社,2023.1(2025.1重印)
21世纪经济管理新形态教材. 金融学系列
ISBN 978-7-302-62518-6

Ⅰ.①金⋯ Ⅱ.①安⋯ Ⅲ.①金融衍生产品－高等学校－教材 Ⅳ.①F830.95

中国国家版本馆CIP数据核字(2023)第005515号

责任编辑: 胡 月
封面设计: 汉风唐韵
责任校对: 宋玉莲
责任印制: 刘海龙

出版发行: 清华大学出版社
  网 址: https://www.tup.com.cn, https://www.wqxuetang.com
  地 址: 北京清华大学学研大厦A座   邮 编: 100084
  社 总 机: 010-83470000   邮 购: 010-62786544
  投稿与读者服务: 010-62776969,c-service@tup.tsinghua.edu.cn
  质 量 反 馈: 010-62772015,zhiliang@tup.tsinghua.edu.cn
印 装 者: 北京鑫海金澳胶印有限公司
经 销: 全国新华书店
开 本: 185mm×260mm   印 张: 20.5   字 数: 468千字
版 次: 2017年9月第1版 2023年1月第2版   印 次: 2025年1月第3次印刷
定 价: 69.00元

产品编号: 098476-01

第2版前言

从2017年本书第1版出版开始,至2022年第2版出版的5年时间里,我国金融衍生工具市场在各方面的创新均出现提速。国内期货交易所和证券交易所新推出了23只交易所期权,包括期货期权、ETF期权和股指期权。这些期权与各自的标的资产、期货形成了日益完善的产品集群,开始对商品市场和资本市场产生重要影响。此外,银行间市场、证券期货市场的互换、期权、远期以及信用衍生品、结构化产品应运而生,交易规则与制度、市场基础设施加快建立形成。更重要的是,全国人大于2022年4月20日表决通过了《中华人民共和国期货和衍生品法》(以下简称《期货和衍生品法》)。该法于2022年8月21日起正式实施,不仅会对完善期货和衍生品法律制度、推进期货和衍生品市场法治建设起到举足轻重的作用,也将大大推动金融衍生品市场的深入创新、持续优化和长期发展,并促进风险管理市场的功能发挥。

为了让研究生和高年级本科生更好地学习金融衍生工具的基本理论,了解工具创新方向、交易策略设计机制、追踪市场前沿进展、掌握金融衍生工具本土发展特点,本版在第1版的基础上做了大范围的修订和完善。

第一章金融衍生工具的原理,在调整原有结构和布局的基础上,全面改写了"金融衍生工具的交易场所",增加了"金融衍生工具的清算与结算",简化了"无套利均衡分析方法",完善了"风险中性假设",重写了"无风险利率体系",引入了即期利率曲线,融入了《期货与衍生品法》的若干内容,补充介绍了国内的衍生工具风险和监管体系,全面更新了国内外金融衍生工具市场发展的整体数据、市场安排和监管架构。

第二章金融远期,在修订部分讹误的基础上,删去了第1版中的"第四节 综合远期外汇协议""第五节 黄金远期和掉期",同时将我国的远期利率协议市场和外汇远期市场发展等内容精简后移到了第一章,以便为其他章节重要内容的扩展腾出篇幅。

第三章金融互换,对各节进行了重新布局,新增加的内容包括:"互换产品的变化与创新""互换的交易策略""我国金融互换市场的创新"以及"利率互换报价"等内容。

第四章金融期货交易与价格形成,修订的内容包括:完善了"期货的交易和交割"内容,增加了"期货定价理论",突出介绍了"转换因子",阐释了"指令驱动机制""报价驱动机制""混合驱动机制"在金融期货价格形成中的作用,删除了属于基本面分析内容的"金融期货价格的影响因素"。

第五章金融期货交易策略,增加了新的一节内容"套保和套利的原理"。在股指期货交易这一节中，增加了"Alpha 策略和可转移 Alpha 策略"。在国债期货交易这一节中，集中介绍了"久期和凸性"，补充了久期对冲的经验法则这一重要内容，细化了 CTD 债券的选择方法和变化，增加了凸性对套期保值策略的影响和应对方法，引入了对净基差问题的探讨，阐释了基于净基差的期现套利、基差交易和骑乘策略。在外汇期货交易策略这一节中，增加了外汇交叉套期保值的原理介绍与举例。

第六章交易所期权，根据国内近 5 年期权市场的快速发展现状，修订了第一节标准化期权的内容和第二节期权市场的结构设计。

第七章期权定价，完善了第一节期权价值分解的内容，全面调整、优化了第二节期权价值的界限和平价关系。另外，在调整第四节期权波动率的布局安排的同时，增加了"波动率期限结构与波动率锥""波动率之间的关系及交易启示"等内容。

第八章期权与资产的风险管理策略，大幅调整和完善了期权管理标的资产策略的内容，这些内容归到了第二至第四节中。第二节内容是实现 Delta-Gamma-Vega 中性的期权套保策略，这是新增内容；第三节是应对单一资产风险的期权策略，相关内容可见上一版，本次亦做了诸多修改；第四节是应对组合资产风险的期权策略，这也是新增内容。

第九章期权套利，完全放弃了第一版的内容，基于期权套利重要性的日益提升，重新设计写作了本章内容。第一节是边界套利，与第一版的贴现套利有部分内容较为接近；第二节是平价套利，虽然和第一版在名称上有相近之处，但经过了全面改写，叙述的思路和具体的内容均发生变化；第三节是价差套利，基于行情表中的价格位置，介绍垂直价差、水平价差、对角价差套利；第四节是凸性套利，这一部分填补了第一版的空白。

第十章期权组合策略，全面精简和优化了各种交易策略的内容，修改了各种策略的绘图，补入了第一版中隐含了但没有明确介绍的备兑期权策略。

第十一章非标准期权，重新调整了第二、三节布局，简化了多期期权的内容介绍和举例。

第十二章信用衍生工具，调整了各节结构，删除和优化了部分内容，增加了资产证券化、MBS、全球信用衍生品市场内的发展、我国信用衍生工具市场的创新和监管等内容。

总体上看，本次修订的主要思路是：去除 Libor 定价和美元计价的工具和举例，教材基础内容逐步实现本土化，重点介绍国内产品创新和市场发展，融入《期货和衍生品法》的相关内容；优化各章编排，重写重要章节，删除或优化部分内容，增加基础理论，填补上版空白。经过这次修订，本书的系统性、前沿性、易读性均得到进一步提升。

在本版中，采编和撰写了大量选择题并配有答案，可供测试或学习巩固使用。另外，为了开拓视野，巩固所学，深化认知，本书搜集整理了若干补充阅读材料列于各章之后，内容涉及国内外经典案例、产品创新和策略选择、法律法规和制度创新等。感兴趣的读者可以选择扫码阅读。

本版修订由中国农业大学研究生院立项推动，由中国农业大学中国期货与金融衍生品研究中心主任安毅教授执笔完成。第一章至第五章由李婷、贺佳圆分别校对，第六章至第十二章由刘文超博士校对。感谢本书第 2 版责编胡月、第 1 版责编吴雷的大力支持和辛苦付出。

书中如有讹误和未及之处，请您写信指正。电子邮箱：anyi@cau.edu.cn。

编著者

第1版前言

自20世纪70年代开始至今,金融衍生工具始终面临广泛的争议甚至强烈的质疑,但又在争议和质疑中不断创新和深入发展。随着金融衍生工具被越来越多的机构所使用,以其为核心的风险管理市场开始与间接金融市场、直接金融市场三足鼎立,成为现代金融体系的重要组成部分。正是借助金融衍生工具的卓越风险管理机制,以美国资本市场为典型代表的金融结构出现深刻变革和全面转型,金融市场的国际竞争力持续提升。在2008年爆发的美国金融危机中,虽然信用衍生工具和资产证券化产品由于缺乏足够的监管而发挥了负面作用,但是时至今日人们已经日渐认识到,金融衍生工具并非金融危机的罪魁祸首,其反而是风险管理、市场创新、金融深化必不可少的卓越工具。

我国金融衍生工具市场的发展也经历了争议和曲折。20世纪90年代初期,外汇期货、股指期货和国债期货上市后,由于不具备市场化条件,引发了投机者的疯狂投机。随之而来的是社会各界对金融衍生工具的强烈批评和最为严厉的市场监管,以金融资产为标的的金融衍生工具也随即在我国资本市场消失。直到进入21世纪后,在我国金融体制改革持续深入和金融市场化发展加快的新背景下,国内金融机构对金融衍生工具的避险需求日益强烈,金融衍生工具市场才进入新的发展阶段。

不过,我国金融衍生工具市场的再次起步并非始于金融期货,而是转向了场外市场。国内最早的场外金融衍生工具是2005年产生的利率互换,后来我国又相继在银行间市场引入远期利率协议、国债远期、外汇远期、外汇期权、黄金远期、标准利率衍生品等。2016年,银行间交易商协会修订发布了《银行间市场信用风险缓释工具试点业务规则》,同步推出CRMA、CRMW、CDS、CLN业务指引。对于这些品种而言,有的受到市场广泛关注,交易活跃,有的则因为市场机制不成熟,交易十分清淡。除了品种方面的变化,我国场外金融衍生工具的市场结构和交易平台也出现了创新。如,2014年我国开始推出X-SWAP平台,提供点击和匿名撮合两种成交方式,平台上可以交易标准化的债券远期;2015年中国外汇交易中心又推出C-SWAP平台,系统采取撮合成交的方式,以满足会员对标准化掉期产品的需求。

到2010年,中国金融期货交易所摆脱了社会上对金融期货的争议和质疑,正式安排交易沪深300股指期货挂牌交易,其后又很快推出上证50股指期货、中证500股指期货、10年期国债期货和5年期国债期货。2015年,为完善资本市场的价格发现机制和风险管理体系,上海证券交易所推出了我国第一个真正意义上的场内期权品种——上证50ETF期权。这也使我国资本市场具有了第一组能够管理风险和推动价格形成的立体工具组合,即上证50股指期货、上证50ETF期权、上证50ETF。从资本市场深化和金融改革的需要看,我国未来仍将推出更多的金融衍生工具,如个股期权、股指期权、外汇期货、期货期权等。总之,我国金融衍生工具市场将具有巨大的发展创新空间。

在这种国际竞争日益激烈、国际金融市场走向成熟,国内金融市场快速创新、奋起直追的环境下,如何能让更多的交易者和学习者更好地了解金融衍生工具的运作原理、交易方法、结构创新、市场功能就成为摆在面前的重要议题。为此,进入21世纪后,国内引进了大量的关于金融衍生工具的著作和教材,一些机构和学者也主持撰写了一些书作,为普及金融衍生工具、风险管理和风险投资做了充分的准备。

在未来,中国金融衍生工具市场的发展将是一个不断探索实践,不断总结经验,不断优化提升,不断吸引新参与者的过程。与之相适应,金融衍生工具书也应当顺应这种发展趋势,与时俱进。为此,中国农业大学中国期货与金融衍生品研究中心在前期推出系列丛书的基础上,考虑再编写这一本较为简易的金融衍生工具读物。

中国农业大学中国期货与金融衍生品研究中心(以下简称中心)由中国期货市场奠基人、期货理论家和实践家常清教授创办。本书继续秉承了"中心"长期坚持的求真务实、追踪前沿和学以致用的理念,对金融衍生工具市场的基础工具、定价方法、交易策略、市场发展进行结合性介绍。在全书写作过程中,力求深入浅出,尽可能地融入市场创新和发展的最新动向,减少与其他专著在理论和模型方面的重复,希望使读者能够对金融衍生工具市场有一个快速直接的了解。

全书共十二章,每章均都安排了若干思考与计算题。第一章介绍金融衍生工具的基础结构和损益分析、定价原理和无风险利率选择,以及金融衍生工具市场的发展、功能和监管问题。第二章在阐述金融远期的通用定价原理基础上,分别介绍远期利率协议、外汇远期和掉期、综合远期外汇协议和黄金远期等工具的微观设计机制、市场运行方式。第三章介绍金融期货交易的特点、理论定价和市场价格形成机制。第四章分别介绍在股指期货、国债期货、外汇期货市场中常用的套利交易和套期保值策略。第五章介绍金融互换的结构设计、市场安排和定价与估值。第六章至第十一章介绍期权市场的运作机制、定价方法、交易策略和创新设计。第十二章介绍信用衍生工具的基本种类、结构设计和创新特点。

本书由中国农业大学中国期货与金融衍生品研究中心的安毅统筹规划并撰写。在写作完成后,对每一章都安排了三名金融学博士和硕士研究生进行试读和纠错,以做到简洁易懂和准确少误。做出重要贡献的校阅者分别是刘文超、刘晨、胡可为、张展轶、李闻、潘晓生、汪鹏霄、李根。

希望这本书能够对金融衍生工具市场的发展和知识传播发挥积极作用。

编著者

目录

第一章 金融衍生工具的原理 ... 001

第一节 衍生工具的种类与交易 ... 001
一、衍生工具的基本种类 ... 001
二、衍生工具的特性 ... 004
三、衍生工具交易者 ... 005
四、交易场所 ... 006
五、清算与结算 ... 007

第二节 衍生工具定价和利率选择 ... 009
一、衍生工具定价原理 ... 009
二、无风险利率 ... 012
三、利率曲线 ... 013
四、连续复利 ... 015

第三节 衍生工具市场发展和功能发挥 ... 017
一、场内衍生工具创新与市场发展 ... 017
二、场外衍生工具创新和市场发展 ... 019
三、衍生工具市场的功能 ... 022
四、市场风险和监管 ... 023

【思考与习题】 ... 026

第二章 金融远期 ... 028

第一节 金融远期定价 ... 028
一、无收益资产的远期定价 ... 028
二、有收益资产的远期定价 ... 029
三、黄金和白银远期定价 ... 030
四、外汇远期定价 ... 031

第二节 远期利率协议 ... 032
一、远期利率协议的设计机制 ... 032
二、远期利率协议定价 ... 035

三、风险管理、套利和投机 ……………………………… 036
四、协议的安排与解除 …………………………………… 038
第三节 外汇远期和掉期 ……………………………………… 039
一、外汇远期 ……………………………………………… 039
二、无本金交割外汇远期 ………………………………… 041
三、外汇掉期 ……………………………………………… 043
【思考与习题】……………………………………………………… 045

第三章 金融互换 …………………………………………………… 047

第一节 金融互换的创新和策略 ………………………………… 047
一、普通互换产品 ………………………………………… 047
二、互换产品的变化与创新 ……………………………… 051
三、互换的交易策略 ……………………………………… 053
第二节 金融互换市场的发展与作用 …………………………… 054
一、互换的作用 …………………………………………… 054
二、国际金融互换市场的发展 …………………………… 055
三、我国金融互换市场的创新 …………………………… 057
第三节 金融互换的定价、报价与估值 ………………………… 059
一、互换定价的基本原理 ………………………………… 059
二、零息票定价法 ………………………………………… 061
三、利率互换报价 ………………………………………… 065
四、互换估值 ……………………………………………… 066
【思考与习题】……………………………………………………… 067

第四章 金融期货交易与价格形成 ………………………………… 070

第一节 金融期货交易的特点和流程 …………………………… 070
一、金融期货交易的特点 ………………………………… 070
二、期货交易的指令与过程 ……………………………… 073
三、交割与期转现 ………………………………………… 074
四、期货结算 ……………………………………………… 076
第二节 金融期货的定价模型 …………………………………… 077
一、期货定价理论 ………………………………………… 077
二、股指期货定价模型 …………………………………… 079
三、国债期货定价模型 …………………………………… 080
四、外汇期货定价模型 …………………………………… 081
第三节 金融期货价格的形成与表现 …………………………… 082
一、期货的成交机制 ……………………………………… 082

二、撮合成交方式 ……………………………………………………………… 083
　　三、基差 …………………………………………………………………………… 085
　　四、价格发现 …………………………………………………………………… 087
　　五、价格扭曲 …………………………………………………………………… 088
【思考与习题】 …………………………………………………………………………… 091

第五章　金融期货交易策略 …………………………………………………… 094

第一节　套保和套利的原理 …………………………………………………… 094
　　一、套保的原理和原则 ………………………………………………………… 094
　　二、期现货套利 ………………………………………………………………… 096
　　三、期货价差套利 ……………………………………………………………… 097

第二节　股指期货套期保值和套利 …………………………………………… 098
　　一、股指期货套期保值 ………………………………………………………… 098
　　二、Alpha 策略和可转移 Alpha 策略 ………………………………………… 100
　　三、投资替代与资产转换 ……………………………………………………… 102
　　四、指数套利 …………………………………………………………………… 102
　　五、跨期套利 …………………………………………………………………… 107

第三节　国债期货交易策略与资产配置 ……………………………………… 109
　　一、久期与凸性 ………………………………………………………………… 109
　　二、CTD 债券的选择和变化 ………………………………………………… 111
　　三、久期套保与凸性影响 ……………………………………………………… 112
　　四、净基差与期现套利、骑乘策略 …………………………………………… 117
　　五、基差交易 …………………………………………………………………… 119
　　六、隐含回购利率套利 ………………………………………………………… 122
　　七、收益率曲线套利 …………………………………………………………… 124
　　八、国债期货跨期套利 ………………………………………………………… 125
　　九、久期管理与资产配置 ……………………………………………………… 126

第四节　货币期货套期保值和套利交易 ……………………………………… 128
　　一、货币期货套期保值 ………………………………………………………… 128
　　二、货币期货和现货套利 ……………………………………………………… 130
　　三、跨币种套利 ………………………………………………………………… 132
【思考与习题】 …………………………………………………………………………… 133

第六章　交易所期权 ……………………………………………………………… 135

第一节　标准化期权合约 ………………………………………………………… 135
　　一、交易所期权合约的内容 …………………………………………………… 135
　　二、交易所期权与权证的区别 ………………………………………………… 140

三、交易所期权与期货的区别 …………………………………………… 141

第二节　期权市场运行机制 ………………………………………………… 142
　　一、期权市场组织结构 …………………………………………………… 142
　　二、交易指令与价格形成 ………………………………………………… 144
　　三、T型报价 ……………………………………………………………… 145
　　四、期权合约的了结方式 ………………………………………………… 146

第三节　场内期权结算方式 ………………………………………………… 148
　　一、开仓权利金与保证金结算 …………………………………………… 149
　　二、卖方持仓结算 ………………………………………………………… 150
　　三、平仓结算 ……………………………………………………………… 151
　　四、行权和放弃时的结算 ………………………………………………… 151

【思考与习题】 ……………………………………………………………… 152

第七章　期权定价 ……………………………………………………… 154

第一节　期权价值的分解 …………………………………………………… 154
　　一、内在价值 ……………………………………………………………… 154
　　二、时间价值 ……………………………………………………………… 154
　　三、期权价值与交易选择 ………………………………………………… 156

第二节　期权价值的界限和平价关系 ……………………………………… 157
　　一、股票期权价值的上限 ………………………………………………… 157
　　二、欧式不付红利股票期权的价值下限 ………………………………… 158
　　三、欧式股票看涨期权与看跌期权的平价关系 ………………………… 159
　　四、期货期权平价关系 …………………………………………………… 160

第三节　期权定价模型 ……………………………………………………… 161
　　一、期权价格的影响因素 ………………………………………………… 161
　　二、Black-Scholes模型 …………………………………………………… 164
　　三、二叉树定价 …………………………………………………………… 167

第四节　期权波动率 ………………………………………………………… 170
　　一、历史波动率与预测波动率 …………………………………………… 170
　　二、隐含波动率 …………………………………………………………… 173
　　三、波动率微笑 …………………………………………………………… 175
　　四、波动率期限结构 ……………………………………………………… 176
　　五、波动率隐含信息 ……………………………………………………… 178

【思考与习题】 ……………………………………………………………… 180

第八章　期权与资产的风险管理策略 ………………………………… 182

第一节　希腊值与期权头寸的风险管理 …………………………………… 182

一、Delta ································· 183
　　二、Gamma ······························· 185
　　三、Theta ································· 187
　　四、Vega ·································· 189
　　五、Rho ··································· 190
第二节　实现 Delta-Gamma-Vega 中性的期权套保策略 ········ 191
　　一、Delta 中性套保策略 ·················· 191
　　二、Delta-Gamma 中性套保策略 ·········· 193
　　三、Delta-Gamma-Vega 中性套保策略 ···· 193
第三节　应对单一资产风险的期权策略 ········· 193
　　一、保护策略和抵补策略 ················ 194
　　二、双限策略 ···························· 196
　　三、期货和期权组合策略 ················ 199
第四节　应对组合资产风险的期权策略 ········· 201
　　一、组合保险 ···························· 201
　　二、无成本期权套期 ···················· 202
　　三、90/10 策略 ·························· 203
【思考与习题】································· 204

第九章　期权套利　206

第一节　边界套利 ······························ 206
　　一、上限套利 ···························· 206
　　二、下限套利 ···························· 207
第二节　平价套利 ······························ 208
　　一、期权平价关系回顾 ·················· 208
　　二、合成标的资产 ······················· 210
　　三、转换和反转换套利 ·················· 210
　　四、箱体套利 ···························· 214
　　五、果冻卷套利 ························· 216
第三节　价差套利 ······························ 218
　　一、行情表与套利头寸的排列 ··········· 218
　　二、垂直价差套利 ······················· 219
　　三、水平价差套利 ······················· 221
　　四、对角价差套利 ······················· 223
第四节　凸性套利 ······························ 225
　　一、看涨期权凸性套利 ·················· 225
　　二、看跌期权凸性套利 ·················· 226

【思考与习题】 ... 227

第十章 期权组合策略 ... 228

第一节 方向性组合策略 ... 228
一、单一期权策略 ... 228
二、备兑期权策略 ... 231
三、牛市价差组合 ... 232
四、熊市价差组合 ... 235

第二节 波动性组合策略 ... 237
一、跨式组合 ... 237
二、宽跨式组合 ... 240
三、剥离式组合和捆绑式组合 ... 242

第三节 横向盘整组合策略 ... 243
一、蝶式组合 ... 243
二、铁蝶式组合 ... 246
三、鹰式组合 ... 247
四、铁鹰式组合 ... 249

第四节 杠杆期权组合策略 ... 250
一、反向比率价差看涨期权组合 ... 251
二、反向比率价差看跌期权组合 ... 254
三、比率价差看涨期权组合 ... 256
四、比率价差看跌期权组合 ... 258

【思考与习题】 ... 261

第十一章 非标准期权 ... 264

第一节 奇异期权 ... 264
一、奇异期权分类 ... 264
二、奇异期权的性质 ... 272
三、奇异期权的风险对冲 ... 274

第二节 复合期权 ... 275
一、复合期权的原理 ... 275
二、复合期权的应用 ... 276
三、复合期权的定价 ... 276

第三节 多期期权 ... 278
一、利率上限 ... 278
二、利率下限 ... 280
三、双限与回廊 ... 280

【思考与习题】……282

第十二章 信用衍生工具……284

第一节 信用衍生互换……284
一、信用违约互换……284
二、信用违约互换定价……287
三、信用违约互换交易策略……290
四、其他信用互换……292

第二节 信用期权……295
一、信用利差期权……295
二、信用违约互换期权……297
三、信用期权……298

第三节 融资型信用衍生工具……298
一、信用联结票据……298
二、合成 CDO……299

第四节 信用衍生工具市场的发展趋势……303
一、国际信用衍生工具市场的发展和监管……303
二、国际上综合证券的发展趋势……304
三、我国信用衍生工具市场的创新和监管……305

【思考与习题】……308

参考文献……309

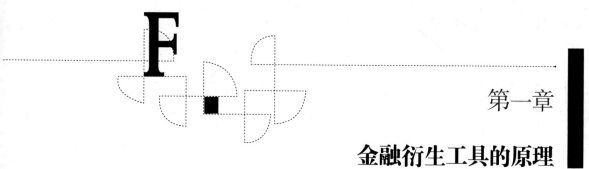

第一章
金融衍生工具的原理

金融衍生工具(financial derivative instruments),又称金融衍生品、衍生金融工具、衍生证券,是标的资产(underlying assets)以远期合同的形式所衍生出来的金融交易工具。从 20 世纪 70 年代开始,金融衍生工具在金融领域的重要性日益提高,成为金融创新和风险管理的核心内容。随着规模的迅速扩大和功能的提升,金融衍生工具市场已经成为资本市场不可分割的组成部分,同时也成为提高市场经济核心竞争力的重要构成要素。

第一节 衍生工具的种类与交易

一、衍生工具的基本种类

金融衍生工具可分为管理价格风险的衍生工具和管理信用风险的衍生工具。不论哪一类工具,都不外乎远期、互换、期货和期权这四个基本类型。

1. 金融远期

远期合约(forward contract)是买卖双方就某一未来要交收的金融资产在当前达成协议,在协议内会约定好交易资产的数量、价格、交收时间等内容。在金融远期合约中,标的资产(或称标的物)包括国债、外汇、利率、股票等。

在签订远期合约后,交易双方会形成不同的损益曲线。假设合约到期时(时间 T),标的资产价格为 S_T,协议约定的资产交收价格为 X,则对于合约多头(资产的买入者)来说,损益为 $S_T - X$。这时,如果 $S_T > X$,则多头会有盈利;如果 $S_T < X$,则多头出现亏损[见图 1-1(a)]。对于合约的空头(资产的卖出者)来说,合约的损益是 $X - S_T$。如果 $S_T > X$,则空头亏损;如果 $S_T < X$,则空头盈利[见图 1-1(b)]。

2. 金融互换

金融互换(swaps)是交易双方依据合约预先约定的条件,在未来的某一确定时期内或

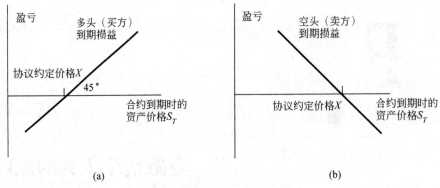

图 1-1　远期合约的损益曲线

时间上,相互交换一系列现金流的工具或活动。这里举例介绍一下利率互换。两家银行约定就一定的名义本金在未来 n 年内定期交换利息,银行 A 向银行 B 支付以上海同业拆放利率 Shibor 计算的利息,银行 B 向银行 A 支付以固定利率 4.0% 计算的利息(见图 1-2)。在这种固定对浮动的利率互换中,支付固定利率的一方通常被称为买入方,收入固定利率的一方则称为卖出方。

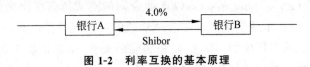

图 1-2　利率互换的基本原理

传统观点认为,金融互换的设计原理来自比较优势理论。但是,随着人们对互换认识和使用的日益深入,越来越多的学者发现了金融机构使用互换的原因。金融互换可以用于转换资产和负债的性态,也可以用于管理资产价格波动的风险。各国央行之间开展的货币交换和比较优势理论也并没有明确的关系。

3. 金融期货

金融期货(futures)和期货合约是一对紧密联系的范畴。期货合约是指期货交易场所统一制定的、约定在将来某一特定的时间和地点交割一定数量标的物的标准化合约。金融期货则是在期货交易所交易的、由标准化合约标准化了的远期金融资产(如股票、股票指数、利率、债券、货币等)。

在期货合约中设计安排了合约规模的计算方式、最小变动价位、合约到期月份、合约的交易时间、最后交易日、交割方式、价格限制、保证金计算方法、交易代码等内容。表 1-1 是中国金融期货交易所的沪深 300 股指期货合约样本。

表 1-1　中国金融期货交易所沪深 300 股指期货合约样本

合约标的	沪深 300 指数
合约乘数	每点 300 元
报价单位	指数点

续表

最小变动价位	0.2点
合约月份	当月、下月及随后两个季月
交易时间	上午：9：30—11：30，下午：13：00—15：00
每日价格最大波动限制	上一个交易日结算价的±10%
最低交易保证金	合约价值的8%
最后交易日	合约到期月份的第三个周五，遇国家法定假日顺延
交割日期	同最后交易日
交割方式	现金交割
交易代码	IF
上市交易所	中国金融期货交易所

注：季月为3、6、9、12月。
资料来源：中国金融期货交易所网站。

期货市场中采用的保证金制度使期货交易具有杠杆特点。例如，某月交割的股指期货成交价是3 000点，则一手合约的总价值是3 000点×300元/点＝900 000元。在此价位上成交一手（一张合约），多空双方需要缴纳的保证金都是900 000×8％＝72 000元。对于达成交易的双方来说，实际的盈亏要按照合约总价值的变动值来计算。例如，沪深300指数下跌10％，买方会亏损900 000×10％＝90 000元，卖方则盈利90 000元。期货交易者的盈亏由结算机构进行清算，并在买卖双方之间进行划拨。在期货价格变化后，买卖双方的保证金要根据合约的最新价值重新计算和划拨。

期货交易的损益曲线和金融远期的损益曲线具有一致性（见图1-1），在损益曲线中盈亏平衡点是期货达成交易的价格（建仓价）。

4. 金融期权

金融期权（options）是买方通过支付权利金来开展某种金融资产交易的选择权。

金融期权同样是通过合约的形式表现出来的。这种合约称为期权合约，具体来说就是买方有权在将来某一时间以特定价格买入或者卖出约定标的资产（包括期货合约）的标准化或非标准化合约。在期权合约中，会赋予权利购买者交易的权利，使其能够在未来某个时期内或时点上，按照事先确定好的行权价格（又称执行价格、敲定价格），向权利的卖出者买进或卖出金融资产。如果期权购买者获得的是未来买入资产的权力，这种期权称为看涨期权（call options）或买权；如果期权的购买者获得的是未来卖出资产的权力，则这种期权称为看跌期权（put options）或卖权。期权的购买者具有行权的权利，也具有不行权的权利。对于期权的卖方来说，必须履行义务以满足期权买方的行权要求。

在期权合约中，行权时间是一个十分重要的要素。如果买方只有在期权到期时才能行权，这种期权称为欧式期权；如果买方可以在期权到期前自由选择行权时间，这种期权称为美式期权。欧式期权更容易分析，美式期权的一些性质可以由欧式期权的性质推导出来。欧式期权在场外市场（OTC市场）被广泛运用，在交易所内也多有存在，如上海证券交易所和深圳证券交易所的 ETFs 期权、中国金融期货交易所(简称中金所)的股指期权均为欧式期权。美式期权大多是在交易所交易的标准化期权。由于商品期货期权在行权时能很方便地转换为期货头寸,所以各期货交易所的商品期权基本都是美式期权。

现在需要了解看涨期权和看跌期权多空双方的损益曲线。下面以美式期权为例进行分析。假设期权合约确定的行权价格为 X,期权到期时间为 T,标的资产的市场价格为 S_T,期权有效期内的任意时间为 $t(0 \leqslant t \leqslant T)$,时间 t 的标的资产价格为 S_t。

对于看涨期权的多头来说,如果期权到期时 $S_T > X$,期权多头则有权按照价格 X 买入资产,盈利为 $S_T - X$;如果 $S_T < X$,多头会选择不行权。对于看涨期权的卖方来说,损益则正好相反[见图 1-3(a)]。这里需要了解的术语是,如果 $S_T > X$,该期权是实值(in-the-money)期权;如果 $S_T < X$,该期权是虚值(out-of-the-money)期权;如果 $S_T = X$,该期权为平值(at-the-money)期权①。

对于看跌期权的多头来说,如果在期权到期时 $S_T < X$,就可以按照价格 X 将资产卖给期权的卖方;如果 $S_T > X$,期权多头则可以选择不行权。对于看跌期权的空头来说,损益情况则正好相反[见图 1-3(b)]。如果 $S_T < X$,该期权是实值(in-the-money)期权;如果 $S_T > X$,该期权是虚值(out-of-money)期权;如果 $S_T = X$,该期权为平值(at-the-money)期权。

很明显,实值期权具有内在价值(intrinsic value),虚值期权和平值期权不具有内在价值,也就是说,内在价值为 0。

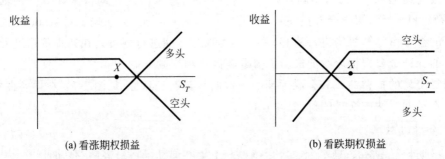

(a) 看涨期权损益　　　　　　　　(b) 看跌期权损益

图 1-3　美式期权在到期日标的资产价格为 S_T 时多空双方的损益曲线

二、衍生工具的特性

1. 契约性

无论是远期、期货、互换还是期权,这些衍生工具均依存于合同而存在,具有契约性。在衍生工具合同中,就标的资产的未来交收(交割)或现金流交换的价格与条件进行事先约定。对于国际上的场外交易衍生工具交易来说,ISDA 主协议是金融衍生工具的合同性的具体体现。在我国,中国银行间市场金融衍生产品交易主协议(NAFMII 主协议)则对银行间市场的衍生工具交易发挥引导作用。对于在交易所交易的金融衍生工具来说,标

---

① 需要注意的是,无论实值状态、虚值状态,还是平值状态,都是从持有者角度考虑的。

准化合约以及与之相配套的交易规则、结算规则、交割规则、风险管理办法等则是契约性的综合表现。

2. 远期性

金融衍生工具的远期性是指"当前签约、未来履约"的基本特性。远期性不代表衍生市场和标的资产的现货市场没有价格联系。在成熟的金融市场,套利交易活动可以将标的资产现在和将来的价格进行有效连接,实现资产价格体系的跨期均衡。

3. 分拆性

金融衍生工具可以将一个资产或资产组合的价格与资产本身分离。也就是说,衍生工具交易并不立即改变或者根本就不改变其所代表的基础资产的所有权。例如,如果不交割,期货交易者就不会就标的资产的所有权进行转让。再如,如果买方在合同期内不行权,期权卖方也无法就标的资产来要求对手方进行所有权的受让。

4. 组合性

金融衍生工具和标的资产可以形成交易组合,这种交易组合既包括套利机制,也包括风险管理策略(如果风险管理对象是现货资产,则可以开展套期保值交易)。在期权领域,交易组合的特征更为明显,交易者可以利用期权制定出不同损益形态的交易组合策略。交易组合特性可以为衍生工具定价提供可行的思路和方法(具体可见各章节的定价理论)。

5. 融合性

金融衍生工具可以将不同形态的资本(如股权资本、债权资本、不同货币种类的资本、不同行业和不同公司的资本)融合成一个独立的资本形态。最典型的例子如指数衍生工具。

6. 衍生性

金融衍生工具具有可以再衍生的特性,能够成为新型衍生工具的标的资产。例如,期货交易的标的资产不再仅是简单的现货标的资产,还包括了利率互换等衍生工具;期权的标的资产不仅可以包括期货,还可以包括互换、期权。

7. 杠杆性

金融衍生工具通常需要按照标的资产的总价值缴纳一定数量的保证金或抵押品才能完成交易。例如,对于期货来说,保证金仅占合约总价值的若干百分点。这样,对于交易双方来说,只需要缴纳合约规定的保证金就可以达成价值高达数倍或数十倍的金融资产远期交易。当然,标的资产的微小不利变动也会导致保证金账户出现大幅亏损和追加风险,这体现了杠杆性所带来的高风险、高收益特征。

三、衍生工具交易者

从交易的目的看,金融衍生工具的交易者可以分成套期保值者、套利交易者和投资者三类。

1. 套期保值者

套期保值者（hedger）是指利用金融工具对冲或管理现货资产风险的交易者。很明显，不同的金融衍生工具对冲风险的运作机制不完全相同。如果担心金融资产价格下跌会产生不利影响，套期保值者可以卖出与风险资产相对应的、同等数量的、合理到期月份的金融期货以对冲现货风险。在期现货价格高度正相关的正常条件下，如果金融现货资产价格下跌，则金融期货价格也会下跌，套期保值者会低价平掉期货头寸，以期货盈利对冲现货资产的亏损。

当然，如果担心金融资产价格下跌会产生不利影响，套期保值者也可以买入看跌期权来管理现货资产的风险。如果金融资产价格下跌，则通过行权将手中的金融资产按照行权价卖出。此外，套期保值者还可以选择更为丰富的期权策略来管理现货资产风险。

2. 套利交易者

套利者（arbitrageur）是追踪金融衍生工具之间、金融衍生工具与标的金融资产之间价差异常变化，并建立相反头寸套取价差变化利润的交易者。套利交易者可以使不同金融资产的价格之间具有均衡关系，是市场流动性的重要提供者，也是价格发现的基础力量。

3. 投机者与投资者

投机者（speculator）和投资者之间存在一定的差异。投机者是追求风险以获得高收益的交易者，通常只在金融衍生工具市场拥有头寸，以便获得价格变化收益。在一些不成熟的狭小金融市场，投机者也会拥有现货头寸，以便控制市场行情，获得逼仓收益。与投机者相似的另一个范畴是投资者，投资者往往会开展投资替代活动。这类投资者以同等名义金额的衍生工具来替代现货投资，所节约的资金将按比例开展无风险投资活动。对于市场功能的发挥而言，无论是投资者还是投机者都发挥着重要的作用，因为其既是风险的接受者，也是流动性的提供者。如果缺乏投机者和投资者，市场的流动性会出现枯竭，套利者和套期保值者会由于缺乏交易对手而逐渐退出交易。

以上的金融衍生工具市场参与者分类是以交易目的为标准进行划分的。需要注意的是，从交易目的看，为市场提供流动性、赚取买卖报价价差的做市商（market maker）并不能简单地纳入以上3类交易者。另外，在金融动荡或危机时期，以及其他特殊背景和需要下，金融衍生工具市场还会有政府或准政府力量进行交易，其交易目的可能是调控和稳定市场，或为市场提供必要的流动性救助。

四、交易场所

金融衍生工具市场可以划分为场内市场（又称交易所交易市场、EXT市场）和场外市场（又称柜台交易市场、OTC市场）。这两类市场相互独立、相互竞争，又相互依赖、紧密联系。

1. 场内市场

标准化的金融期货和金融期权交易在交易所内进行。这里的交易所是指集中公开地进行期货、期权合约交易的场所，既包括期货交易所、期权交易所，也包括证券交易所。对全球金融期货、期权创新做出重要贡献的是芝加哥期货交易所(CBOT)和芝加哥商业交易所(CME)。在我国,中国金融期货交易所已经开展国债期货、股指期货和股指期权交易,上海证券交易所和深圳证券交易所则开展了 ETF 期权交易。

在交易所内,有两种基本的交易机制:指令驱动机制和报价驱动机制。指令驱动机制是买卖双方下达交易指令后,通过一定的竞价撮合方法形成价格的微观结构设计。在报价驱动机制中,由做市商报出买入和卖出价格,普通交易者与做市商进行交易。随着创新的深入,市场中发展出混合驱动机制,做市商没有成交优先权,其双边指令需要和投资者的指令一起进行竞价撮合。如我国对部分期货和期权品种已经开始实行混合驱动机制,做市商的报单、交易同所有其他期货市场参与者一致,按照"价格优先、时间优先"的机制竞价撮合。

2. 场外市场

场外交易的金融衍生工具市场与场内的标准化交易形态存在诸多差别(见表1-2),其主要是由电话和计算机将金融机构、非金融机构联系起来的网络交易系统,交易可以通过平台,也可以通过柜台完成。场外衍生工具市场可以分为境内市场和境外市场。境外交易的市场又称离岸市场,是无国籍的、完全国际化的金融市场。现如今,以美国和欧洲为代表的成熟市场中,衍生工具在场外市场的规模远胜于场内市场规模,在风险管理、资源配置及价格发现等方面都起着举足轻重的作用。

表 1-2 场内衍生工具市场(以期货为例)和场外衍生工具市场(以互换为例)的差异

项 目	期 货	互 换
流动性	流动性是连续的、稳定的	流动性是断点的、不稳定的
市场结构	所有参与者-所有参与者	分层为"交易商-客户""交易商-交易商"
执行方式	电子交易平台撮合	传统方式:电话、邮件、拍卖 新型方式:通过电子平台进行一对多或多对多报价请求
产品创新和发展	封闭式,依赖交易规则创制	开放式,交易商根据客户需求打造定制化条款。交易条款被广泛应用后,进入电子交易平台

资料来源:根据《中国场外金融衍生产品市场发展报告》(2015)整理。

我国的场外衍生工具市场起步晚于场内市场,但已经取得很大进步。从衍生工具的主协议看,该市场包括由中国人民银行主导的以 NAFMII 主协议为交易基础的银行间市场、由中国证监会主导的以 SAC 主协议为交易基础的证券期货市场,以及由外资机构主导的以 ISDA 主协议为交易基础的柜台市场三大市场体系。三大市场各有特色,银行间衍生工具市场占据主导地位,其他场外衍生工具市场发展较晚,但空间很大。

五、清算与结算

一般来说,清算(clearing)是指介于交易与结算之间,实时记录和评估交易者所持有的头寸和头寸风险的中间阶段。结算(settlement)则是交易者最终完成资金划拨和实物交付的过程。在我国各期货交易所对结算的定义中,清算和结算会被放在一起使用。例如,《中国金融期货交易所结算细则》中指出"结算业务是指交易所根据交易结果、公布的结算价格和交易所有关规定对交易双方的交易保证金、盈亏、期权权利金、手续费及其他有关款项进行资金清算和划转的业务活动"。

1. 交易所交易品种的清算与结算

在期货和期权交易过程中,结算机构或清算机构发挥着重要的作用。清算机构的作用是促成衍生工具交易的清算和结算;开展中央对手方交易(清算机构作为买方的卖方,卖方的买方),提升市场效率交易。清算机构分为独立清算模式和专属清算模式。在独立模式下,清算所(clearing house)不从属于交易所,如世界上知名的期权清算公司(OCC)、芝加哥清算公司(CCORP)、伦敦清算公司(LCH Clearnet)、美国国际交易所清算公司(ICE Clear)。在专属清算模式中,交易所承担交易、清算和结算业务。全球大部分交易所选择了专属清算模式,如美国芝加哥商业交易所内设清算部门 CME Clearing Division、欧洲期货交易所(Eurex)控股清算子公司 Eurex Clearing AG。

在我国当前条件下,各期货和证券交易所内设结算部,用以开展集中化的清算和结算业务(见图1-4)。《中华人民共和国期货和衍生品法》对结算机构做的界定是:"期货结算机构是指依法设立,为期货交易①提供结算、交割服务,实行自律管理的法人。期货结算机构包括内部设有结算部门的期货交易场所、独立的期货结算机构和经国务院期货监督管理机构批准从事与证券业务相关的期货交易结算、交割业务的证券结算机构。"

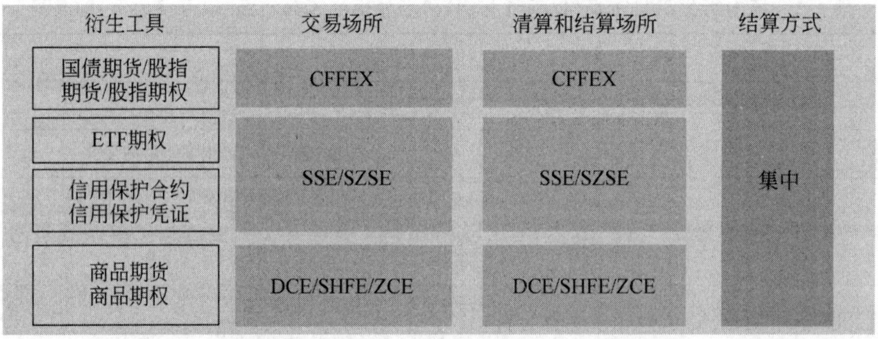

衍生工具	交易场所	清算和结算场所	结算方式
国债期货/股指期货/股指期权	CFFEX	CFFEX	集中
ETF期权	SSE/SZSE	SSE/SZSE	
信用保护合约信用保护凭证			
商品期货商品期权	DCE/SHFE/ZCE	DCE/SHFE/ZCE	

图 1-4 我国场内衍生工具的交易和结算场所

注:CFFEX 为中国金融期货交易所,DCE 为大连商品交易所,SHFE 为上海期货交易所,ZCE 为郑州商品交易所,SSE 为上海证券交易所,SZSE 为深圳证券交易所。

2. 场外交易品种的清算与结算

在场外衍生工具市场上,传统的清算活动是交易方之间的非标准双边清算和做市商为核心的标准化双边清算。但是到了 2002 年,纽约商业交易所(NYMEX)和洲际商品交易所(ICE)开始推动其清算所作为场外衍生工具的中央对手方,市场出现了"场外交易、场内清算"的发展趋势。2008 年美国金融危机爆发后,推进场外衍生品业务集中清算,防范系统性风险,开始成为 G20 国家金融改革的共同目标。如今,中央对手方清算模式已经在

---

① 注:《期货和衍生品法》对期货交易的界定包含了期货和期权,具体是指"以期货合约或者标准化期权合约为交易标的的交易活动"。

场外衍生工具市场占据绝对优势。

我国的场外衍生工具市场结算有双边结算和集中结算两种形式(见图1-5)。中国人民银行于2009年批准成立银行间市场清算所股份有限公司(简称"上海清算所"),其业务包括登记托管结算和中央对手清算、结算服务。中央清算、结算服务的一项重要内容是为银行间市场的场外衍生品交易提供中央对手方清算、结算服务。在上海清算所提供的中央对手方清算、结算服务中,场外大宗商品衍生品业务由上海清算所主导,场外金融衍生品由外汇交易中心主导,信用衍生品则由银行间交易商协会主导。

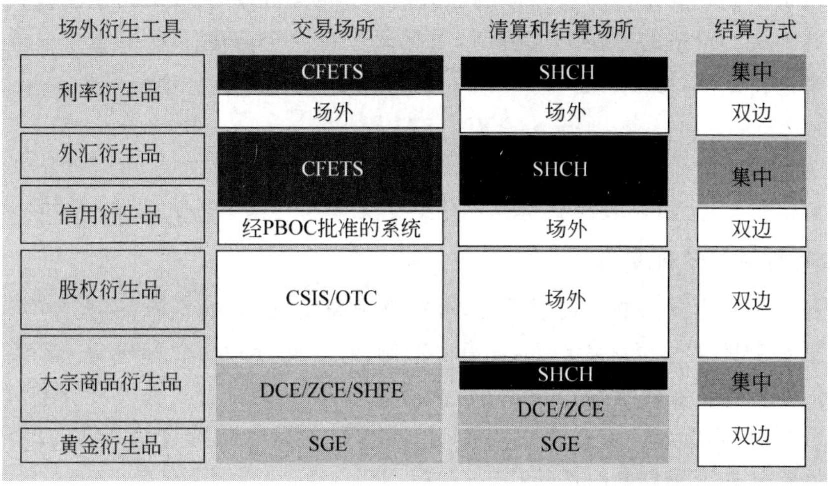

场外衍生工具	交易场所	清算和结算场所	结算方式
利率衍生品	CFETS	SHCH	集中
	场外	场外	双边
外汇衍生品	CFETS	SHCH	集中
信用衍生品	经PBOC批准的系统	场外	双边
股权衍生品	CSIS/OTC	场外	双边
大宗商品衍生品	DCE/ZCE/SHFE	SHCH	集中
		DCE/ZCE	
黄金衍生品	SGE	SGE	双边

图 1-5　我国场外衍生工具的交易与清算、结算

注:CFETS 为中国外汇交易中心,SHCH 为上海清算所,CSIS 为中证互联网报价系统,SGE 为上海黄金交易所,PBOC 为中国人民银行,DCE 为大连商品交易所,ZCE 为郑州商品交易所,SHFE 为上海期货交易所。

第二节　衍生工具定价和利率选择

金融衍生工具需要合理地予以定价。对于金融远期来说,需要交易双方在一开始签订合约时就能确定一个公平的远期交易价格。对于期货合约来说,交易双方则需要知道合理的交易价格。对于利率互换来说,需要对某一个浮动的现金流进行合理的定价。对于期权来说,则需要计算出公平的期权权利金数值。无论哪一种金融衍生工具的定价都需要围绕一定的方法展开。对金融衍生工具而言,通常可采用相对定价法开展定价。在相对定价法中,无套利均衡分析方法和风险中性定价法发挥着核心作用。

一、衍生工具定价原理

1. 绝对定价法和相对定价法

绝对定价法是根据证券未来的现金流特征,运用一定的贴现率将其贴现,进而计算证

券价格的方法。即金融资产的价格为

$$PV = \sum_{t=1}^{T} \frac{E^*(C_t)}{1+r_{ft}} \tag{1.1}$$

其中，C_t 为未来 t 时刻的现金流，r_{ft} 为贴现率；T 为收到现金流的时刻；$E^*(C_t)$ 为 t 时刻的预期现金流。

绝对定价方法适用于股票和债券。其最大的优点是直观、便于理解；缺点则是未来现金流和贴现率难确定，计算结果会有偏差。

相对定价法则是利用标的资产价格与衍生工具的紧密关系求出衍生工具的价格。这种定价法并不关心价格的内在形成机制，而是通过将两个金融工具中的一个价格假定为外生变量来进行定价，即

$$P_d = f(P_u) \tag{1.2}$$

其中，P_d 为衍生工具价格，P_u 为标的资产价格。

在相对定价法原理中，发挥关键性作用的是无套利均衡分析和风险中性假设。

2. 无套利均衡分析方法

无套利均衡分析方法的前提假设是，资本市场高度发达、信息流畅、充分有效、具有无限制的买空卖空机制[①]；交易者理性，具有套利倾向，能充分利用套利机会。该方法的基本思想是：在对某项金融资产头寸进行估值和定价时，能把这项资产头寸和资本市场上的其他头寸组合起来，构筑起一个在市场均衡时，不能产生不承受风险的利润的组合头寸，由此可测算该头寸在市场均衡时的价格。

例如，在市场处于不均衡状态时，如果 A 企业金融资产（假设是股票）的收益现值 PV_A 高于 B 企业金融资产（假设该企业发行股票）的收益现值 PV_B，套利者就会迅速卖空 A 企业股票，买入一定数量的 B 企业股票。在这种套利力量的作用下，市场会在反复交易中被推向均衡。一旦市场恢复均衡，套利机会消失，套利者就会开展相反交易，平掉所持有的仓位。当然，在此条件下，也就可以用一个资产给另一个资产开展定价。因此，更准确地说，无套利均衡分析实际上是"无套利机会的均衡分析"。对于金融衍生工具来说，其价格和标的资产价格在成熟市场条件下存在着紧密联系。当市场均衡、没有套利机会时，就可以以标的资产价格为基础为衍生工具进行定价，如式(1.2)。

在无套利均衡分析中，关键的是复制技术。最经典的复制体现在看涨和看跌期权平价关系上。一个欧式看涨期权可以由一个同一标的资产、同一行权价格、同一到期日的看跌期权多头头寸，一个股票的多头头寸以及债券空头头寸所形成的证券组合进行复制（见第七章）。如果构造不出一个精确的证券组合，也可以通过构造一个大致相同的证券组合来完成近似的定价，当然由此得出的衍生产品的价格也是近似的。

3. 风险中性假设

风险中性假设是期权定价的一项重要假设，在现代金融学中具有极为重要的地位。

---

① 买空和卖空是信用交易的两种形式。其中，买空是指投资者用借入的资金买入证券的活动，卖空是指投资者自己没有证券而向他人借入证券后予以卖出的活动。在发达国家的证券市场中信用交易是一个普遍现象，对信用交易都有严格的法律规定和严密监管。

为了更好地了解风险中性假设，可以举例对风险厌恶、风险中性和风险喜好进行介绍。

假设有一个掷硬币赌局，硬币正面朝上可以赢 2 000 元，反面朝上则收不回入局费，那么入局费该是多少才是一场公平的赌局？所谓公平的赌局，实际上是赌博的结果在概率平均意义上不输不赢，也就是说赌博的预期结果应等于入局的资金。这样，公平赌局的入局费就应是 $50\% \times 2000 + (1-50\%) \times 0 = 1000$ 元。

现实中很多人并不愿意花费 1 000 元参加这一赌局，而只愿意花费更少的钱（如 100 元）才会参加赌局。这些人实际上就是风险厌恶者（他们需要额外的 900 元风险补偿）。现代金融学认为理性的市场参与者都是风险厌恶者。当然，每个风险厌恶者的风险厌恶程度并不会相同。愿意花费 100 元参加赌博的风险厌恶者需要 900 元作为风险补偿，愿意花费 300 元参加赌博的则需要 700 元作为风险补偿。

与风险厌恶者相反的是风险喜好者。如，在六合彩彩票中有 1—50 个数字，如果博彩者随意选择的 6 个数字和摇奖摇出的 6 个数字一样就能获得 3 000 000 元大奖。中奖概率是 $\dfrac{1}{15\ 890\ 700}$。现在假设不计其他小奖，则彩票的预期收益是 $\dfrac{1}{15\ 890\ 700} \times 3\ 000\ 000 + \dfrac{15\ 890\ 699}{15\ 890\ 700} \times 0 = 0.20$ 元。现实中，尽管这个彩票的价格比 0.20 元高，但是依然有很多人愿意购买。这时，赌博的预期结果小于入局的资金，可以将买彩票的人定义为风险偏好者。

与以上不同，如果有人愿意参加公平的赌博，那么就可以被认定为风险中性者。风险中性者对风险采取无所谓的态度。如，在另一个赌局中，硬币正面朝上可以赢得 4 000 元，反面朝上赔 2 000 元，公平的入局费是 $4\ 000 \times 50\% + (1-50\%)(-2\ 000) = 1\ 000$ 元。尽管这一赌局的风险显然较之上一赌局更大，但风险中性者依然会无条件地参加。可以认为，风险中性者对风险采取无所谓的态度。

如果把购置未来收益不确定的资产看作赌博的话，风险中性投资者对所有资产所要求的预期收益率都是一样的，不管其风险如何，都不要求风险补偿。也就是说，风险中性者投资任何资产所要求的收益率均为无风险收益率。这时，可以给出风险中性假设，即：如果对一个问题的分析过程与投资者的风险偏好无关，则可以将问题放到一个假设的风险中性世界里进行分析，所得的结果在真实的世界里也应当成立。

在风险中性的世界里，对所有的资产（不管风险如何）都要求相同的收益率（无风险收益率），而且所有资产的均衡定价都可以先按照风险中性的概率测算出未来的预期值，再以无风险利率贴现得到。例如，假设股票当前的价值是 S_0，时间 T 内的无风险利率为 r，假设时间 T 后股票价格上升 u 倍的概率是 p，下降 d 倍的概率是 $1-p$，那么在 T 时刻资产的价值为 $puS_0 + (1-p)dS_0$，这一价值按照贴现因子 e^{-rT} 计算的贴现值为 $e^{-rT}[puS_0 + (1-p)dS_0]$，其应等于 S_0，据此可以计算得出 $p = \dfrac{e^{rT} - d}{u - d}$。同理，对于该股票的看涨期权而言，假设股票价格上涨 u 倍后的期权价值为 f_u，下跌 d 倍后的期权价值为 f_d，则期权当前的价值为

$$f = e^{-rT}[pf_u + (1-p)f_d] \tag{1.3}$$

综上所述,利用风险中性定价方法对衍生工具进行定价的基本思路是,首先计算在风险中性世界里各种不同结果发生的概率,然后由此计算衍生产品的收益期望值,再以无风险利率对其进行贴现。

最后,需要说明以下两点。第一,利用风险中性假设所得到的衍生工具价格不但在风险中性的世界里是正确的,而且将其放回真实的世界里依然合理。第二,风险中性假设和无套利均衡分析方法具有紧密的联系。当无风险套利机会出现时,不管其对风险的厌恶程度如何,所有的市场参与者都会进行套利活动。这样,就可以得出一个合乎逻辑的推理结果:无套利均衡分析的过程和结果与市场参与者的风险偏好无关。

二、无风险利率

在对金融衍生工具进行定价时,需要用到无风险利率。无风险利率与无风险资产有紧密的关系,代表着交易者融取低风险资金的成本,或者进行低风险投资所能获得的收益。在以往,被广泛认可的无风险利率有银行间的同业拆放利率和国债收益率。随着市场的变化,无风险利率体系也在发生转变。

1. 银行同业拆放利率(IBOR)

IBOR 是一种报价驱动型利率。长期以来,伦敦同业拆放利率(London Inter Bank Offered Rate,LIBOR)代表着无风险利率,是全球场内外衍生品定价的基准利率。LIBOR 涉及 15 个期限品种及英镑等 10 种货币。2008 年国际金融危机期间,一些国际大型银行为掩盖自身流动性不足的问题,多次虚报和操纵 LIBOR,摧毁了市场对 IBORs 体系的信心,LIBOR 体系退出历史舞台成为共识。我国于 2007 年推出上海银行间市场同业拆放利率(Shanghai Interbank Offered Rate,SHIBOR),该利率的期限包括隔夜、1 周、2 周、1 个月、3 个月、6 个月、9 个月及 1 年。2013 年,隔夜 SHIBOR 出现飙升,引发社会上对其稳定性的质疑。为此,同年 9 月我国推出市场利率定价自律机制,每年淘汰报价质量不高的银行。

2. 隔夜融资利率

2008 年国际金融危机后,各国央行开始探讨以交易驱动型利率替代容易受到操控的报价驱动型利率。如,英国央行选择的是英镑隔夜指数均值(SONIA),美联储选择的是担保隔夜融资利率(SOFR)。从 2017 年开始,美联储开始推动以 SOFR 利率全面替代 LIBOR 利率。SOFR(Secured Overnight Financing Rate)是一种有担保的隔夜融资利率。这一利率是经过处理的回购利率,可作为美元市场的无风险利率。2018 年 4 月,美联储开始每日发布 SOFR,芝加哥商业交易所(CME)开发了 SOFR 期货。这些新利率的可靠性出现上升,但也存在期限结构不完备、缺乏中长端利率这一问题。

3. 回购利率

回购利率与回购业务有关,是一种有抵押的利率。在回购协议中,拥有证券的金融机构将证券出售给另一方,并在将来以稍高的价格买回证券。证券价格的差值相当于融资利率,也就是回购利率(repo rate)。我国开发了两套回购定盘利率。最初是银行间回购定盘利率(FR 利率),该利率以银行间市场每天上午 9:00—11:00 间的隔夜回购(R001)利率、7 天回购(R007)利率、14 天回购(R014)利率为基础编制而成,每天上午 11:00 对外发布。2016 年第四季度起,央行不断强调 DR 利率(银行间存款类金融机构以利率债为质押的回购利率)的重要性,DR 利率基准性进一步提升。2017 年 5 月 31 日,我国推出基于 DR 的银行间回购定盘利率(FDR)。银行间回购利率在市场中具有重要的引领作用,在国债衍生工具的定价和交易中发挥着重要的作用,但是由于回购周期短,其无法准确地衡量较长期限的无风险利率水平。

4. 国债收益率

国债具有良好的声誉。在市场化的利率体系中,收益率曲线非常重要,可为各类金融产品和市场主体提供定价参考。近些年,我国的国债收益率曲线编制发布工作日趋稳定成熟,收益率曲线成为重要的基准利率,被市场机构广泛用于风险管理、公允价值计量和交易定价参考,在债券市场上发挥重要作用。由于期限较短的国债到期后会存在再投资风险,因此,可以把期限较长的国债看作无风险产品。一般而言,可以把 10 年期国债的到期收益率视为无风险利率。但赫尔认为,国债利率由于较低,因而并不被广泛地作为给衍生工具定价的无风险利率。

5. 其他利率

1 年期存款利率是中国人民银行公布的重要基准利率。由于很多金融衍生工具的主力合约期限短于 1 年,因此,利用这一利率确定金融衍生工具的理论价格并不精确。不过,1 年期存款利率在衍生工具定价中并非毫无用处。例如,大连商品交易所(DCE)利用 1 年期存款利率作为无风险利率来计算期权的当日结算价。

三、利率曲线

1. 收益率曲线

这里所说的收益率曲线和债券的到期收益率有关。到期收益率(yield to maturity, YTM)实际上是使债券未来现金流的现值之和与当前市场价格相等的贴现率。这一关系可用以下公式表示:

$$PV = \sum_{t=1}^{n} \frac{C_t}{(1+r)^t} + \frac{F}{(1+r)^n} \tag{1.4}$$

其中,PV 是债券的当前市场价值,C_t 是按票面利率支付的利息,t 为支付的时期,n 为现金流支付的总次数,F 为债券的面值,r 为到期收益率。

例如,一个债券的面值是 100 元,年票息是 5 元,当前市场价格是 97 元,则到期收益率的计算式如下:

$$97 = \frac{5}{1+r} + \frac{100+5}{(1+r)^2}$$

可以解出 $r = 6.65\%$。

对于信用等级相同的债券而言,到期收益率会随到期日的不同而有所差异。二者的关系表现为收益率曲线(yield curve)。收益率曲线的基本类型有正向、反向、水平和驼峰四个基础形态(见图1-6)。收益率曲线的平行移动代表着不同期限利率的同幅度变化。收益率曲线的逆转代表收益率曲线由正向转为反向。收益率陡峭化说明长短期利差扩大,平坦化则代表长短期利差缩小。收益率曲线不仅是分析利率走势和投资的重要依据,也为金融工具和衍生工具定价提供了利率选择。

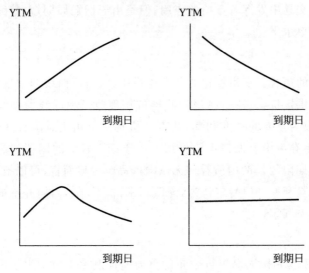

图1-6 收益率曲线的基本形状

最后要注意的是,债券到期收益率曲线中的利率不适合用于现金流贴现。要计算未来现金流的现值需要使用即期利率曲线。

2. 即期利率曲线

即期利率(spot rate)又称零息利率(zero rate),是指现在投入资金到未来一段期限的最后一天(期间没有现金支付)才获得现金支付的情况下所得到的收益率。这个利率十分重要,可用于计算未来现金流的贴现值。

一般来说,零息债券的收益率就是即期利率。但是零息债券的期限一般不超过1年,在计算现金流的贴现值过程中往往还需要计算更长期限(如2年或更长时期)的即期利率。这里介绍一种常用的方法——票息剥离法(bootstrap method)。为了更好地说明这种方法和理解即期利率,假设存在1年期零息债券和2年期附息债券(见表1-3)。借助其中的信息可以计算出2年期的即期利率。

表1-3 债券信息

债券	国债面值(元)	期限(年)	年票息(元)	国债价格(元)
1年期零息债券	100	1	0	95
2年期附息债券	100	2	5	97

对于1年期零息债券来说,即期利率(收益率)$r_1 = \frac{5}{95} \times 100\% = 5.26\%$。

对于2年期附息债券来说,当前的价格为97元,则其中有一部分是1年后现金流(5

元)的贴现值,还有一部分是2年后现金流(105元)的贴现值。由于1年期即期利率是5.26%,所以可以计算出5元现金流的贴现值是 $\frac{5}{1+5.26\%}=4.75$ 元。假设2年期的即期利率是 r_2,则105元现金流的贴现值是 $\frac{105}{(1+r_2)^2}$。这时,可以列式并求解:

$$97=\frac{5}{1+5.26\%}+\frac{105}{(1+r_2)^2}$$
$$r_2=6.69\%$$

可以用这一方法推算出各个期限的即期利率,进而绘制出即期利率曲线。图1-7是中国债券信息网发布的中债国债即期收益率曲线和到期收益率曲线。获得精准的即期利率曲线有助于计算现金流的现值,以便对债券和衍生工具进行定价。

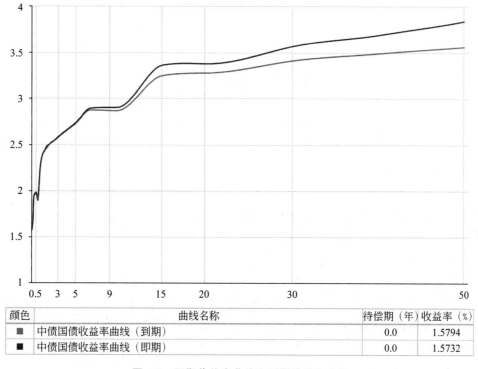

图1-7 即期收益率曲线和到期收益率曲线

资料来源:中国债券信息网。

四、连续复利

1. 复利

在金融市场中,利率往往以年利率的形式表示。例如,隔夜利率为3%,是指每年的利息率为3%。计算隔夜的利息时使用的利率为 $3\%\times\frac{1}{365}$。不同金融资产和负债的利率计量方式不尽相同,有的利率是一年复利一次,有的则是每年复利两次。如今复利已经深入到方方面面,考虑到复利的原理,隔夜利率可以粗略地认为是复利频次为 365 次的利率。复利频率对计算投资回报或融资成本是有影响的。

例如,年利率为 5%,一年复利 1 次,100 元在年终时就会是:
$$100 \times (1+0.05) = 105 \text{ 元}$$

如果年利率为 5%,一年复利 2 次,即每半年会有 2.5% 的利息收入,利息滚动计息,则 100 元在 1 年后会变成:
$$100 \times (1+0.05/2)(1+0.05/2) = 105.0625 \text{ 元}$$

如果年利率为 5%,一年复利 4 次,100 元在 1 年后的终值将是:
$$100 \times (1+0.05/4)(1+0.05/4)(1+0.05/4)(1+0.05/4) = 105.0945 \text{ 元}$$

如果年利率为 5%,1 年复利 12 次,则 100 元在 1 年后的终值是:
$$100 \times (1+0.05/12)^{12} = 105.1162 \text{ 元}$$

如果年率复利为 5%,1 年复利 365 次,则 100 元在一年后的终值是:
$$100 \times (1+0.05/365)^{365} = 105.1267 \text{ 元}$$

以上的分析是基于 1 年期的不同复利频率的终值计算方法。可以计算出年利率为 r,年复利 1 次,本金数量 S 在 n 年之后的终值为:
$$S(1+r)^T$$

如果年利率为 r,1 年复利 m 次,则 T 年之后的终值是
$$S(1+r/m)^{mT}$$

2. 连续复利

如果给定的年利率为 r,复利频率 m 趋于无穷,则可以将这一利率称为连续复利。

当 m 趋于无穷大时,资金 S 以连续复利 r 计算的 T 年后的终值为
$$Se^{rT}$$

这里的 $e \approx 2.71828$,是自然对数的底数。

按照连续复利的思想,可以知道 T 年后一笔现金 F 的现值应为:
$$Fe^{-rT}$$

以上计算终值和现值的式子将在本书中广泛地予以应用,用以计算资金成本和金融衍生工具价值。

3. 连续复利的转换

连续复利可以精确、连续地计算资金的终值和现值,但是在现实中没有连续复利的报价数据。为了解决这一问题,可以用市场上已有的利率计算其所对应的连续复利。这里假设连续复利为 R_c,R_m 是与连续复利等价的复利频率为每年 m 次的年利率,则可以得出:
$$Se^{R_c T} = S\left(1+\frac{R_m}{m}\right)^{mT} \tag{1.5}$$

将其变化形式后,可得
$$R_c = m\ln\left(1+\frac{R_m}{m}\right) \tag{1.6}$$

举个例子。假如年利率为6%,年复利2次,可以计算与这一利率等价的连续复利年利率为:

$$2\ln\left(1+\frac{0.06}{2}\right)=0.0591$$

第三节 衍生工具市场发展和功能发挥

金融衍生工具市场应该具有风险管理功能和价格发现功能。一方面,市场越发展、工具越丰富、制度越健全,金融衍生工具市场的功能也就越容易发挥出来;另一方面,金融衍生工具也会和金融不稳定有某种内在联系,大规模不受监管的交易也会引发金融动荡和金融危机。因此,发展金融衍生工具市场和发挥其市场功能不仅需要设计稳健可靠的市场机制,更需要搭建良好的监管架构。

一、场内衍生工具创新与市场发展

1. 金融期货市场

(1) 国外。金融期货产生于1972年。最早的金融期货是芝加哥商业交易所(CME)推出的外汇期货,其产生和交易所的努力创新有关,布雷顿森林体系瓦解后贸易商和金融机构对冲汇率风险的需要也为其创造了条件。在20世纪70年代,西方发达国家也开始了利率市场化改革。由于利率市场化加快,风险随之增加,美国大量银行出现倒闭。芝加哥商业交易所和芝加哥期货交易所(CBOT)竞争性地推出各种利率期货。如今,这两家交易所之间完成并购,新成立的芝加哥商业交易所集团已经成为国际上最知名的金融期货交易场所。经过半个世纪的发展,全球金融期货的交易量已经远超过商品期货市场交易量。

(2) 国内。20世纪90年代,我国期货市场曾出现外汇期货、股指期货和国债期货。在1995年,由于国债发行规模小和市场体系不成熟,我国爆发了国债期货"327"事件。这一事件几乎引发宏观风险,因此各金融期货品种很快都被整顿退市。直到2010年,沪深300股指期货在中国金融期货交易所上市交易,我国金融期货市场开始重新起步(见图1-8)。2015年上证50股指期货和中证500股指期货上市后,股指期货成交量远超商品期货成交量(见图1-9)。此外,中金所还推出了10年期国债期货、5年期国债期货和2年期国债期货。这些新的国债期货不断优化设计,交易对象是标准债券(虚拟债券),与我国早期国债期货相比呈现出了巨大的进步。随着中国外汇管理体制改革和人民币国际化进程的深入推进,外汇期货将是金融期货市场创新的又一方向。

2. 金融期权市场

(1) 国外。尽管在人类经济活动史中,很早就有了期权思想和期权交易,但是在20世纪70年代才产生标准化的金融期权。1973年,芝加哥期权交易所(CBOE)推出了以股票为交易标的的期权合约。当时,只有16只股票的看涨期权交易。在CBOE的带动下,美

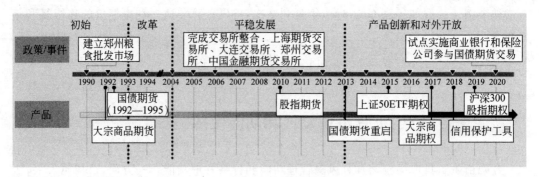

图 1-8 场内衍生品市场发展历程

资料来源：国际互换与衍生品协会（ISDA）.发展安全、稳健、高效的中国衍生品市场（2021）[R].https://weibo.com/ttarticle/p/show? id=2309634721821521150221.

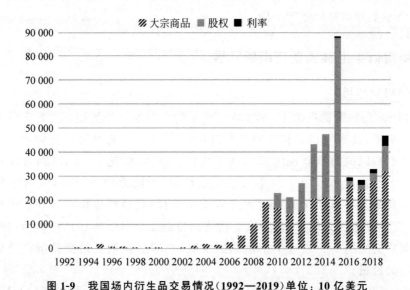

图 1-9 我国场内衍生品交易情况（1992—2019）单位：10 亿美元

资料来源：国际互换与衍生品协会（ISDA）.发展安全、稳健、高效的中国衍生品市场（2021）[R].https://weibo.com/ttarticle/p/show? id=2309634721821521150221.

国证券交易所、费城证券交易所、太平洋证券交易所也纷纷推出期权交易。在股票期权发展近十年之后，美国商品期货交易委员会（CFTC）于 1982 年批准期货期权试点。1983 年 8 月，芝加哥期货交易所开始交易长期国库券期货期权。到 80 年代，场内期权从美国延伸到加拿大、巴西、阿根廷、法国、荷兰、英国、德国、瑞士、芬兰、日本、新加坡、澳大利亚、中国香港等地。如今，几乎所有形式的金融资产和大宗商品都有了标准化的期权交易。为了应对 OTC 期权市场的不断挑战，期货和期权交易所开始设计具有灵活性的期权条款，提供一些非标准的期权交易。从交易量看，期权市场和期货市场一样，也在风险管理和风险投资领域占据着十分重要的位置（见表 1-4）。

表 1-4　2019—2020 年全球场内期货与期权成交量

项　　目	2020年成交量（亿手）	2019年成交量（亿手）	同比增加(%)	占场内衍生品市场份额(%)
金融期货	163.40	123.28	32.55	34.94
金融期权	208.41	149.43	39.48	44.56
商品期货	92.05	69.30	32.84	19.68
商品期权	3.80	2.92	30.39	0.82
总计	467.66	344.93	35.59	100

数据来源：美国期货业协会

（2）国内。我国商品期货交易所很早开始设计商品期权。上海证券交易所于2015年2月9日上市交易50ETF期权，标志着我国交易所期权的正式诞生。2019年12月23日，沪深300股指期权在中国金融期货交易所上市，以华泰柏瑞沪深300ETF为标的的沪深300ETF期权在上海证券交易所上市，以嘉实沪深300ETF为标的的沪深300ETF期权在深圳证券交易所上市。这些金融期权品种不仅有助于满足投资和风险管理需求，增强市场活力与韧性，也有助于积累期权市场发展经验，进一步健全多层次资本市场体系，提升资本市场效率。

二、场外衍生工具创新和市场发展

这里主要介绍应对价格波动风险的金融远期、金融互换、金融期权市场的基本发展状况[①]。

1. 金融远期市场

（1）国外。金融远期合约产生于20世纪80年代，晚于金融期货。最常见的金融远期有远期利率协议（FRA）、外汇远期协议与汇率协议、无本金交割远期外汇交易、国债远期交易、股票远期。在国际上，一些重要的金融远期（如远期利率协议）是银行在各自的交易室中进行的全球性的产品。如果一家机构希望交易一份远期利率协议，就会接触一家或数家在远期利率协议市场进行竞价的银行。在一些市场，也可以通过货币市场上的经纪商来获得最有利的利率，而不必在一开始就透露自己的身份。需要注意的是，受到外汇管制的影响，1996年一些国家和地区出现了离岸的无本金交割外汇远期（NDF）交易。新加坡和香港人民币NDF市场是亚洲最主要的离岸远期交易市场。在交易活跃、规模巨大、不断发展的NDF市场上，不仅有人民币，还有韩元、新台币、印度卢比、印度尼西亚卢比和菲律宾比索等亚洲货币进行交易。离岸NDF市场的行情反映了国际社会对于相关货币的汇率变化预期。

（2）国内。我国的金融远期市场正式产生于2007年，经过多年探索出现了多方面创

---

① 应对信用风险的信用衍生工具及其市场发展将在本书最后一章予以介绍。考虑到数据的可获取性，关于以SAC主协议为交易基础的场外衍生工具市场，这里暂时不介绍。

新。其一,债券远期方面。2014年,我国开始推出X-SWAP平台,提供点击和匿名撮合两种成交方式。X-SWAP平台可以交易标准化的债券远期。2015年,X-SWAP平台推出自动搭桥功能,在双边授信资源稀缺的情况下,通过与桥机构的自动搭桥,解决其他市场成员因授信困难而无法成交的问题。标准债券远期受制于定价难、推出后交易清淡,直到2019—2020年交易规模才有所上升(见表1-5)。2020年,我国推出标准债券远期合约报价机制,并将标的拓展至农发债。总体而言,标准债券远期处于发展初期,市场活跃度有待提升。其二,外汇远期方面。2015年8月8日正式建立外汇远期市场,该市场采用有本金交割的远期结售汇制度。2015年,中国外汇交易中心推出C-SWAP平台,系统采取撮合成交的方式,满足会员对标准化掉期产品的需求。2018年,国家外汇管理局发布《国家外汇管理局关于完善远期结售汇业务有关外汇管理问题的通知》,提出了远期结售汇差额交割的方式,推动了境内无本金交割的远期外汇交易的发展。其三,远期利率协议方面。我国自2007年开始建立远期利率协议市场,2014年推出标准化的远期利率协议合约,但从市场实践看,该市场交易十分清淡。

表1-5 我国的场外利率衍生工具市场规模

时间	利率互换		标准利率衍生品		标准债券远期	
	交易笔数(笔)	名义本金额(亿元)	交易笔数(笔)	名义本金额(亿元)	交易笔数(笔)	交易量(亿元)
2014年	43 019	40 347	212	413.5	0	0
2015年	64 557	82 304	994	5 014	59	17.2
2016年	87 849	99 184	8	8	8	1
2017年	138 410	144 073	0	0	—	—
2018年	188 459	214 911	0	0		796
2019年	237 700	181 394	0	0		4 368
2020年	274 029	195 565	0	0	6 000	4 532

数据来源:中国人民银行《货币政策执行报告》2015—2020年。注:—为缺乏数据。

2. 金融互换市场

(1)国外。金融互换业务产生于20世纪80年代初。世界上第一笔金融互换业务是世界银行与IBM公司于1981年8月进行的货币互换。第一笔利率互换业务则是德意志银行与其他3家银行于1982年8月进行的。当时,德意志银行凭借其很高的资信等级,以比较优惠的固定利率发行了3亿美元的7年期欧洲债券,然后与其他3家资信等级较低的银行进行互换。通过互换,德意志银行以低于Libor的利率支付浮动利息,而其他3家银行则以相对优惠的固定利率支付固定利息。利率互换虽然在货币互换产生一年后才出现,但发展十分迅速,到2020年年底,利率互换占全部互换市场的84%(见图1-10)。

(2)国内。在我国,以对冲金融资产价格风险为目的的互换主要是利率互换和货币互换。我国首笔利率互换出现于2005年。之后,利率互换市场交易规模迅速扩张,在场外利率衍生品市场中占据主导地位(见表1-5)。利率互换可以通过全国银行间同业拆借中

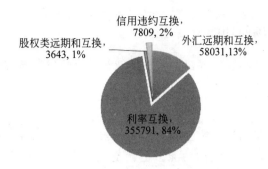

图 1-10　2020 年全球互换市场的规模与结构（单位：10 亿美元）

数据来源：国际清算银行（BIS）。

心进行。2014 年 11 月，中国外汇交易中心开始提供标准化利率互换产品交易，对交易要素进行标准化的设置。标准化的利率互换可在 X-SWAP 平台进行交易。我国的货币互换[①]产生于 2006 年。中国外汇交易中心已经开发出由众多交易主体参与、不同期限的人民币与外币互换、外币对之间的互换品种。

3. 金融期权市场

（1）国外。场外的金融期权也由金融机构、大型交易商和基金管理人员通过电话进行交易。场外市场上金融期权由于能够量身定做产品，具有很大的灵活性，所以 20 世纪 80 年代后场外期权发展十分迅速。现在场外期权的总市场规模超过场内交易总规模，达到大约 80 万亿美元（按照未偿付的名义本金计算）。OTC 市场的金融机构越来越意识到期权市场的激烈竞争和普通期权利润空间的缩小，因此开发出日益复杂的期权产品。期权结构越复杂，客户发现定价过高或定价陷阱的可能性越小，这也导致了大量的市场纠纷。

（2）国内。我国银行间市场的期权品种有外汇期权和利率期权。自国家外汇管理局批准于 2011 年 4 月 1 日起银行间外汇市场推出人民币对外汇期权交易后，市场规模迅速上升（见表 1-6）。人民币外汇期权采用双边询价的交易模式，产品类型包括普通欧式香草期权和多种期权组合。可采用全额交割和差额交割，但主要采用双边清算。2019 年，为进一步发展银行间外币对市场，满足市场外汇风险管理需求，中国外汇交易中心于 8 月 26 日在新一代外汇交易平台 CFETS FX2017 推出外币对期权交易。2020 年 3 月 23 日，全国银行间同业拆借中心开始推出挂钩 LPR 1Y/LPR 5Y 的利率互换期权、利率上/下限期权。场外金融期权产品的多样化为国内的汇率和利率风险管理提供了新的选择。

表 1-6　我国银行间市场的外汇期权成交规模（单位：亿美元）

时间	2012 年	2013 年	2014 年	2015 年	2016 年	2017 年	2018 年	2019 年	2020 年
交易量	33.4	217.5	1 312.5	2 287.6	7 471.0	3 713.7	6 112.8	5 813.3	5 669.8

资料来源：2012—2015 年数据来自对应年份的《中国场外金融衍生产品市场发展报告》，2016—2020 年数据整理自各年《中国货币市场》杂志。

---

① 在《中国外汇交易中心产品指引（外汇市场）》V3.9 中，称货币互换为货币掉期。由于该指引中还有外汇掉期，为了不让初学者混淆，本书中将区分两个名词：货币互换和外汇掉期。关于外汇掉期可见第二章第三节。

三、衍生工具市场的功能

金融衍生工具市场的功能发挥建立在工具创新和市场发展基础之上。市场越发展越成熟，功能越明显越突出。

1. 管理风险

金融市场存在着大量的风险需要加以管理。经过长期的实践和探索，人们发现金融衍生工具具有管理现货市场风险的功能。也就是说，利用金融衍生品可以将现货市场的风险调整到目标水平上，这其中既有传统的风险对冲，也包含着对风险的管理和运用。

风险对冲在很多情况下也被称为套期保值（或套保），其思想最早出现于20世纪20年代的商品期货市场。所谓对冲通常可以理解为利用金融衍生工具的收益（亏损）对冲标的资产的市场亏损（收益）。由于成熟市场中金融衍生工具和现货工具具有紧密的价格关系，所以金融衍生工具的存在能使投资者更便捷、更高效、以更低的成本规避、风险分散。例如，交易者可以利用远期、互换、期货和期权构筑起特性不同的风险对冲头寸，来规避标的资产的价格波动风险。金融远期和期货交易可以将标的资产的未来价格锁定在当前水平上。一些金融互换（如利率互换）也可以改变资产的不确定性现金流，如图1-2中的银行B可以通过利率互换将浮动利率负债转换为固定利率。在一定意义上，远期类金融衍生工具可以使投资者免于标的资产不利变动所造成的损失，当然也无法获得价格有利变动的收益。与传统的期货风险对冲或套期保值不同，利用期权开展的风险管理策略并不是简单地希望锁定标的资产价值，而是在标的资产价格出现不利变动时将其损失控制在一定范围之内，对于保护型策略来说，在标的资产价格出现有利变动时还会获取良好的收益。

随着资本市场的深化和策略创新，金融机构开始放弃完全对冲的传统风险管理方式，将目标转向降低风险或者利用风险，很多机构希望在风险对冲活动中能保留一部分的风险敞口，也有的金融机构利用衍生工具开展投资替代活动。总体来说，在风险管理创新过程中，金融交易者致力于通过衍生工具将市场风险剥离，使投资标的资产的特质、资产投资和配置能力实现精确的表达，进而提升竞争能力和投资效率。

2. 价格发现

价格发现功能大多与集中化的交易所交易有关，是在公开、公平、高效的市场条件下，由大量交易者在有组织的、规范化的金融衍生工具交易所集中交易产生价格的过程。价格发现功能体现在两个方面。第一，在集中化交易中，投机者、套利者和套期保值者基于对市场的判断、对市场价差的判断开展不同形式的交易，会推动形成具有真实性、权威性、连续性和预期性的价格。第二，在标的资产和衍生工具、不同到期时间的衍生工具之间形成一个动态均衡的价格体系。需要指明的是，对金融衍生工具所具有的价格发现功能存在不同的看法，有业界和学界人士认为金融衍生工具发现的是未来价格，但也有学者（陈蓉、郑振龙，2007）研究认为金融衍生工具发现的价格是今天的价格，并非未来的价格。

随着市场结构的创新，场外金融衍生品市场借助交易平台的开发、新产品的设计和信息，也具有一定的价格发现和指引作用。很多市场参与者也在不断搜集和判断场外衍生品的价格方向，并将其用于交易中。在拥有共同标的资产的金融衍生工具品种上，交易者对不同市场的信息采集和共同交易使整体的衍生工具市场具有了有力的价格发现机制。价格发现的另一个途径是场外金融衍生工具和场内金融衍生工具所形成的成熟的市场联系机制。各类交易者通过跨市场的交易和信息汲取,可以将场内交易市场和场外市场价格紧密联系在一起,形成均衡价格体系。

研究者实证发现,衍生工具市场的发展对基础资产的信息内涵、波动,甚至交易者的信息采集产生不可忽视的影响。例如,Cao(1999)研究发现,期权的引入导致知情交易者搜集准确度更高的信息,提高股票价格的预期并减少价格波动性。应展宇(2004)认为,衍生工具市场的发展极大地强化了基础资产价格信息的准确性和完备性。

3. 关于市场功能的其他看法

有研究者认为,金融衍生工具市场具有弱化金融运行中不同主体之间的利益冲突的功能,如内含期权的可转换债券不仅可以抑制股东的"逆向选择"行为,而且其低息条款可使公司减少利息支付、降低遭受财务危机的可能性,促进公司长期发展。此外,可转换债券也可以用于解决由于管理层机会主义行为导致的管理层和股东两者之间利益冲突问题。

也有研究者认为,金融衍生工具市场的一个突出功能是其可以将全球金融市场联系在一起,提升金融资源的跨期、跨区域配置效率。如,互换能够高效地在世界上所有的金融市场中每天24小时连续不断地交易,利率互换可以将短期和长期利率,或者资本市场利率和银行贷款利率连接在一起,进而缩小不同地区的利差之差。

四、市场风险和监管

1. 场内市场的风险和监管

金融衍生工具市场所应具有的价格发现和套期保值功能并不能掩盖市场风险。不成熟的场内市场会引发一系列问题。例如,1995年我国的国债期货"327"事件几乎引发整个证券行业的宏观风险。另外,在一些经济体出现问题时,场内金融衍生工具也会成为对冲基金投机攻击的有效工具。最为典型的案例是,1997—1998年以索罗斯为首的对冲基金利用期货、期权、远期等金融衍生工具,立体攻击香港外汇市场和股票市场,引发剧烈的市场动荡。

经过长期发展,场内金融期货和期权市场已经设计出十分严密的风险管理制度,各国的监管架构和监管职能相对成熟,几乎不会发生整体性的信用风险,也很难引发宏观不稳定。例如,2008年美国金融危机被称之为百年金融危机,但场内市场经受住了考验,没有发生引发宏观动荡的大的风险事件。

现如今,各国都探索形成了适合自己国情的期货和期权监管体制。在美国,交易所通常是一线监管机构,行业协会则是自律机构,来自政府或准政府部门的监管机构(如美国商品交易委员会CFTC、美国证券交易委员会SEC)负责期货和期权行业的全面监管。美国期货监管领域还有一个行业联盟NFA,即全国期货业协会。该协会负责贯彻行业标准、法规和监管。

对于我国的期货市场来说,日常的监管权力和监管规则来自由中国证监会、证监会各地派出机构、中国期货业协会、期货交易所、中国期货市场监控中心共同组成的"三级监管""五位一体"的监管体系。场内期权的监管体系也与之接近。这种监管体制在一定时期内和历史条件下有助于有效降低市场风险，稳定市场运行，也有助于集中力量统筹安排市场架构，推动期货市场快速创新和发展。但是，随着市场的深入发展和全球竞争的日益展开，这一监管体制也面临着不断改革的要求。对于期货和场内期权监管体系而言，最具意义的是，全国人大于2022年4月20日表决通过了《期货和衍生品法》，并于8月1日起正式实施。该法对于健全我国的金融法律体系、完善期货和衍生品法律制度、推进期货和衍生品市场法治建设发挥举足轻重的作用，同时进一步推动我国的期货和标准化期权交易进入法律监管的新阶段。

2. 场外衍生工具市场的风险和监管

相比有组织的金融衍生市场，场外金融衍生工具更容易造成市场风险或金融不稳定。"三十国集团系统问题专门委员会"（Group of Thirty's Systemic Issues Subcommittee）于1993年将可能导致金融危机的金融衍生品系统性风险划分为八种：①金融衍生品导致风险暴露规模过大，同时金融衍生品极为复杂难解；②金融衍生品交易过于集中于极少数金融机构；③金融衍生品交易降低了金融市场的透明度，并使某些交易脱离监管；④对冲市场上的流动性不足；⑤结算风险；⑥信用风险；⑦更强的市场间联系；⑧法律风险。此外，场外衍生品的系统风险还应考虑到其对金融结构的改变。例如，在2008年美国爆发金融危机之前，缺乏有效监管的信用违约互换、资产证券化就已经深刻地改变了美国的金融结构和金融交易行为。如果没有场外衍生工具导致的金融结构复杂化，美国金融危机爆发得也不至于异常剧烈和规模巨大。

场外衍生工具所隐含的市场动荡和宏观风险为监管机构的监管方式改革提出了新的命题，美国金融危机后集中清算机制、统一的电子化交易平台和产品标准化开始成为市场发展过程中需要长期探讨的重要内容。2009年后，各国开始按照2009年G20峰会承诺，对场外金融衍生工具市场结构和监管方式进行深入改革。改革的主要内容有：推进场外金融衍生工具标准化交易、建立统一的电子交易工具、推动标准化交易在中央对手方进行集中清算、非集中清算时应提高资本金的要求、交易信息向交易信息库报告。这些改革方向有助于提高监管效率。对于非集中清算的场外金融工具的监管也在不断改革。国际证监会组织（IOSCO）发布了针对非中央清算场外衍生工具的风险缓释标准、保证金标准以及其他监管方法。

在衍生品监管改革中，美国的监管体系被各国所关注。2000年美国的《商品期货现代化法案》禁止了对金融衍生工具的监管，使互换和其他一些衍生工具最终被排除在CFTC之外。2008年美国爆发金融危机，为此美国于2010年颁布多德-弗兰克法案，明确了不同监管机构的监管范围：CFTC不仅监管期货和场内期权，而且对大部分场外互换予以监管；SEC监管基于证券的场外互换；美国财政部则监管外汇远期和外汇交易互换。美国金融稳定监督委员会参与协调CFTC和SEC之间的争议。

我国对场外衍生工具监管的法律是《期货和衍生品法》。该法提出，期货和金融衍生品的监管主体是国务院授权的部门或者国务院期货监督管理机构。中国人民银行和外汇管理局对各类场内外金融衍生工具创新予以监管,国资委和财政部对央企、中投公司以及其他财务系统等交易主体予以监管,中国银保监会和证监会对金融机构交易衍生工具的行为予以监管,交易所对发行的场外衍生工具和相关交易发挥一线监管作用。自律性监管涉及与衍生工具交易相关的协会成员和市场基础设施。表1-7列举了我国的衍生品监管机构、对象与内容,可供参考。

表1-7 我国的场外衍生工具监管机构、对象与内容

监管类型	监管机构	监管对象和内容
政府监管	中国人民银行(PBOC)	场外衍生品交易,包括利率互换、远期利率协议、债券远期以及上海黄金交易所交易的场外衍生品;资产担保证券在全国银行间债券市场的发展和交易等
	国家外汇管理局	外汇衍生品业务
	财政部	参与金融衍生品交易的公司的财务系统以及中投公司和/或其子公司进行的金融衍生品投资
	国务院国有资产监督管理委员会(SASAC)	央企参与的金融衍生品业务
专业监管	中国证监会(CSRC)	场内衍生品交易,如证券公司、证券基金和期货经纪公司开展的股指期货和股票期权等金融衍生品交易活动
	中国银保监会(CBIRC)	综合性银行、商业银行、保险公司、信用合作社、政策性银行、资产管理公司、信托公司、企业集团财务公司、金融租赁公司和外商银行的中国分行及子公司开展的金融衍生品交易活动
交易所一线监管	中国金融期货交易所(CFFEX)	交易所发行的场外衍生工具和相关交易方
	深圳证券交易所(SZSE)	
	上海证券交易所(SSE)	
	上海黄金交易所、大连商品交易所、郑州商品交易所、广州期货交易所	
自律性监管	银行间交易商协会、中国证券业协会、中国期货业协会、中国证券投资基金业协会	与衍生工具交易相关的协会成员和市场基础设施
	中央债券登记结算有限责任公司、上海清算所等其他市场基础设施	

资料来源:国际互换与衍生品协会(ISDA).发展安全、稳健、高效的中国衍生品市场(2021)[R].https://weibo.com/ttarticle/p/show? id=2309634721821521150221.

相对于国外成熟且创新过度的金融市场而言,我国场外金融衍生工具市场发展处于起步阶段,与监管有关的问题集中在四个方面。

(1)场外衍生工具市场在不同的监管体系下独立发展,每个子市场之间标准不一定,市场准入、投资者适当性、市场组织形态等方面有很大的不一致,既增加了市场参与者的交易成本和合规成本,也容易滋生监管套利行为。

（2）有关场外衍生品交易流程的询报价、交易确认、清算、担保品管理、交易报告、定价与估值等环节的基础设施建设尚有很大不足，同时在监控监测环节，数据标准不统一，数据共享不足等问题也比较突出。

（3）在市场形态方面，存在市场参与者数量不足、参与者类型单一、市场分层不足、机构间市场发展不足等问题。

（4）场外衍生工具市场一直以来都没有形成有效的自我完善和自我调节机制，在遇到具体问题或变化时也很难快速地向监管层反馈。场外衍生品天然的跨界性和我国分业监管架构使这种矛盾更加突出，监管成本和创新成本同时加剧。

总体上而言，我国的场外衍生工具市场在发展和监管关系方面的动态塑造将是未来很长一段时期的主旋律。需要特别注意的是，无论如何改革监管体制，场外金融衍生工具市场的发展依然需要强调场外的特有属性和内在规律，也需要将其场内衍生工具联系起来，提升市场空间；在创新、发展和监管之间也会有一个长期的再平衡过程。

【阅读材料1-1】《中华人民共和国期货和衍生品法》

【思考与习题】

1. 最基础的金融衍生工具有哪些？衍生工具的标的资产能否是其他衍生工具？
2. 利率互换的基本设计机制是什么？利率互换的用途有哪些？
3. 如何理解金融衍生工具的特性？
4. 主要的无风险利率有哪些？各种利率作为无风险利率的优缺点是什么？
5. 查阅相关资料，了解什么是隔夜指数互换利率，隔夜指数互换利率的发展情况。
6. 什么是收益率曲线？收益率曲线的主要形态有哪些？查阅资料，进一步了解不同收益率曲线的含义。
7. 试比较绝对定价法和相对定价法的原理差异。
8. 如何理解风险中性假设？
9. 查阅资料，深入理解无套利均衡分析方法。
10. 指令驱动型交易机制和报价驱动型交易机制的差异是什么？
11. 金融衍生工具市场的主要交易者有哪些？金融衍生工具市场应该具有何种功能？
12. 如何认识对金融衍生工具市场进行监管的必要性？
13. 查阅资料分析金融衍生工具市场发展的最新内容。
14. 总结场内衍生工具市场（以期货为例）和场外衍生工具市场（以互换为例）的差异。
15. 某月股指期货的报价是3 200点，要达成1手（一张合约）交易，多空双方需要缴纳的保证金是多少元？若沪深300指数下跌5%，那么多空双方的盈亏各是多少？
16. 股票的市场价格为42元，行权价格为40元的欧式股票看跌期权价格为3元；行权价格为50元的欧式看跌期权价格为15元。设想股票价格可能出现的不同方向的变化，投资者该如何选择期权投资？在什么情况下会行权？画出行权价格为40元的看跌期权多空损益图。

17. 年利率为6%，年复利4次，那么与这一利率等价的连续复利年利率应是多少？

【即测即练】 扫描书背面的二维码，获取答题权限。

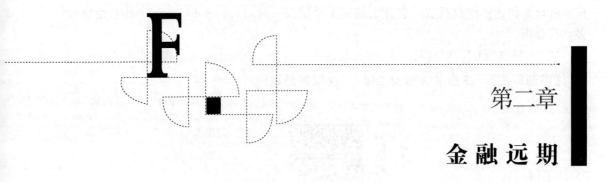

第二章 金融远期

第一节 金融远期定价

无套利均衡分析方法在金融远期定价中发挥主要作用。在对金融远期进行定价时，需要考虑不同金融资产的内在差异（如无收益资产、已知收益资产、外汇、黄金等的差异性），也需要考虑远期工具的设计差异性（如远期利率协议、综合远期外汇协议等）。这一节主要介绍最基本的无收益资产（零息债券、不付红利股票）、已知收益资产（附息债券、有红利股票）、外汇、黄金的远期定价方法。

一、无收益资产的远期定价

这里先考虑无收益资产的远期价格确定。无收益资产可以理解为不付红利股票、零息债券等。为了给无收益资产进行定价，可以构筑两个可比较的组合：组合 A 是 1 单位资产的远期合约多头头寸，1 单位资产的远期价格为 F；组合 B 是 1 单位标的资产多头头寸。如果这两个组合的现值相等，则就可以用一个资产为另一个资产定价了。

组合 A：1 单位资产的远期合约多头头寸（合约价值为 f）+ 一笔数额为 Fe^{-rT} 的现金

组合 B：1 单位的标的资产（现价为 S）

在组合 A 中，由于合约双方确定的 1 单位资产的远期价格为 F，因此现在多头就需要拥有的资金量为 Fe^{-rT}。多头需要将 Fe^{-rT} 做无风险投资，这样期末就可以获得资金 F，通过履行合同进而获得 1 单位资产。

可以考虑，在远期合约到期时，两个组合的当前价值相等，即

$$f + Fe^{-rT} = S \tag{2.1}$$

通常，一个公平的远期价格 F 就是使合约开始时的远期价值 $f=0$ 的交割价格。此

时,市场实现均衡,没有无风险的套利机会,可以得到远期资产价格公式为

$$F = Se^{rT} \tag{2.2}$$

这符合常理。如果投资者在合约结束时需要持有 1 单位资产,可以选择现在就持有 1 单位现货资产,也可以选择持有 1 单位资产的远期多头头寸(远期价格为 F),在合约到期时再获得资产。从无套利均衡分析方法的角度看,两个组合在未来均是 1 单位的资产,其现值也应该一样,即 $F = Se^{rT}$。

可以从套利的角度,再分析以上远期定价公式的合理性。

首先,如果交易对手报出的 T 期限的远期合约交割价格大于现货价格的终值,即 $F > Se^{rT}$,则套利者可以借入资金 S,买入 1 单位标的资产,同时建立一个远期价格为 F 的远期合约空头头寸。等到合约到期时,套利者可以将手中的资产交付出去,获得收入为 F。这时需要归还的资金为 Se^{rT}。那么,最后的套利利润将是 $F - Se^{rT}$。

其次,如果交易对手报出的 T 期限的远期合约交割价格小于现货价格的终值,即 $F < Se^{rT}$,则可以签订远期协议以 F 买入远期资产,并以 S 卖空标的资产,卖空资产的收益做无风险投资。在远期合约到期时,无风险投资的收益是 Se^{rT}。以其中一部分资金 F 交割买回卖空的资产。最后的套利收益会是 $Se^{rT} - F$。

这样,在套利机制下,金融资产的远期公平价格在合约签订时一定为 $F = Se^{rT}$。

二、有收益资产的远期定价

对于债券、股票、股指这些已知收益的金融资产的远期定价来说,也可以利用以上的基本原理进行定价。为此,可以构筑两个组合。

组合 A:1 单位资产的远期合约多头头寸(远期价格为 F)+1 笔数额为 Fe^{-rT} 的现金

组合 B:1 单位资产(现价为 S)−远期合约对应的到期日前 1 单位资产所获收益的现值 I

在组合 B 中,增加了一项内容,即 1 单位资产未来所获得收益的现值 I。这个也很容易理解:因为如果是前述的无收益资产,构筑组合 B 所需要花费的资金是 S;而如果是有收益资产,相当于未来收益的贴现值可以减少现有的构筑成本,这样看来,组合 B 的当前价值是 $S-I$。

在组合 A 中,Fe^{-rT} 可以按照远期合约约定的价格 F 在期末买入 1 单位现货资产。

很明显,组合 A 和组合 B 的构筑从最终结果上看,均可以持有 1 单位的现货资产。这两个组合在未来均是 1 单位现货资产,市场价值在未来相当。从现值看,价值也应相等。也就是说,$Fe^{-rT} = S - I$。这样远期价格应为

$$F = (S - I)e^{rT} \tag{2.3}$$

需要注意的是,远期合约交易的标的资产如果是债券,则 S 代表发票价格(现金价格),而不是市场上的净价报价,作为交割价格的 F 也是发票价格。这里的发票价格是指买方购买债券实际要支付的价格,即,发票价格=净价报价+应计利息。其中,应计利息是上一付息日至交割日之间的债券利息。例 2-1 是对国债远期定价和发票价格的一个介绍。

【例 2-1】 国债远期价格的计算

假如票面利率为 12% 的国债净价报价为 110.50 元,上一付息日是 99 天之前,下一付息日是 83 天之后。假设收益率曲线平坦,连续复利利率是 5%,国债远期合约到期时间还有 0.5 年。可以据此计算国债远期价格。

首先,计算买入债券的应计利息和发票价格 S。上次债券发行方支付利息是在 99 天前,那么债券持有者现在卖出债券时应得到这 99 天的利息。这 99 天的利息和票面利息、天数有关,具体的计算应为 $\frac{99}{182} \times 6 = 3.2637$ 元。这样,发票价格 $= 110.50 + 3.2637 = 113.7637$ 元。

其次,债券在远期合约有效期内还会收到 1 次利息,每百元的利息收入是 6 元,6 元的现值是 $6e^{-rT} = 6e^{-0.05 \times \frac{84}{365}} = 5.9314$ 元。

在此基础上,可以计算国债远期价格为:

$$F = (S-I)e^{rT} = (113.7637 - 5.9314)e^{0.05 \times 0.5} = 110.5621 \text{ 元}$$

不过,需要注意的是,这里计算的国债远期价格是发票价格,而非远期净价报价。

三、黄金和白银远期定价

持有黄金和白银并没有收益,但是会产生一定的储藏费用 U。这样,进行远期定价所构筑的可比较组合就会发生一定的变化。

组合 A:一份购买 1 单位黄金的远期合约多头头寸(远期合约中确定的 1 单位黄金的远期价格为 F) + 一笔数额为 Fe^{-rT} 的现金

组合 B:1 单位现货黄金(S) + 黄金储藏成本的现值 U

组合 B 中,购买 1 单位现货黄金的支出有两部分,一部分是 S,另一部分则是储藏成本。

组合 A 和 B 在远期合约结束时均可以获得 1 单位黄金,未来现货市场价值相等。从无套利均衡分析方法的角度看,组合 A 和组合 B 的现值也相等,即 $Fe^{-rT} = (S+U)$。则 1 单位黄金的远期价格为

$$F = (S+U)e^{rT} \tag{2.4}$$

如果远期价格 F 和理论价格 $(S+U)e^{rT}$ 不吻合时,交易者会进行套利交易,即:

当 $F > (S+U)e^{rT}$ 时,套利者需要借入资金买入现货黄金储藏起来,同时卖出远期黄金。在远期合约到期时,将手中的现货黄金交割出去,连本带息归还购买现货黄金和储藏黄金所借入的资金,即 $(S+U)e^{rT}$。所获得的利润是 $F - (S+U)e^{rT}$。

当 $F < (S+U)e^{rT}$ 时,套利者需要卖出手中的现货黄金,将所得资金做无风险投资,同时买入远期黄金。在远期合约到期时,用投资所得资金交割买入现货。在此过程中,需要注意卖出现货黄金后节约的储藏成本相当于增加了一份收入。因此,所获得套利利润是 $(S+U)e^{rT} - F$。

在套利交易的驱使下,将使等式 $F = (S+U)e^{rT}$ 成立起来。

【例 2-2】 黄金远期价格的计算和套利

假如黄金现货的价格是 245 元/克,储藏费用比率为每年 0.1%(国际上的黄金储藏费

用比率通常为黄金价值的 0.05%—0.1%),储藏费用立即支付,6 个月的无风险利率为 3.5%(假定该利率为 6 个月期的 Shibor,这一利率是连续复利利率)。根据这些条件,可以计算 6 个月后到期的黄金远期价格,即:

$$F=(S+U)\mathrm{e}^{rT}=(245+245\times 0.1\%\div 2)\mathrm{e}^{0.035\times 6/12}=249.4499\ 元/克$$

可以借此例子,对套利做具体化分析。

情形 1:如果市场上 6 个月后到期的黄金远期价格是 270 元/克。这时,套利者会设法套取远期和现货之间的价差利润。基本的手法如下:

第一步:借入资金,以 245 元/克的价格买入 1 000 克黄金并支付储藏费用,同时以 270 元/克的价格卖出 6 个月后到期的黄金远期。

在此过程中,需要借入的资金包含两个部分。一是借入 245 000 元用以买入黄金,二是借入 245000×0.1%÷2=122.5 元的资金用以支付储藏费用。这样一共需要借入 245 122.5 元。

第二步:在远期到期时将事先买入的黄金交割出去,这样可以获得收入 270 000 元(为方便分析,这里没有考虑交易佣金、交割成本、保证金成本等内容)。套利者可以利用这笔收入偿还借入的资金。由于最初借入了 245 122.5 元,因此需要归还银行 245 122.5×$\mathrm{e}^{0.035\times 6/12}$=249 449.895 1 元。这时,可以获得的套利利润是 270 000−249 449.895 1=20 550.104 9 元。

情形 2:如果市场上的 6 个月后到期的黄金远期价格是 240 元/克,套利者可以采用的套利方法如下:

第一步,以 245 元/克卖出 1 000 克黄金现货,将所获得的资金进行无风险利率投资;同时以 240 元/克买入 1 000 克的 6 个月后到期黄金远期。

第二步,在远期到期时,交割买回黄金。

这笔套利的具体收益计算如下:

卖出 1 000 克黄金获得收入是 245 000 元,以无风险利率投资半年后的终值是 245 000×$\mathrm{e}^{0.035\times 6/12}$=249 325.232 5 元。由于卖出黄金,套利者节省的储藏费用的终值是 122.5$\mathrm{e}^{0.035\times 6/12}$=124.662 6。这相当于套利者在半年后的收入是 249 449.895 1 元。套利者可以用这笔资金交割买回 1 000 克黄金,最后可获取的利润是 249 449.895 1−240 000=9 449.895 1 元。

四、外汇远期定价

外汇远期的定价有其独特之处。需要先做几个定义:假定某一标的货币的即期汇率为 S,远期汇率为 F,合约时间为 T,该货币的无风险利率为 r_f,购买该标的货币的计价货币的无风险利率为 r。为了考察远期汇率水平,可以构筑如下两个组合。

组合 A:一份远期合约多头头寸(购买 1 单位标的货币的远期汇率为 F)+一笔数额为 $F\mathrm{e}^{-rT}$ 的计价货币现金

组合 B:数量为 $\mathrm{e}^{-r_f T}$(标的货币的即期汇率为 S)的标的货币

组合 B 和以前的类似组合不同之处在于,数量上选取 $\mathrm{e}^{-r_f T}$。这主要是因为如果将其做无风险投资,在远期合约到期时,该笔标的货币的价值为1。

在远期合同到期时,组合 A 可以以 F 获得 1 单位的标的货币。而组合 B 则可以获得 1 单位的标的货币。这样基于无套利均衡分析方法,由于组合 A 和组合 B 在 T 时刻价值相等,均为 1 单位标的货币,那么其现值也会相等,即 $Fe^{-rT} = Se^{-r_fT}$。这样,远期汇率则为

$$F = Se^{(r-r_f)T} \tag{2.5}$$

【例 2-3】 外汇远期价格的计算

假设 3 月期的美元无风险利率为 5%,3 月期欧元的无风险利率为 4.5%,欧元兑美元的即期汇率是 1.244 4,即 1 欧元 = 1.244 4 美元,则 3 个月后到期的欧元远期价格应为:

$$F = Se^{(r-r_f)T} = 1.244\ 4e^{(0.05-0.045)3/12} = 1.246\ 0\ \text{美元}$$

以上不同标的资产远期合约的定价见表 2-1。

表 2-1 不同标的资产远期合约的定价

远期合约	交割价格	备注
无收益资产(零息债券、不付红利股票)	$F = Se^{rT}$	
黄金远期	$F = (S+U)e^{rT}$	U 为单位现货在到期时支付的仓储成本的现值
股票远期	$F = Se^{(r-q)T}$	q 为股票的红利率,S 为标的指数值
外汇远期	$F = Se^{(r-r_f)T}$	r_f 为外币(外汇交易标的货币)的利率,S 为直接标价法下的外币汇率
付息国债远期	$F = (S-I)e^{rT}$	S 为债券的发票价格,远期价格 F 也为发票价格

第二节 远期利率协议

一、远期利率协议的设计机制

1. 即期利率与远期利率

远期利率协议交易的远期利率。很明显,远期利率和即期利率并不相同。即期利率是指从现在到未来某一时段内的利率。在图 2-1 中,r_1 和 r_2 分别为从现在到 T_1 和 T_2 时刻的即期利率。远期利率则是从未来某一时点到更远时点期间的利率。在图 2-1 中,r_f 是指从 T_1 到 T_2 这一段时间的远期利率。

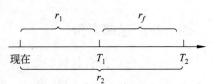

图 2-1 即期利率与远期利率

2. 远期利率协议的原理

远期利率协议(forward rate agreements,FRA)是指交易双方确定的未来某一时期内远期利率的买卖协议。在远期利率协议中,事先规定了一个远期期限内的协议利率,并约定以某一市场利率作为参考利率;在协议规定的结算日,如果参考利率与协议利率不同,

一方必须按照协议规定的内容向另一方支付一定的差额做补偿。远期利率协议的交易者可分为买方和卖方。买方是指参考利率上升超过协议利率后获得补偿的一方,卖方是指参考利率下降后低于协议利率后获得补偿的一方。

3. 远期利率协议的术语

交易日,是指签订远期利率协议的日期。

即期日,是指交易日后的两天,即协议开始生效的日期。

交割日,也称起息日、结算日,是指交易双方结算其中一方向另一方所应支付利率的日期,即名义贷款或存款的开始日。

基准日,又称利率确定日,通常为交割日的前两个工作日。在这一天,交易双方将确定参考利率的大小。

到期日,是指协议中确定的名义贷款或存款的最后一天。

协议期限,是指在交割日与到期日之间的天数。

名义本金,是远期利率协议买卖双方确定支付差额的基础。之所以称为名义本金是因为这个本金是观念上的本金,在实际交易中并不发生真正的资金转移。由于远期利率协议没有标准化的特征,因此名义本金往往由交易双方自由议定。在目前的国际金融市场上,一份远期利率协议的名义本金可能达到 5 000 万美元,甚至更高。

协议利率,是指交易双方商定的合约期间的远期利率。应当说,协议利率实际上是一种固定利率。

参考利率,是一种市场利率,在远期利率协议签订时无法对其进行准确判断。参考利率多是采用银行同业拆借利率的平均利率作为标准。在中国,远期利率协议的参考利率是经中国人民银行授权的全国银行间同业拆借中心等机构发布的银行间市场具有基准性质的市场利率或中国人民银行公布的基准利率,究竟选哪一种则由交易双方共同约定。

交割额,是在交割日那天,协议一方交给另一方的金额。交割额根据协议利率与参考利率之差计算得出支付金额。

图 2-2 描绘了 FRA 中重要日期之间的清晰关系。

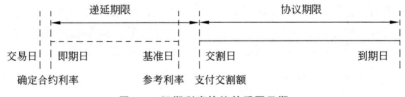

图 2-2 远期利率协议的重要日期

4. 交割额的计算方法

当远期利率协议到期时,如果参考利率与协议利率不一致(现实中往往确实如此),其中一方就必须向另一方支付之间的差额。在计算金额时,必须考虑货币的时间价值。也就是说,必须把未来将要支付的利率用参考利率折算为远期利率协议到期日的现值。支付金额的计算公式为

$$交割额 = \frac{(r - r_c) \cdot A \cdot \dfrac{DAYS}{BASIS}}{1 + r \cdot \dfrac{DAYS}{BASIS}} \tag{2.6}$$

其中，r 表示参考利率，r_c 表示协议利率，A 表示名义本金，DAYS 表示协议期限的天数，BASIS 表示转换为年的天数[①]。

5. 远期利率协议的报价方式

在交易中，需要了解远期利率协议的报价。表2-2列出了2009年4月10日，中国工商银行在全国银行间同业拆借中心交易系统中的以3M Shibor为参考利率的远期利率协议报价。在该报价中，3M×6M一般称为3对6，表示的是远期利率协议的期限。3M是指买卖远期利率协议签约日到交割日的时间是3个月，6M是指签约日到名义债务到期日的时间是6个月。Bid是指银行的远期利率协议的买入价报价，如3×6的买入价报价为1.2000；Ask是指该银行远期利率协议的卖出价报价，如3×6的卖出价报价是1.4000。

表2-2 远期利率协议报价举例

参考利率：3M Shibor

Term	Bid	Ask
1M×4M	1.2000	1.4000
2M×5M	1.1500	1.3500
3M×6M	1.2000	1.4000
4M×7M	—	—
5M×8M	—	—
6M×9M	1.2500	1.4500
9M×12M	1.3000	1.5000

如果一家公司或银行向该银行卖出3×6远期利率协议，那么价格应为1.2000才能成交。如果想向该银行买入3×6远期利率协议，则该行的报价为1.4000。买入价和卖出价的差额是银行从事远期利率协议交易的收益。当然，银行从事远期利率协议是否有利可图，不仅要看买入价和卖出价的差额，还要看未来市场利率的变动。

6. 远期利率协议的优缺点

远期利率协议实际上是一种场外交易合约。它与标准化的利率期货一样，都是为管理利率风险而创造出来的，用于管理短期利率风险。尽管利率期货由于标准化而具有简便有效的特点，但是国际金融市场上只有为数不多的可兑换货币具有相应的利率期货合约，因此很难满足市场的巨大需求。相比之下，远期利率协议则是一种十分有效并且被广泛使用的工具。其突出优点是：不需要缴纳保证金；合约金额和期限灵活，有助于提高风

[①] 在美国，除长期国债外，1年的天数计算惯例为360天。在英国，货币市场的天数计算惯例是365天。在我国，货币市场和债券市场的天数计算惯例是365天，在衍生工具中有时也用360天作为1年来计算。

险管理效率;可适用于一切货币。当然,远期利率协议的最大缺点是交易一方可能违约,产生信用风险。

二、远期利率协议定价

1. 定价方法

对远期利率协议进行定价,最简洁易懂的方法就是基于利率期限结构,利用无套利均衡分析原理展开分析。图 2-3 归纳了用几何符号表示的这一无风险套利过程。如果直接做长期投资和分段做投资,两条途径的收益应该相等。这样就可以得出以下两个等式和远期利率计算结果。

第一个等式是由连续复利所表示的等式。

$$Se^{r_s \cdot t_s} \cdot e^{r_f \cdot t_f} = Se^{r_l \cdot t_l} \tag{2.7}$$

其中,r_s 是到交割日的市场利率,r_l 是到到期日的市场利率,r_f 是协议利率。这些利率均为连续复利。t_s 是从即期到交割日的时间,t_l 是从即期到到期日的时间,t_f 是指协议期间的长度。

由式(2.7)可得远期利率的计算式为

$$r_f = \frac{r_l \cdot t_l - r_s \cdot t_s}{t_l - t_s}$$

第二个等式是非连续复利形式的投资等式关系,即

$$(1 + i_s t_s)(1 + i_f t_f) = (1 + i_l t_l) \tag{2.8}$$

其中,i_s 是到交割日的市场利率,i_l 是到到期日的市场利率,i_f 是协议利率。

所有的利率以小数的形式表示,所有的时间均折合成年来表示。将时间折合成天数,可以进一步得出 i_f 的值:

$$i_f = \frac{i_l D_l - i_s D_s}{D_f \left(1 + i_s \dfrac{D_s}{B}\right)} \tag{2.9}$$

其中,D_s 是从即期到交割日的天数,D_l 是从即期到到期日的天数,D_f 是协议期限的天数,B 是年转换成的天数。

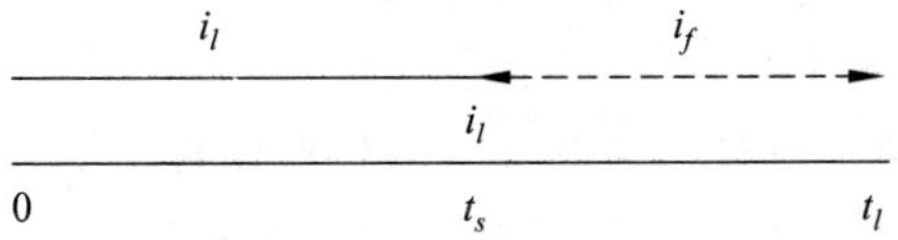

图 2-3 远期利率协议定价的简单模型

2. 远期利率协议的利率表现

在实践中,交易 FRA 的金融机构会非常重视远期利率对市场期限结构变化的敏感度。对于敏感度的分析,可基于式(2.9),分别对 i_s 和 i_l 求偏导数。其结果如下,

$$\frac{\partial i_f}{\partial i_s} \approx -\frac{D_s}{D_f} \tag{2.10}$$

$$\frac{\partial i_f}{\partial i_l} \approx \frac{D_l}{D_f} \tag{2.11}$$

$$\frac{\partial i_f}{\partial i_{all}} \approx -\frac{D_s}{D_f} + \frac{D_l}{D_f} = 1 \tag{2.12}$$

式(2.12)表明了远期利率协议的利率对利率水平一般变化的敏感程度,式(2.12)在式(2.10)和式(2.11)之后,因为 $D_f = D_l - D_s$。

表 2-3 表明当出现下列 3 种情况时,每个远期利率协议会移动多少基点(bp)[①]:

① 当短期利率 i_s 上升 1 个基点时;
② 当长期利率 i_l 上升 1 个基点时;
③ 二者都上升 1 个基点时。

表 2-3 远期利率协议的表现方式

远期利率协议	i_s 上升 1 个基点	i_l 上升 1 个基点	i_s 和 i_l 都上升 1 个基点
3×6 远期利率协议	−1	2	1
6×9 远期利率协议	−2	3	1
9×12 远期利率协议	−3	4	1
6×12 远期利率协议	−1	2	1

三、风险管理、套利和投机

1. 利用远期利率协议对冲利率风险

如果银行或其他金融机构有浮动利率的借款,或者预期在未来短时期内将有借款,可以买入远期利率协议来对冲利率上升的风险。可以由例 2-4 进行了解。

【例 2-4】 利用远期利率协议对冲利率风险

某机构有一笔浮动利率借款,借款利率每 6 个月重新设定一次,下一个利率重设日在 6 个月后。该机构支付的利率为 Shibor 加 50 个基点,从现在开始的 6 个月期限内,将支付 6.25% 的年利率。该机构不愿在任何 6 个月的期限内支付超过 7% 的借款成本,现在担心未来的几个月内利率有上升的风险,于是决定买入 1 份 6×12 远期利率协议来对冲风险。现在 6×12 远期利率协议卖出报价为 6.47%。

为方便分析,这里做两个假设。假设Ⅰ:6 个月后利率重设日的利率上升为 7.25%。假设Ⅱ:远期利率协议的交割日与借款利率的重设日重合。

这样,6 个月后,该机构 6 个月的借款成本为 7.75%(7.25%+50 个基点)。很明显超过了其愿意承受的 7% 以内成本范围。但是,该机构可以从出售远期利率协议的银行收到一笔补偿,该笔金额以远期利率协议的利率 6.47% 和参考利率 7.25% 的差价 0.78% 为计算基础。最后,有效借款成本是 6.97%。

---

① 基点(bp)是利率和汇率报价中常用的词语,可以理解为万分之一。如利率的一个基点是 0.01 个百分点,汇率的一个基点是 0.0001 单位。本书中将经常用到 bp。

从例 2-4 可以发现,买入远期利率协议可以很好地对冲掉利率上升带来的风险,但是却不能得到利率出现意外下跌的任何好处。同理,如果银行或其他金融机构有浮动利率的投资,或预期在未来将进行短期投资,则可以通过卖出远期利率协议来对冲利率下降的风险。但是,却无法从利率的上升中获得好处。

此外,如果银行的短期贷款与借款不匹配,也可以运用远期利率协议对冲利率的不利变动引发的风险。例如,一家银行借入 6 000 万元的 3 个月贷款,利率为 5.5%,并以 5.6% 的利率贷出 1 个月,同时还希望在后面两个月重新贷出这笔贷款。这样就产生了从现在时刻到第一个月末这段时间利率下降的风险。当银行把 6 000 万元加上 1 个月贷款累计的利息重新贷出时,就会面临这样的风险。银行至少需要足够的钱来支付 3 个月后的借款利息。

假设 1 个月的借款期限为 31 天,3 个月的借款期限为 91 天。那么:

3 个月贷款最后要支付的利息是 $60\ 000\ 000 \times 5.5\% \times 91/360 = 834\ 166.67$ 元。

1 个月贷款将收到的利息为 $60\ 000\ 000 \times 5.6\% \times 31/360 = 289\ 333.33$ 元。

银行需要更多的利息收入,即 544 833.34 元(834 166.67−289 333.33)才有能力偿还 3 个月贷款的利息。

1 个月后,银行可以贷出的资金有 60 289 333.33 元。第 1 个月和第 3 个月之间的最小利息率应为:

$$R = (544\ 833.34/60\ 289\ 333.33) \times (360/61) = 5.33\%$$

银行可以据此寻找卖出 1×3 远期利率协议的合适报价,本金为 60 289 333.33 元。任何高于 5.34% 的利率将完全锁定借贷款交易中的利润。

2. 利用远期利率协议进行套利

如果银行对远期利率协议的定价出现错误,其他机构就会买入或卖出这个远期利率协议获取套利利润。因为市场会做出迅速的调整来消除错误的定价,套利机会出现后将很快消失。

【例 2-5】 利用远期利率协议进行套利

假设现在欧元 3 个月的欧洲银行同业拆放利率为 4.25%,1×3 的远期利率协议的买入报价是 4.32%,1 个月的同业拆借利率为 4.12%。这时,有的银行会发现,远期利率协议的定价偏高,就会迅速进行套利。具体方法是:以 4.25% 借款 3 个月,以 4.12% 投资 1 个月,卖出 1×3 的远期利率协议。通过这种套利方法可以获得净收益 0.001 027%(具体见表 2-4)。

表 2-4 远期利率协议的套利交易

市场情况
假设欧元 3 个月的欧洲银行同业拆借利率为 4.25%,1×3 的远期利率协议的买入报价是 4.32%,1 个月的同业拆借利率为 4.12%。这时,有的银行会发现,远期利率协议的定价偏高,就会迅速进行套利。

续表

套利方式
以 4.25% 的利率借款 3 个月
以 4.12% 的利率贷出 1 个月
以 4.32% 的协议利率卖出 1 份 1×3 的远期利率协议
收益分析
借款成本为 4.25%×91/360＝1.074 306%
贷出资金收益为 4.12%×30/360＝0.343 333%
远期利率协议收益为 4.32%×61/360＝0.732 000%
净收益为 0.732 000%＋0.343 333%－1.074 306%＝0.001 027%

3. 利用远期利率协议进行投机

从理论上看,远期利率协议可以被用于对未来短期利率走势的投机。某一机构如果要对非预期的利率上升进行投机,可以买入远期利率协议;要对非预期的利率下降进行投机,可以卖出远期利率协议。投机者不需要付出任何的交易成本,而且在交割日之前不需要支付或也不会收到任何现金。

一些国家和地区会对用于投机目的的远期利率协议进行交易。但是,当买卖远期利率协议用于对冲标的资产或投资风险暴露的交易理由因为某些原因不再存在时,这种交易就变成了投机。

很明显,从事远期利率协议交易的银行经常会面临利率波动的风险。为了抵御这种风险,银行可以通过在利率期货市场上购买或出售利率期货头寸对其进行对冲。

四、协议的安排与解除

1. 协议的安排

远期利率协议通常是由银行或大型的非银行机构使用。如果一家机构希望交易一份远期利率协议,就会接触一家或数家在远期利率协议市场进行竞价的银行。在一些金融市场,也可以通过货币市场上的经纪商来获得最有利的利率,而不必在一开始就透露自己的身份。远期利率协议一般都是在电话中协商,但是具体的交易细节由书面确认,最后以正式合约的形式发布。

2007 年,我国开始推出利率远期交易。有关规定中提出,市场参与者进行远期利率协议交易时,应订立书面交易合同。书面交易合同包括交易中心交易系统生成的成交单,或者合同书、信件和数据电文等。交易合同应至少包括交易双方名称、交易日、名义本金额、协议起止日、起息日、合约利率、参考利率、资金清算方式、争议解决方式等要素。

2. 协议的解除

当正式签订远期利率协议后,交易商可能会希望解除合约。基本的方法有两种:一种是与原先的交易对手进行协商,确定能否终止合约和具体的终止方式;另一种方式是与其他银行协商进行一个反向交易。

反向交易意味着以相反的方向交易一份远期利率协议,即卖出远期利率协议来"消除"已购买的远期利率协议,或买入远期利率协议来"消除"已经卖出的远期利率协议。新的远期利率协议与原有的远期利率协议具有相同的计息期限,利率是市场上的即期利率。

例如,假定在6月1日,某机构买入3×6的远期利率协议,名义本金为2 000万元。1个月后,该机构发现不再需要远期利率协议了,并决定通过反向交易予以变相解除。其可以采用的具体方法是:

第一,与原先的远期利率协议的售出方协商,请其报出一个与3×6协议相同交割日的2×5的远期利率协议。结算两份远期利率协议的净支付额在两份协议利率差额的基础上进行,协议的支付额可以立即支付,而不必要等到2个月后这两份协议的交割日才进行。

第二,如果该机构不满意该银行提供的终止条款,也可以接触另一家银行,并卖出一份与原有3×6远期利率协议具有相同交割日和名义本金的2×5远期利率协议。两份远期利率协议都将在2个月后结算。

第三节 外汇远期和掉期

外汇远期交易是指外汇交易双方事先约定币种、金额、汇率、交割时间等交易条件,在成交后并不立即办理交割,到期才进行实际交割的外汇交易方式。根据有无本金交割,外汇远期交易包括有本金交割的外汇远期交易(Deliverable Forward,DF)、无本金交割的外汇远期交易(Non-Deliverable Forward,NDF)。我国境内的外汇远期交易采用有本金交割的外汇远期交易形式,具体表现为远期结售汇制。另外,外汇掉期交易中也隐含了远期交易,是外汇市场被广为使用的金融工具。

一、外汇远期

1. 外汇远期交易的市场机制

我国开展了人民币远期外汇交易。业务内容包括:人民币远期结汇和人民币远期售汇。结汇是外汇收入者将外汇卖给外汇指定银行。售汇是外汇指定银行将外汇卖给外汇使用者。远期结售汇则是外汇指定银行与境内机构签订远期合同,约定将来办理结汇或售汇的外币币种、金额、汇率和日期,到期时按照合同约定办理结汇或售汇业务。也就是说,远期结售汇和其他远期一样,是约定汇率在前、外汇实际交收在后的业务。

尽管外汇远期交易的原理很明显,但依然需要对现实的市场运行和交易机制进行细化了解。这里以远期买入外汇为例,金融中介机构在与对手方签约外汇远期合约后,会立即以同业拆借利率拆入一定数量的外汇,通过即期外汇市场将外汇换成本币,然后再将本币以市场利率拆出。到期时,金融中介机构将拆出的本币收回,与对手方履约,然后用从对手方收到的外汇来偿还外汇同业借款。

另外,在远期外汇市场,由于在将来才会有交收清算,因此作为中介的银行往往会要求顾客按照买卖总额缴纳一定比例的保证金。保证金会随着市场变化、客户类型而有所不同。除了保证金外,顾客还可以用其他形式的资产对远期交易进行担保。如对于个人来说，担保的形式包括有价证券、贵金属、账户余额、存款等；对公司客户来说，要向银行提供公司年度负债表和损益表，银行会为其核定一个外汇买卖授信额度。

2. 远期汇率报价和计算

与远期利率一样，远期汇率也是金融市场中重要的远期价格。在现实中，金融机构要为客户提供远期汇率报价。但是，这种报价可能面临较大的风险。从理论上看，为了能够确定合理的远期外汇价格，金融机构往往需要根据无风险套利原理，计算远期汇率。具体如下：

$$F = S \cdot \frac{1 + \left(r_q \cdot \dfrac{\text{DAYS}}{\text{BASIS}_q}\right)}{1 + \left(r_b \cdot \dfrac{\text{DAYS}}{\text{BASIS}_b}\right)} \tag{2.13}$$

其中，r_q 为计价货币利率，r_b 为标的货币利率，BASIS_q 为计价货币一年的天数，BASIS_b 为基础货币一年的天数。

在实践中，外汇市场的远期汇率并不以绝对数字，即不以远期直接汇率报价，而是以即期对远期汇率之差来表示。即期对远期汇率之差又称为远期汇差（forward margin）。之所以这样报价是因为远期直接汇率对即期汇率的变动相当敏感，几乎是同幅变化。远期汇率的报出银行不得不随着即期汇率变动而调整报价。由于远期汇差几乎不受即期汇率的影响，相对稳定，所以银行只报出远期汇差，就可以省去不断调整远期汇率的繁琐工作。

远期汇差（W）的理论计算公式则为：

$$W = F - S = S \cdot \left[\frac{1 + \left(r_q \cdot \dfrac{\text{DAYS}}{\text{BASIS}_q}\right)}{1 + \left(r_b \cdot \dfrac{\text{DAYS}}{\text{BASIS}_b}\right)} - 1\right] \tag{2.14}$$

当然，在现实中银行报出的远期汇差也综合多种因素，并非和式（2.14）计算的结果一致。

表2-5是外汇即期报价和远期报价数据。可以根据这些数据计算出远期全价（远期汇率）。《中国外汇交易中心产品指引（外汇市场）》中给出了远期汇率的计算公式为：

$$\text{远期全价} = \text{即期汇率} + \text{远期点}$$

其中，即期汇率是远期交易成交时报价方报出的即期汇率，远期点是远期汇差，即远期汇率和即期汇率之间的差值。

如果发起方为卖方，则即期汇率和远期点均使用 bid 方报价[①]；如果发起方为买方，则即期汇率和远期点均使用 offer 方报价。例如，一笔美元兑人民币远期交易成交时，报价方报出的即期汇率为 6.798 9/6.799 9，远期点为 21.00/21.10bp。则，如果发起方为卖方，远期全价就为 6.798 9+21.00bp=6.801 0；如果发起方为买方，远期全价就为 6.799 9+21.10bp=6.802 01。

---

① bid 方报价指做市商或报价方为买入基准货币而报出的价格。offer 方报价是指做市商或报价方为卖出基准货币而报出的价格。

表2-5 人民币外汇即期报价和外汇远/掉期报价(2022-10-31 9:30)

货币对	买/卖报价	货币对	1周	3月	6月
USD/CNY	7.250 0/7.254 9	USD/CNY	−129.60/−129.00	−492.00/−485.00	−1 078.93/−1 072.24
EUR/CNY	7.209 0/7.215 8	EUR/CNY	−54.82/−29.86	−95.92/−19.90	−250.76/−94.84
100JPY/CNY	8.401 4/8.407 5	100JPY/CNY	23.72/39.45	165.02/220.40	503.28/505.72
HKD/CNY	0.923 62/0.924 25	HKD/CNY	−11.50/−10.36	−55.24/−52.70	−124.89/−121.69
GBP/CNY	4.191 4/4.918 2	GBP/CNY	−176.05/−149.28	−495.06/−400.03	−886.46/−884.56
AUD/CNY	4.639 4/4.644 4	AUD/CNY	−94.47/−78.80	−260.42/−213.47	−403.49/−391.82

注:远掉报价为基点报价(BP)

数据来源:中国外汇交易中心

3. 远期外汇的交易者和市场作用

远期外汇交易的作用依然和规避汇率波动风险、套利和投机有关。

对于进口企业来说,如果担心未来所需要的外币升值,则可以事先买入远期外汇。对于出口企业来说,如果担心未来将要收到的外币贬值,则可以事先卖出远期外汇。对于一些短期投资者来说,也会面临汇率波动对资本价值的冲击风险,因此可以根据汇率风险方向,进行远期外汇交易,规避汇率波动风险。

【例2-6】 利用远期外汇交易规避汇率风险

假设一家进口企业,3个月后将要进口商品,需要向境外公司支付1 000 000美元。这家公司担心3个月后美元出现升值,于是在远期外汇市场上决定事先买入1 000 000美元。现在市场报出货币对USD/CNY的即期汇率是6.666 6/6.667 8,3个月的远期点是330/339。该企业签订的3个月的远期美元购买协议的汇率是6.667 8+0.033 9=6.701 7。也就是说,3个月后企业将支付6 701 700元购买1 000 000美元。如果3个月后,美元出现大规模升值,USD/CNY的即期汇率是7.476 6/7.477 7,则企业节省的资金是7 477 700−6 701 700=776 000元。

当然,投机者还可以直接利用远期汇率进行投机。例如,预计3个月后美元升值,投机者可以以1∶6.600 0的远期汇率买入10 000美元。在3个月后,通过远期外汇交易买入10 000美元。假如这时的美元汇率是1∶7.000 0,投机者可以将手中的10 000美元卖出,获得70 000元人民币,通过投机可以获得4 000元人民币的收益。

另外,远期外汇市场的交易者种类中还包括银行。银行不仅是远期外汇交易的中介,还是远期外汇买卖的主要参与者和市场领导者。

二、无本金交割外汇远期

1. 产品设计机制

无本金交割外汇远期(NDF)是交易双方基于对汇率的不同看法,签订不交割本金的远期外汇交易合约。合约中确定的内容包括远期协议汇率、协议期限和名义金额。合约到期时,只需将远期协议汇率与实际汇率的差额进行交割清算,与本金金额的实际收支毫无关联。人民币的无本金交割远期交易最初出现在离岸市场,其明显与在岸的人民币远期结售汇制度不同。在《中国外汇交易中心产品指引》中对人民币无本金交割远期交易进行了界定,其具体是指交易双方在起息日根据约定的汇率与定价日即期汇率轧差交割,并使用人民币清算的远期交易。

可以先从企业购买外汇的角度分析 NDF 的原理。假如企业未来 3 个月需要外汇,最担心的是用汇时,外汇币值上升。为了解决这一问题,企业可以购买一份与所需外汇数量相同的 NDF,协议汇率是 X(直接标价法)。当 NDF 到期时,如果市场上的外汇汇率 R 上升,即 $R>X$,则银行向企业支付相应金额的美元,具体数量为:

$$外汇名义本金 \times \frac{R-X}{R}$$

如果 NDF 到期时,市场上外汇汇率 R 下降,即 $R<X$,则企业向银行支付相应金额的美元,具体数量为:

$$外汇名义本金 \times \frac{X-R}{R}$$

如果企业未来需要卖出外汇,担心外汇贬值,则可以在 NDF 市场向银行卖出 NDF。假设 NDF 汇率为 X,在 NDF 到期时市场汇率为 R。很明显,如果 $R<X$,则银行向企业支付外汇汇率下跌后的外汇金额。具体数额按照 NDF 名义本金和汇差进行计算,如下:

$$外汇名义本金 \times \frac{X-R}{R}$$

而如果 $R<X$,则企业向银行支付外汇汇率上升后的汇差金额,具体数额按照 NDF 名义本金和汇差计算,如下:

$$外汇名义本金 \times \frac{R-X}{R}$$

可以将以上的原理总结于表 2-6 中。可见,如果企业没有实际的货币交收,不需要锁定汇率风险,则所从事的 NDF 交易属于投机交易;如果需要管理汇率风险,从事 NDF 交易则属于套期保值范畴,企业可以通过 NDF 的收益(亏损)弥补现货汇率的亏损(收益),将汇率锁定在期初的远期汇率水平上。

表 2-6 NDF 的基本原理

	企业远期购买外汇	企业远期出售外汇
$R>X$	银行向企业支付	企业向银行支付
$R<X$	企业向银行支付	银行向企业支付
汇差损益	$R-X$	$X-R$

2. 人民币外汇远期和无本金交割远期套利

第一种套利是 DF 结汇+NDF 购汇。这种套利适用情形是:人民币升值预期,即 DF 汇价高于 NDF 汇价。通常可由出口企业或其他的未来可收入外汇的企业操作。假设具体的市场情形见表 2-7,一家出口企业 6 个月后将获得 1 000 万美元,可以做一笔套利操作。按照 6.350 5 向银行卖出远期美元(本金 1 000 万美元),并以 6.306 8 买入 NDF 远期美元(名义本金为 1 000 万美元)。假设 6 个月后人民币中间市场汇率为 R,则在 6 个月后,出口商在 DF 市场的汇差收益是 $6.350\,5-R$,在 NDF 市场上的汇差收益是 $R-6.306\,8$,通过套利总得的汇差收益是 $6.350\,5-R+(R-6.306\,8)=0.043\,7$。总的套利收益则是 $10\,000\,000\times 0.043\,7=437\,000$ 元。

表 2-7　6 个月期外汇远期市场的交易报价(人民币存在升值预期)

DF(6 个月)	汇率	NDF(6 个月)	汇率
买入价	6.350 5	买入价	6.303 8
卖出价	6.360 5	卖出价	6.306 8

第二种套利是 DF 售汇(购买外汇),NDF 市场卖汇。适应情形是:人民币贬值预期,即 NDF 汇价>DF 远期汇价。通常可由进口企业或者其他的未来需要外汇的企业操作。假如当前 DF 和 NDF 报价如表 2-8。进口企业未来将使用 1000 万美元,决定在 DF 市场和 NDF 市场进行套利。即,以 6.341 0 在 DF 市场买入 6 个月远期美元(本金 1 000 万美元),以 6.355 8 在 NDF 市场卖出远期美元(名义本金为 1 000 万美元)。那么,如果 6 个月人民币兑美元中间汇率为 R,则该企业在 DF 市场获得汇差收益是 $R-6.341\,0$,在 NDF 市场获得的汇差收益是 $6.355\,8-R$,那么套利的汇差收益是 $R-6.341\,0+6.355\,8-R=0.014\,8$。套利总收益则是 $0.014\,8\times 10\,000\,000=148\,000$ 元。

表 2-8　6 个月期外汇远期市场的交易报价(人民币存在贬值预期)

DF(6 个月)	汇率	NDF(6 个月)	汇率
买入价	6.340 0	买入价	6.355 8
卖出价	6.341 0	卖出价	6.356 9

三、外汇掉期

外汇掉期(swap)交易是外汇市场普遍存在的交易。通常可以将掉期交易定义为交易双方在交易日达成约定,在一前一后两个不同的交割日进行方向相反的两次货币交换的过程(见图 2-4)。在第一次货币交换中,一方按照约定的汇率用基础货币(primary currency)交换次级货币(secondary currency);在第二次货币交换中,该方再按照另一约定的汇率,用次级货币交换回基础货币。可以看出,掉期交易在实质上是一笔即期外汇交易和一笔远期外汇交易的结合。在掉期交易中,有一系列设计要素,如交割日(在我国又称起息日,Value Date)、掉期汇率等。

图 2-4　掉期交易示意

1. 交割日

每笔掉期交易包含一个近端期限和一个远端期限,分别用于确定近端交割日和远端交割日。这两个期限可以是标准期限(如 1M、1Y),也可以是非标准期限。

近端交割日是第一次货币交割的日期,远端交割日则是第二次货币交割的日期。

按照交割日的不同,掉期交易分为即期对远期掉期交易(Spot-Forward)、远期对远期掉期交易(Forward-Forward)和隔夜掉期交易,其中隔夜掉期交易包括 O/N(Overnight)、T/N(Tomorrow-Next)和 S/N(Spot-Next)3 种(见表 2-9)。

表 2-9 我国掉期交易分类

期 限	全 称	近端起息日	远端起息日
O/N	Overnight	T	$T+1$
T/N	Tomorrow-next	$T+1$	$T+2$
S/N	Spot-next	$T+2$	$T+3$
1W	Spot-one week	$T+2$	即期起息日之后一周
1M	Spot-one month	$T+2$	即期起息日之后一个月
1Y	Spot-one year	$T+2$	即期起息日后一年

资料来源:《中国外汇交易中心产品指引》2.0 版

2. 掉期汇率(Swap Rate)

掉期汇率包括近端汇率和远端汇率。

近端汇率(Near-leg Exchange Rate)是交易双方约定的第一次交割货币所适用的汇率。

远端汇率(Far-leg Exchange Rate)是交易双方约定的第二次交割货币所适用的汇率。

掉期点(Swap Point)是指用于确定远端汇率与近端汇率之差的基点数。掉期点可以为正,也可以为负。

掉期全价(Swap All-in Rate)指交易双方约定的在起息日基准货币交换非基准货币的价格。包括近端掉期全价和远端掉期全价。掉期全价的计算公式为:掉期全价=即期汇率+相应期限掉期点。

如果发起方近端买入、远端卖出,则近端掉期全价=即期汇率 offer 边报价+近端掉期点 offer 边报价,远端掉期全价=即期汇率 offer 边报价+远端掉期点 bid 边报价;如果发起方近端卖出、远端买入,则近端掉期全价=即期汇率 bid 边报价+近端掉期点 bid 边报价,远端掉期全价=即期汇率 bid 边报价+远端掉期点 offer 边报价。

【例 2-7】 掉期原理

即期对远期掉期。2020 年 4 月 22 日,机构 A 通过外汇交易系统与机构 B 成交一笔 1Y 美元兑人民币掉期交易,约定机构 A 在近端卖出 USD10 000 000,远端买入 USD10 000 000。机构 A 为发起方,成交时机构 B 报出的即期汇率为 6.160 0,1Y 的远期点为 49.00bp,即机构 A 会在 2020 年 4 月 24 日以 USD/CNY=6.160 000 的价格向机构 B 卖出 USD10 000 000,在 2021 年 4 月 24 日以 USD/CNY=6.164 900 的价格从机构 B 买入 USD10 000 000。

远期对远期掉期。一笔 1M×2M 的美元兑人民币掉期交易成交时,报价方报出的即期汇率为6.133 0/6.133 3,近端掉期点为45.01/50.23bp,远端掉期点为60.15/65.00bp。则：

发起方近端买入、远端卖出,则近端掉期全价为6.133 3+50.23bp=6.138 323,远端掉期全价为6.1333+60.15bp=6.139 315,掉期点为60.15bp-50.23bp=9.92bp；

发起方近端卖出、远端买入,则近端掉期全价为6.1330+45.01bp=6.137 501,远端掉期全价为6.1330+65.00bp=6.139 500,掉期点为65.00bp-45.01bp=19.99bp。

【阅读材料2-1】 日本昭和壳牌石油公司的外汇远期交易

【思考与习题】

1. 如何确定无收益资产的远期价格？
2. 如何确定黄金远期的价格？
3. 从组合角度阐述远期汇率的确定原理。
4. 远期利率协议的设计机制是什么？如何计算远期利率协议的交割数额？
5. 试举例说明远期利率协议在利率风险管理中的应用。
6. 查阅资料并结合本书内容,思考我国外汇远期市场的发展方向和主要特点。
7. 外汇远期和外汇掉期的差异和联系是什么？
8. 查阅资料,分析黄金远期和掉期市场设计机制。
9. 思考如何在离岸NDF市场和在岸NDF市场之间开展套利。
10. 一位跨国公司的高级主管说"完全没有必要使用外汇远期,因为我们预期未来汇率上升和下降的机会几乎是均等的,使用外汇远期并不能为我们带来任何收益"。如何认识这一观点？说说你的看法。
11. 远期利率协议中,协议利率为6.25%,协议期限94天,名义本金100万元,基准日市场利率为6.80%。那么交割日那天,卖方和买方的交割方向如何？交割金额是多少？ Shibor的期限结构如表2-10,请计算不同期限远期利率协议的协议利率,填入表2-11。

表2-10 Shibor的期限结构

1个月	3个月	6个月	9个月	12个月
4.9%	5.2%	5.8%	6.1	6.5

表2-11 不同期限的协议利率

期　　限	3×6	3×9	6×9	9×12
FRA协议利率				

12. 某公司卖出一份6×12的FRA,买方为B银行,合约金额为100万元,FRA协议

利率为 4.68%,在结算日时的参考利率为 4.94%,则该 FRA 交割时的结算金额为多少元?

13. 已知英镑对美元的即期汇率是 1∶1.8,美元 3 个月期的利率是 5%,英镑 3 个月期的利率是 4%,假设不考虑交易成本,3 个月期的远期汇率应是多少?

14. 一家企业三个月后将购买美元 100 000 美元,担心美元汇率上升,于是买入协议汇率为 6.200 0 元的美元 NDF。3 个月后,在 NDF 交割日的前两个工作日的美元汇率的中间价是 6.450 0 元。那么这家企业将获得多少美元的补偿?

【即测即练】 扫描书背面的二维码,获取答题权限。

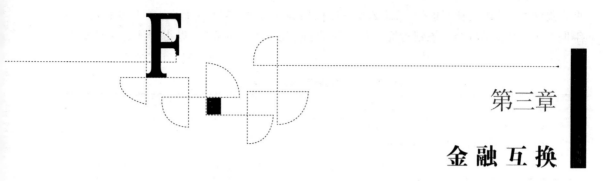

第三章 金融互换

金融互换不仅可以视为金融工具,同时也可以视为一种金融技术。最初,可以用于互换的金融资产主要是货币、利率、指数等。在金融互换市场的深入发展中,通过改变基本参数或标的资产可以创新出种类丰富的新颖品种。有学者认为,互换的变化形式似乎只受金融工程师的想象力及企业资金部门主管与基金经理对于特殊交易结构渴望的限制。

第一节 金融互换的创新和策略

一、普通互换产品

1. 利率互换

利率互换(interest swap)是指交易双方根据信用等级、筹资成本和负债结构的差异以及在金融市场上筹集资金的优势,将同一种货币的不同利率的债务进行对双方有利的利率互换安排。图3-1描绘了利率互换的基本机制:AYZ向XYZ支付浮动利率,XYZ向AYZ提供固定利率。

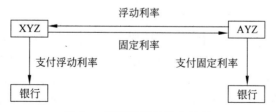

图3-1 利率互换的基本机制

假定XYZ是一家信用等级为BBB的公司。该公司需要借入5年期5 000万元的款项,并倾向于采用固定利率借款。XYZ 能筹集到浮动利率等于 Shibor+100bp 的借款,也可收集到 6% 的固定利率借款。AYZ 是一家信用等级为 AAA 的银行,也需要筹集一笔 5 年期 5 000 万元的资金。该银行愿意借用浮动利率的贷款。AYZ 可以得到 4.25% 的固定利率借款或浮动利率等于 Shibor 的借款。两家银行的筹资途径和要求方式列于表 3-1。

表 3-1 XYZ 和 AYZ 的筹资途径和要求方式对比

利率	XYZ 公司	AYZ 银行
固定利率	6%	4.25%
浮动利率	Shibor+100bp	Shibor
要求方式	希望以尽可能低的固定利率融资	希望以尽可能低的浮动利率融资

鉴于各自的筹资能力及需求,XYZ 和 AYZ 可以协商确定一个利率互换协议,双方在对各自都有利的条件下借款,然后以对彼此都有利的利率水平进行利率互换。具体过程如下:

第一步,XYZ 以 Shibor+100bp 的浮动利率获得借款,而 AYZ 以 4.25% 的固定利率获得借款。

第二步,双方就 5 000 万元的名义本金协商确定互换的利率。XYZ 向 AYZ 支付 4.75% 的固定利息。AYZ 向 XYZ 支付 Shibor 的浮动利率的利息。

第三步,协商利息的支付方式。XYZ 和 AYZ 应确定利息的各自支付时间和方式。现实中更普遍的方法是,双方不交换本金,只对各自应支付利息计算净差额,然后向对方进行单方面支付。

具体来说,利率互换的双方收益见表 3-2。通过互换,XYZ 和 AYZ 分别节省了 0.25% 和 0.50% 的利率支付。

表 3-2 XYZ 和 AYZ 利率互换支出和收益对比

双方收支比较	XYZ	AYZ
支出利率(原始借款)	Shibor+1%	4.25%
支出利率(向交易对手支付)	4.75%	Shibor
收入	Shibor	4.75%
净支付	5.75%	Shibor-0.5%
无互换时的成本	6%	Shibor
节省	0.25%	0.50%

可以总结出利率互换的四个特征:①贷款人独立于互换交易,无需甚至根本不知道其贷款被用于交换;②互换独立于借款本身,即借款本身的资金来源、形式和时间选择都与互换行为没有任何直接关系;③互换双方交易的是名义本金,进行实际交换对双方没有任何实际意义;④交易双方可以将利率交换简化为利息差额的单方面支付,而不需要同时向对方支付。

2. 货币互换

货币互换(currency swap)是一种建立在不同货币基础上的交易。由于不同互换主体在资本市场上的融资成本不同,A公司可能以相对较低的成本获得一国货币,但对另一国货币的融资成本则较高,而B公司的融资条件可能正好相反。这样,两个公司便有了通过货币互换降低融资成本的机会。

例如,世界上第一笔货币互换是1981年在世界银行和IBM之间进行的。当时,世界银行需要借入一笔长期的瑞士法郎,但是市场上的利率非常高。不过,其可以以非常优惠的利率借入长期美元。IBM在瑞士市场具有很高的声望,可以以优惠的利率借入长期的瑞士法郎,但是其却需要借入美元。为了充分利用自己的优势和解决所需,这两个机构签订了一份货币互换协议。协议的内容和步骤大致如下。

第一步,IBM借入瑞士法郎,世界银行借入美元。世界银行将美元借款提供给IBM,IBM将瑞士法郎提供给世界银行[见图3-2(a)]。

第二步,确定交换货币的汇率和交换利息率。汇率一般采用即期汇率。利息率的确定则需要以各自取得贷款的利率为基础进行协商。利率可以是固定的,也可以是浮动的。利率的具体支付周期也要在合约中反映出来,其通常是相关借款的利息周期[见图3-2(b)]。

第三步,互换到期时,交易双方分别以最初的汇率再一次交换本金[见图3-2(c)]。

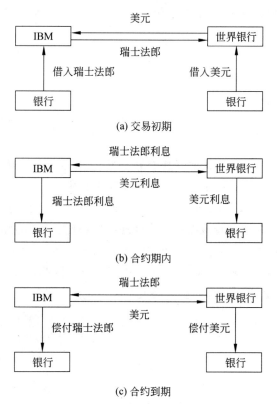

图 3-2　货币互换示意

可以做个总结,货币互换和外汇掉期在严格意义上看,并不属于同一类范畴。货币互换通常时间长达4~5年,有的甚至10年以上。企业有时经由货币互换,在债券发行后,转换原发行货币为另一种金融互换交易所需要的货币,而此种方式比直接以所需货币取得资金的成本要低。但在外汇市场上,掉期交易的期间通常不超过1年。短期掉期的目的主要是消除短期未轧平头寸的相对利率变动风险,或是为了短期内资金调度。外汇市场上的掉期交易与即期交易同为外汇市场上最主要的外汇交易,掉期交易虽可视为一段期间内的货币交换,但其更偏重同时买入又卖出一笔货币,买卖之间也可能是投机性操作。

3. 股票互换

股票互换(equity swap)是一种交易双方之间的协议,其中至少一方同意在协议有效期内依照未来的时间表向另一方支付根据股票指数确定的一定比率的回报,另一方根据某固定或浮动的比率或另一股票指数进行支付。合约中的支付按某相关名义本金的一定百分比确定。

假如XYZ公司拥有美国股票,同时希望将其投资组合的15%配置为中国蓝筹公司的股票。一种选择是,卖出美国股票,买入中国股票。但是,这种方法存在的问题是:跨国投资需要付出较高的交易成本,同时还需要办理复杂的手续。为了避开这个问题,XYZ可以与一家持有中国股票但又想投资美国股市的AYZ公司签订一个股票互换协议。具体运作方式如下:

第一步,XYZ确定名义本金等价于其投资于投资组合的市场价值的15%,每季度进行一次款项支付。

第二步,双方交换支付。XYZ每季度按名义本金向AYZ支付标准普尔500股票指数的回报率。AYZ每季度依据同样的名义本金向XYZ支付中国沪深300股票指数的回报率。

该互换的总体结果就是XYZ实际上卖出了等价于其投资组合名义价值15%的美国股票,并买入了中国股票。

需要注意的是,股票互换和其他互换存在一定的差异。合约确定了交易者向对方支付一定的收益,但是这个收益可能也是负收益,因此其中一方可能要负责两种款项的支付。例如标准普尔500指数下跌,而沪深300指数上涨。XYZ持有的资产价值由15%名义本金贬值到14%,这就意味着该投资组合经理必须补偿AYZ的此项损失。沪深300指数上涨了,AYZ必须依据重新定价的投资组合,例如名义本金的16%进行支付。这就意味着AYZ要依据比原来的规模大的投资组合进行支付。因此,XYZ还必须根据中国沪深300的支付差额对AYZ进行补偿(见图3-3)。

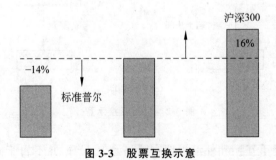

图3-3 股票互换示意

从股票互换的原理看,股票互换的特点是能为基金经理、资产组合经理和机构投资者提供一种转换资产的良好途径。这种衍生品不仅可以节省买卖交易中的高额费用,而且也提供了一种在海外股票市场避免国外资本管制、税收及利润分配等复杂问题的方法。

4. 商品互换

商品互换(commodity swap)的设计机制与利率互换十分相近。利率互换的交易双方将固定利息与浮动利息交换支付,而商品互换中固定支付的对象是定量商品与固定价格相乘的商品总额,浮动支付的是定量商品与其市场价相乘的商品总额。商品互换交易由商业银行或投资银行安排。商品互换合约订立需要确定五项基本内容:合同的商品量、固定价格、浮动价格指数、交换期以及到期日。其中,固定价格由协议双方根据对未来市场价格走势的判断协商决定,浮动价格则一般采用 3 月期或 6 月期的现货价或指数价。在商品互换的整个过程中,不必实际交换协约中的商品,只需以现金支付净差额。

商品互换的结果是支付固定价格的一方在实际上会获得一个固定的商品价格支出,即一个固定的商品购买价格。在图 3-4 中,航空公司担心未来航油价格波动,决定与投资银行签订一个 2 年期的互换协议,航空公司支付固定价格,投行支付浮动价格,每季度支付一次。假设互换中的固定价格是 100 美元/桶,在第一次结算时,航油涨到 130 美元/桶,则投行向航空公司支付 30 美元/桶。航油公司买油的现货价 130 美元/桶,但是由于有 30 美元/桶收入,所以相当于按照固定价格 100 美元/桶购买航油。相反,如果航油价在第二次结算时下跌到 60 美元,航空公司则向投行支付 40 美元。这时,航空公司买油价格为 60 美元/桶,由于向投行支付了 40 美元/桶,因此总支出依然是 100 美元/桶。

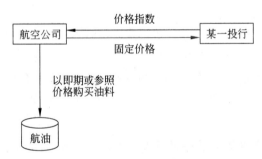

图 3-4 商品互换与风险管理

二、互换产品的变化与创新

1. 标准互换的变形

对互换的基本参数进行调整后就会产生新品种,例如远期互换、分期偿还名义本金互换、交叉货币互换等。除此之外,互换创新还包括互换执行形式的变化,即互换除了由交易者本人直接进行或者由金融中介安排外,还出现了投标和循环互换等形式。由于互换创新性强、种类繁多,因此无法在较短的篇幅内对其予以详尽描述。下面简单介绍一些常见互换形式。

(1) 远期互换(forward swap)。远期互换的起始时间不是合约签订的时间,而是合约规定的某个未来时间。

（2）分期偿还互换（amortising swap）。在这类互换的设计中，互换交易的本金在互换有效期内分期偿还。分期偿还互换主要与资产和负债的分期结构有关，可以应用于资产管理和负债管理两个方面。

（3）基础互换（basis swap）。基础互换是两种货币之间的市场浮动利率交换。与标准的浮动利率与固定利率互换不同，基础互换需要在互换开始时交换本金，在互换结束时换回。

（4）交叉货币互换（cross-currency interest rate swap）。交叉货币互换的交易双方支付的货币种类不同。在这类互换中，有两项重要的安排：一是互换基于不同货币，本金交换的数额由即期外汇市场上这两种货币的汇率决定；二是互换双方需要在到期日交换本金，有的则是要求在互换起始时交换本金。

2. 互换标的多样性

（1）不同资产间的互换。如，在商品价格指数收益和利率之间、在股票指数收益和利率之间、在股票指数收益和商品价格指数之间开展互换交易。如，一家资产管理公司ABC拥有1亿元的股票组合。2019年1月1日，ABC判断未来一段时间内股票市场将出现整体下跌。其出于长期配置资产的考虑，并不愿意出售股票组合。为了对冲系统性风险，ABC决定和XYZ公司签订一份股票互换协议。商定在未来1年内，每3个月做一次指数收益对利率的交换。具体为：XYZ向ABC支付年利率6%的利息收益，ABC向XYZ支付各结算期内的沪深300指数收益。这类互换可以为基金经理、资产组合经理和机构投资者提供一种转换资产的新途径。

（2）新型标的资产互换。与前述的货币互换、利率互换、指数互换等不同，互换的交易对象还可以包括更多内容，金融市场开发出了人寿互换、通胀互换、波动率互换等新的互换品种。如，2008年英国保险公司Lucida和JP.摩根签订了一份10年期名义本金为1亿英镑的人寿互换协议。在协议中，一方支付LifeMetrics指数，另一方支付当前的预期寿命。

3. 互换与期权结合以及更复杂的互换

（1）嵌入期权的互换。互换和期权的结合首先体现在互换中嵌入了期权。如，在可延长互换（extendable swap）中，互换的一方有权根据合同条款延长互换的期限。在可赎回互换（puttable swap）中，互换的一方有权选择提前结束互换。还有一种互换称为手风琴互换（according swap），也称净现值互换。在这种互换中，互换的有效期限可以被使用者任意缩短或者延长，同时互换的名义本金和互换利率也做相应调整，使得调整后的互换净现值与调整前的相等。

（2）互换期权。与以上期权和互换的结合形式不同，也有的互换会成为期权的标的物，如互换期权（option on swap）。这类期权的持有人有权在将来签订一个实现约定好内容的互换协议。互换期权中的互换可以是利率互换、货币互换或者其他互换。2020年年初，我国的外汇交易中心启动了利率期权业务的试点工作，推出了挂钩LPR1Y/LPR5Y的利率互换期权。利率互换期权分为支付方期权（建立支付固定、接受浮动的互换）和接收方期权（建立接受固定、支付浮动的互换）。

【例3-1】 互换期权原理

购买支付固定的3年期利率互换的2年期期权,行权利率为3.5%。2年后,3年期利率互换的固定利率达到4.75%。买方可以选择的行权方式有两种。一种是获得一个支付3.5%,收到浮动利率的利率互换;另一种是行权结算,买方获得1.25个百分点(4.75%-3.5%)利率的补偿。

(3)杠杆期权。有的互换中不仅加入了某种期权属性,还加入了杠杆特性。由于比较复杂,这里以1993年11月宝洁公司和信孚银行签订的杠杆性利率互换为例做个简要介绍。感兴趣的读者可进一步学习阅读材料3-1。

【例3-2】 宝洁公司与信孚银行签订杠杆性利率互换

在互换合约中,确定的名义本金是2亿美元,期限为5年期。合约规定,信孚银行向宝洁公司支付固定利率,宝洁公司向信孚银行支付浮动利率。浮动利率的支付是在前0.5年,支付商业票据利率-75BP;在后4.5年,支付商业票据利率-75BP+附加差额。其中,附加差额=$\max\{0,[98.5\times(5年期CMT收益率)/5.58\%-某30年美国国债价格]/100\}$。这里的5年期CMT收益率是根据国债收益率曲线推算出的一种合成型5年期债券指数。

在该互换中,75bp相当于是宝洁公司卖出利率看涨期权所获得的保证金收入。在最初的低利率环境下,附加差额为零,宝洁公司会获得权利金。但是,之后美国不断加息,导致附加差额不断扩大,最终导致了宝洁公司向信孚银行的巨额支付。表3-3对利率变化后利率互换协议中宝洁公司的损益做了初步的模拟分析。通过比较可以发现,如果利率上升150bp,2亿本金的利息支出增加300万美元。但在该互换中,利率上升150bp,宝洁要向信孚银行支付的净利率为24.3%,相当于利息增加48 600 000美元。

表3-3 利率变化后利率互换协议的模拟分析

5年期CMT收益率	30年国债价格	附加差额(BP)	杠杆率	净利差(浮动-固定)	利息变动(百万美元)
4.95	103.02	-1 905	—	—	1.5
5.35	97.61	-644	31	—	1.5
5.55	95.07	-49	31	—	1.5
5.65	93.85	243	31	168	-3.36
5.75	92.64	535	31	460	-9.2
5.95	90.3	1 110	30	1 035	-20.7
6.45	84.86	2 505	29	2 430	-48.6

注:杠杆率指CMT变化1个百分点所引发的附加差额变化的百分点。

三、互换的交易策略

不同的互换所能形成的交易策略势必不会完全相同。利率互换是国际金融市场中规模最大的互换产品,交易策略也十分丰富。

1. 单边交易策略

单边策略是一种投机策略,主要基于投资者对未来互换利率和参考利率的走势分析进行交易。如果交易者认为未来利率将要上升,可以建立起支付固定利率、收取浮动利率的互换;如果认为未来利率将要下降,可以建立起收取固定利率、支付浮动利率的互换。很明显,单边交易策略要求交易者能对未来某一段时期的利率做出合理的预测,并选择合理的合约期限。

2. 利率互换曲线利差交易

利率互换收益率曲线简称利率互换曲线,体现的是互换利率(与参考利率进行交换的固定利率)和互换到期的关系。如果判断利率互换曲线会出现陡峭,即期限利差将要扩大,可以买入长期利率互换,卖出短期利率互换。反之,如果判断利率互换曲线会逐渐平坦,则卖出长期利率互换,买入短期利率互换。

3. 互换价差套利

在正常市场条件下,互换利率和同等期限国债收益率之间的价差(swap spread)存在合理的范围,如,17bp,35bp。如果互换利率价差异常,则可以开展套利交易。具体可以从以下两种情形予以分析。

假设互换利率价差很小,低于下限,则交易者可以买入和国债同期限的利率互换,同时通过回购协议买入国债。表 3-4 介绍了开展互换价差套利的基本模式和套利所能获得的现金流收入收益。

如果互换利率价差高,高于上限,交易者则可以选择卖出国债,开展逆回购交易,并卖出和国债同期限的利率互换,其现金流收入见表 3-5。

表 3-4 Swap Spread 低时的套利方法和现金流收入

回购协议	买国债	买入和国债同期限的利率互换	
支出:Shibor—20bp	收益:国债收益率	支出:固定利率	收入:Shibor
净现金流入:(国债收益率—(Shibor—20bp))+(Shibor—固定利率)=20bp—Swap Spread			

表 3-5 Swap Spread 高时的套利方法与现金流收入

逆回购协议	卖空国债	卖出和国债同期限的利率互换	
收入:Shibor—30bp	支出:国债收益率	支出:Shibor	收入:固定利率
净现金流入:(Shibor—30bp)—国债收益率+固定利率—Shibor=Swap Spread—30bp			

第二节 金融互换市场的发展与作用

一、互换的作用

1. 降低融资成本

比较优势在利率互换设计中具有重要的作用,是降低融资成本的关键。比较优势往往与利差相关。从表 3-1 看,在固定利率融资方面,XYZ 要比 AYZ 多 1.75 个百分点;在浮动利率融资方面,XYZ 则比 AYZ 多 1 个百分点。可以发现,AYZ 无论在固定利率融资还是浮动利率融资方面,都具有绝对优势。然而,AYZ 在固定利率融资方面优势更明显一些,XYZ 在浮动利率融资方面的劣势少一些,可以这样认为,AYZ 在固定利率方面具有比较优势,XYZ 在浮动利率方面具有比较优势。

在一个典型的利率互换设计中,通常双方在现实中更需要融取在利率方面不具有比较优势的资金,也就是说,需要融取对方具有比较优势的资金,为促成互换,双方实际从市场上各自融取具有比较优势利率的资金,然后按照一定的利率水平进行交换。通过利率互换实现双方各自利益的提升。

2. 转变资产和负债的利率属性

在图 3-5 中,A 的负债是固定利率 5.2%,B 的浮动利率负债利率是 Shibor+10bp。通过利率互换,A 从 B 获得固定利率为 5% 的支付,B 从 A 获得利率为 Shibor 的浮动支付,这相当于 A 将原先的固定负债利率转换为 Shibor+20bp 的浮动利率负债,B 将原先的浮动利率负债转换为 5.1% 的固定利率负债。

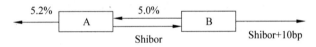

图 3-5　利率互换转变负债的利率属性

在图 3-6 中则显示了 A 和 B 通过利率互换将资产的利率属性进行转化的过程。通过互换,A 的浮动利率收入转换成了 4.8% 的固定利率资产收入,B 的固定利率收入转为 Shibor-30bp 的浮动利率收入。

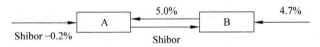

图 3-6　利率互换转变资产的利率属性

从上可以发现,利率互换可以有效地管理资产或负债的风险。例如,如果投资者购入了浮动利率债券,因担心浮动利率下行而降低利息收入,则该投资者应该在互换市场上利用利率互换将浮动利率转化为固定利率。

3. 央行货币互换的作用

对于央行之间开展的货币互换而言,其功能和作用存在独特之处。总结起来,央行之所以开展货币互换是因为通过货币的交换可以为金融市场提供短期流动性支持,维护币值稳定和金融稳定,降低各国央行积累外汇储备的必要性,促进双边贸易,推动货币国际化和缓解外债压力。

二、国际金融互换市场的发展

1. 金融互换市场的发展状况

互换产生的较晚,但是发展迅速,市场规模十分庞大。尽管进入 21 世纪后全球互换市场的增长速度放缓,但这一市场已逐渐成为金融市场创新和交易的核心内容之一。由于互换衍生品的复杂性和专业性,互换市场主要集中在发达国家或地区。从互换的种类来看,美国市场的覆盖面最广,从一般的利率、外汇、股票、商品、信用互换,到天气、艺术等互换衍生品,都能在其OTC市场上进行交易。欧洲互换市场的品种同样丰富,也是全球最大的利率互换市场之一。在品种方面,利率互换市场是规模最大的场外衍生工具市场。据国际清算银行统计,2020年年底利率互换的名义本金额达到363.554万亿美元。相比之下,股权类远期和互换的名义本金额只有3.630万美元,货币互换为27.810万亿美元(见表3-6)。

表 3-6　全球互换市场规模　　　　　　　　　　　　　　　　单位:万亿美元

互换类型	2016年	2017年	2018年	2019年	2020年
利率互换	289.03	318.87	326.681	341.292	363.554
货币互换	22.971	25.535	26.856	26.288	27.81
股权远期和互换	2.574	3.21	2.938	3.199	3.63

数据来源:国际清算银行(http://www.bis.org)。

2. 互换的标准化发展

在内外两方面因素的推动下,全球金融互换市场开始出现标准化发展趋势。

内部因素是指从交易者角度考虑的主要因素。由于互换合约涉及内容众多,且合约存续期较长(一般为5年,长的甚至达到10年),因此会面临众多问题。这些问题包括:一方不履行债务;政府颁布新规则导致无法履约;文件烦琐,交易者无法转让协议;由于互换交易是发生在文件制订之前,若事后的文件发生问题,则交易对手将意外地丧失保障或利润;合约内容缺乏一致性,使不同的互换交易不容易相互对冲,因此做市商很难有效运用其信用额度;合约内容缺乏一致性,导致互换交易的整体风险相当模糊,使得互换交易很难被纳入投资组合加以管理;合约内容缺乏一致性,导致互换交易不具备透明性,有碍交易的进行,并限制二级市场的发展。为了克服这些问题,热衷互换交易的机构开始尝试采用标准化文件。最初仅是交易对手之间的双边协定,稍后发展为市场组织的一种多边协定。

外部因素是指市场因素。金融互换业务的迅猛发展,促进了互换二级市场的形成。所谓互换二级市场,是指已经达成的金融互换协议在不同持有者之间转让、流通的市场。这种二级市场的形成和发展无疑为广大的投资者和生产经营者带来了更多的便利。同时,它也为各种金融机构及个人投资者提供了新的获利渠道。国际互换与衍生品协会(ISDA)成立后,逐步为利率互换协议的标准化及交易规则的统一提供了必要条件。2008年国际金融危机爆发后,二十国集团领导人系列峰会对场外金融衍生品改革达成共识,提出"推动场外衍生产品标准化"的改革思路。

3. 金融互换迅速发展的原因

在西方发达国家,金融互换已成为被广大投资者和生产经营者所普遍运用的一种金融技术。金融互换业务之所以发展迅猛,主要有四方面原因。

第一,金融自由化。20世纪80年代后,金融自由化发展趋势高涨,金融风险,特别是利率、汇率风险以及信用风险不断增加,引发人们对避险工具和避险技术的迫切需求。互换业务的兴起和发展正好迎合了这一需求,因而其一开始就受到广泛欢迎。

第二,金融证券化。金融证券化与金融互换业务相辅相成。在金融证券化的趋势下,金融互换业务迅速扩大。据估计,在新发行债券中,目前有70%～80%以进入金融互换为前提。所以,金融证券化的加强,促进了金融互换业务的迅速发展。

第三,互换既能增进整体利益,又可以管理标的资产风险。金融互换具有不同于金融期货或金融期权的一个重要特点,这就是它可使互换双方同时受益。金融互换不仅可以管理金融资产的风险,同时也可作为一种获利性的投资手段,满足人们期望的低风险、高收益的要求。

第四,金融机构的广泛参与。金融机构参与金融互换原是作为互换双方的媒介,并从这种互换业务中分享一定的利益。但是,随着金融互换业务的扩大,金融机构已不再满足于单纯地充当简单的中介人,而是自己也直接地以使用者或互换头寸持有者的身份参与金融互换。这样,金融互换的成交量大为增加,金融互换市场也更具流动性。由于市场流动性比互换带来的利益更重要,因此金融机构参与金融互换是金融互换业务迅速发展的一个关键性原因。

三、我国金融互换市场的创新

1. 利率互换市场的发展和创新

在1996—2005年的利率市场化改革进程中,市场参与者的避险需求不断上升。2005年,在光大银行和国家开发银行间开展了我国第一笔利率互换。2006年1月24日,中国人民银行发布《中国人民银行关于开展人民币利率互换交易试点有关事宜的通知》,扩大参与者范围,推动利率互换全面展开。2008年1月25日,利率互换在经过两年的试点后全面推出。之后,利率互换市场发展十分迅速(见图3-7),利率互换成为我国最为重要的利率衍生产品。2020年,我国全年交易的利率互换为274 029笔,名义本金额达到195 564.6亿元。其中,份额最大的是基于FR007和Shibor的互换,分别为16.2万亿元和2.98万亿元。

利率互换市场在总量的不断增长中,制度不断创新,结构也在不断调整和优化。参与者类型走向多元化,实行备案制度,允许境外机构投资者进入利率互换市场,建立针对不同类型市场参与者的监控机制;推出X-SWAP交易平台,在X-SWAP市场建立分层制度;参考利率日益丰富,由初期的Shibor(3个月、7天和隔夜)、7天回购定盘利率(FR007)和1年期定期存款利率,扩展增加了LPR1Y、LPR5Y、FDR001、FDR007、十年期国债收益率(GB10)、十年期国开债收益率(CDB10)等;1年及1年以下期限的品种市场规模很大,交易十分活跃。

2014年11月后,由中国外汇交易中心提供标准利率互换交易。在标准利率互换交易中对交易要素进行了标准化的设置。交易的品种包括1个月标准隔夜指数互换、3个月标准Shibor 1W利率互换、3个月标准7天回购利率互换。这些标准化的利率互换产品和远期利率协议一样,均在 X-SWAP 采用双边授信方式,通过匿名点击达成交易。标准化的利率互换可选择双边自行清算和中央对手方清算两种方式。合约交割日,交易双方根据交易后处理服务平台生成的交割单进行现金交割。

图 3-7　我国利率互换市场的发展(2006—2020)

数据来源:历年货币政策报告。

2. 货币互换市场的发展和创新

我国的货币互换有两个类别。一是银行间市场的货币互换。这部分货币互换产生于 2007 年 8 月中国人民银行推出《中国人民银行关于在银行间外汇市场开办人民币外汇货币掉期业务有关问题的通知》[①]后。经过多年探讨,我国货币互换市场对货币对、交易主体、互换期限、利率类型、本金交换做出深入探索和具体安排(见表 3-7)。二是央行之间的货币互换。2008 年,中国人民银行与韩国央行签订首个双边货币互换协议,互换金额是 1 800 亿元人民币/38 万亿韩元。最初的货币互换对象是韩国、马来西亚、印尼、白俄罗斯和阿根廷,之后逐步扩展到欧盟、英国、日本等发达国家和地区。

表 3-7　我国货币互换的结构安排

主体	人民币对外汇之间的互换做市商	人民币对外汇互换之间的互换交易会员
	外币对之间的互换交易会员	外币对之间的互换交易会员
货币对	人民币对外汇:人民币与美元	人民币对美元、日元、港元、欧元、英镑、澳元
	外币对之间:欧元对美元	欧元对美元、英镑对美元、美元对港元、美元对日元
期限	1 年、2 年、3 年、4 年、5 年、6 年、7 年、8 年、9 年、10 年	双方自行约定
本币交换形式	期初、期末各交换一次本金,期初、期末都不交换本金,期初、期末仅交换一次本金	

---

① 读者需要注意,互换常被部分市场和使用者称为掉期。这里的人民币外汇货币掉期交易实际上是本书所讲的互换,具体指在约定期限内交换约定数量两种货币本金,同时定期交换两种货币利息的交易,采用双边询价和双边清算。

利率类型	人民币	3个月 SHIBOR FR007 固定利率	3个月 SHIBOR FR/FDR 1年 Depo Rate 1年期 LPR 固定利率
	外币	3个月 LIBOR	美元：LIBOR/SOFR/CIROR/固定利率 日元：LIBOR/TONAR/固定 英镑：LIBOR/SONIA ……

资料来源：《中国外汇交易中心产品指引（外汇市场）》V3.5。

第三节 金融互换的定价、报价与估值

一、互换定价的基本原理

对互换产品进行定价实际上要确定两组现金流的交换条件，即在已知一组现金流计息方式的条件下，计算另一组现金流的固定利率，同时保持两组现金流的现值相等。例如，在利率互换交易中，对利率互换的定价实际上是计算换取浮动利率所需要的固定利率是多少。金融互换最常用的定价方法是套利定价法和零息票定价法。下面先介绍其基本的原理。

1. 套利定价法

套利定价实际上就是把节省的总成本在互换各方进行重新分配。基于这种思想，可以将互换套利的过程归纳为3个步骤。可以结合利率互换进行分析。

第一步，充分搜集资料，分析对比不同借款人在市场上的融资成本和融资渠道，制定成本/融资渠道矩阵（见表3-8）。其中，B 为参照的某一基准利率，如国债收益率。

表 3-8 成本/融资渠道矩阵

借款人	固定利率融资（3年）	浮动利率融资（3年期）
AAA（需浮动利息融资）	$B+20bp$	Shibor$-20bp$
BBB（需固定利息融资）	$B+120bp$	Shibor$+20bp$

第二步，充分识别互换双方的利息成本差异，确定各方比较优势及互换总收益。

从成本/融资渠道矩阵（见表3-8）发现，AAA 和 BBB 的固定利率利差为100bp，浮动利率利差为40bp，则 AAA 在固定利率市场有比较优势，BBB 在浮动利率市场有比较优势。

第三步，组织互换，并为互换定价。确定互换价格时应确定每一方最高和最低互换价格。在此基础上，双方再在分享互换套利收益上调整互换定价。互换双方获得的套利收益就是他们在两个融资市场所能借到的融资成本差异的总差额。

从表3-8看，AAA 在固定利率市场融资，BBB 在浮动利率市场融资。经过互换后，

AAA 向 BBB 支付的浮动利率为 Shibor，BBB 向 AAA 支付固定利率，假设固定利率为 R。可以计算 AAA 和 BBB 的净支出，每一方的净支出利率均不应高于自己在比较劣势市场的融资利率，否则就没有利率互换的必要。这样，可以计算出固定利率的上下限（见表 3-9）。

表 3-9　利率互换中固定利率的区间

	净　支　出	上　　限	结　　果
AAA 级机构	B+20bp+Shibor−R	Shibor−20bp	R>B+40bp
BBB 级机构	Shibor+20bp+R−Shibor	B+120bp	R<B+100bp

从表 3-8 融资成本矩阵可以看出，双方通过利率互换可以分享的收益是固定利率利差和浮动利率利差的差值，即 100−40=60bp。

互换套利也存在一些局限性。例如，局限于双边套利，而不是多边套利；局限于两个市场间的某一互换交易；局限于各市场参与者的负债，而没有涉及产生收益的资产互换。

2. 零息票定价法

零息票定价法的主要原则是：每种主要货币都存在一组零息票利率，这些零息票利率可用于为任何未来现金流定价；所有互换都仅仅是一系列现金流；对互换定价可使用零息票利率求得每一笔现金流的现值并加总。

零息票定价方法也有特有的步骤，具体如下。

第一步，识别互换交易的现金流量。互换合约使交易双方可以在规定的时间间隔里相互交换支付某些规定的现金流量，可以通过现金流量图对现金流量进行识别。图 3-8 中的横线上方是现金流的流入，下方为流出。T 表示现金支付日期，k_1 和 k_2 分别表示固定利率和浮动利率按名义本金计算的货币利息。如果是货币互换，则需要在 0 期加上本金的互换，在 T 期加上本金的换回（图 3-9）。

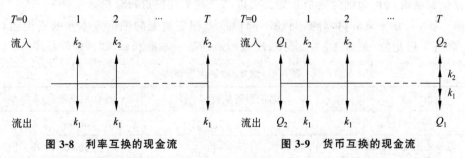

图 3-8　利率互换的现金流　　　　图 3-9　货币互换的现金流

第二步，把一个具体的互换合约转换为一个债券组合或一个远期组合。这里以利率互换进行说明。可以设计一种债券组合：A 公司以浮动利率发行债券筹集资金，同时将筹集到的资金投资于以固定利率计息的另一种债券，即相当于互换交易中收入固定利率，支付浮动利率（对于收入浮动利率，支付固定利率的情况也与此相似）。这里只分析第一种情况的债券组合现金流，如图 3-10 所示。

由于初始本金 Q_1 和 Q_2 的数额相等，实际上在第 0 期没有现金流，同样在 T 期的本金互换也没有现金流。因此可以不考虑这两个时期的 Q_1 和 Q_2 的现金流量，所以在图中画虚线。

互换合约也可以是远期合约的组合。如果把互换的现金流进行分解,就可以得到图 3-11。如图中所示,每一到期日的现金流构成一笔单独的远期交易,即互换是若干笔远期协议的组合。

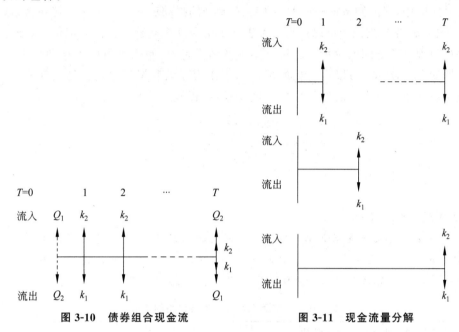

图 3-10 债券组合现金流　　　图 3-11 现金流量分解

第三步,运用债券或远期合约的理论与定价原理对互换合约进行定价。

下面进一步分析利率互换和货币互换的零息票定价法。

二、零息票定价法

为了方便分析,可先做出以下假设:市场是完全的,不存在无风险套利利润;互换投资者可以进行实现其意愿的买空和卖空;互换交易中不存在交易费用;互换交易中不存在违约风险;对于利率互换而言,有本金互换。

1. 利率互换的零息票定价法

假设存在这样的利率互换:互换期内有 n 次现金流交换,每半年支付一次,每次交换的日期用 t_i 表示($1\leqslant i\leqslant n$),名义本金为 Q。如果把利率互换看作债券的多空组合,那么支付固定利率收取浮动利率的一方,相当于卖给对方面值为 Q 的固定利率债券,同时购买对方发行的面值为 Q 的浮动利率债券。用 B_{fix} 代表固定利率债券在互换初始即 0 时期的现值,B_{fl} 代表浮动利率债券在互换初始即 0 时期的现值。

首先,来看固定利率债券的现值。互换中固定年利率用 R 表示,设 r_i 是与 t_i 相对应的贴现率,贴现因子以连续复利计算,那么:

$$B_{fix} = \sum_{i=1}^{n} 0.5RQ e^{-r_i t_i} + Q e^{-r_n t_n} \tag{3.1}$$

其次,确定浮动利率债券的现值。每一期浮动利率为该期期初的无风险利率,用 R_i 表示在 t_i 时刻所对应的浮动利率,那么理论上:

$$B_{fl} = \sum_{i=1}^{n} 0.5 R_i Q e^{-r_i t_i} + Q e^{-r_n t_n} \quad (3.2)$$

但是实际中,只能知道第一期 R_1 的大小,剩余的浮动利率数值无法直接获得,这便导致 B_{fl} 的计算式非常复杂。可以用另一种思路来解决这个问题。在债券定价中,贴现率的选取要反映现金流量的风险水平。对浮动利率债券而言,每次支付的浮动利息都是基于当时的即期利率,因此,可以用每期的即期利率作为浮动利率债券定价的贴现率。这样,浮动利率债券也就成为面值发售债券。也就是说,浮动利率债券的现值近似等于名义本金,即 $B_{fl}=Q$。

为了使净现金流等于零,则 $B_{fix}=B_{fl}$,进一步可得:

$$R = \frac{1 - e^{-r_n t_n}}{\sum_{i=1}^{n} e^{-r_i t_i}} \times 2 \quad (3.3)$$

【例 3-3】 利率互换定价

假定 A 公司参与一笔名义本金为 5 000 万元的互换交易,并同意支付固定利率,同时收取 Shibor 利息。互换每 6 个月支付一次,而浮动利率的支付是建立在前 6 个月的 Shibor 基础之上。那么固定利率应该是多少呢?表 3-10 给予了测算。

表 3-10 利率互换定价与债券价格的关系

源于 Shibor 的利率期限结构如下所示:

到期日	Shibor	贴现因子
6 个月	3.00	$e^{-0.03 \times 0.5} = 0.9851$
12 个月	3.25	$e^{-0.0325 \times 1.0} = 0.968\ 0$
18 个月	3.80	$e^{-0.038 \times 1.5} = 0.9446$
24 个月	4.30	$e^{-0.043 \times 2.0} = 0.9176$

所有剩余的浮动利息应付款项取决于每 6 个月初的 Shibor 值。因此,互换交易的浮动构成部分的现值等于 5 000 万元。那么,使得固定利息债券价值等于 5 000 万元的息票数应为

$$R = \frac{1 - e^{-r_n t_n}}{\sum_{i=1}^{n} e^{-r_i t_i}} \times 2 = \frac{1 - 0.917\ 6}{3.818\ 3} \times 2 = 4.32\%$$

因此,如果 A 公司答应支付 4.32% 的固定利率,同时收入基于 6 个月期初 Shibor 之上的浮动利率,互换合约的初始价值为零

在现实中,互换利率由交易商确定,并以报价形式提供给客户。对于上例,可以知道交易商针对两年期的互换合约报价的利率为 4.32%。随着市场利率的变化,报价也要出现相应变动。

2. 货币互换的零息票定价法

货币互换定价原理与利率互换定价原理相似,也是使用零息票利率对互换现金流贴

现。一般来说，货币互换初始的价值即净现值也为零。与利率互换不同的是，货币互换期初和期末涉及两种不同货币的本金互换。

根据式(3.2)及 $B_{fl}=Q$，可以得出：

$$\sum_{i=1}^{n}0.5R_iQe^{-r_it_i}=Q-Qe^{-r_nt_n} \tag{3.4}$$

可以看出，本金交换额完全可以替换浮动利率的支付，货币互换的定价正是利用这种替代并以标准利率互换定价为基础的。

首先，看一个用同种货币计值的标准利率互换，如图 3-12 所示。该互换固定利率 R_1 是一公平定价，净现值为零。

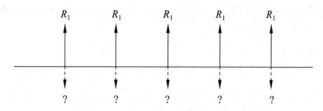

图 3-12 同样货币的标准利率互换

其次，用一实际的本金交换额(设本金为 Q_1)代替一系列的浮动利率支付。替代后的现金流如图 3-13 所示。

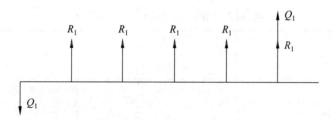

图 3-13 浮动利率支付被本金交换额代替后的利率互换

最后，将这一互换与第二种货币表示的等量而结构相反的互换结合后，现金流如图 3-14 所示。第二种货币表示的互换利率 R_2 也是公平市场利率，这样，也有一个零净现值。第二种货币的本金额为 Q_2。本金比 Q_1/Q_2 等于即期汇率。

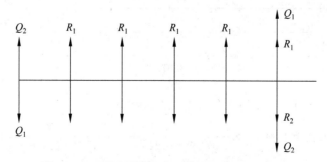

图 3-14 两种货币间固定对固定利率的货币互换

实际上,图 3-12 与两种货币间固定对固定利率的货币互换的现金流量是一致的。因此,公平市场利率 R_1 和 R_2 也是该货币互换的利率。也就是说,固定对固定利率的货币互换的两个互换利率与两种货币各自的利率互换的公平利率是相等的。例如,假定 5 年期人民币利率互换的固定利率是 5%,而 5 年期欧元利率互换的固定利率在 6%,那么,一个人民币对欧元的货币互换的公平定价(期初的净现值为零)将是一方以固定利率 5% 支付人民币,同时以固定利率 6% 接受欧元。

此外,互换还有固定对浮动利率、浮动对浮动利率的货币互换,定价的原理都一样。这里不再介绍。

前面已经提及,货币互换相当于发行某个币种的债券,将即期汇率计价的收入转换币种,并买进用其他币种计价的债券。因此,任何一边的固定利率,都可简单视为某个币种之下发行债券名义本金的息票率。

【例 3-4】 货币互换的定价

假定 A 公司发行 9 804 万元的债券,每半年支付一次利息。A 公司倾向于借入欧元款项,所以它参与和 B 公司之间的货币互换,以 9 804 万元交换 1000 万欧元(当前汇率:单位欧元价值为 9.804 元)。双方每半年支付一次款项,本金的交换和偿付分别发生在交易开始和互换结束之日。那么,双方各自应支付的固定利率应是多少呢?为了便于分析,表 3-11 列出了人民币 Shibor 的期限结构信息,以及建立在 Euribor 基础上的欧元利率期限结构信息。以此为基础,可以确定这些利率基础上的贴现因子(见表 3-12),并计算出所需的互换利率。

表 3-11 Shibor 与 Euribor 的期限结构

期 限	Shibor	Euribor
6 个月	5.5	3.8
12 个月	5.5	4.2
18 个月	6.2	4.4
24 个月	6.4	4.5

表 3-12 结算所得的 Shibor 与 Euribor 的贴现因子

期 限	Shibor	Euibor
6 个月	0.972 9	0.981 2
12 个月	0.946 5	0.958 9
18 个月	0.911 2	0.936 1
24 个月	0.879 9	0.913 9

现在就可以得出每种货币的互换固定利率,即

$$\text{互换的人民币利率} = 2 \times \frac{1 - 0.879\ 9}{0.972\ 9 + 0.946\ 5 + 0.911\ 2 + 0.879\ 9} = 0.064\ 7$$

$$\text{互换的欧元利率} = 2 \times \frac{1 - 0.913\ 9}{0.981\ 2 + 0.958\ 9 + 0.936\ 1 + 0.913\ 9} = 0.045\ 4$$

应该说,这两种利率都是固定的。如果互换结构发生变化,变成支付浮动人民币,那么条件将简化为:按照 Shibor 支付人民币金额,同时按照 4.54% 的利率收入欧元。这个结论之所以成立是因为固定人民币利率 6.47% 在价值上等于按照 Shibor 计算的浮动现金流。如果说 6.47% 是一个公平的利率,那么上述的结论一定成立。同理,如果欧元利率是浮动的,人民币利率是固定的,那么人民币利率将等于 6.47%,欧元利率为 Euribor。如果人民币和欧元都以浮动利率支付,那么互换利率只需分别规定 Shibor 和 Euribor 就可以了。

三、利率互换报价

1. 互换报价

互换交易的价格一般由中介机构提供或报价。按照互换交易的惯例,一律用固定利率来表示互换的价格。互换之后支付浮动利率(收入固定利率)的一方称为互换的卖家,支付固定利率(收入浮动利率)的一方称为互换的买家。标准的利率互换和货币互换参考报价均可以从路透社终端等信息渠道获得。互换交易商通常报出利率互换和不同货币间利率互换价格。根据这些价格,交易者可以确定固定利率/固定利率的货币互换和浮动利率/浮动利率货币互换的价格。

我国利率互换市场的报价可以从中国货币网查询。表 3-13 是工商银行报出的不同品种、不同期限的利率互换。其中,Bid 为银行买入利率互换的报价,Ask 为银行卖出利率互换的报价。其中的价差为银行的做市收益。在报价行情表中需要注意的内容是:利率互换的支付频率是季;固定日基准是 ACT/365,浮息日基准则是 O/N Shibor、1W Shibor、3M Shibor 为 ACT/360,FR007 为 ACT/365;计息调整按实际天数。

表 3-13　工商银行利率互换报价(2016-12-26)

Term	O/N Shibor		1W Shibor		3M Shibor		FR007	
	Bid	Ask	Bid	Ask	Bid	Ask	Bid	Ask
6M	2.680 0	2.770 0	3.280 0	3.380 0	3.420 0	3.520 0	3.230 0	3.330 0
1Y	2.780 0	2.870 0	3.350 0	3.440 0	3.700 0	3.790 0	3.300 0	3.390 0
5Y	—	—	—	—	4.330 0	4.420 0	—	—

资料来源:中国货币网

2. 利率互换曲线

利率互换曲线体现的是互换利率和互换到期的关系。我国的利率互换曲线分为利率互换定盘/收盘曲线和利率互换行情曲线。Shibor3M 和 FR007 利率互换曲线既包括利率互换定盘/收盘曲线,还有利率互换行情曲线。FDR001、FDR007、ShiborO/N、LPR1Y(季付)、LPR5Y(季付)利率互换曲线则只有利率互换定盘/收盘曲线。这些利率互换曲线由全国银行间同业拆借中心根据交易商的意向报价或成交报价编制和发布。利率互换曲线在融资利率的确定、利率互换的定价、交易策略选择、体现货币政策传导意图等方面具有重要的作用。

四、互换估值

互换估值是指在互换期间内某一时刻该时点的互换净现值,此时固定利率是确定的,求的是互换的净现值。估值发生在互换签约之后,目的是监测可能的盈亏和进行风险管理。估值和定价具有差异。在定价时,净现值是已知的(为零),固定利率未知,而对于估值来说,已知的是固定利率,要确定的是净现值。和互换的定价原理类似,在没有违约可能性假设下,互换的估值有两种方法:或者是用一种债券多头头寸与另一种债券空头头寸的组合,或者作为一系列远期合约的组合来估值。

1. 利率互换的估值

第一种方法是假定利率互换是债券空头头寸的组合。

假设互换的价值为 V,那么互换估值遵循公式:

$$V = B_{fix} - B_{fl}$$

由于固定利率不变,因此无论在哪个互换时间点,B_{fix} 都可以进行计算。现在考虑 B_{fl}。在支付日后的短暂时间内,B_{fl} 总是等于名义本金 Q。由于互换估值在互换交易中的任意一个时点都可进行,且可以知道从该时点往后的第一个支付日的时间为 t_1,以及 t_1 时刻将支付的浮动利息(建立在前 6 个月基础之上),如果对应的利率为 R_1,那么:

$$B_{fl} = Qe^{-r_1 t_1} + 0.5QR_1 e^{-r_1 t_1} = (1 + 0.5R_1)e^{-r_1 t_1} \tag{3.5}$$

这时,就可以求解 V 值,即对互换进行估值。所需注意的是,互换合约开始签订时价值为零。其间,互换的价值可能是正值,也可能是负值。

另一种方法是假定利率互换是一系列远期合约组合。

假设 $\hat{R}'_i$ 为结算日 $i(i \geqslant 2)$ 之前 6 个月的远期利率。已经知道,一份多头远期合约的价值是当前远期价格与结算价格之差的现值,这样,对于收取固定利息、支付浮动利息的一方来说,与第 i 个支付日相对应的远期合约的价值为 $(0.5QR - 0.5Q\hat{R}'_i)e^{r_i t_i}$。

在最近的第一个支付日 t_1 时,该方支付浮动利息 $0.5QR_1$,收到固定利息 $0.5QR$,此现金流的现值为 $(0.5QR - 0.5QR_1)e^{-r_1 t_1}$。

那么,互换价值为:

$$(0.5QR - 0.5QR_1)e^{-r_1 t_1} + 0.5Q \times \sum_{i=2}^{n}(R - \hat{R}'_i)e^{-r_i t_i} \tag{3.6}$$

而对于收取浮动利息、支付固定利息的一方来说,其互换价值为:

$$(0.5QR_1 - 0.5QR)e^{-r_1 t_1} + 0.5Q \times \sum_{i=2}^{n}(\hat{R}'_i - R)e^{-r_i t_i} \tag{3.7}$$

需要注意的是,利率互换在整个互换期内,净现值可能大于、等于或小于零,这取决于即期浮动利率的变化。如果浮动利率降低,固定利率的现值相对于浮动利率现值增加,此时,利率互换的买方(收入固定利率、支付浮动利率的一方)的互换价值大于零,利率互换的卖方(即支付固定利率、收入浮动利率的一方)的互换价值小于零;如果浮动利率上升,固定利率的现值相对于浮动利率现值降低,则利率互换买方的互换价值将小于零,利率互换卖方的互换价值将大于零。

2. 货币互换的估值

第一种估值方法是假定货币互换是债券的多、空头存组合。如果，V 表示互换的价值，那么对于收入外币利率、支付本币利率的一方而言：

$$V = SB_F - B_D \tag{3.8}$$

其中，B_F 表示在互换中以外币形式衡量的外币债券价值，B_D 表示互换中本币债券的价值，S 表示即期汇率（以若干本币数量来表示每单位外币）。因此，互换的价值可以根据本币的利率期限结构、外币的利率期限结构以及即期汇率来确定。举例如下。

【例 3-5】 货币互换的估值

假设日元和美元的利率期限结构水平为：日元年利率为 4%，美元年利率为 9%（都以连续复利表示）。一家金融机构进行货币互换，它每年以日元收取年利率为 5% 的利息，以美元支付年利率为 8% 的利息，以两种货币表示的本金分别为 1 000 万美元和 12 亿日元，互换将持续 3 年，现在的汇率为 1 美元=110 日元。

$$B_D = 0.8e^{-0.09 \times 1} + 0.8e^{-0.09 \times 2} + 10.8e^{-0.09 \times 3} = 9.64 \text{ 百万美元}$$

$$B_F = 60e^{-0.04 \times 1} + 60e^{-0.04 \times 2} + 1\ 260e^{-0.04 \times 3} = 1\ 230.55 \text{ 百万日元}$$

那么，互换的价值 V 为：

$$V = SB_F - B_D = 123\ 0.55/110 - 9.64 = 1.55 \text{ 百万美元}$$

第二种估值方法是假定货币互换是一系列远期合约组合。假设 $F_i(1 \leqslant i \leqslant n)$ 为对应时间长度是 t_i 的远期汇率，Q 为外币的本金额，Q^* 为本币的本金额，k 为每期收取的外币利息额，k^* 为每期支付的本币利息额。在所有情况下，远期合约多头头寸的价值等于远期合约超过交割价格的现值。

这样，对应时刻 t_i 的利率交换，收取外币利息、支付本币利息的一方的远期合约价值为

$$(kF_i - k^*)e^{-r_i t_i}$$

而对应时间 t_n 的本金交换，它的远期合约价值则是

$$(QF_n - Q^*)e^{-r_n t_n}$$

这表明货币互换的价值总是可以根据远期汇率和国内利率的期限结构计算得出。

【阅读材料 3-1】 信孚银行设计的杠杆型利率互换协议

【思考与习题】

1. 什么是利率互换和货币互换？
2. 商品互换的基本原理是什么？

3. 利率互换是如何转变资产和负债的利率属性的？
4. 利率互换的基本特征是什么？
5. 金融互换迅速发展的原因是什么？
6. 你如何理解"互换的变化形式似乎只受金融工程师的想象力及企业资金部门主管与基金经理对于特殊交易结构渴望的限制"这句话？
7. 一家企业和一家银行签订了铁矿石互换合同，数量为 60 000 吨，合约价格为 132 美元/吨，结算日期为 2019 年 3 月 31 日，结算原则是依据合约月份现货价格的平均值。那么，在合同到期时，铁矿石现货价格为 139 美元/吨，铁矿石互换价格也上涨，结算价为 142 美元/吨，试计算企业最终买入铁矿石的价格为多少？
8. 某金融机构与公司 X 进行了一笔利率互换交易。在交易中，金融机构收入年率 5% 并同时付出 6 个月的 Shibor，互换的本金为 1 000 万元，互换期限为 5 年，支付的频率为 6 个月。假如在合约安排的第六个支付日，X 违约。这时对于所有的期限，利率为 3%（每半年计利息一次）。假定在两年半时 Shibor 的年利率为 4%。金融机构会有什么损失？
9. 某金融机构与公司 Y 进行了一笔 10 年期的货币互换交易。在交易中，金融机构收入瑞士法郎的年利率为 3%，付出美元的年利率为 8%。利息支付是每年一次。本金分别为 700 万美元和 1 000 万瑞士法郎。假定公司 Y 在第 6 年末破产，这时汇率为每瑞士法郎兑 0.8 美元。破产给金融机构带来的费用为多少？假定在第 6 年，对于所有期限瑞士法郎的年利率为 3%，美元年利率为 8%。
10. 假定 A 公司参与一笔名义本金为 2 000 万元的互换交易，并同意支付固定利率，收取 Shibor 利息。Shibor 的利率期限结构见表 3-14。互换合约为 2 年，每 6 个月支付一次。浮动利率的支付是建立在前 6 个月的 Shibor 基础之上。那么，固定利率应该是多少呢？

表 3-14 Shibor 的利率期限结构

6 个月	12 个月	18 个月	24 个月	36 个月
5.0%	5.2%	5.8%	6.1	6.5

11. 某笔本金为 100 万元的利率互换以 6M Shibor 的浮动利率交换年化 6.5% 的固定利率，每半年支付一次利息(180/360)，该互换还有 15 个月到期，3 个月前的 6M Shibor 为 5.85%。市场上 Shibor 的利率期限结构见表 3-15。那么，对利率互换空头头寸来说，互换的价值为多少元？

表 3-15 Shibor 的利率期限结构

期限	即期利率	贴现因子
90 天	6.13%	0.984 9
270 天	6.29%	0.955 0
450 天	6.53%	0.924 5

【即测即练】 扫描书背面的二维码,获取答题权限。

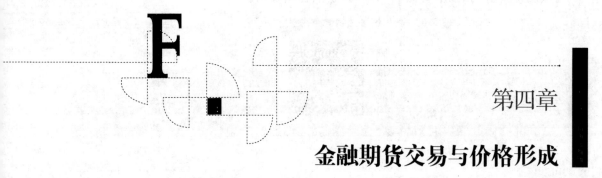

第四章
金融期货交易与价格形成

金融期货市场的产生早于金融远期市场。最主要的金融期货有外汇期货、利率期货和股指期货。无论哪种金融期货,其本质均是一种标准化的、在期货交易所按一定规则和流程交易的远期资产。金融期货交易是指以期货合约为载体来交易远期标的资产的交易活动。

第一节 金融期货交易的特点和流程

一、金融期货交易的特点

1. 交易集中化

交易集中化体现在3个方面。第一,所有的期货交易均由期货交易所集中组织完成。全球交易金融期货的最主要的期货交易所有 CME 集团、欧洲期货交易所(EUREX)等。中国金融期货交易所(CFFEX)是我国金融期货的集中交易场所。第二,为提高交易效率、降低组织成本和分散风险,期货交易所实行会员制,只有会员才能进场交易。交易者需要与作为交易会员的期货经纪公司建立委托代理关系,交易指令通过期货经纪公司的交易席位发出。这一设计方式有助于提高期货交易所的市场组织效率和分散市场风险。第三,期货交易指令发出后会通过交易所交易池的公开喊价方式或计算机撮合的方式完成交易。当今世界上各大期货交易所均逐渐采用电子化交易。中国金融期货交易采用完全电子化的交易,在交易所内不设交易大厅。

2. 合约标准化

期货交易具有标准化的特点,这是由标准化的合约决定的。所谓标准化合约是指期货交易所制订的标准化的、用于在期货交易所交易大厅或者交易系统中公开叫价交易资产的远期合约。如表 4-1 和表 4-2 所示,在期货合约中,除了远期价格没有在合约中确定出来,其余的内容都事先做了严格的界定。

表 4-1　中国金融期货交易所沪深 300 股指期货合约

合约标的	沪深 300 指数
合约乘数	每点 300 元
报价单位	指数点
最小变动价位	0.2 点
合约月份	当月、下月及随后两个季月
交易时间	9:30—11:30,13:00—15:00
每日价格最大波动限制	上一个交易日结算价的±10%
最低交易保证金	合约价值的 8%
最后交易日	合约到期月份的第三个周五,遇国家法定假日顺延
交割日期	同最后交易日
交割方式	现金交割
交易代码	IF
上市交易所	中国金融期货交易所

表 4-2　中国金融期货交易所 5 年期国债期货合约

合约标的	面值为 100 万元人民币、票面利率为 3% 的名义中期国债
可交割国债	合约到期月份首日剩余期限为 4—5.25 年的记账式附息国债
报价方式	百元净价报价
最小变动价位	0.005 元
合约月份	最近的 3 个季月(3 月、6 月、9 月、12 月中的最近 3 个月循环)
交易时间	09:30—11:30,13:00—15:15
最后交易日交易时间	09:30—11:30
每日价格最大波动限制	上一交易日结算价的±1.2%
最低交易保证金	合约价值的 1%
最后交易日	合约到期月份的第二个星期五
最后交割日	最后交易日后的第三个交易日
交割方式	实物交割
交易代码	TF
上市交易所	中国金融期货交易所

3. 双向交易和对冲平仓

金融期货在本质上看是远期合同交易,因此具有双向交易的特点。交易者可以先买入期货(可以称为建仓、开仓)作为交易的开端,也可以先卖出期货(也称为卖出建仓或者卖出开仓)作为交易的开端。买入期货和卖出期货的开始过程实质上是签订标准化远期合同的过程。由于在建仓时,并不发生资产所有权的转让,双方只需要缴纳保证金,因此买入建仓和卖出建仓又称为"买空"和"卖空"。买方持有的期货头寸称为多头头寸,卖方持有的期货头寸称为空头头寸。

在交易者建仓后,大多数并不会等到期货到期后通过交割来结束交易,而是通过对冲平仓的方式来了结期货交易。所谓对冲平仓是指期货交易者可以在最后交易日前的任何交易时间内,买入或卖出与其所持期货的品种、数量及交割月份相同但方向相反的期货,了结期货持仓的过程。例如,一个交易者卖出开仓的情况为:3 000 点卖出 10 手 2301 沪深 300 股指期货(2023 年 1 月到期的股指期货)。后来股指期货价格上涨,交易者决定部分平仓。操作时打开交易系统,选择 2301 合约,选择买入平仓,平仓价位限定在 3 200 点,平仓数量自行决定,如 8 手。简言之,对冲平仓可以理解为对原有的合同予以解除。

双向交易和对冲平仓的机制设计给予了交易者两个方向的获利机会。即,交易者可以在认为期货价格将要上涨时先买入,等期货价格上涨后平仓卖出;可以在认为价格将要下跌时先卖出期货,等期货价格下跌后再平仓买入。当然,当期货价格出现不利变动时,交易者也需要平掉先前的仓位及时止损。

4. 保证金交易和零和博弈

期货交易实行保证金制度。我国的《期货和衍生品法》规定,期货结算机构向结算参与人收取保证金,结算参与人向交易者收取保证金。保证金用于结算和履约保障。

通常,可以根据合约设计的保证金比率测算交易一手合约所需要的最低保证金数额。这里以沪深 300 股指期货为例介绍保证金的计算方法。在表 4-1 中,合约乘数是 300 元/点。这是计算合约价值和保证金的基础。如果交易的某一月份合约点位是 3 000 点,则可以计算出 1 手该合约的总价值是 3 000 点×300 元/点=900 000 元。考虑到合约规定保证金比例是 8%,则交易 1 手股指期货的保证金是 900 000 元×8%=72 000 元。要达成交易或在这个价位上维持已有的头寸,无论多头还是空头需要缴纳的保证金都是 72 000 元。这里隐含的杠杆原理是,只要有 72 000 元就可以买入或卖出价值 900 000 元的股指期货,即 12.5 倍杠杆。

期货交易的杠杆特点使其具有了高风险、高收益的特征。期货合约账面总价值的涨跌直接影响保证金账户的收益和亏损。也就是说,1 手股指期货如果上涨 10%,合约总价值将上涨 90 000 元,对于多头来说,交易账户中会增加 90 000 元收入。相比 72 000 的保证金投入来说,有了 90 000/72 000=1.25 倍的收益。但是,对于空头来说,账户中就会减少 90 000 元,亏损比率达到 1.25 倍。

从以上多空双方的盈亏来看,期货交易实际上就是一个零和博弈的过程。这一点和股票市场不一样。

5. 统一清算和每日无负债结算制度

期货市场采用集中统一的清算制度。为防范违约风险,保障期货市场的正常运转,采用每日无负债结算制度。《期货和金融衍生品法》规定:在期货交易场所规定的时间,期货结算机构应当在当日按照结算价对结算参与人进行结算;结算参与人应当根据期货结算机构的结算结果对交易者进行结算。结算结果应当在当日及时通知结算参与人和交易者。具体来说,有以下两个层次内容。

期货市场统一的结算机构每日对结算会员进行结算,要求其满足结算准备金要求。例如,中国金融期货交易所规定,结算完毕后,结算会员的结算准备金余额低于最低余额标准时,该结算结果即视为交易所向结算会员发出的追加保证金通知,两者的差额即为追加的保证金金额。这一制度称为每日无负债结算制度,或逐日盯市制度。

对于普通交易者来说,也实行每日无负债结算制度。期货经纪公司的结算部门会在每个交易日闭市后结算交易者所有合约的盈亏、交易保证金及手续费、税金等。如果交易者的保证金账户余额低于规定的标准,则需要在规定的时间范围内追加保证金,以实现当日无负债。

二、期货交易的指令与过程

1. 交易指令

交易指令又称交易订单。一个交易指令的基本内容应当包括:交易品种、合约月份、方向、开平仓、数量、价格、客户编码、交易所等。当投资者发出买卖申请但成交之前,交易者还可以撤回指令。常见的交易指令有限价指令、市价指令等。

(1) 限价指令。限价指令是指必须按照限定价格或以更好的价格成交的指令。也就是说,限价指令在买入时,必须以限价或者限价以下的价格成交。在卖出时,必须以限价或者限价以上的价格成交。在限价指令中,客户必须明确指定具体的价位是多少。限价指令下达后,一般以价格优先、时间优先的原则进行排序和成交。限价指令的优点是,可以按预期价格或者更好的价格成交。缺点是成交的速度可能会比较慢,也可能没有机会成交。

(2) 市价指令。市价指令是指交易者不需要标明具体价位,只需要按当时市场上可执行的最好价格(报价)成交的指令。中国金融期货交易所规定了"市价指令只能和限价指令撮合成交,未成交部分自动撤销"等内容。

2. 交易过程

在期货经纪公司开立交易账户后,就可以熟悉交易系统和制订交易计划。交易计划至关重要,资金管理决定生死。交易者根据自己对市场价格走势的判断,选择合理的价位下达交易指令。在电子化交易模式下,客户交易者的指令通过因特网传到期货公司的主机,再通过专线传到交易所主机。交易所的交易系统将根据一定的规则对各类交易指令予以撮合,实现成交。

为了提高市场效率,期货市场在19世纪后期就发展出了中央对手方交易。在买卖双方可以撮合成交的前提下,作为中央对手方的结算机构会成为买方的卖方、卖方的买方。这种市场设计可以大大提升市场的运作效率(见图 4-1)。

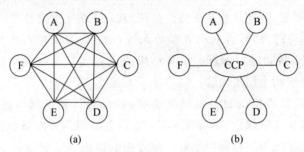

图 4-1　不采用中央对手方的交易模式(a)和采用中央对手方的交易模式(b)

在交易双方成交后,开始持有期货。这一过程可以称为持仓。很多交易者持有期货是希望获得价差收益。买入期货建仓者希望价格上涨以获得持仓收益,卖出期货建仓者希望价格下跌以获得持仓收益。有的期货交易者的持仓时间较长,有的期货交易者的持仓时间可能很短。如,高频交易者从建仓到平仓有时只在一瞬间就能完成。

三、交割与期转现

期货合约到期时,交易者应当通过实物交割或者现金交割,了结到期未平仓合约。在期货未到期前,交易者可以在交易所的业务范围内开展期转现交易。

1. 实物交割

实物交割是指交易双方在交割日将合约所记载商品的所有权按一定流程、一定价格进行转移、了结未平仓合约的过程。国债期货交割采用实物交割的方式。国债期货交割具有独特之处,即在交易对象和交割对象之间存在着差异。例如,我国的 5 年期国债期货的交易对象是面值为 100 万元人民币、票面利率为 3% 的名义中期国债(见表 4-2),这种国债是一种名义债券或者虚拟债券,现实中并不存在。在国债期货市场运作中,可用于交割的国债是距合约到期月首日剩余期限为 4—5.25 年的记账式附息国债,中国金融期货交易所会公布可交割债券的种类。表 4-3 列出了 TF1503 合约可交割的国债及相关信息。

由于可交割债券种类多,卖方并不会随便选择一种债券交割出去,往往是选择隐含回购利率最大或者基差最小的国债品种来进行交割[1]。这类债券通常被称为最便宜可交割债券(Cheapest-to-Deliver bond,下称 CTD 债券)。无论用哪种方法来确定 CTD 债券,都需要了解转换因子(Conversion Factor)[2]。转换因子的突出作用是将标准债券和债券现券建立起可比较的联系。每个可交割债券都有转换因子。通常,交易所在挂牌国债期货合约时,会公布不同债券的转换因子。

---

[1] 见第五章。
[2] 关于转换因子将在国债期货定价中予以进一步阐释。

表 4-3 TF1503 合约可交割国债和转换因子

序号	国债全称	国债代码 银行间	国债代码 上交所	国债代码 深交所	票面利率（%）	到期日期	转换因子
1	2005 年记账式（十二期）国债	050012	010512	100512	3.65	20201115	1.033 6
2	2006 年记账式（十九期）国债	060019	010619	100619	3.27	20211115	1.016 2
3	2009 年记账式附息（七期）国债	090007	019907	100907	3.02	20190507	1.000 8
4	2009 年记账式附息（十二期）国债	090012	019912	100912	3.09	20190618	1.003 5
5	2009 年记账式附息（十六期）国债	090016	019916	100916	3.48	20190723	1.019 5
6	2009 年记账式附息（二十七期）国债	090027	019927	100927	3.68	20191105	1.029 4
7	2010 年记账式附息（二期）国债	100002	019002	101002	3.43	20200204	1.019 5
8	2010 年记账式附息（十二期）国债	100012	019012	101012	3.25	20200513	1.011 9
9	2010 年记账式附息（十九期）国债	100019	019019	101019	3.41	20200624	1.019 7
10	2010 年记账式附息（二十四期）国债	100024	019024	101024	3.28	20200805	1.013 9
11	2010 年记账式附息（三十四期）国债	100034	019034	101034	3.67	20201028	1.034 2
12	2010 年记账式附息（四十一期）国债	100041	019041	101041	3.77	20201216	1.040 4
13	2011 年记账式附息（二期）国债	110002	019102	101102	3.94	20210120	1.049 9
14	2011 年记账式附息（十五期）国债	110015	019115	101115	3.99	20210616	1.056 0
15	2011 年记账式附息（十九期）国债	110019	019119	101119	3.93	20210818	1.053 9
16	2011 年记账式附息（二十四期）国债	110024	019124	101124	3.57	20211117	1.034 2
17	2012 年记账式附息（四期）国债	120004	019204	101204	3.51	20220223	1.031 6
18	2012 年记账式附息（十期）国债	120010	019210	101210	3.14	20190607	1.005 4
19	2012 年记账式附息（十六期）国债	120016	019216	101216	3.25	20190906	1.010 3
20	2013 年记账式附息（三期）国债	130003	019303	101303	3.42	20200124	1.018 6
21	2013 年记账式附息（八期）国债	130008	019308	101308	3.29	20200418	1.013 4
22	2013 年记账式附息（十五期）国债	130015	019315	101315	3.46	20200711	1.022 2
23	2013 年记账式附息（二十期）国债	130020	019320	101320	4.07	20201017	1.054 1
24	2014 年记账式附息（三期）国债	140003	019403	101403	4.44	20210116	1.075 9
25	2014 年记账式附息（六期）国债	140006	019406	101406	4.33	20210403	1.072 9
26	2014 年记账式附息（八期）国债	140008	019408	101408	4.04	20190424	1.039 4

资料来源：中国金融期货交易所网站。

2. 现金交割

现金交割是指按最后结算价对未平仓合约进行自动平仓,然后将客户平仓的净盈亏在客户保证金账户中进行划转的过程。这类交割方法主要存在于无法开展方便的实物交割的期货品种中,如沪深300股指期货采用现金交割(见表4-1)。

3. 期转现交易

所谓期转现交易是指交易双方协商一致,同时买入(卖出)交易所期货合约和卖出(买入)交易所规定的有价证券或者其他相关合约的交易行为。《中国金融期货交易所国债期货合约期转现交易细则》中提出了国债期转现的基本流程:第一步,国债期货期转现交易的期货合约成交价格由交易双方协商确定。第二步,交易双方达成期转现交易后,应当及时通过双方结算会员向交易所申报。国债期货期转现交易申报由期货合约卖方发起,卖方录入并提交后,期货合约买方确认。第三步,期转现交易申报由双方结算会员检查审核后向交易所提交,期货合约交易申报经交易所确认后生效。

四、期货结算

期货成交和交割均需要进行结算。在我国,期货交易所结算部负责统一结算、保证金管理及结算风险的防范。中国金融期货交易所实行分级结算体系,结算流程是:期货交易所结算部门在每一交易日结束后,对结算会员的盈亏、交易收费、交易保证金等款项进行结算。结算会员根据交易所结算部的结算结果对非结算会员和客户进行结算,同样也是结算盈亏、交易收费、交易保证金等款项。非结算会员则对自己的客户结算。下面简单介绍盈亏结算和交割结算的原理。

1. 盈亏结算

期货合约的当日盈亏结算,包括平仓盈亏和持仓盈亏。

当日盈亏=平仓盈亏+持仓盈亏

平仓盈亏=平历史仓盈亏+平当日仓盈亏

平历史仓盈亏=Σ[(卖出平仓价-上一交易日结算价)×卖出平仓量]+Σ[(上一交易日结算价-买入平仓价)×买入平仓量]

平当日仓盈亏=Σ[(当日卖出平仓价-当日买入开仓价)×卖出平仓量]+Σ[(当日卖出开仓价-当日买入平仓价)×买入平仓量]

持仓盈亏=历史持仓盈亏+当日开仓持仓盈亏

历史持仓盈亏=Σ[(上一日结算价-当日结算价)×卖出历史持仓量]+Σ[(当日结算价-上一日结算价)×买入历史持仓量]

当日开仓持仓盈亏=Σ[(卖出开仓价-当日结算价)×卖出开仓量]+Σ[(当日结算价-买入开仓价)×买入开仓量]

在股指期货合约结算中需要将合约乘数放入计算公式中,与买卖数量相乘,以便计算具体的盈亏数额。

2. 交割结算

交割结算包括交割货款的计算、交割货款的收付方式以及交割结算的盈亏处理等内容。

交割货款的计算。交割货款以交割结算价为基础。交割结算中,会员进行交割应当按规定向交易所交纳交割手续费。交割手续费从结算准备金中扣除。

国债期货的交割货款计算方法是:

交割货款＝交割数量×(交割结算价×转换因子＋应计利息)×(合约面值/100 元)

其中,应计利息为该可交割国债上一付息日至交割日之间的债券利息。例如,上次债券发行方支付利息是在 110 天前,那么债券持有者现在卖出债券时应得到这 110 天的利息,这部分利息就是应计利息。

第二节 金融期货的定价模型

一、期货定价理论

期货定价理论有随机性理论、持有成本模型和预期理论三种不同的理论。

1. 随机性理论

随机性理论认为,期货的价格变化与有效市场假说有关。在强有效的期货市场中,价格能对各种有关价值的新信息做出迅速反应。由于各类信息随机出现,因此期货的价格也呈现随机的、不规则的变化。

随机性理论的贡献是摆脱了用供求解释价格变动的传统方法,转而强调未来信息对期货价格的影响。考虑到期货价格在短期内所呈现的无方向性的波动特征,这一理论也就表现出一定的现实解释能力。

随机理论的不足之处是,认为未来的市场行情变化与以往的市场价格没有关系,也缺乏充分的理论根据和令人信服的数学描述。

2. 持有成本模型

持有成本模型的核心思想是期货价格等于买入现货时所付出的总资金成本。在该理论中,期货价格和现货价格之间的连接因素是持有成本和便利收益。在市场不存在套利机会的条件下,期货的理论价格应为:

期货价格＝现货价格＋现货仓储费用＋买入现货的资金成本＋交易成本＋
其他成本－持有现货的收益

如果用连续复利方法计算,持有成本模型可以用以下公式表示:

$$F = Se^{cT} \tag{4.1}$$

其中,F 为期货价格,S 为现货价格,e 为自然对数的底数,T 为期货合约剩余年数,c 为持有现货的成本比率。

3. 预期理论

预期理论认为,期货价格的形成不能局限于简单的成本和费用,还应包含各类交易者对未来不确定因素所做出的预期。期货价格预期理论可以分为传统预期理论和理性预期理论。

1) 传统预期理论

传统预期理论进一步可以分为简单性预期理论、外推性预期理论和适用性预期理论。简单性预期理论,是把上一期的价格作为本期的期货价格,即,

$$F_t^* = F_{t-1}$$

其中,t 为当前时刻。

外推性预期理论的主要思想是,根据价格变动趋势预测期货价格。其数学公式可以表示为:

$$F_t^* = F_{t-1} + \alpha(F_{t-1} - F_{t-2})$$

其中,α 为预期系数。$\alpha > 0$,则与以前变化趋势方向相同;$\alpha < 0$,则与以前变化趋势方向相反。

在适应性预期理论中,现在的期货价格受过去期货价格的连续影响,即,

$$F_t^* = \beta F_{t-1} + \beta(1-\beta)F_{t-2} + \beta(1-\beta)^2 F_{t-3} + \cdots$$

其中,β 为适应性系数,$0 < \beta \leqslant 1$,β 决定着预期对过去误差的修正速度。

可以看出,在传统预期理论中,三种预期理论均汇集融入了过去的价格信息。但是该理论没有考虑非价格因素和现货市场的影响,同时更为重要的是缺少严谨的经济理论做基础。

2) 理性预期理论

1961年,理性预期理论由美国经济学家约翰·穆斯提出后,迅速被用于对期货价格形成的解释。期货价格形成的理性预期理论有三个突出的特征。第一,期货价格是对未来事件进行有信息依据的预测,理性的交易者将运用有关的结构信息来形成预期。其中,结构信息不仅包括历史价格信息,也包括诸如政局变化、经济形势、投机心理、大户操纵、持有成本、突发事件、政策调整、偶发事件、仓储和流通等因素。第二,期货市场价格实际上是市场上所有交易者预期的总和。第三,期货价格变量的预期不应限定为单一的预测值,而应看作该变量未来值的一个完全概率分布。

可以用数学语言对期货价格形成的理性预期理论进行描述。假设 I_{t-1} 表示在 $t-1$ 时刻所能得到的所有信息,F_t 为 t 时刻实际的均衡价格,用 $f(F_t \mid I_{t-1})$ 表示期货价格的条件概率密度,F_t^* 表示 t 时刻根据 I_{t-1} 所做出的理性预期期货价格,则

$$F_t^* = E[F_t \mid I_{t-1}] = \int_a^b F_t f(F_t \mid I_{t-1}) dF_t \tag{4.2}$$

期货价格形成的理性预期理论继承了传统预期理论的精华,同时也对人们的预期形成给予了经济学上的行为分析和全面的数学描述。结合期货市场的运作规律可以发现,期货市场上的价格是交易者根据现有的信息进行理性预期后,通过公开竞价交易的结果。当影响供求的信息或者实际供需状况发生变化时,交易者的预期也会发生变化,价格也随着变化。基于这些原因,期货价格的理性预期理论是解释期货价格最具有说服力的理论。

二、股指期货定价模型

1. 基本模型

股指期货的定价公式与股票远期的定价公式具有一致性,均适用持有成本模型。具体来说就是

$$F = Se^{(r-q)T} \tag{4.3}$$

其中,q 是指股指成分股的平均红利率,S 是标的股票指数。

当然,以上股指期货定价公式仅是一个理论模型,其中暗含了诸多假设。如,借贷利率相同,且维持不变;无逐日盯市的保证金结算风险;无税收和交易成本;卖空无限制;红利发放时间和数量确定;期货和现货均持有到期货合约到期等。因此,式 4.3 并不能反映现实的期货价格,很多研究者在致力于改进这一定价模型。

2. 考虑诸因素的模型改进

1) 逐日盯市和利率因素

由于存在逐日盯市的保证金结算风险,随机利率因素会导致远期合约价值和期货合约价格的不一致性。考克斯(Cox)、英格索尔(Ingersoll)和罗斯(Ross)(1981)研究发现,远期合约和期货合约的差异可以使用期货合约的收益率和无风险零息债券收益率的协方差来衡量。如果无风险利率可以确定,逐日结算对期货价格的影响可以忽略不计。莫德斯特(Modest,1984)指出逐日盯市和随机利率对期货定价的影响非常小。

克莱姆科斯基(Klemkosky)和李(lee,1993)认为应将借入利率和贷出利率区分开,将股指期货的价格区间调整为

$$Se^{(r_l-q)T} < F < Se^{(r_b-q)T}$$

其中,r_l 为贷出资金利率,r_b 为借入资金利率,$r_l < r_b$。

2) 交易成本

在具体交易中,人们无法忽略的另一个影响股指期货定价的是交易成本,如佣金、税收、冲击成本等因素。其中冲击成本是指成交价格与预期价格的差异,这一因素依赖市场的流动性。克莱姆科斯基(Klemkosky)和李(lee)推导出的股指期货无套利定价区间如下:

$$S - C_{lf}(1+r)^T - C_{ss}(1+r)^T < F < S + C_{sf}(1+r)^T + C_{ls}(1+r)^T$$

其中,C_{lf} 是买入指数期货所需要的交易成本,C_{sf} 是卖出指数期货所需要的交易成本,C_{ss} 是卖出指数现货所需要的成本,C_{ls} 是买入指数现货所需要的交易成本。

3) 卖空限制

卖空在两方面会影响期货价格。其一,股票融券卖空交易者必须把卖空股票的收入作为抵押品,这部分资金不能借出。其二,融券成本也会因为借贷人的信用等级差异难以量化。

4) 执行风险

由于证券不能无限分割,且红利不固定,因此会造成复制指数调整的风险或困难。因此,只能使用估计值替代红利率。克莱姆科斯基和李提出的红利收入计算公式如下:

$$D(t,T) = \sum_{\tau=t+1}^{T} d_\tau (1+r)^{(T-t)} \tag{4.4}$$

$$d_\tau = \sum_{i=1}^{N} d_i w_i \tag{4.5}$$

其中，$D(t,T)$ 为现金红利从 t 时刻到 T 时刻的终值，d_τ 为 τ 时刻发放的现金红利，d_i 为 i 股票在 τ 时刻的现金红利，w_i 为 i 股票在 τ 时刻的权重。

下一章将结合期现货套利来将以上因素引入股指期货的定价区间模型。

三、国债期货定价模型

1. 转换因子

国债期货定价要比股指期货定价更加复杂，也和国债远期的定价存在差异。国债期货交易的是标准债券，交割通常是最便宜可交割债券（CTD 债券），因此人们只有通过 CTD 债券价格才能计算国债期货的理论价格。在这里就需要了解标准债券价格和可交割债券价格之间的联系因子——转换因子（conversion factor）。

所谓转换因子在数值上是指面值 1 元的可交割国债在其剩余期限内的现金流，用国债期货标准券票面利率贴现至最后交割日的净价。在转换因子的界定中，内含了两个设计特点，一是假设所有可交割债券的到期收益率均为标准券票面利率，二是贴现到最后交割日。

通过引入转换因子，可以计算调整后的期货价格（或者说计算期货隐含远期价格），也可以计算调整后的现券价格，这样也就可以将期货价格和可交割债券价格联系起来予以比较。具体的计算方法是：

调整后的期货价格（期货隐含远期价格）＝期货价格 F×第 i 只债券的转换因子 CF_i

调整后的现券价格＝某一可交割债券的现货价格 P_t/第 i 只债券的转换因子 CF_i

2. 定价模型与选择权

通过 CTD 债券计算国债期货价格需要多个环节。

第一步，通过 CTD 债券来计算该债券的远期价格，这一过程并不复杂，可用第二章的债券远期价格计算公式 $F=(S-I)e^{rT}$。

第二步，由 $F=(S-I)e^{rT}$ 计算的远期价格是包含应计利息的发票价格，而市场报价应是百元净价报价，因此需要将远期价格中的应计利息扣除。

第三步，通过 CTD 债券的转换因子将国债远期净价转换为标准债券期货的价格。这样，得到国债期货价格的理论定价公式为：

$$F = [(S-I)e^{rT} - 应计利息]/CF \tag{4.6}$$

其中，CF 是国债现券对应的转换因子。

【例 4-1】 国债期货价格的计算

假定 5 年期国债期货，已知最便宜交割债券的息票利率是 6%，转换因子是 1.015 6。假定 270 天后交割，上一次付息是在 60 天前，下次付息是在 122 天后，再下一次付息是在 305 天后。连续复利形式表示的贴现率是 4%，CTD 债券的净价报价为 98 元。则该债券的标准债券期货的报价应是多少？可以分以下步骤予以计算。

第一步，根据公式 $F_{CTD}=(S-I)e^{rT}$，计算 CTD 债券对应期货的现金价格。通常，CTD 债券的现金价格计算公式是

$$现金价格＝净价报价＋上一个付息日以来的累计利息$$

因此，本例中 CTD 债券的现金价格计算如下：

$$S=98+(6\div 2)\times 60/(122+60)=98.9890 元$$

另外，在期货合约期内，持有 CTD 债券每 100 元可获得利息收入 3 元，其现值计算如下：

$$I=3e^{-0.04\times\frac{122}{365}}=2.9602 元$$

这样，就可以计算出 CTD 债券所对应期货的现金价格，即：

$$F_{CTD}=(S-I)e^{rT}=(98.9890-2.9602)e^{0.04\times\frac{270}{365}}=98.9127 元$$

第二步，计算 CTD 债券的净价报价，即：

$$F^*_{CTD}=F_{CTD}-应计利息=98.9127-3\frac{148}{183}=96.4864 元$$

第三步，通过转换因子，将 CTD 债券期货的净价报价转换为标准券期货的净价报价，即：

$$F=\frac{F^*_{CTD}}{CF}=\frac{96.4864}{1.0156}=95.0043 元$$

3. 影响定价模型的诸多因素

需要注意的是，以上的国债期货定价没有交易成本、借款利率不等于贷款利率、税负影响、保证金和每日结算制度、融券限制和卖空限制等现实条件，也没有考虑国债期货卖方所具有的质量选择权和时间选择权。所谓质量选择权也称转换选择权，是指卖方可以选择 CTD 债券予以交割。在期货合约到期前，如果 CTD 债券发生了调整和变化，卖方可以灵活应对。时间选择权是交割卖方可以在进入滚动交割时期后，根据国债回购利率和国债持有收益率的大小选择是否提前交割。总之，正是由于卖方具有选择权，国债期货的理论价格也就要更低一些，其要减去一个选择权价值。

四、外汇期货定价模型

外汇期货定价模型和股指期货、国债期货定价模型没有本质上的区别，但是也不是没有某种内在差异。国债期货的标的物是现实中不存在的虚拟债券，股指期货的标的物是编制的股票价格指数，外汇期货的标的物则是现实中存在的货币。相比之下，对于外汇期货来说，更容易基于期货和现货之间的联系，建立起清晰的持有成本模型[式(4.1)]。在不考虑交易成本的情况下，外汇期货定价模型为：

$$F=Se^{(r-r_f)T} \tag{4.7}$$

其中，S 是标的货币的汇率，即 1 单位标的货币所能兑换的计价货币的数量。r 是计价货币的无风险利率，r_f 是标的货币的无风险利率。

可见，外汇期货和外汇远期的定价模型[式(2.5)]具有内在一致性。有著作提出，如果

利率无法预测,从理论上讲期货价格和远期价格会不一样,但是当期限只有几个月时,大多数情形下可以忽略期货价格和远期价格的差异。在现实中,外汇期货定价模型同样也受保证金制度、交易费用、逐日盯市制度等因素的影响。这里不再赘述。

第三节 金融期货价格的形成与表现

金融期货的市场价格是期货市场上的套期保值者、套利者和投机者根据供求关系及其影响因素对价格预测并发出交易指令后,由价格生成规则形成的市场价格。我国期货市场采用电子撮合的方式形成期货价格。期货价格在形成后会成为市场主体观察价格变化的依据。在成熟正常的市场条件下,期货交易者会不断修正价格,使期货价格融入更多的市场信息。

一、期货的成交机制

金融期货的价格形成和成交机制包括指令驱动机制、报价驱动机制和混合驱动机制。

1. 指令驱动机制

指令驱动机制又称竞价制度,指买卖双方直接或通过指定经纪商,把委托指令或交易订单(order)传送到交易市场,以买卖价格为基准,按照竞价的原则,交易系统根据一定的指令匹配规则进行撮合,推动价格形成和达成交易的微观市场机制。长期以来,我国期货合约交易采用的是指令驱动机制,交易和价格通过竞价撮合完成。

2. 报价驱动机制

在期货市场和证券市场上还存在着另一种与指令驱动机制完全不同的微观市场机制:报价驱动机制。该制度又被称为做市商制度。做市商是证券期货市场上具备一定实力和信誉的证券经营法人,他们作为特许交易商,不断向公众投资者报出特定证券或期货的买卖价格,并在该价位上接受公众投资者的买卖要求,以自有资金及证券与投资者交易。做市商通过买卖报价差额补偿所提供服务的成本,实现一定利润。做市商制度的优点是能够保证市场的流动性,即投资者可随时按做市商的报价交易。做市商为了争取业务量,通常会与同行在报价上发生竞争,导致买卖价差缩小。一种合约的做市商数量越多,买卖价差就越小。报价驱动机制和指令驱动机制存在着明显差异,可以将其总结在表4-4中。

表 4-4 报价驱动和指令驱动的差异

项目	指令驱动机制	报价驱动机制
价格形成机制	交易指令通过竞价撮合而成	以做市商报出的价格成交
交易者关系	买卖双方直接形成价格	客户间不直接形成价格
交易对象的确定性	买卖双方互不相识,通过结算机构完成	买卖各方的交易对象都是做市商
价格形成动力	买卖双方的交易指令是推动价格运动和形成的根本动力	做市商的报价竞争影响着市场价格运动

3. 混合驱动机制

随着市场的发展和电子交易方式的兴起,做市商制度的内容和形式也在不断地演变。从国际市场的现状来看,做市商制度正在与报价交易驱动机制相脱离,逐渐发展成提高市场流动性的一种措施。有的采用报价驱动机制的市场开始引入竞价交易机制,采用指令驱动机制的交易所也引入做市商制度来活跃交易,满足投资者的不同需求。在这种混合驱动机制中,"所有客户都与做市商成交,客户之间不能成交"的做法已被抛弃。如,在香港交易所的做市商制度中,做市商的双边报价指令下达后,需要和其他投资者的指令一样按照竞价原则进行排序。做市商没有成交优先权,竞价是推动价格变化的决定性力量。做市商更大的作用体现在缩小价格差距、提高成交的可能性及满足投资者需求的即时性方面。在混合交易机制下,交易所会要求做市商根据交易者询价或者交易所询价报出价格,但是当市场流动性、交易量和持仓量达到一定标准,或者报价风险很大时,也会豁免做市商的报价责任。

二、撮合成交方式

在我国,无论是股指期货市场的单一指令驱动机制,还是国债期货市场上引入做市商的混合驱动机制(国债期货),都需要按照"价格优先、时间优先"的原则予以竞价撮合。金融期货的竞价撮合分为两个阶段:开盘集合竞价阶段和开盘后连续竞价交易阶段。

1. 开盘集合竞价报价规则与价格产生过程

开盘集合竞价通常采用的原则有四个:最大成交量原则,在此价格成交能够得到最大的成交量;高于集合竞价产生的价格的买入申报全部成交;低于集合竞价产生的价格的卖出申报全部成交;等于集合竞价产生的价格的买入或者卖出申报,根据买入申报量和卖出申报量的多少,按照少的一方的申报量成交。

集合竞价产生价格的过程可以划分为两个紧密联系的阶段。第一,交易系统分别对所有有效的买入申报按申报价由高到低的顺序排列,申报价相同的按照进入系统的时间先后排列;所有有效的卖出申报按申报价由低到高的顺序排列,申报价相同的按照进入系统的时间先后排列。第二,交易系统逐步将排在前面的买入申报和卖出申报配对成交,直到不能成交为止。如果最后一笔成交是部分成交的,则以部分成交的申报价为集合竞价产生的价格。如果最后一笔成交是全部成交的,取最后一笔成交的买入申报价和卖出申报价的算术平均值为集合竞价产生的价格,该价格按期货合约规定的最小变动价位取整。《大连商品交易所交易细则》提出:"若有多个价位满足最大成交量原则,则开盘价取与前一交易日结算价最近的价格。"交易系统自动控制集合竞价申报的开始和结束并在计算机终端上显示。

【例 4-2】 开盘集合竞价的生成过程

按照集合竞价的排列规则,在表 4-5 的第 1 张分表中,将买入指令和卖出指令分别按照由高到低和由低到高的顺序进行了排列。

排列后,系统会首先将卖出价格为 3 270 的 30 手卖单和买入价格为 3 299 的 50 手买单配对,其后剩余 20 手买单,这样就形成了第 2 张表的排列。第 2 张分表中,买入价位

3 299 的 20 手买单和卖出价位是 3 288 的 60 手卖单配对。之后，剩余的价格为 3 288 的 40 手卖单与价格为 3 290 的买单配对。配对依次进行，最终可以形成第 3 张分表。这时，在 3 290 价格上的买入数量是 50 手，在 3 288 价格上的卖出数量是 120 手，卖出价低于买入价，因此依然可以配对。这时买入方可以全部成交，卖出方只可以部分成交。根据"以部分成交的申报价为集合竞价产生的价格"这一原则，可以确定集合竞价产生的开盘价为 3 288 元。

表 4-5

开盘集合竞价模拟（1）

排 序	买 入		卖 出	
	价 格	手 数	价 格	手 数
1	3 299	50	3 270	30
2	3 290	90	3 280	60
3	3 285	100	3 288	120
4	3 281	150	3 295	150

开盘集合竞价模拟（2）

排 序	买 入		卖 出	
	价 格	手 数	价 格	手 数
1	3 299	20	3 280	60
2	3 290	90	3 288	120
3	3 285	100	3 295	150
4	3 281	150		

开盘集合竞价模拟（3）

排 序	买 入		卖 出	
	价 格	手 数	价 格	手 数
1	3 290	50	3 288	120
2	3 285	100	3 295	150
3	3 281	150		
4				

另外，参与开盘集合竞价还需要注意几方面内容。第一，具体的报价规则安排和一些特殊的情况。开盘集合竞价中的未成交申报单自动参与开始后的竞价交易。如集合竞价未能产生成交价格，通常会以集合竞价后第一笔成交价作为开盘价。新上市合约开盘价可以取与挂盘基准价最近的价格。第二，出于安全和收益角度考虑，建议普通交易者在日常情况下，不要轻易参加集合竞价。还需要注意的是，对开盘价把握不大的合约，特别是

冷合约,如果参加集合竞价,不要挂过高的买价或过低的卖价。

2. 开盘后连续竞价

开市后,计算机撮合系统将针对不同的交易指令,依据不同的竞价程序和原则对交易指令进行撮合配对。计算机撮合成交的基本原则和竞价程序有两个方面。第一,交易指令按照价格优先、时间优先的原则进行排序。以涨跌停板价格申报的指令,按照"平仓优先、时间优先"的原则撮合成交。第二,只有当买入申报价(BP)≥卖出申报价(SP)时,买卖指令才可以自动撮合成交,具体的撮合成交价应是买入申报价(BP)、卖出申报价(SP)和前一成交价(CP)三者中居中的一个价格。即,

当 $BP \geq SP \geq CP$,则:最新撮合成交价 = SP

当 $BP \geq CP \geq SP$,则:最新撮合成交价 = CP

当 $CP \geq BP \geq SP$,则:最新撮合成交价 = BP

1) 限价指令的撮合

表4-6是限价指令的竞价撮合举例。在表中,买入报价为2 450,卖出报价为2 448,前一成交价分别对应不同价位时,计算机会撮合确定的最新成交价。

表4-6 撮合成交原理举例

买入报价	卖出报价	前一成交价	最新成交价
2 450	2 448	2 445	2 448
		2 449	2 449
		2 453	2 450
		2 448	2 448
		2 450	2 450

2) 市价指令的撮合

市价指令指不标明具体价位,按当时市场上可执行的最好价格(报价)成交的指令。交易者需要注意的是,市价指令不应用于交易清淡的合约交易。这是因为在涨停位往往会有很多卖出限价指令,在跌停位也会有不少的买入限价指令。由于市价指令不标明具体价格,最终的成交价很可能就是停板价。也就是说,买入市价指令可能会以涨停价买入成交,卖出市价指令会以跌停价卖出成交。问题在于,当交易清淡合约的市价指令与停板价上的限价指令成交后,价格很可能会迅速恢复到停板价以内的正常价位上,这时市价指令的发出者会出现巨大亏损。在图4-2中出现的2 727.0成交价是中金所IF1109合约在2011年6月7日的跌停价。形成这一价格的原因是有交易者在这个成交清淡的合约上使用了卖出市价指令,市价指令最终与跌停位的买入限价指令撮合成交。

三、基差

基差是期货和现货交易中非常重要的概念,不仅是衡量期货价格和现货价格关系的基础指标,而且对价格发现、套期保值、套利和交割都具有十分重要的作用。

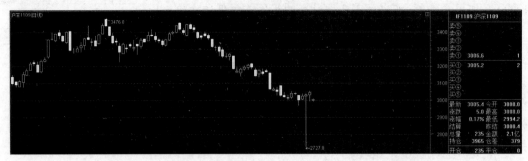

图 4-2　IF1109 合约上市价指令和跌停位限价买入指令撮合成交

1. 基差的计算

基差(basis)是某一个地点上资产现货价格与相关联期货价格之间的差值,其计算公式是:

$$b = P - F \tag{4.8}$$

其中,b 为基差,P 为现货价格,F 为期货价格。

与其他各类金融期货不同,在国债期货交易中交易的对象多是债券市场不存在的虚拟债券,因此在计算基差时就需要考虑虚拟债券价格和可交割债券价格之间的可联系性。为解决这个问题,可以引入转换因子来计算国债期货的基差,具体公式如下:

$$b = P - F \cdot CF \tag{4.9}$$

其中,CF 是国债现券所对应的转换因子。

如果基差严重偏离正常值,套利者会在金融期货和现货之间开展套利交易,进而维系二者的价格均衡关系。

2. 基差变化的特点

从持有成本模型看,基差应为负数。但是,市场上的价格运动受到供求关系和交易者的心理及预期影响,因而基差不仅并非一成不变,而且其变化具有一定的多样性和复杂性。一般来说,基差的变化有两种基本情况:基差增强和基差减弱。基差增强是指基差数值由小变大的现象,例如,基差由 −30 变为 −15,由 −10 变为 5,由 10 变为 20 等。基差减弱则是指基差数值由大变小的现象。例如,基差由 30 变为 5,由 5 变为 −25,由 −20 变为 −30 等。在基差变化中,有以下几个基本特点。

(1) 波动性。期货价格和现货价格都受到共同的基本面因素的影响。但是,由于期货市场和现货市场的构成主体并不完全重合,交易机制也存在巨大差异,因此两个市场对信息的反应程度也不一样,这也就造成了期货价格和现货价格变化的差异。这种差异使基差具有了不断波动的特征。

(2) 区间性。这主要源于如前所述的期货定价的区间特征。

(3) 趋零性。这一点可以从持有成本和预期理论中得到解释。根据预期理论,随着交割期的临近,影响期货价格的不确定性因素越来越少,所以理性预期价格也越接近于现货市场价格。从持有成本的角度看,越靠近交割期,持有成本越低,期货价格也就越接近现货价格。总之,在期货合约逐渐到期时,无论是经历了期货价格高于现货价格的正向市场

(normal backwardation)还是期货价格低于现货价格的反向市场(contango),期货价格和现货价格均收敛于很接近的价格,基差会趋于零。

3. 基差的用途

对于金融期货来说,基差具有广阔的用途。第一,基差不仅可以用于分析期现货之间的价格关系和开展期现货套利,还可以用于分析套期保值的风险和收益。第二,在国债期货交易中,基差可以用来判定CTD债券。

四、价格发现

1. 期货价格和预期现货价格

预期现货价格(expected spot price)是市场主体对未来某一时刻现货资产的预期价格。预期现货价格和期货价格具有联系。假如现在是8月,市场上9月到期的国债期货的价格是98.750。人们最关心期货到期时CTD债券的价格是多少,因为国债期货价格最终收敛于或接近于现券价格。如果市场上预期的现券价格是99.750,则期货价格会出现上升;如果市场预期现货价格为97.700,则期货价格会下跌。也就是说,如果期货价格能在一定程度上反映出市场主体对未来现货价格的看法,通常人们将之称为价格发现功能。

事实上,关于期货的价格发现功能存在着不同的看法。一种是基于预期理论的解释,另一种是基于信息运行效率的解释。

1) 预期理论的解释

人们通常认为,期货多头对未来期货价格看涨,期货空头对未来价格看跌。这样,由大量的买者和卖者共同竞价决定的期货价格自然也就反映了市场对未来期货价格的平均预期。由于合约到期时期货价格等于现货价格,因此期货价格就被认为是对未来现货价格的平均预期,可以发现未来价格。基于这一普遍认识,国内外大量的理论文献都尝试研究实证"当前期货价格是未来现货价格的理性预期或无偏估计"等观点,希望据此能够对"价格发现"功能做出判断。但是,从理论上看,只有当投资者的风险偏好是中性时,或者现货资产的系统性风险为零时,当前的期货价格才是未来现货价格的无偏估计。然而对比现实世界可以发现,大部分的投资者都不是风险中性的,大部分资产的系统性风险也不会等于零,因此无论理论结果做得多好,期货对未来现货价格的预期功能在现实中也并不会十分明显。基于这一认识,有学者提出"如果说期货市场有价格发现功能,那是指期货市场可以更好地发现现在的现货价格,而不是未来的现货价格。"

2) 基于信息效率和期现货价格关系的解释

尽管新的研究表明,现实的期货市场并不充分具备对未来现货价格的预期功能,但不能由此就否定期货市场的"价格发现功能"。期货市场的价格发现事实上体现在另外两个方面。第一,在规模和影响力都比较大的成熟市场体系中,由于期货市场具有低成本、高流动性、连续交易、公开竞价交易等优点,当新的市场信息出现时,投资者往往会先在期货市场上进行操作,使得新信息先在期货市场上得到反映,然后才传达至现货市场,从而使得期货价格具有引领同一时刻现货价格变化的信号功能。很多研究者意识到了商品价格的时间序列性质,开始使用协整的概念来研究期货市场的价格发现功能。第二,期货市场的价格发现依赖其与现货价格之间的关联关系。这种相关性一方面体现在与持有成本模型紧密相关的套利机制方面,另一方面取决于现货定价对期货价格的依赖方面。总之,只有期货价格和现货价格之间存在着长期均衡并相互引导的关系,期货市场才具有引领现货市场价格走势的能力,由两个市场共同形成的价格关系和形成过程才是真正的价格发现过程。

2. 金融期货发现价格的条件

价格发现功能是期货交易快速融入各种信息,期现货市场价格相互引导的过程。分析期货的价格发现功能需要从交易者结构与风险补偿、交易制度、市场成熟度等角度进行分析。

首先,交易者结构对期货价格发现有重要影响。如果对冲者持有期货净空头头寸,而投机者持有期货净多头头寸,那么期货价格会低于预期现货价格。主要的原因是投机者只有在看来会盈利时才会交易,而对冲可以减少对冲者的风险,因此对冲者能够较为容易地接受价格可能低的事实。同样,如果对冲者持有净多头头寸,而投机者持有净空头头寸,则表明期货价格高于预期现货价格。不同交易者的交易,将推动期货价格和预期现货价格走向动态均衡。当然,期货和远期现货价格的动态均衡关系和投机者的内部结构有关。通常,一个以机构占主导地位的成熟、稳健的投机者群体要比小型投资者所能发挥的价格发现作用大得多。

其次,期货市场应设计合理的交易制度。期货交易制度的设立需要综合考虑的问题是在监管和市场效率之间寻求平衡,维持市场的规模和充足的流动性,防范交易违约风险、过度投机和市场操纵,优化交易者结构以减少交易的盲目性和非理性行为。

最后,现货市场走向成熟。关于这一点至少有三个方面需要理解。一是现货市场的竞争程度和发达程度决定着期货价格的真实性和权威性,二是现货市场的规模影响着期货价格和现货价格的拟合程度,三是现货价格在很大程度上也会影响期货价格的变化。

3. 金融期货的价格发现功能探讨

对于金融期货来说,是否具有价格发现功能值得探讨。例如,对股票来说,集中的现货市场发挥了价格决定功能,期货市场的价格发现功能不是体现为价格决定,而是体现为价格先行。一些研究发现几点有意思的结论,第一,股指期货不是价格决定者,不会改变现货市场的定价主导地位;第二,股指期货是价格先行反映者,能够更快速地反映冲击影响;第三,股指期货价格发现功能不如商品期货那么显著,但这并不能否定股指期货在价格发现过程中的作用;第四,对于我国来说,由于缺乏充分的做空机制,股票现货市场的价格真实性至少在理论上会低于具有自由做空机制的股指期货市场的价格真实性。

五、价格扭曲

期货价格并非总是能反映出真实供求,除了通常的噪声交易会影响期货价格发现功能外,市场上常常还会有一些价格扭曲现象,如:市场集体行为造成的价格扭曲、市场操纵和不正当交易造成的价格扭曲、程序化交易(如高频交易)造成的价格扭曲。这些价格扭曲机制往往还会交织在一起。

1. 集体行为与心理作用

交易者的集体行为是指各自之间没有发生交流但行动方向一致的交易行为。这种行动对期货价格的影响既有理性的一面，也有非理性的一面。

汇率理论中的理性投机泡沫理论认为："一个初期偏离在理性预期条件下会导致汇率理性泡沫的生成并进一步加速膨胀"。该理论也可以揭示期货价格在一定条件下的扭曲机制。其大致的机制是：在期初的价格相对于由基本面因素决定的水平有偏离时，会产生一个泡沫的源头。在理性预期下，市场参与者判断价格将进一步偏离均衡水平，于是会继续顺势交易以获得收益。这些交易者很多都存在着自信或过度自信心理，认为自己能够在价格最终回到基本经济变量所决定的均衡值之前结束交易。投机者会在每一期结束前判断泡沫破灭的概率。价格上升越高，脱离基本面越大，泡沫破灭概率也就越大。在泡沫破裂后，价格下跌脱离基本面约束的幅度也越大。

在交易中，非理性行为对市场的影响或冲击更大。交易者的群体性疯狂和恐慌会推动价格从一个极端走向另一个极端。如，2015 年沪深 300 股指期货在投机心理、媒体影响、杠杆和去杠杆的过程中出现暴涨和暴跌，使股指完全脱离了基本面。有时，交易者的集体心理也会对交易产生瞬时的影响，造成价格扭曲，市场剧烈动荡。如在 2016 年 11 月 14 日夜盘交易中，白糖期货在基本面没有出现异常变化的情况下，发生了由涨停价瞬间打到跌停价再反弹的现象。

2. 价格操纵

所有的市场操作都具有四个共同要素：操纵行为、操纵目的、因果关系和人为操纵的价格。操纵的本质就是为了人为地形成价格，操纵的目的就是形成人为的价格。因果关系是指操纵行为和人为价格之间的联系。市场操纵通常包括逼仓和轧空、打压和拉抬。这些市场操纵通常和市场的成熟度和监管措施有关，部分也和新型的交易技术有关。在市场操纵中，操纵价格者通常会借助投资者心理预期或从众心理进一步推升或打压期货价格。

1）逼仓

逼仓是指交易一方利用资金优势或仓单优势，主导市场行情向单边运动，导致另一方不断亏损，最终不得不斩仓的交易行为。逼仓可分为多逼空和空逼多两种形式。多逼空是指操纵市场者在期货市场建立足够的多头持仓以拉高期货价格，同时大量收购和囤积现货。这样当合约临近交割时，迫使空头要么以高价买回期货合约认赔平仓出局，要么以高价买入现货进行实物交割，甚至因无法交出实物而受到违约罚款。空逼多则是指操纵市场者利用资金或实物优势，在期货市场上大量卖出某种期货合约，使其拥有的空头持仓大大超过多方能够承接实物的能力，从而使期货价格急剧下跌，迫使多头或以低价卖出平仓或接受违约罚款。无论哪一种逼仓形式，实际上都是试图在短期内制造巨大的价格波动，使一种商品的期货价格与内在价值出现严重背离。

2）轧空

轧空和逼仓的差别是对市场的控制程度不同。轧空时，多头囤积的现货不会导致可用于交割的商品供应发生短缺。相反，供应短缺可能是由于其他因素导致，如现货企业和投资者的囤货、发生干旱等。无论是其他何种原因,只要现货出现短缺,多头就可以通过超量持有多头期货头寸来故意轧空,进而操纵期货价格。

3) 打压和拉抬

打压和拉抬无法改变市场的长期趋势,但是可以改变短期价格,属于短期的市场价格操纵手段。打压和拉抬期货价格的方法有:大笔申报、连续申报、密集申报或者申报价格明显偏离申报时的最新成交价格,大量或者多次申报并撤销申报可能影响期货交易价格或者误导其他客户进行期货交易,通过计算机程序自动批量下单、快速下单影响交易所系统安全或者正常交易秩序,大量或者多次进行高买低卖交易。

3. 信息滥用与其他

1) 信息滥用

市场信息滥用包括抢先交易和内部交易。抢先交易指的是利用所掌握的非公开信息抢先进行交易。抢先交易的市场参与者的抢先交易能力与某项交易与时间影响现货价格的程度直接相关。内幕交易通常指的是利用未公布的行业政策信息、市场结构调整信息进行交易。抢先交易者和内幕交易者可以借助信息优势,提前建仓、减仓或平仓。这种交易会借助市场流动性和信息的最终发布影响期货价格。这种交易可以通过一些高频交易策略对短期内的价格波动幅度造成冲击。

2) 对敲

期货对敲指的是交易者为了制造市场流动性和价格假象,企图或实际严重影响期货价格或者市场持仓量,蓄意串通,按照事先约定的方式或价格进行交易或互为买卖的行为。基本的手法是在两个相关联的账户内,通过事先预谋或者与他人事先约定,在同一时间内以相同的价格申报,一个账户高买低卖,明显亏损,另一个账户低买高卖,高额盈利,且在两个关联账户之间转移资金。

3) 虚假交易

虚假交易是一种看上去善意的真实买卖交易,但实际上并没有发生利益或合约责任的交易和转移。在一般情况下,虚假交易是在同一价格上的相互抵消。虚假交易的明显特征是在同一账户里做完全相反的交易,账户的净资金头寸为零。虚假交易,会给人一种市场流动性很好的假象。通过虚假交易可以形成虚假的报价,进而操纵市场的价格形成。

4) 预先约定的非竞争交易

预先约定的非竞争交易和对敲存在一定的差异,其通常是指期货双方根据事先约定进行的交易。也就是说,这些交易一般都会在一方买期货的时候,另一方已经知道对方会在同时、同一价位卖出相同数量的期货。这种非竞争性的交易可能会在数量较大时影响市场交易者对价格走势的判断,引起竞价扭曲和价格短期失真。

4. 高频交易与价格失真

高频交易是计算机交易发展的新内容。可以大致将高频交易理解为一种通过计算机程序快速下单、撤单、成交等复杂算法设计获利的交易方法。高频交易在提高市场流动性和定价效率的同时,也加快了价格冲击的跨市场传播。高频交易也可能采用恶意或不公平的策略影响短期价格变化,如,闪单策略、占先策略、趋势引发策略等。这些均属于高技术价格操纵。

1）闪单策略

在闪单策略中,高频交易者会发现哪里可以创造一种流动性假象,并通过报价匹配来创造一种流动性的假象。闪单策略通过提供虚幻的流动性,可能具有诱捕行为。在掠夺性算法交易中,识别大单抢先下单,然后平仓。在趋势引发策略中,高频交易者会事先建立头寸,诱骗其他交易者,引发价格快速变动。

2）盘口交易

盘口交易策略大致包括流动性侦查、报价竞争和价格操纵。其中,价格操纵是通过误导性交易报价操纵价格的波动变化;流动性侦查是通过盘口数据分析,发掘价格、流动性的规律;而报价竞争策略实质上是抢跑下单的一种形式。

3）短期动量策略

短期动量策略交易商既不关注市场的流动性,也不瞄准市场失灵。他们基于那些影响证券市场变化的事件和/或市场变化本身来决策交易。短期动量策略需要利用日益复杂的方法来达到这一目的,比如语言计算机程序,它可以扫描媒体报告、博客等账号,寻找行为的关键词或集中度。他们通常大胆交易,不断消耗流动性,旨在从市场波动/趋势中获取利润。

4）趋势引发策略

趋势引发策略是指事先建立头寸(并往往伴随着发布虚假信息等行为),然后诱骗其他交易者进行交易,以引发价格快速变动,进而从中牟利。

5）指令占先策略

指令占先策略指利用高速计算机系统以极快的速度发出一个买单或者卖单,如果该订单没有被迅速成交,将被立刻取消;如若成交,系统就捕捉到了大量潜在订单存在的信息。

除以上局部性的市场操控外,个别的高频交易活动还可能在一定的市场条件下引发闪电崩盘。例如,2010年5月6日,美国资本市场在股指期货和股票的高频交易机制作用下,经历了"闪电崩盘"(参见阅读材料4-1),道琼斯工业平均指数在20分钟内暴跌1000点(跌幅达9%),其中最剧烈的600点下跌发生在5分钟之内,下跌后紧接着出现了同样急剧的反弹回升。

【阅读材料 4-1】 高频交易与美国股市闪电崩盘剖析

【思考与习题】

1. 仔细阅读国债期货和股指期货的合约表,并比较其中的设计差异。
2. 金融期货的基本交易特点有哪些?

3. 思考期货合约和远期合约的联系与区别是什么。
4. 每日无负债制度有何作用？
5. 思考双向交易和对冲平仓机制的基本原理，思考为什么可以卖空和买空期货。
6. 为什么期货交易是杠杆交易？试举例说明杠杆的基本原理是什么。
7. 什么是交易指令？比较限价指令和市价指令的区别。限价指令、市价指令如何撮合成交？
8. 计算机撮合成交的基本原则是什么？开盘集合竞价如何形成开盘价？
9. 总结金融期货中的实物交割和现金交割的差别和应用范围。
10. 改进股指期货理论定价模型需要考虑加入哪些因素？
11. 结合第二章的内容。分析国债远期的理论价格和国债期货的理论价格在计算方法上存在什么样的联系和差异？为什么？
12. 国债期货基差和其他金融期货基差计算方法的差异是什么？
13. 总结基差的特点和用途。
14. 什么是价格操纵和信息滥用？
15. 对市场价格而言，高频交易产生何种不良交易结果？
16. 假定3个月Shibor利率为3%，沪深300指数的红利收益率为每年2%，沪深300指数现在5 000点，计算3个月后到期的股指期货理论价格是多少。
17. 假定现在是2015年7月30日。在2015年9月到期的国债期货合约所对应的CTD债券的票面利率为13%，预计交割时间为2015年9月30日。该债券在每年的2月4日和8月4日支付利息。每半年复利一次的利率为每年12%（假设此为贴现利率）。该债券的转换因子是1.5，债券的当前报价是110元。试计算该期货合约的理论报价。
18. 某投资者在前一交易日持有沪深300指数期货合约20手多头头寸，上一交易日该合约的结算价为1 500点。当日该投资者以1 505点买入该合约8手多头持仓，又以1510点的成交价卖出平仓5手，当日结算价为1 515点，则当日盈亏是多少点？
19. 假设某投资者第一天买入股指期货IC1506合约1手，开仓价为10 800点，当日结算价格为11020点，次日继续持有，结算价为10 960点，则次日收市后，投资者账户上的盯市盈亏和浮动盈亏分别是多少？
20. 假设8月22日股票市场上现货沪深300指数点位为1 224.1点，A股市场的分红红利率在2.6%左右，融资(贷款)年利率r为6%，期货合约双边手续费为0.2个指数点，市场冲击成本为0.2个指数点，股票交易双边手续费以及市场冲击成本为1%，市场投资人要求的回报率与市场融资利差为1%，那么10月22日到期交割的股指期货10月合约的无套利区间为何？
21. 某投资者买入100手中金所5年期国债期货合约，若当天收盘结算后他的保证金账户有350万元，该合约结算价为92.820元，次日该合约下跌，结算价为92.520元，该投资者的保证金比例是3%，那么为维持该持仓，该投资者应该追缴多少保证金？

【即测即练】 扫描书背面的二维码,获取答题权限。

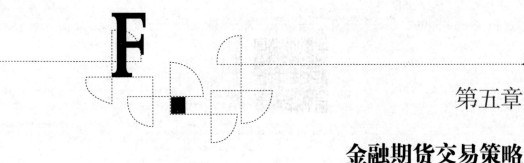

第五章

金融期货交易策略

第一节 套保和套利的原理

一、套保的原理和原则

第一章已经对期货套期保值做了初步介绍,其基本原理是利用期货市场的潜在收益对冲现货市场面临的潜在亏损。根据期货头寸的建仓方向,套期保值活动通常可以分为买入套期保值和卖出套期保值。卖出套期保值以卖出期货为开端,又称空头套期保值;买入套期保值是以买入期货作为开端,又称多头套期保值。

1. 套期保值的适用情形

卖出套期保值适用于担心价格下跌对现货头寸造成不利冲击的情形。具体来说,可以分为3种情形。

(1)担心持有资产价格或价值下跌。如持有股票或债券组合,担心组合价值下跌会对业绩产生不利影响。

(2)担心未来将要收到的资产价值会下跌。如3个月后将收到的外汇出现贬值。

(3)签订了远期买入资产的合同后,买方担心合约履约时资产价格下跌,自己不得不履行合同以高于市场价的合同价格买入现货资产。

买入套期保值适用于担心价格上涨对现货头寸造成不利冲击的情形。具体来说,也可以分为3种情形。

(1)未来将要买入的现货资产可能面临价格上涨的风险,如机构担心3个月后将要买入的货币会出现升值。

(2)持有现货空头头寸面临的风险。如,股票卖空者担心价格上涨又无法买回股票而造成损失。

（3）签订了远期卖出合同后面临着价格上涨的风险。

2. 套期保值的原则及其优化

传统套期保值理论由凯恩斯（1923）和希克斯（1946）提出。该理论提出了套期保值的四条基本原则：交易方向相反原则，数量相当原则，品种相同或相近原则，月份相同或相近原则。这四个原则有的没有发生变化，有的则需要根据实际需要调整，有的则在不断优化。

1）合约的种类

在做套期保值交易时，所选择的期货合约应与现货在种类上一致。在现实中，有的现货资产没有相对应的期货品种，套期保值者可以选择一些在价格上具有较强相关性的期货，这种套期保值称为"交叉套期保值"。在交叉套期保值中，作为替代物的期货品种最好是现货的替代品，相互替代性越强，套期保值交易的效果就会越好。

2）合约的交易方向

交易方向相反是指持有现货多头头寸时要卖出期货，可以通过持有期货空头头寸来套期保值；如果持有现货空头头寸，则应持有期货多头头寸进行套期保值。如果签订远期买入合同，则持有期货空头头寸对冲风险；如果签订远期卖出合同，则持有期货多头头寸对冲风险。

3）合约月份的选择

传统的方法是月份相近原则。这一原则是指在做套期保值交易时，期货的交割月份最好是现货交收月份的下一个月份或现货交收月份后的最近一个月份。例如，现货交收月份是6月，则需要选择7月交割的期货。如果交易所没有7月交割的合约用于交易，则可以选择之后最近月份的合约开展套期保值交易。但是，在套期保值过程中，交易者需要考虑流动性强的主力合约。对于股指期货来说，主力合约是当月或下月合约，对国债期货来说，主力合约则是当季或下季合约。对于套保周期较长的股票或股票组合而言，主力合约是当月或下月合约，因此考虑到主力合约的移仓问题，也需要对股指期货头寸不断进行展期，直到套保活动结束。

4）合约数量的选择

数量相等或相当原则是传统静态套期保值的核心原则。具体是指，买卖的期货规模必须与风险暴露商品或资产的规模相等或相当。传统套期保值观点认为，只有数量相等或相当，才能使一个市场上的盈利额与另一个市场上的亏损额相等或接近。由于基差的存在，1:1的套期保值（特别是交叉套保）比率很难完全对冲价格风险。为此，Johnson（1960）、Stein（1961）、Ederington（1979）等提出采用Markowitz（1952）的组合投资理论来确定最优套期保值比率以提升套期保值效果。最优的套期保值比率实际上就是寻找期货头寸和现货头寸之间的最佳比率。现代最优套期保值比率的计算可以使用风险最小化模型和预期效用最大化模型。风险最小化模型的基本思想是寻找期货头寸和现货头寸之间的最佳比率，使得现货和期货组合的风险最小化。风险最小化套期比率主要的估算方法有OLS、ECM、GARCH等。风险最小化模型仅考虑了风险，忽视投资者择时的需求——

当预期后市较差时进行套保,否则放弃套保。因此就产生了预期效用最大化模型。该模型将投资者的预期纳入模型,综合考虑组合的风险与收益,增加了套保模型的适用性。效用函数是用来表示投资者对投资结果的个人偏好的,不同的投资者会有不同的效用函数。最优套保比率就是使套期结束时财富的期望效用最大的套保比率。

3. 风险最小化套期保值比率和合约数量

Johnson(1960)提出了风险最小化套期保值比率模型,套期保值者可以通过方差分析,求解现货和期货组合的最优比率。

假设 S_t 和 F_t 分别表示在 t 时刻的现货价格和期货价格,h 表示套期保值比率,R_t 表示 t 时刻的组合收益,则:

$$R_t = \Delta S_t - h\Delta F_t$$

其中,$\Delta S_t = S_t - S_{t-1}$,$\Delta F_t = F_t - F_{t-1}$。

组合收益的方差为:

$$\mathrm{Var}(R_t) = \mathrm{Var}(\Delta S_t - h\Delta F_t) = \mathrm{Var}(\Delta S_t) + \mathrm{Var}(h\Delta F_t) - 2\mathrm{COV}(\Delta S_t, h\Delta F_t)$$

令

$$\mathrm{Var}(\Delta S_t) = \sigma_s^2, \mathrm{Var}(\Delta F_t) = \sigma_f^2, \frac{\mathrm{COV}(\Delta S_t, \Delta F_t)}{\delta_s \delta_f} = \rho$$

则:

$$\mathrm{Var}(R_t) = \sigma_s^2 + h^2\sigma_f^2 - 2\rho h\sigma_s\sigma_f$$

要使方差最小化,则令:

$$\frac{d\mathrm{Var}}{dh} = 2h\sigma_f^2 - 2\rho\sigma_s\sigma_f = 0, \frac{d\mathrm{Var}^2}{dh^2} = 2\sigma_f^2 > 0$$

即:

$$h = \rho\frac{\sigma_s}{\sigma_f} \tag{5.1}$$

其中,σ_s 为现货价格变化的标准差,σ_f 为期货价格变化的标准差,ρ 为期货价格变化和现货价格变化的相关系数。

在计算出最优套期保值比率后,就可以计算对冲现货所需的期货合约数量。假设拟对冲现货的数量为 N_s,期货头寸的数量是 N_f,合约单位是 Q_f,所需合约数量为 N^*,则:

$$\frac{N_f}{N_s} = h, N_f = N^* Q_f$$

由此可以得出最优套期保值合约数量为:

$$N^* = hN_s/Q_f \tag{5.2}$$

二、期现货套利

1. 基本原理

期现货套利的基本原理与金融远期和现货之间的套利具有内在的一致性,均需要在同一资产的远期市场(期货市场也是远期市场)和现货市场建立数量相等、方向相反的交易部位。期现货套利是时间套利在期货市场的一个应用,它利用期货与现货价格的走势一致性和期货合约临近交割时期货价格与现货价格的趋同性来进行操作。

当然,期现货套利和远期合约与现货之间的套利也存在不同之处。首先,在考虑套利机会时可以不再局限于考虑理论上的期货价格和实际可成交期货报价的差异,而是分析研究期货价格和现货价格之间的基差变化或价格关系。其次,期现货套利是以流动性很强的期货合约替代了远期合约,可以以交割的方式了结套利仓位,但更多的是以平仓结束套利交易。读者可以把例 2-2 中的黄金远期换成黄金期货来具体分析期现货套利的基本机制。

2. 保证金

在开展期现货套利时,需要考虑期货从建仓到交割需要预先准备多少资金,才能免于应对追加保证金的压力。为此,可以估计从建仓到交割日的期货价格波动百分比范围,如 $(-\delta, \delta)$。这里假定期货的保证金比例为 λ,建仓价格为 F_t,建仓数量为 Q 手,1 手期货合约内含的商品数量为 W。可以发现,对于期货空头来说,从建仓到交割,保证金账户中需要保有的资金量为 $(\lambda+\delta+\lambda\delta) \times F_t \times W \times Q$;对于期货多头来说,需要保有的资金量为 $(\lambda+\delta-\lambda\delta) \times F_t \times W \times Q$。[①]

三、期货价差套利

1. 期货价差

期货价差套利指通过研究期货价差变化规律,在相关期货合约上建立数量相等但交易方向相反的头寸,通过合约间的价差变化来获利的交易活动。这样对价差的计算和变化规律的研究显得至关重要。

在最初计算价差时,需要用价格较高的一"边"减去价格较低的一"边"。如,初时 6 月合约价格高,就用 6 月合约价格减去 5 月合约价格。之后不管两个合约的价格怎么变,都要用 6 月合约价格减 5 月合约价格。这样,就可以判断价差是扩大、缩小还是不变。

2. 买入套利和卖出套利

套利交易建立在对价差变动的预期的基础上。根据对价差的预期,交易者可以展开买入套利或卖出套利交易。

1)买入套利

买入套利适用于当前价差相对较小,未来价差将扩大的情形。基本手法是:买入价格较高的期货,同时卖出价格较低的另一期货;过一段时间后,同时将多空合约平仓。建仓和平仓两个时间点的价差的变动幅度就是盈亏幅度。如果价差扩大,则获利;如果价差缩小,则亏损。如表 5-1 中,A 和 B 两个期货,当前价差是 900 元,过一段时间后,价差出现变化,扩大到 1 100 元,交易者将套利头寸平仓。这时 A 期货亏损 1 100 元,B 期货盈利 1 300 元,套利收入 200 元。可以发现,这 200 元的套利收益实际上就是价差的扩大幅度

[①] 很明显,在期货套期保值中也需要以同种思路和方法来考虑保证金账户的保有资金量问题。

（即 1 100－900＝200 元）。

表 5-1　价差扩大与买进套利

项　目	A 期货	B 期货	价　差
建仓	3 000（卖出）	3 900（买入）	900
平仓	4 100（买入）	5 200（卖出）	1 100
盈利	－1 100	1 300	扩大 200

2）卖出套利

卖出套利适用于当前价差较大，在未来会出现缩小的情形。基本手法是：卖出价格较高的期货的同时，买入价格较低的另一期货。过一段时间后，同时将两个方向的合约平仓。建仓后，如果期货价差缩小，可获利；如果价差扩大，则亏损。价差的变动幅度就是盈亏幅度。如表 5-2 中，初期价差为 1 100，在平仓时价差缩小为 700 元，套利收益是 1 100－700＝400 元。

表 5-2　价差缩小与卖出套利

项　目	A 期货合约	B 期货合约	价　差
建仓	4 000（买入）	5 100（卖出）	1 100
平仓	3 000（卖出）	3 700（买入）	700
盈利	－1 000	1 400	缩小 400

需要说明的是，人们往往将期货价差套利划分为跨期套利、跨品种套利和跨市套利。跨期套利是在同一交易所、同一期货品种、不同交割月份期货合约间的套利。跨品种套利是在两种或两种以上不同品种，但是具有紧密的经济相关性的期货之间的套利。跨市套利则和一价定律有关，是不同市场上的同品种期货之间的套利交易。这些套利均可以通过买入套利和卖出套利的视角予以解释。

第二节　股指期货套期保值和套利

一、股指期货套期保值

从理论上看，无论是一只股票还是一个高度分散化的股票组合都可以利用股票指数期货来对冲风险。股指期货套期保值的基本原理是：担心股票（组合）面临价格下跌冲击，开展卖出套保；担心股票（组合）面临价格上涨的不利影响，则开展买入套保。当然，在现实中，被套保的股票或股票组合的构成成分明显不会与股指的成分股及权重完全一样，这样股票或股票组合的收益也就不一定与指数的收益一致。因此，股票套期保值比率要相对复杂一些。这就需要引入资本资产定价模型中的 β 值。

由资本资产定价模型得出：

股票(组合)期望收益率－无风险利率＝β(指数收益率－无风险利率)

其中，股票的 β 值是股票收益率与指数收益率的标准协方差除以市场收益率的方差。股票组合的 β 值是组合中各股票 β 的加权平均数。β 的计算公式是：

$$\beta = \frac{\text{Cov}(r_i, r_m)}{\text{Var}(r_m)} = \frac{\sigma_{i,m}}{\sigma_m^2} \quad (5.3)$$

当 β＝1 时，股票(组合)收益与市场收益完全一致；当 β＞1 时，表明股票(组合)收益在无风险利率之上的收益＞市场在无风险利率之上的收益；当 β＜1 时，表明股票(组合)在无风险利率之上的收益＜市场在无风险利率之上的收益。例如，如果 β＝2，说明组合超过无风险利率的收益率是整个市场超过无风险收益率的 2 倍。

可见，β 值等于 1 时，股票(组合)和股票期货指数具有相同的敏感度，这样需要与股票(组合)同等价值的股票指数期货对冲股票(组合)的风险。例如，如果有 10 000 000 元市值的股票组合需要对冲风险，就需要 10 000 000 元的股票指数期货。假设一手合约的价值当前为 1 000 000 元，这时就需要卖出 10 手股指期货。

假设 β 值等于 2，说明股票(组合)收益率变动敏感，是一个 β＝1 的股票(组合)对市场敏感度的 2 倍。这时，要对冲这一股票(组合)的风险，就需要卖出两倍数量的合约。例如，要对冲 β＝2，价值为 10 000 000 元股票组合，就需要价值为 20 000 000 元的股指期货。同理，假如股票组合的 β＝0.5，仅需要卖出 0.5 倍的股指期货合约。

通过以上思路，可以直接给出股指期货套期保值的最佳套期保值合约数量计算公式：

$$N^* = \beta \frac{S}{F} \quad (5.4)$$

其中，S 为股票(组合)的价值，F 为一手股指期货的价值。具体可见例 5-1。

需要说明的是，对于基金经理来说，开展套期保值的原因是多方面的。首先，可能要长期持有股票组合，但在短期内需要预防组合下跌风险(卖出组合的交易成本和冲击成本会很大，因此卖出组合并不现实)。其次，也可能是基金经理认为组合中股票选择得好，但还没有把握好整个市场的表现，因而需要套保。最后，另一种极端的情形是市场和组合表现都很不好，大规模卖出股票组合存在困难，因此需要在期货市场对冲风险。

【例 5-1】 股指期货套期保值

假设利用 4 个月的沪深 300 指数期货对冲一个股票组合未来 3 个月的风险。股票组合的价值为 2 040 万元。沪深 300 指数为 4 000 点，期货指数为 4 026.8 点，3 月期的无风险利率年化利率是 4%，指数的年红利收益率是 2%，股票组合的 β 值为 1.5，合约乘数是 300。很明显，要对冲股票组合面临的价格下跌风险，需要判断卖出的股指期货合约数量，即：

$$N^* = \beta \frac{S}{F} = 1.5 \times \frac{20\ 400\ 000}{4\ 026.8 \times 300} \approx 25$$

还可以模拟 3 个月后指数下跌 10% 时股票组合的损益和套期保值的具体效果。

根据资本资产定价模型，可以计算股票组合的收益。在资本资产定价公式中，3 个月期的无风险利率为 $4\% \times \frac{1}{4}$，3 个月内股指的红利率是 $2\% \times \frac{1}{4}$，这样 3 个月后股票组合的期望收益率计算结果为:3个月后股票组合的期望收益率 $= 4\% \times \frac{1}{4} + 1.5 \times \left(-10\% + 2\% \times \frac{1}{4} - 4\% \times \frac{1}{4}\right) = -14.75\%$。这就是说,如果股指下跌10%,股票组合的价值将会下跌14.75%,即亏损3 009 000元。

现在可以看一下期货头寸的盈亏。首先计算3个月后股指期货在股票现货指数下跌10%的情况下的收益。预计股票指数3个月后是 $4000 \times 90\% = 3600$ 点,根据持有成本模型则可以估算出股指期货在3个月后是 $3600 e^{(0.04-0.02)\frac{1}{12}} = 3606.0$ 点。股指期货的收益为 $(4\ 026.8 - 3\ 606.0) \times 300 元/点 \times 25 手 = 3\ 156\ 000$ 元。可以看出,股指期货头寸上的收益可以完全对冲掉股票组合的损失。

二、Alpha策略和可转移Alpha策略

1. Alpha收益

证券或证券组合的总体投资收益包括与市场系统性风险匹配的 β 收益,也包括一部分超额的Alpha收益。Alpha收益往往源于专业分析、信息渠道、特殊优惠、实地调研。通常,Alpha收益可表示为

$$\alpha = R_i - R_f - \beta_{i,m}(R_m - R_f) \tag{5.5}$$

其中,R_i 是证券 i 的实际收益率,R_f 表示市场的无风险利率,$\beta_{i,m}$ 是证券 i 的 β 值,R_m 是市场收益率(可换为自行设定的基准指数的收益率)。

2. Alpha策略

Alpha策略的原理较为简单。首先需要寻找一个高额、稳定收益的股票投资组合,然后通过卖出股指期货对冲组合的系统性风险,使得组合的 β 值在投资过程中一直保持为零(见图5-1),进而获得与市场相关性较低的Alpha收益。

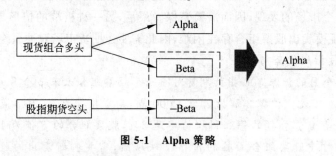

图 5-1 Alpha 策略

【例 5-2】 某机构的 Alpha 策略

8月上旬,某机构Alpha策略理财产品的管理人认为市场未来将陷入震荡整理,但前期一直弱势的消费类股票的表现将强于指数。根据这一判断,该管理人从家电、医药、零售等行业选择了20只股票构造投资组合。股票组合 β 值为0.92。

8月24日,管理人买入组合股票,市值8亿元。同时,在沪深300股指期货10月合约上建立空头头寸,建仓价3 263.8点。股指期货的建仓数量:0.92×8 亿元/$(3\ 263.8 \times$

300)＝752(手)。

10月12日,管理人认为消费类股票超越指数的走势告一段落,决定卖出全部股票,同时对股指期货持仓予以平仓。这段时间里,指数期货下跌到3 132.0,消费类股票组合的市值增长了6.73%。此次Alpha策略的获利＝8亿元×6.73%＋(3 263.8－3 132.0)×752×300＝8 357.4万元。

3. 可转移Alpha策略

可转移Alpha策略是基于市场不同、收益不同展开的一种交易策略。基本原理是利用股指期货替代股票组合,将现货组合中抽出的资金,用来再投资于那些与原组合相关性低的投资组合或者Alpha收益更高的投资组合。

下面举例说明。

【例5-3】 可转移Alpha策略

一家资产管理机构决定将10亿元按照7∶3的比例配置于基于上证50指数的股票组合和债券组合,该股票组合的β值为1.2,α值为0.58%,上证50股指期货主力合约的建仓价格是3 000点。该机构认为基于上证50指数的该股票组合Alpha收益太低,一个选择是从7亿元中分离出2亿元投资于Alpha收益高的小盘股,但又不想放弃原先组合的战略配置模式,于是决定采用可转移Alpha策略。方法见图5-2,主要的内容是,第一,投资价值2亿元的上证50指数期货,以维持对大盘蓝筹股的战略投资,预计保证金账户需要5 000万元;第二,将剩余的1.5亿元配置于中证500指数成分股的高Alpha收益股票组合,α值为3.87%,β值为1.3。这时,中证500指数期货主力合约的建仓价格是4 900点。为了实施该策略,机构需要测算上证50的建仓数量和对冲股票组合风险的期货数量。具体如下:

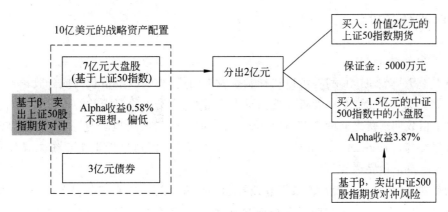

图5-2 可转移Alpha策略

买入与2亿元股票组合等值的上证50指数期货,建仓数量为:$\beta \dfrac{S}{F} = 1.2 \dfrac{200\,000\,000}{3\,000 \times 300} \approx$ 267手。

卖出中证500股指期货对冲小盘股组合风险,以实现高Alpha收益,期货建仓数量为：$\beta \dfrac{S}{F} = 1.3 \dfrac{150\,000\,000}{4\,900 \times 200} \approx 199$ 手。

考虑到基于大盘股还有 5 亿元的股票资产配置，该机构可根据对市场的判断衡量是否需要在部分时段开展卖出套期保值，这里不予赘述。

三、投资替代与资产转换

1. 投资替代

投资替代是风险管理的一个种类，也是一些基金公司常用的投资策略。如，某养老基金从投保人手中获得了新的资金，准备建立 1 000 万美元的基于标准普尔 500 指数的股票组合。有两个选择。其一，将 1 000 万美元直接购买标准普尔 500 样本股票的现货持仓。其二，购买对应的标准普尔 500 股指期货，120 万美元保证金，将剩余的 880 万美元购买无风险或低风险证券（短期国库券、货币市场基金等）。第二种投资方式是对第一种投资方式的替代，持有的无风险或低风险证券可以理解为对期货头寸的担保。国际上，通常使用的投资替代策略规则是：12% 的资金用于保证金，保留 12% 的额外现金用于追加保证金和基金的申购赎回，76% 投资 3 年期国债。

2. 资产配置和转换

基金经理计划将股票资产转换为国债，可以有两个选择。其一，卖出股票，买入债券。如果规模大，会造成市场冲击。其二，利用做多国债期货，卖出股指期货作为替代，国债期货对应的名义价值和股指期货的总市值一致。关于资产转换，将在国债交易策略中予以更为具体的案例介绍。

四、指数套利

1. 基本原理

当 $F > Se^{(r-q)T}$ 时，套利者可以选择卖空股指期货，买入股票指数的成分股；

当 $F < Se^{(r-q)T}$ 时，套利者可以选择买入股指期货，卖出股票指数的成分股。

由于指数期现货之间的套利机会稍纵即逝，成分股的买卖也较复杂，交易者探索出了通过程序交易（program trading）进行指数套利的方法，即通过计算机系统来寻找交易机会并自动提单下单完成交易。

在套利过程中，交易者在涉及平仓或头寸了结方式时可以有三个选择。第一，持有头寸，直到交割。第二，如果在期货合约到期前，基差已经恢复到计算的理论价格范围内，套利者则可以提前对期货和现货头寸平仓。第三，如果在结束头寸前，发现下一个交割月期货的价格出现与套利头寸中的期货价格同方向的偏离，并且可以套利，套利者可以采取展期策略，即平掉前一个期货，在后一个月合约上建仓；现货头寸不予变动（这样可以节约现货成本）。对于股指期货来说，第二个方法和第三个方法更适用一些。第一个方法则存在问题，这是因为股指期货是现金交割，不涉及实物交割，如果套利者持有头寸到期现金交割，就需要及时对现货头寸进行平仓。

2. 套利区间

在现实中,由于受到手续费、保证金水平、资金借贷利率等成本因素的影响,期货的价格并不能简单地用 $F=Se^{(r-q)T}$ 来表示,其在实际中是一个无套利机会的价格区间。只有在区间上下限之外,交易者才有机会开展套利交易。

为方便分析,这里先对套利交易中的现金流进行界定。其中,C_{ls} 是买入指数现货的交易成本(%),C_{ss} 是卖出指数现货的交易成本(%),C_{lf} 是买入股指期货的交易成本(%),C_{sf} 是卖出股指期货的交易成本(%),M_f 是期货保证金比例(%),M_s 是融券保证金比例(%),r_b 是借入资金利率(%),r_l 是借出资金利率(%),$D(t,T)$ 是从 t 时刻到 T 时刻的股利现值。

通常,可以从正向市场和反向市场分析无套利机会的价格上限和下限,先基于正向市场分析股指期货无套利区间的上限。表 5-3 列出了正向套利分别在 t 时刻和 T 时刻的现金流。

表 5-3 正向套利策略的现金流

时间点	现货		期货	
	操作	现金流	操作	现金流
t 时刻	买入现货	$-S_t$	支出期货保证金	$-M_f F_t$
	买入现货交易成本	$-C_{ls}S_t$	卖出期货交易成本	$-C_{sf}F_t$
T 时刻	卖出现货	S_T	买入期货	$F_t - F_T$
	卖出现货交易成本	$-C_{ss}S_T$	买入期货交易成本	$-C_{lf}F_T$
	股利收入	$D(t,T)$	收入期货保证金	$M_f F_t$

通过现金流测算,可以得出正向套利策略中现货头寸上的损益,即:
$$S_T + D(t,T) - S_t[(1+C_{ls})(1+r_b)^{(T-t)}] - C_{ss}S_T$$
而在期货头寸上的损益为:
$$F_t - F_T - F_t C_{sf}(1+r_b)^{(T-t)} - C_{lf}F_T - F_t M_f[(1+r_b)^{(T-t)} - 1]$$

现货交易和期货交易的损益一正一负,如果二者之和大于零,就说明期货市场价格偏离了其公平价格,存在套利机会。借此,可以得到股指期货的上限价格,即无套利区间的上限价格:

$$F_t^{上} = \frac{S_t[(1+C_{ls})(1+r_b)^{(T-t)} + C_{ss} + C_{lf}] - D(t,T)}{1 - C_{sf}(1+r_b)^{(T-t)} - M_f[(1+r_b)^{(T-t)} - 1]} \quad (5.6)$$

当期货价格低于理论价格时,可以进行反向套利,即通过先卖空现货买入期货来建仓,以赚取收益。同理,可以计算出无套利区间的下限价格:

$$F_t^{下} = \frac{S_t[(1-M_s-C_{ss})(1+r_l)^{(T-t)} + M_s - C_{ls} - C_{sf}] - D(t,T)}{1 + C_{lf}(1+r_l)^{(T-t)} + M_f[(1+r_l)^{(T-t)} - 1]} \quad (5.7)$$

式(5.6)和式(5.7)测算的是 t 时点上股指期货无套利机会的价格上限和价格下限。在套利实践中,交易者可以测算股指期货与标的指数的比值 $\left(\dfrac{F_t}{S_t}\right)$ 的上下限。由于股指期货套

利机会存在的时间短,因此可以不考虑股息影响,进而简化计算出套利比值在 t 时点上的上下限:

上限为:$\dfrac{(1+C_{ls})(1+r_b)^{(T-t)}+C_{ss}+C_{lf}}{1-C_{sf}(1+r_b)^{(T-t)}-M_f[(1+r_b)^{(T-t)}-1]}$

下限为:$\dfrac{(1-M_s-C_{ss})(1+r_l)^{(T-t)}+M_s-C_{ls}-C_{sf}}{1+C_{lf}(1+r_l)^{(T-t)}+M_f[(1+r_l)^{(T-t)}-1]}$

3. 组合构筑与套利操作

股指现货的组合构成是金融工程需要解决的重要问题。很明显,在股指期货和现货套利过程中,不能不切实际地根据股指的构成买入或卖空全部的成分股。套利者需要探索高效的现货组合来模拟股票指数。

一种方法是用 ETFs 指数基金构建组合来代替指数现货。交易者需要利用高频数据分析指数基金的跟踪误差(Tracking Error,TE)和相关系数(ρ),在此基础上可以构筑一个 ETFs 指数基金组合。

其中,相关系数是检验跟踪指数的投资组合与标的指数之间的相关性,是衡量跟踪效果的重要指标。相关系数主要包括每日绝对价格的相关性和每日相对价格的相关性。跟踪误差是衡量跟踪指数的投资组合偏离标的指数的指标,可以用跟踪指数的投资组合收益率与标的指数收益率之差的平方和的均值平方根来进行界定。跟踪误差可由下式推导计算得出:

$$TE=\sqrt{\dfrac{1}{T}\sum_{t=1}^{T}(R_{Pt}-R_{It})^2} \tag{5.8}$$

其中,R_{Pt} 表示跟踪组合在 t 时期的收益率,R_{It} 表示目标指数即沪深 300 指数在 t 时期的收益率。在组合构筑中,跟踪误差越小表示拟合越好。这种界定方法可以回避在跟踪指数的投资组合收益率与标的指数的收益率之差为常数时导致跟踪误差为零的情况。

另一种方法是选择若干只股票替代指数。成分股的选择需要考虑两方面:所选成分股是否具有代表性,所选成分股的跟踪效果是否足够好。以权重较高、β 值接近 1 以及流通 A 股占总股本的比重(适用于中国国内)作为标准。国内外的实证研究均表明选取 40~60 支股票是比较合理的区间,其跟踪误差保持在可控范围之内,成本也控制在较低的水平。

在确定了现货组合后,可以开展股指期货和现货的套利操作。假设现货是沪深 300ETF,可以遵循以下流程开展指数套利(见图 5-3)。

【例 5-4】 指数套利的交易机会和组合构筑

表 5-4 列出了部分交易日的期现货行情和基于 IF2201 计算的期限比上下限。可以发现在 12 月 14 日的某一时刻,期限比为 1.021 6,超过无套利区间的上限。交易者准备开展正向套利。策略的构筑思路是卖出 1 手 IF2201,买入与之匹配的一定数量的嘉实沪深 300ETF。

现在需要计算的是,究竟需要买入多少 ETF。在当前的套利时点上,沪深 300 指数是 4268.6,可以借助沪深 300 股指期货的乘数,计算出现货指数的对应价值,即 4 268.6×300

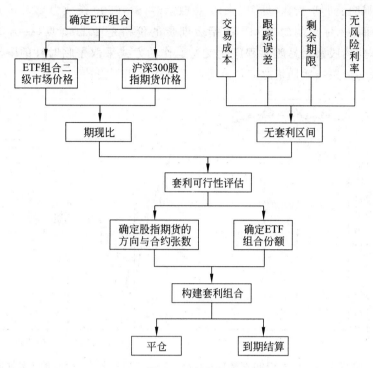

图 5-3　基于 ETF 的指数套利流程

资料来源：上海证券交易所.ETF 投资从入门到精通[M].上海：上海远东出版社,2014.

=1 280 580。此时,每份嘉实沪深 300ETF 的市场价值是 4.159 0,那么套利所需要的 ETF 数量就是 1 280 580÷4.159 0=307 906 份。

套利者可以根据自有资金的规模、套利周期所需要的保证金数额以及 ETF 的资金占用数额,计算可以构筑出的套利组合数量。假如一家机构现有流动资金 2000 万元,知道 ETF 的占用资金是 1 280 580 元,套利时间内的保证金测算为 505 375 元,那么可以构筑的套利组合数量为 20 000 000÷(1 280 580+505 375)≈11 组。

表 5-4　基于 IF2201 开展指数套利的行情和空间

日期	IF2201	沪深 300 指数	期现之比	无套利区间的下限	无套利区间的上限
……	……	……	……	……	……
2022/12/13	4 299.8	4 330.8	0.992 8	0.981 4	1.011 1
2022/12/14	4 360.6	4 268.6	1.021 6	0.991 3	1.011 3
……	……	……	……	……	……

4.股指期现套利失败现象

无论考虑交易成本与否,市场上的 F_0 和由现货数据计算的期货价格 F 通常都会非常接近。但是,市场行情的极端变化会对股指期货和现货之间的套利造成冲击,致使期货价格和现货价格严重背离。例如,1987 年 10 月 19 日美国爆发股灾,在这一天的大部分时间里,期货价格都明显低于指数(见图5-4)。在收盘时,S&P500指数为225.06点(一天下跌了57.88点),而12月交割的S&P500指数期货的价格是201.50点(一天下跌了80.75点)。第二天,纽约股票交易所对程序化交易运作的方式采取了临时性的限制措施,结果使得股票指数与股票指数期货之间传统的联系不能继续下去。

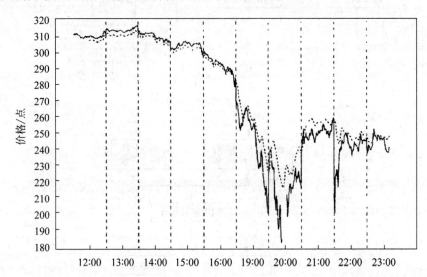

图5-4　1987年10月份S&P500指数期货价格(实线)和现货指数(虚线)的5分钟间隔走势

资料来源:Harris,L. The October 1987 S&P 500 Stock-Futures Basis[J]. The Journal of Finance,1989(44),1.

在我国正常市场条件下,股指期货和现货基差在10个点以上就可以正向套利,市场中很少会出现超过30个点的行情。在出现正向套利机会后,套利者会以卖出股指期货,买入现货组合的方式进行套利。但是,在2014—2015年中国股市的暴涨和暴跌过程中多次出现股指期货严重升水和严重贴水的现象。2014年12月4日当日和次日的股指期货相对于股指现货指数之间分别出现了90多点和100多点的升水。而在2015年6月以后,我国出现股灾,又造成了股指期货在收盘后严重贴水(见图5-5)的问题。例如,9月2日,沪深300股指期货、中证500股指期货和上证50股指期货较之相应的现货指数分别贴水12%、12%和10.5%。造成这一现象的原因较为复杂。其一,股市和股指期货交易时间不一致①,在股票市场闭市后,股票持有者无法在现货市场卖出,会选择在期货市场卖出;其二,恶意做空者和投机者也会在股市闭市后选择卖出股指期货;其三,大面积的股票停止交易,导致现货指数不再下跌,股指期货则可以在涨跌停范围内继续下挫。这种价差变化对于套利交易具有严重的冲击,使期现货套利失效。

---

① 我国股指期货合约在最初设计时的良好初衷是希望更好地发现价格,为此股指期货的交易时间比股市开盘时间早15分钟,收盘时间比股市收盘晚15分钟。2015年6月15日股市出现异常波动危机后,中国金融期货交易所调整股指期货交易时间,将二者同步。

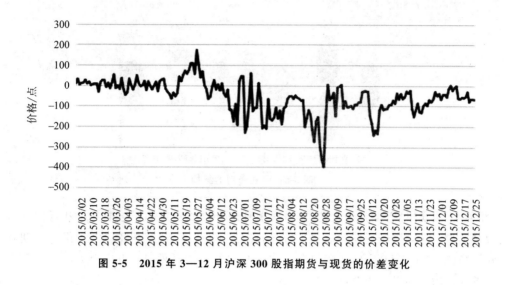

图 5-5 2015 年 3—12 月沪深 300 股指期货与现货的价差变化

五、跨期套利

1. 牛市套利和熊市套利

牛市套利和熊市套利是跨期套利的最基本方式。牛市套利是买入近月合约,卖出远月合约的套利方式,适用于近月合约较之远月合约上涨预期更强烈,或者下跌更缓慢的情形。熊市套利则是买入远月合约,卖出近月合约的套利方式,适用于近月合约较之远月合约下跌预期更强烈,或者上涨更缓慢的情形。

【例 5-5】 跨期套利

假设现在是 4 月 2 日,沪深 300 指数期货 4 月合约是 3 392 点,5 月合约是 3 410 点。一投资者对市场进行了分析,认为 5 月合约减 4 月合约的价差不应为 18 点,5 月合约的价格偏高。于是决定开展牛市套利,即买入 1 手 4 月合约,卖出 1 手 5 月合约。到了 4 月 7 日,4 月、5 月合约分别为 3 412 点、3 425 点,价差为 13 点,套利者认为趋于合理,决定平掉套利头寸。平仓后的净收益是 1 500 元。

如果当日某时刻的沪深 300 指数期货 5 月合约是 3 410 点,6 月合约是 3 419 点。投资者对市场进行了分析,认为 5 月合约价格偏高,未来上涨幅度会小于 6 月合约。于是决定开展熊市套利,即卖出 1 手 5 月合约,买入 1 手 6 月合约。到了 4 月 7 日,5 月、6 月合约分别为 3 425 点、3 438 点,价差趋于合理,套利者决定平掉套利头寸。5 月合约的亏损为 (3 410－3 425)×300＝－4 500 元,6 月合约的盈利 (3 438－3 419)×300＝5 400 元。套利收益是 900 元。

2. 蝶式套利

蝶式套利是由共享居中交割月份一个牛市套利和一个熊市套利而形成的跨期套利组合。由于近期和远期月份的期货合约分居于居中月份的两侧,形同蝴蝶的两个翅膀(见图 5-6),因此可以形象地将其称为蝶式套利。

蝶式套利的基本手法是:买入(或卖出)近期月份合约,同时卖出(或买入)居中月份合

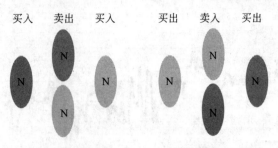

图 5-6 蝶式套利的结构

约,并买入(或卖出)远期月份合约,其中居中月份合约的数量等于近期月份和远期月份合约数量之和。这相当于近期与居中月份之间的牛市(或熊市)套利和居中月份与远期月份之间的熊市(或牛市)套利的一种组合。蝶式套利的适用条件是:当认为可以在近月合约和较近月合约之间做牛市套利(熊市套利),但是担心风险较大时,就可以在较近月合约和远月合约上再同时做个熊市套利(牛市套利)。盈利来源则是牛市套利组合和熊市套利组合的盈亏之和。下面以股指期货为例说明蝶式套利的基本原理。

【例 5-6】 股指期货蝶式套利

假设现在是 4 月 2 日,沪深 300 指数期货 4 月合约是 3 392 点,5 月合约是 3 410 点,6 月合约是 3 419 点。一投资者对市场进行了分析,认为 5 月合约的价格偏高,4 月合约和 5 月合约、5 月合约和 6 月合约的价差均不合理。于是决定开展蝶式套利,即买入 1 手 4 月合约,卖出 2 手 5 月合约,买入 1 手 6 月合约。到了 4 月 7 日,4 月、5 月、6 月合约分别为 3 412 点、3 425 点、3 432 点,价差趋于合理,套利者决定平掉套利头寸。为了清晰地说明该蝶式套利的付费盈亏情况,这里将具体的过程和结果总结在了表 5-5 中。

表 5-5 股指期货蝶式套利盈亏分析

4月2日	买入 1 手 4 月股指期货,点位为 3 392	卖出 2 手 5 月股指期货,点位为 3 410	买入 1 手 6 月股指期货,点位为 3 419
分解	相当于在 4 月与 5 月间建立牛市套利 1 手(即正向市场的 1 手卖出套利),同时在 5 月与 6 月间建立熊市套利 1 手(即正向市场的 1 手买入套利)		
建仓价差	4 月与 5 月间价差为 18 点,6 月与 5 月间价差为 9 点		
4月7日	卖出平仓 4 月股指期货,价位是 3 412 点	买入平仓 2 手 5 月股指期货,价位是 3 425 点	卖出平仓 1 手 6 月股指期货,价位是 3 432 点
平仓价差	5 月与 4 月间价差为 13 点,价差缩小 5 点,牛市套利(正向市场的卖出套利)的盈利为:5×300=1 500 元 6 月与 5 月间价差为 7 点,价差缩小 2 点,熊市套利(正向市场的买入套利)的亏损为:2×300=600 元 盈亏:1 500－600=900 元		
盈亏	盈利 20 点 具体收益为:1 手×20 点×300 元=6 000 元	亏损 15 点 具体亏损为:共 2 手×15 点×300 元=9 000 元	盈利 13 点 具体收益为:1 手×13×300=3 900 元
净盈亏	6 000－9 000＋3 900=900 元		

如果仅做 4 月与 5 月间的牛市套利,该套利者的盈利为 1 500 元,明显会比蝶式套利盈利要大不少。套利者之所以要做蝶式套利,是考虑到 4 月与 5 月合约牛市套利活动中价差会发生不利变化,导致套利亏损。为了弥补这个亏损,就需要同时构筑一个 5 月与 6 月间的熊市套利。

第三节 国债期货交易策略与资产配置

一、久期与凸性

1. 久期

所谓久期可以理解为债券持有者在收到现金付款之前平均等待多长时间。n 年期限的零息票债券的久期是 n 年。n 年期限的附息票债券的久期小于 n 年,因为持有者在第 n 年之前就收到一些利息了。基于这一考虑,可以将久期定义为债券在未来产生现金流的时间的加权平均值,表述公式是:

$$D = \sum_{i=1}^{n} t_i \left(\frac{c_i e^{-yt_i}}{B} \right) \tag{5.9}$$

其中,c_i 为 i 时刻产生的现金流,y 为贴现利率,t_i 为从现在到 i 时刻收到现金所需等待的时间,以年表示。$\frac{c_i e^{-yt_i}}{B}$ 实际上就是 t_i 的权重。B 是所有未来现金流的贴现值之和,也是债券当前的市场价格,计算公式为

$$B = \sum_{i=1}^{n} c_i e^{-yt_i} \tag{5.10}$$

【例 5-7】 久期的计算

考虑某个面值为 100 元、附息票利率为 5% 的 3 年期债券,息票每 12 个月付息一次。假定债券到期收益率(调整为连续复利)为 6%。为简化计算,这里直接用收益率代替贴现率。在表 5-6 中详细给出了计算久期的每一步,最后得出该债券的久期是 2.857 0。

表 5-6 久期的计算公式

时间 t_i(年)	付款金额(元)	贴现因子	现 值	权 重	时间×权重
1.0	5	$e^{-0.06 \times 1.0}$	4.708 8	0.048 6	0.048 6
2.0	5	$e^{-0.06 \times 2.0}$	4.434 6	0.045 8	0.091 6
3.0	105	$e^{-0.06 \times 3.0}$	87.703 4	0.905 6	2.716 8
合计	115		96.846 8	1.000 0	2.857 0

对于债券组合而言,其久期可以定义为构成债券组合的每个债券的久期的加权平均值,每个债券久期的权重是该债券价值在组合价值中所占的比重。

在了解久期的基础上,就可以解释利率和债券(期货)的价格变化关系。假设 ΔB 和 Δy 是 B 和 y 的微小变化,则通过式 5.10 得出

$$\Delta B = -\Delta y \sum_{i=1}^{n} c_i t_i e^{-y t_i} \tag{5.11}$$

如果把式(5.9)放入上式,可以得出一个近似成立的公式:

$$\Delta B = -B \cdot D \cdot \Delta y \tag{5.12}$$

从式(5.12)可以发现,如果利率上升(下降)一个基点($\Delta y = 0.01\%$),会导致债券价格下降(上升)若干价值。如表 5-6 的举例中可以发现,如果利率上升 1 个基点,国债价格会下降 $2.857\ 0 \times 96.846\ 8 / 10\ 000 = 0.027\ 7$ 元。这里隐含了一个重要的术语:基点价值。可以用以下公式计算基点价值(BPV 或 DV01):

$$BPV = |-B \cdot D / 10\ 000| \tag{5.13}$$

2. 凸性

久期适用于收益率变化很小的情形,在利率出现中等或重大变化的情况下要考虑凸性。凸性对利用国债期货开展套期保值存在某种程度的影响。所谓凸性是利率的微小变化引起的债券久期的变化比率,即:

$$C = \frac{1}{B} \cdot \frac{d^2 B}{dy^2} \tag{5.14}$$

从计算的角度看,凸性是将来收到现金流的时间平方的加权平均值,即

$$C = \sum_{i=1}^{n} t_i^2 \left[\frac{c_i e^{-y t_i}}{B} \right] \tag{5.15}$$

表 5-7 介绍了凸性的计算方法。

表 5-7 凸性的计算

时间 t_i(年)	付款金额(元)	贴现因子	现 值	权 重	时间平方×权重
1.0	5	$e^{-0.06 \times 1.0}$	4.708 8	0.048 6	0.048 6
2.0	5	$e^{-0.06 \times 2.0}$	4.434 6	0.045 8	0.183 2
3.0	105	$e^{-0.06 \times 3.0}$	87.703 4	0.905 6	8.150 4
合计	115		96.846 8	1.000	8.382 2

可以利用泰勒级数展开式(5.15),得到一个关于利率变化和债券价值变化关系的更为精确的表达式

$$\Delta B = \frac{dB}{dy} \Delta y + \frac{1}{2} \frac{d^2 B}{dy^2} \Delta y^2$$

或者

$$\frac{\Delta B}{B} = -D \cdot \Delta y + \frac{1}{2} C \cdot (\Delta y)^2 \tag{5.16}$$

根据式(5.16),可以做如下分析。

如果债券收益率由 12% 变为 14%,债券的价格变化为:$-2.857\ 0 \times 96.846\ 8 \times 0.02 + \frac{1}{2} \times 96.846\ 8 \times 8.382\ 2 \times 0.02^2 = -5.371\ 5$。如果利用久期计算,价格变化则为:$-2.857\ 0 \times 96.846\ 8 \times 0.02 = -5.533\ 8$。

如果债券收益率由 14% 变为 12%,债券的价格变化为:$-2.8570\times96.8468\times(-0.02)+\frac{1}{2}\times96.8468\times8.3822\times0.02^2=5.6962$。如果利用久期计算,价格变化则为:$-2.8570\times96.8468\times(-0.02)=5.5338$。

利率出现重大变化后的债券价值变化如表 5-8 所示。

表 5-8 利率出现重大变化后的债券价值变化

利率变化	只考虑久期的债券价值变化	加入凸性的债券价值变化
12%→14%	−5.5338	−5.3715
14%→12%	5.5338	5.6962

可以发现,利率在不同方向上发生同等重大变化后,凸性的存在会使债券价值发生不同程度的变化。更细致的分析后会发现,凸性具有助涨缓跌的作用,即利率上升过程中会使债券价值缓速下跌,利率下跌过程中会使债券价值加速上升。人们通常将这种特性称为正凸性。

二、CTD 债券的选择和变化

1. 寻找最便宜可交割债券的方法

1) 隐含回购利率法

这种方法是寻找隐含回购利率最高的可交割债券。这里的隐含回购利率(Implied Repo Rate,IRR)是指卖出期货同时买入国债后,在期货交割时将买入的国债用于交割所得到的理论收益率。IRR 的计算式如下

$$\text{IRR}=\frac{F_t\cdot CF+AI_T-(P_t+AI_t)}{P_t+AI_t}\cdot\frac{365}{T-t} \qquad (5.17)$$

其中,t 时刻可以理解为当前时刻,T 时刻是期货到期时刻,$T-t$ 表示国债期货从现在到到期时的天数。F_t 表示 t 时刻国债期货的价格,CF 为 CTD 债券的转换因子,AI_T 和 AI_t 分别为 T 和 t CTD 债券的应计利息,P_t 是 CTD 债券在 t 时刻的净价报价。

可以发现,使用隐含回购利率最高的可交割债券进行交割,代表着交割收益最高,此时债券最便宜,所以这只债券称为 CTD 债券。

2) 基差法

基差法是寻找基差最小的债券。从表 5-9 中可以发现,卖方最适合交割出去的是第 8 个债券。基差法和隐含回购利率法有内在的相通性。国债期货基差的计算式是 $b=P-F\cdot CF$,与式(5.17)的分子部分在方向上是相反的。由于略去了应计利息,因此利用最小基差法寻找 CTD 债券的精确度相对要低一些。

表 5-9 利用基差寻找 CTD 债券

序号	息票率	到期日	转换因子	债券报价	基差
1	4.500	02/15/36	0.7978	96.91	8.14

续表

序号	息票率	到期日	转换因子	债券报价	基差
2	4.750	02/15/37	0.829 2	100.90	8.63
3	5.000	05/15/37	0.862 8	104.91	8.91
4	5.250	11/15/28	0.911 6	107.08	5.65
5	5.250	02/15/29	0.911 1	107.05	5.67
6	5.375	02/15/31	0.922 6	109.32	6.66
7	5.500	08/15/28	0.941 5	110.25	5.49
8	7.125	02/15/23	1.110 3	126.40	2.86
9	7.500	11/15/24	1.157 0	132.61	3.87

2. 最便宜可交割债券的变化

在设计国债期货合约时通常会尽可能地通过标准券利率的合理选择，避免 CTD 债券的频繁变化。但是，现实中确存在着影响 CTD 债券变化的若干因素，如市场整体利率水平发生较大幅度的变化、债券的相对利差发生变化、发行了一些新的可交割债券都可能促使 CTD 券发生变化。因此，需要在交易和交割中及时判别发生了变化的 CTD 券种。

三、久期套保与凸性影响

1. 久期套保

在国债期货套期保值中，如果担心利率上升对资产组合的价值产生不利影响，应卖出利率期货进行空头套期保值；如果担心利率下降对资产组合的价值产生不利影响，应买入利率期货进行多头套期保值。

这里更需要关心国债套期保值中实现最优的套期保值所需要的期货合约比率，即最优套期保值比率。通常用久期法和基点价值法计算最优套期保值比率

1) 久期法

在一个完美的套期保值交易中，要求利率波动引起的现货价格波动损失应当正好被期货头寸对冲，也就是说，债券组合的价格变化＝每个期货合约的价格变化×套期保值比率。如果构筑的套期保值组合比率满足这一等式的要求，即为最优套期保值比率。由此可得，套期保值比率的计算方法为：

$$套期保值比率(N^*) = \frac{债券组合价格变化(\Delta B)}{每个期货合约的价格变化(\Delta V_F)}$$

可以据此式推导最优套期保值比率。

前面已经推出，收益率变化引起的债券(组合)价格变化关系式为：

$$\Delta B = -B \cdot D \cdot \Delta y \tag{5.18}$$

其中，ΔB 是债券组合的价值变化，B 是债券组合的市场价值，D 是债券组合的久期。这一公式同样适用于期货价格的变化，即，

$$\Delta V_F = -V_F \cdot D_F \cdot \Delta y \tag{5.19}$$

其中,V_F 是一手国债期货合约的价值,ΔV_F 是国债期货合约价值的变化,D_F 是期货的久期。

这样,就推出收益率出现一个微小变动(Δy),用于对冲债券(组合)的期货合约数量为:

$$\frac{\Delta B}{\Delta V_F} = \frac{B \cdot D}{V_F \cdot D_F}$$

即,

$$N^* = \frac{B \cdot D}{V_F \cdot D_F} \tag{5.20}$$

这里的 N^* 是基于久期的套期保值比率,有时也称为敏感性对冲比率。

2)基点价值法

交易者还可以利用基点价值来计算对冲比率。国债期货的对冲数量可以改为

$$N^* = \frac{\text{组合的 } BPV}{\text{期货的 } BPV} \tag{5.21}$$

到此为止,就知道了如何计算对冲债券(或组合)所需要的最优国债期货数量。但有一个问题还需要解决,即国债期货的久期和基点价值该如何计算。为了解决这一问题,可以从期货和 CTD 债券的关系予以思考。在国债期货市场,人们可以假设国债期货在到期日(交割日)的价格会收敛于 CTD 券的调整现货价格(P_t/CF)。基于这一假设,可以得出两个基本经验法则。

经验法则 1:期货合约的久期等于 CTD 债券的久期

经验法则 2:期货合约的一个基点价值等于 CTD 债券的一个基点价值除以其转换因子

基于这两个经验法则,可以将式(5.20)中的 D_F 理解为 CTD 债券的久期。在式(5.21)中,期货的 BPV 则等于 CTD 债券的 BPV 除以转换因子。

【例 5-8】 国债期货套期保值

某基金经理持有一个债券组合,具体构成见表 5-10。基金经理担心未来 3 个月利率剧烈波动对债券组合产生不利影响,决定选择 4 个月后到期的国债期货进行套期保值。国债期货的名义本金为 100 万元。国债期货的净价报价为 111.27 元。可交割债券的转换因子、净价报价和这些债券在期货到期时的久期见表 5-11。

表 5-10 基金经理持有的债券组合构成

	面 值	百元报价	期货到期时的债券久期
债券 1	1 亿	101 元	3 年
债券 2	1 亿	99 元	5 年
债券 3	1 亿	97 元	5 年

表 5-11　国债期货的可交割债券净价报价、转换因子与久期

序号	息票率	转换因子	债券报价	期货到期时债券的久期
1	4.500	0.797 8	96.91	4
2	4.750	0.829 2	100.90	4.6
3	5.000	0.862 8	104.91	5.0
4	5.250	0.911 6	107.08	4.9

现在有 3 个问题：对债券组合开展套保的方向是什么？需要多少手国债期货来对冲？如果 3 个月后利率下降 20 个基点，期货价格上升到 112.50 元，套期效果会如何？

第一个问题。很明显，债券持有人担心利率上升会对债券组合造成冲击，可以开展卖出套期保值，即卖出 4 个月后到期国债期货开展套期保值。

第二个问题。建仓所需要的期货空头头寸用 $N^* = \dfrac{B \cdot D}{V_F \cdot D_F}$ 计算。其中，债券组合的久期为 $3 \times \dfrac{101}{101+99+97} + 5 \times \dfrac{99}{101+99+97} + 5 \times \dfrac{97}{101+99+97} = 4.32$ 年。利用最小基差法计算发现，CTD 债券是第 4 个债券，则期货的久期也就是这一债券的久期，即 4.9 年。这时一手期货的总价值是 $1\,000\,000 \times \dfrac{111.27}{100} = 1\,112\,700$ 元。这样可以计算出所需的国债期货数量为 $N = 297\,000\,000 \times 4.32/(1\,112\,700 \times 4.9) \approx 235$ 手。

第三个问题。关于 3 个月后利率下降 20 个基点对套保组合的影响，应首先计算组合的基点价值 DV01。$DV01 = |-BD/10\,000| = |-297\,000\,000 \times 4.32/10\,000| = 128\,304$。很明显，如果 3 个月后利率下降 20 个基点，则组合的总价会上升 $128\,304 \times 20 = 2\,566\,080$ 元。这时，期货头寸的损益是期货损失为 $(112.5 - 111.27) \times 10\,000 \times 235 = 2\,890\,500$ 元。套期保值后现货组合的总价值为 $297\,000\,000 + 2\,566\,080 - 2\,890\,500 = 296\,675\,580$ 元。

利用久期开展套期保值需要注意 3 点。第一，对冲者必须在假设某一特定债券将被交割的前提下计算久期，因此必须估计哪一个债券最可能是 CTD 债券，然后计算其久期。当 CTD 债券发生变化时，套期保值需要根据新的 CTD 债券的久期，改变套期保值比率。第二，当有多种国债期货时，CTD 债券的久期应尽可能与被对冲债券的久期接近。例如，对冲久期为 7 年的债券组合时，可以选中期国债期货，也可以选长期国债期货。具体选择哪一种国债期货，基本的标准是国债期货 CTD 券的久期最接近 7 年。第三，基于久期的套期保值策略有个关键假设：所有利率变化幅度相同，即利率期限结构图中，只允许平行移动。实际上短期利率比长期利率变动剧烈，并且期货标的债券和套保对象债券的久期有时会显著不同，因此套保的效果可能就会很差。

为了达到较好的套期保值效果，往往就需要根据利率水平、收益率曲线的扁平或者陡峭程度对套期保值比率进行调整。常用的方法是收益率 β 系数法。具体的做法是建立被保值债券的收益率与最便宜可交割国债收益率之间的回归式：

$$r_b = \alpha + \beta \times r_{CTD} + \varepsilon \tag{5.22}$$

由此估计出的 β 表示保值债券收益率与 CTD 债券收益率之间的相对变动率。以此为基础,再对套期保值比率进行调整,调整后的套期保值比率为:

$$h' = h \times \beta \tag{5.23}$$

其中,h' 为调整后的套期保值比率,h 为利用久期计算的套期保值比率。

2. 凸性与国债期货套期保值

在前述国债期货套期保值的原理中,都隐含着一个基本的条件:国债期货和利率敏感性资产都具有正凸性。但是对于一些债券来说,其凸性表现得就较为复杂。如,对于具有选择权的可赎回债券来说,如果市场利率上升,债券发行人不赎回债券,依然会以初始确定的固定成本 C 融资,但是当利率下降超过某一水平后,债券发行人会赎回债券以新的利率 r 融资(见图 5-7)。

由于选择权的存在,可赎回债券的价值可以用 $\sum_{i=1}^{n} c_i e^{-y t_i} - V_{option}$ 表示,V_{option} 用来表示选择权价值。很明显,当市场利率低于某一利率水平时,利率越低,V_{option} 价值越大。在图 5-8 中,$ab'b$ 曲线描绘了可赎回债券的价格和收益率的关系,aa' 描绘了普通无选择权债券的价格和收益率关系。可以发现,在利率下降后,收益率低于 y^* 时,$b'b$ 段曲线脱离了正凸性的特点,这一区间中,利率下降过程中债券价值缓速上升,利率上升过程中债券价值加速下降。这一特性可以用负凸性予以定义。负凸性的存在也会影响套期保值的效果。

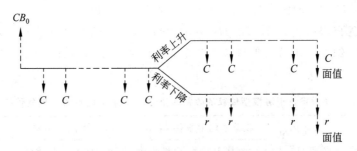

图 5-7 可赎回债券的现金流流出

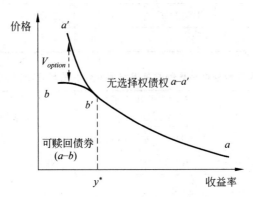

图 5-8 不同债券的价格/收益率关系

通常，由于国债期货的价格受到CTD债券的影响，而CTD债券相对稳定，因此可以认为国债期货具有正凸性。这样，对于存在负凸性的可赎回债券来说，如何利用具有正凸性的国债期货开展风险对冲就成为一个需要进一步考虑的议题。

国际上出现的解决办法是利用短期国债期货和长期国债期货的多空组合来对冲风险。即利用久期不同、凸性不同、对利率的敏感性不同，构筑多空组合。这一策略的目的是抵消负凸性影响，化解收益率曲线移动对债券价值产生的不良影响。下面以一个例子予以简要介绍。

【例 5-9】 负凸性债券的套期保值

一只具有负凸性的住房贷款抵押支持债券（MBS），面临的风险复杂，持有者需要有效对冲利率变动造成的债券价值下跌风险。对冲手法是做空10年期国债期货，做多2年期国债期货。根据统计数据测算，该年度整体利率水平平均每月波动24.3bp，2~10年收益率曲线斜率月均改变13.8bp。表5-12显示了使用蒙特卡洛模型估算的收益率变化24.3bp后的债券与期货价格变化，表5-13显示了使用无套利模型估算的收益率斜率变化后的长短期国债期货价格变化[①]。

假设2年期国债期货的对冲比率是H_2，10年国债期货的对冲比率是H_{10}，要使得2年期和10年期国债期货充分对冲债券因利率水平变化和收益率曲线斜率变化而产生的价格风险，则需要满足：

平移变化：$H_2 \times 0.418 - H_{10} \times 1.687 = -1.274$

斜率变化：$H_2 \times 0.312 - H_{10} \times 0.472 = -0.237$

求解方程得出，$H_2 = 0.612478$，$H_{10} = 0.906945$，这表明对冲1 000万元面值的该债券，需要面值6 124 780元的2年期国债期货多头头寸（6手），面值9 069 450元的10年国债期货空头头寸（9手）。

表 5-12 使用蒙特卡洛模型估算的收益率变化 24.3bp 后的债券与期货价格变化

项 目	当前价格（每百元）	收益率向上平移 24.3bp		收益率向下平移 24.3bp		平均价格变化 ΔP
		价格 P	价格变动	价格 P	价格变动	
MBS	99.126	97.787	−1.339	100.334	1.208	1.274
2年期国债期货	107.750	107.333	−0.417	108.168	0.418	0.418
10年期国债期货	114.813	113.137	−1.676	116.510	1.697	1.687

表 5-13 使用无套利模型估算的收益率斜率变化后的长短期国债期货价格变化

项 目	当前价格（每百元）	收益率曲线扁平化 斜率减少 13.8bp		收益率曲线陡峭化 斜率增加 13.8bp		平均价格变化 ΔP
		价格 P	价格变动	价格 P	价格变动	
MBS	99.126	98.890	−0.236	99.363	2.237	0.237

---

① 此举例源于中国金融期货交易所研究报告：高小婷，牛广济.国债期货组合对冲MBS利率风险的应用分析[J].衍生品评论，2019(1)：1-8.其中用到的蒙特卡洛模型、无套利模型这里不予以介绍。

续表

项 目	当前价格（每百元）	收益率曲线扁平化 斜率减少 13.8bp		收益率曲线陡峭化 斜率增加 13.8bp		平均价格变化 ΔP
		价格 P	价格变动	价格 P	价格变动	
2 年期国债期货	107.75	107.441	−0.309	108.064	0.314	0.312
10 年期国债期货	114.813	114.342	−0.471	115.285	0.472	0.472

四、净基差与期现套利、骑乘策略

1. 净基差

在国债期货交易策略中，不能仅考虑基差，在很多时候还要研究能够反映期货价格本质特征，以及能够更好描述国债期货和现券相对价格关系的净基差（BNoc）。为了更好地了解净基差，就需要从持有收益和债券远期价格入手分析。

1）持有收益

持有收益是持有债券期间的利息收入和融资成本之差，用下式表示

$$Y = Income - Cost$$

持有债券的利息收入

$$Income = \frac{c}{f} \times \frac{\text{计息天数}}{\text{前后付息日相距的实际天数}}$$

其中，c 为每百元的年票息收入，f 为付息频次。在我国，10 年以上的国债付息频次为 2，10 年以下国债的付息频次为 1。

融资成本是买入债券的成本。计算融资成本的关键是选择适当的融资利率。合理的利率确定方法是根据 7 天期回购互换收益率曲线确定相应期限的融资利率。在现实中，机构投资者往往是通过正回购融资，以建立债券多头头寸。融资成本的计算式如下：

$$Cost = P_d \times r \times \frac{\text{回购计息天数}}{365}$$

其中，P_d 为债券的每百元全价，r 则是融资利率。

【例 5-10】 持有收益的计算

2021 年 1 月 15 日，7 天期回购利率的互换收益率曲线中对应融资期限的即期利率 r 为 2.4%。T2106 某可交割债券全价为 107.536809，利率为 3.64%，机构买入该债券用于 T2106 合约交割。债券现金流如图 5-9 所示。

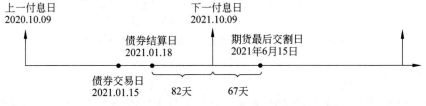

图 5-9 债券的付息、持有收益和融资成本计算示意

$$Income = \frac{c}{f} \times \frac{\text{计息天数}}{\text{前后付息日相距的实际天数}} = \frac{3.64}{2} \times \left(\frac{82}{183} + \frac{67}{183}\right) = 1.481\ 858$$

$$Cost = P_d \times r \times \frac{\text{回购计息天数}}{365} = 107.536\ 809 \times 2.4\% \times \frac{82+67}{365} = 1.053\ 566\ 1$$

$$Y = Income - Cost = 0.428\ 291\ 1$$

2) 债券远期价格

根据无套利均衡分析原理,可以得出:债券远期价格=现券价格-持有收益。假设上例中的现券价格为 106.532 4 元,则债券远期价格 = 106.532 4 - 0.428 291 1 = 106.104 108 9 元。多数情况下,债券当期收益率高于融资利率,持有收益大于 0,所以债券远期常常是折价交易。

3) 净基差的定义

净基差有两个定义。一个定义是基差减去持有收益,可用下式表示

$$BNOC(t,T) = P(t,T) - F(t,T) \cdot CF = P(t) - Y(t,T) - F(t,T) \cdot CF$$
$$= B(t) - Y(t,T)$$

另一个定义是远期价格和期货隐含远期价格之差,可以用下式表示

$$BNOC(t,T) = P(t,T) - F(t,T) \cdot CF$$

通过基差和净基差的定义,可以了解现券价格、远期价格和期货隐含远期价格的内在关系(见图 5-10)。

最后,需要说明的是,尽管净基差的概念十分清晰,但是获得净基差的数据并不是一件容易的事情。例如,流行的国债期货分析方法在计算持有收益和净基差时以隔夜或 7 天期回购利率作为融资利率就存在一定的不足。这是因为隔夜或 7 天回购的期限要比国债交割的期限要短,这样会造成期限错配。其最终的结果是低估融资成本、高估持有收益,进而低估净基差[①]。

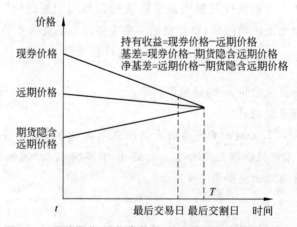

图 5-10 国债期货 CTD 券基差、持有收益和净基差的关系

---

① 融资利率的选择至关重要。感兴趣的读者参阅:戎志平.国债期货交易实务[M].北京:中国财政经济出版社,2017:59-69.

2. 期现套利

国债期现货之间的套利包括正向套利和反向套利。正向套利的基本策略是卖出国债期货，买入现券。反向套利的策略是买入国债期货，卖出现券。开展国债期现货套利通常要考虑净基差。净基差代表转换期权的价值，国债期货的无套利机会以净基差的理论价值为基础。当净基差小于无套利区间下限时，开展正向套利（如果不考虑交易成本，当净基差小于0时，可以建立正向套利组合）；当净基差大于无套利区间上限时，开展反向套利（如果不考虑交易成本，当净基差大于0时，可以建立反向套利组合）。

有研究者研究了中美净基差史和可选的套利策略。在美国20世纪80年代，国债期货推出最初几年，国债期货价格低迷，净基差很高，一些基金经理开展了反向套利交易策略，即卖出长期国债，买入国债期货。在我国国债期货市场发展的早期（2013年9月—2015年3月），净基差在合约上市时为负，交割月前1~2个月转正，交割月收敛到0。在这种情况下，具有开展正向套利的机会。

利用净基差开展套利还有其他形式的实践，如骑乘策略（Riding the Yield Curve），这种交易策略源自债券交易。该策略的现券交易原理是，在债券收益率陡峭时，买入长期限的债券，之后随着债券期限的缩短，债券收益率下降、价格走高，最后在债券到期前卖出，获得价差收益。可以将这种交易原理运用于调整正向套利策略。策略的前提条件是收益率曲线陡峭；净基差小于零，有正向套利空间。具体的交易思路是，买入剩余期限略长于国债期货可交割债券期限范围上限的债券，同时卖出国债期货，之后不断展期国债期货，直至买入的债券进入可交割债券范围，进行交割或平仓。

五、基差交易

基差交易的目的是从净基差上涨或下跌中获利，注重资本利得。这一点和套利交易不同，套利交易主要从持有中获利。基差交易对债券和期货的流动性要求很高。尽管如此，基差交易在本质上属于套利交易，在期货和现券上建立头寸的方法也相同。

1. 基差交易的基本原理

基差交易可以分为买入基差交易和卖出基差交易。

1) 买入基差交易

净基差小于零时，投资者可以采用买入基差交易。基本的操作手法是：在 t 时刻买入现券，同时建立期货空头头寸，现货和期货的比例是 $1:CF$。其中，CF 是指转换因子。买入基差交易实际上也可以理解为：购买国债现券，并卖出总值等于国债现券总量乘以转换因子的国债期货。例如，在我国的5年期国债期货基差交易中，如果国债现券是1000万，则卖出的国债期货数量是 $1\,000\,万 \times CF/每手100万 = 10 \times CF$ 手。

【例5-11】 国债期货买入基差交易

假设现在是2021年4月15日，2021年6月11日到期的国债期货的市场价格为95.725元，2025年11月到期的国债净价报价和全价均为95.970元，息票率为6%（按年支付），与国债期货对应的转换因子为1.002 3。隔夜借入资金的利率平均为4.0%。

每百元的基差 $b = P - F \cdot CF = 95.970 - 95.725 \times 1.002\,3 = 0.024\,8$ 元

每百元债券的持有收益 $\text{Income} = \dfrac{c}{f} \times \dfrac{\text{计息天数}}{\text{前后付息日相距的实际天数}} = 6 \times \dfrac{58}{365} = 0.9534$ 元

每百元债券的融资成本 $\text{Cost} = P_d \times r \times \dfrac{\text{计息天数}}{365} = 95.970 \times 0.04 \times \dfrac{58}{365} = 0.6100$ 元

$\text{BNOC} = 0.0248 - (0.9534 - 0.6100) = -0.3186$

投资者认为这一净基差小于零,以后会扩大,于是决定开展买入基差交易。具体的交易如下:

4月15日,融资买入1亿元面值的国债现券,卖出100手国债期货(1.0023×1亿/100万≈100手)。这时买入国债现券支出为 95.970×1亿÷100=95 970 000元。

4月29日,国债期货价格为96.190元,现券净价为96.660元,现券全价为96.9066元,那么基差为 96.660−96.190×1.0023=0.2488元,净基差为 $\text{BNOC} = 0.2488 - \left(6 \times \dfrac{43}{365} - 96.9066 \times 0.04 \times \dfrac{43}{365}\right) = 0.2488 - 0.2510 = -0.0022$。这时,投资者决定抓住机会,卖出国债,同时将国债期货平仓,则

现券损益:(96.660−95.970)×100 000 000÷100=690 000元

期货损益:100×(95.725−96.190)×1 000 000÷100=−465 000元

融资成本:95 970 000×0.04×15÷365=157 758.9041元

应计利息收益:100 000 000×0.06×15÷365=246 575.3425元

交易的总收益:246 575.3425+690 000−465 000−157 758.9041=313 816.4384元

2) 卖出基差交易

这种交易适用于净基差大于零,基差将会缩小的情形。基本的操作手法是:在 t 时刻卖出国债现券,同时买入其转换因子倍数的国债期货合约。在 T 时刻,基差缩小后平仓。如果观测到某期货合约的CTD债券净基差为正,那么可以建立卖空基差交易仓位。不确定性在于,如果CTD券没有发生变化,那么期货合约的净基差收敛于0,可以获得净基差的利润,但如果CTD发生变化,该交割券的净基差可能变大,卖空基差就会遭受亏损。

【例5-12】 国债期货卖出基差交易

假设现在是2021年4月15日,2021年6月11日到期的国债期货的市场价格为95.610元,2025年11月到期的国债净价报价和全价均为96.150元,息票率为6%(按年支付),与国债期货对应的转换因子为1.0023。融资利率为5.0%。

每百元的基差 $b = P - F \cdot CF = 96.150 - 95.610 \times 1.0023 = 0.3201$ 元

债券到期货到期时的应计利息 $\text{Income} = \dfrac{c}{f} \times \dfrac{\text{计息天数}}{\text{前后付息日相距的实际天数}} = 6 \times \dfrac{58}{365} = 0.9534$ 元

每百元债券的融资成本 $\text{Cost} = P_d \times r \times \dfrac{\text{计息天数}}{365} = 95.998 \times 0.05 \times \dfrac{58}{365} = 0.7627$ 元

$\text{BNOC} = 0.3201 - (0.9534 - 0.7627) = 0.1294$

投资者认为这一净基差有些大,今后会缩小,于是决定开展卖出基差交易。具体的交易如下:

4月15日,卖出1亿元面值的国债现券,买入100手国债期货。这样,国债现券收入为95 998 000元,按照5%的利率以逆回购的形式将资金融出。

4月29日,国债期货价格为95.285元,国债现券的净价为95.590元,全价为95.837元,则净基差为

$$95.590 - 95.225 \times 1.0023 - \left(6 \times \frac{43}{365} - 95.837 \times 0.05 \times \frac{43}{365}\right) = 0.1460 - 0.1423$$
$$= 0.0037 \text{元}$$

这时,基差出现缩小,交易者决定对国债期货卖出平仓,同时买入现券,结束逆回购。结果如下:

现券损益:95 998 000 − 95 590 000 = 408 000 元

期货损益:100 × (95.590 − 95.610) × 1 000 000 ÷ 100 = −200 000 元

应计利息损失:$6 \times \frac{15}{365} \times 100\ 000\ 000 \div 100 = 246\ 575.342\ 5$ 元

逆回购收益:$0.05 \times 96\ 150\ 000 \times \frac{15}{365} = 197\ 568.493\ 2$ 元

这时,卖出基差交易的收益为 408 000 + 197 568.493 2 − 200 000 − 246 575.342 5 = 158 993.150 7 元。

2. 收益率变化与基差交易中隐含的期权

在买入基差交易中有期权空头头寸。通常已经知道在市场利率发生变化后,CTD债券可能会发生变化。对于期货空头来说,在交割时具有质量选择权和时间选择权,可以选择对自己最有利的国债券种进行交割。在买入基差交易中,国债期货空头的交割选择权中隐含很大的转换收益,因此相当于拥有了期权多头头寸。相比之下,卖出基差交易中,持有的国债期货多头头寸,不具有交割选择权,因此隐含了期权空头头寸。

在买入基差交易中需要判断未来收益率的变化。其一,当预判收益率上升时,建立低久期现券的买入基差交易仓位。如果国债未来收益率上涨,价格下跌,低久期的国债价格利率敏感性弱,这样的现券将与期货的价格拉开差距,基差会上涨。其二,预判收益率下降时,建立高久期现券的买入基差交易仓位。当未来市场利率下跌时,久期高的债券价格上涨快,CTD会很快切换成久期较短的国债,期货价格上升放缓,而该高久期债券价格仍然急升,基差扩大。其三,收益率方向不明,但预判收益率波动剧烈时,建立中久期、票息较高的券种的买入基差交易仓位。只要国债收益率发生了较大的变化,无论上涨还是下跌,基差都会增加,但如果收益率相当稳定,该基差交易有可能亏损。

3. 基差交易与交割

基差交易可以进入交割环节。不过需要注意的是,由于期货和现货头寸比是CF∶1。在交割前,要根据交易判断将仓位保持一致。如,期货是21手,现券对应的是20手,则平掉1手期货,或追加1手现券。

六、隐含回购利率套利

1. 基本原理

对于国债期货和现货的价差而言,是否有套利机会可以看隐含回购利率(IRR)是否与无风险零利率(r)相等(这里暂时不考虑交易成本和交割成本)。如果隐含回购利率高于或低于无风险利率,投资者就会进行国债期现货套利。最基本的情形和对应的套利手法有以下两种:

当IRR>r时,开展现货持有交易(cash and carry trade),即套利者可以建立面值相同的国债现货多头头寸、期货空头头寸组合,在合约到期时将手中的国债交割出去,以获得无风险利润。

当IRR<r时,开展反向现货持有交易(reverse cash and carry trade),即套利者可以构筑一个包含现券空头头寸、期货多头头寸的组合(二者总面值一样),在合约到期时交割,用拿到的现券多头头寸对现券空头头寸进行平仓。

2. 套利操作

在具体的国债期现货套利过程中,可以与回购业务结合起来。回购包括正回购和逆回购。正回购是一方以一定规模债券做抵押融入资金,并承诺在日后再购回所抵押债券的交易行为。正回购可以理解为先借入资金,再归还资金的过程,最终有利息支出。逆回购是购买债券,并约定在未来特定日期将债券卖还给原先卖方的交易活动,也就是将资金融给对方,并在一定时间后收回的交易活动。逆回购有利息收入。至此,可以将国债期现货套利模式进一步地予以细化。

当IRR>r时,通过正回购交易融入资金,将融入的资金买入CTD债券现货,同时建立相等面值的国债期货空头头寸。期末,将CTD债券在期货市场上交割卖出,用所得资金结束回购交易。剩余部分即为期现货套利的收益。

当IRR<r时,卖空CTD债券现货,用得到的资金进行逆回购操作;同时建立与卖空CTD券同面值的国债期货多头头寸。在期货到期交割时,套利者收回逆回购融出的资金,通过交割购买CTD债券,再利用所得CTD债券结束逆回购业务。投资者逆回购交易中收回的资金与国债期货交割支出的差额部分即为套利收益。下面举例说明。

【例5-13】 隐含回购利率套利

情形1:国债期货还有28天到期,价格是91.396 0元。CTD债券的转换因子是1.065 1,收盘价是97.307 9,现在CTD债券没有应计利息,在期货合约到期时CTD债券每百元的应计利息是0.680 19元。一个月期Shibor的年利率是6.283 0%。

检查是否有套利机会,先计算隐含回购利率。具体如下:

$$IRR = \frac{F_t \cdot CF + AI_T - (P_t + AI_t)}{P_t + AI_t} \cdot \frac{365}{T-t}$$

$$= \frac{91.396\,0 \times 1.065\,1 + 0.680\,19 - 97.307\,9}{97.307\,9} \cdot \frac{365}{28} = 0.096\,208$$

很明显,隐含回购利率要比一个月期的Shibor高,因此可以买入现券、卖出期货进行套利。

第一步：卖出1手国债期货（面值为100万元），同时在银行间市场做正回购交易融入973 079元资金,用这笔资金买入100万元面值的CTD债券,融入资金的年化利率为6.283%的Shibor利率,融资期限为28天。

第二步：在国债期货到期时将CTD债券交割出去,获得的收入是

$$\frac{91.396}{100} \times 1.0651 \times 1\,000\,000 + \frac{0.680\,19}{100} \times 1\,000\,000 = 980\,260.696\, 元$$

这时,结束回购交易需要归还的资金是

$$973\,079 \times \left(1 + 6.283\% \times \frac{28}{365}\right) = 977\,769.080\,8\, 元$$

这样,可以计算套利收益为

$$980\,260.696 - 977\,769.080\,8 = 2\,491.615\,2\, 元$$

情形2：1个月后到期的国债期货的价格为91.740元,最便宜CTD债券的现金价格为98.223元,转换因子是1.065 0,现在CTD债券没有应计利息,在期货到期时CTD债券的应计利息为每百元0.680 10元。1个月的Shibor年利率为4.500%。

同上,检查是否有套利机会,先计算隐含回购利率。具体如下：

$$\text{IRR} = \frac{F_t \cdot CF + AI_T - (P_t + AI_t)}{P_t + AI_t} \cdot \frac{365}{-t}$$

$$= \frac{91.740 \times 1.065\,0 + 0.680\,1 - 98.223\,0}{98.223\,0} \cdot \frac{365}{30}$$

$$= 0.019\,844$$

由于隐含回购利率为1.984 4%,低于1个月的Shibor利率4.500%,可以开展反向现货持有套利交易。具体的手法如下：

第一步：在银行间市场进行逆回购操作,以98.223 0元的价格购买面值100万元的CTD债券,即融出982 230元资金,逆回购操作中的资金利率是1个月的Shibor。将逆回购收到的CTD债券卖出,同时买入1手国债期货。

第二步：在期货到期时,交割买入CTD债券,用拿到的CTD债券结束逆回购。交割买入债券需要支付的资金是$(91.740 \times 1.065\,0 + 0.680\,10) \times \frac{1\,000\,000}{100} = 983\,832\, 元$。结束逆回购,获得资金为$982\,230 \times \left(1 + \frac{0.045}{12}\right) = 985\,913.362\,5\, 元$。

套利收益为985 913.362 5 − 983 832 = 2 081.362 5元。

3. 注意事项

在国债期货和现货之间进行套利时需要注意三个方面的问题。

第一,很多国债现券没有流动性,因此会限制套利活动。这是因为国债的现券交易多集中在银行间市场,而这一市场为OTC市场,与采取集合竞价的期货交易相比,流动性明显要差很多,有时候恰恰是CTD债券的流动性更差。另外还需要注意,在期现货套利中,交割买入的债券并不一定就是CTD债券,这样就很容易形成国债现券空头头寸和交割买

入券种的不匹配。为了解决国债期现套利所存在的障碍,有研究者提出可以用交易型开放式指数基金(Exchange Traded Fund,ETF)替代现券。但是,该策略需要解决具体的配比关系与操作方法等技术问题,因此套利效果有待进一步评估。

第二,如果期货合约保证金发生变动,则会影响融资成本,从而影响最终收益。由于期货空头头寸部分采用每日结算制度,如果期货价格大幅上涨,套利者就有追加保证金甚至被强行平仓的风险,从而增加相应的融资成本。尽管如此,依然可以认为,国债期货和现货之间套利的风险还是比较小的,只要注意好以上的问题,期现套利的实际收益率与理论上的隐含回购利率差别并不会太大。

第三,在隐含回购利率套利中,无风险利率数据的选择并不是一件容易的事情。从套利原理看,需要用到国债期货交割结算日对应期限的融资利率,一般来说可能需要的最长期限为9个月。但从交易实践看,用到最多的是流动性最高的隔夜或7天回购利率。之所以用的是回购利率是因为回购以债券为抵押,违约风险低。需要注意的是,如果用隔夜或7天回购利率作为融资利率计算成本,就会面临融资期限和隐含回购利率套利期限不匹配的问题,进而造成利率风险和偏差。为了锁定融资利率风险,就需要用利率互换来锁定融资成本。如,用与国债期货合约对应期限的7天期回购互换利率作为相应期限的融资利率。

4. BNOC 和 IRR 的比较

从收益角度看,BNOC 和 IRR 有一定的关联,二者是同向指标。BNOC 代表着绝对收益,衡量的是收益大小,并没有衡量收益率。因此,两个债券的 BNOC 差不多时,由于债券价格不同,收益率也会不一样。相比之下,IRR 衡量的则是收益率大小。由于资金应当投向收益率更高的方向,因此 IRR 是一个更容易被固定收益市场接受的指标。

七、收益率曲线套利

收益率曲线套利是通过收益率的期限结构、债券的久期、凸性差异构筑国债期货组合的交易方式。这种套利有平坦化交易和陡峭化交易两种基本交易方式。

1. 平坦化交易

平坦化交易则是预期收益率曲线将扁平化情形下的交易方式。收益率曲线扁平化是指长短期利差缩小。具体来说,平坦化交易的操作方式是:卖出短期国债期货,买入长期国债期货的交易方式。如,卖出5年期国债期货,买入10年期国债期货。

在平坦化交易中,需要考虑收益率曲线平行移动 Δr 个基点的问题。假设长短两个国债期货的基点价值分别为 BPV_l 和 BPV_s。如果收益率曲线向上平移,则短期债券期货空头收益是 $BPV_s \times \Delta r$,长期债券期货多头收益是 $-BPV_l \times \Delta r$,很明显套利组合的总收益变成了 $BPV_s \times \Delta r - BPV_l \times \Delta r$。如果短期国债期货的基点价值小,则该组合出现亏损。如果收益率曲线向下平移,则短期债券期货空头收益是 $-BPV_s \times \Delta r$,长期债券期货多头收益是 $BPV_l \times \Delta r$,该组合的收益则变成了 $-BPV_s \times \Delta r + BPV_l \times \Delta r$。因此,为了消除收益率曲线平行移动造成的潜在亏损问题,这里令持有的长短期国债期货比率为 1:k,以

便使 $BPV_s \times \Delta r \times k = BPV_l \times \Delta r$。

也就是说，在长短期国债期货的 1：k 建仓比率中，如果 $k = BPV_l/BPV_s$，则可以消除收益率扁平移动造成的潜在亏损。因此，如果收益率曲线出现平坦化，$\Delta r_s > \Delta r_l$，则该套利组合的收益是 $\Delta V = -BPV_l \times \Delta r_l + k \times BPV_s \times \Delta r_s$。由于收益率曲线扁平化，所以该组合的收益将大于零。

2. 陡峭化交易

陡峭化交易是预期收益率曲线将陡峭化而做的交易。收益率曲线陡峭化是指长短期利差扩大的情形。具体的交易方式是：买入短期国债期货，同时卖出长期国债期货。如，买入 5 年期国债期货，同时卖出 10 年期国债期货。

在陡峭化交易中，同样需要考虑收益率曲线平行移动 Δr 个基点的问题。为了消除收益率曲线平移造成的潜在亏损影响，这里令持有的长短期国债期货比率为 1：k，以便使 $BPV_s \times \Delta r \times k = BPV_l \times \Delta r$。当长短收益率陡峭化（$\Delta r_s < \Delta r_l$）时，套利组合的收益是 $\Delta V = BPV_l \times \Delta r_l - k \times BPV_s \times \Delta r_s$。

八、国债期货跨期套利

当国债期货近月合约和远月合约的价格出现偏离时，建立方向相反、数量相同的头寸进行套利。这里简单介绍一种持有至合约到期进行交割的跨期套利。这种跨期套利的基本方法是：在近月合约到期时进行交割，在远月合约到期时将近月合约交割的国债（多头头寸或空头头寸）再进行交割。

1. 牛市套利

如果在 t 时刻发现近月合约价格低估，远月合约价格相对高估时，则买入近月合约（F_{1t}）并卖出远月合约（F_{2t}）。具体交易原理是，在 T_1 时刻，对近月合约进行交割，支出交割款为：$F_{1t} \times CF_1 + AT_1$，获得 CTD 债券。在 T_2 时刻，则将 CTD 债券再交割出去，获得收入为 $F_{2t} \times CF_2 + AT_2$。

在牛市套利中，从交割过程的资金流来看，套利收益应是 $F_{2t} \times CF_2 + AT_2 - (F_{1t} \times CF_1 + AT_1)$。但是，在此套利过程中还会有其他的收益和成本支出。例如，在 T_1 时刻获得 CTD 债券后，在 T_2 时刻交割之前，债券持有人还可能获得票息，这一部分收入也应算作套利收益。

如果考虑净基差的话，则套利收益为：

$$\begin{aligned} profit &= F_{2t} \times CF_2 + AT_2 - (F_{1t} \times CF_1 + AT_1) + carry_2 - carry_1 \\ &= F_{2t} \times CF_2 + AT_2 - B - (F_{1t} \times CF_1 + AT_1) + B + carry_2 - carry_1 \\ &= BNOC_1 - BNOC_2 \end{aligned}$$

其中，B 为债券净价报价。

由此可见，买近卖远的跨期套利策略在本质上是预判近月合约的净基差高于远月合约的净基差。持有到期的牛市套利示意如图 5-11 所示。

2. 熊市套利

如果在 t 时刻发现近月合约价格高估，远月合约价格相对低估，则卖出近月合约（F_{1t}）

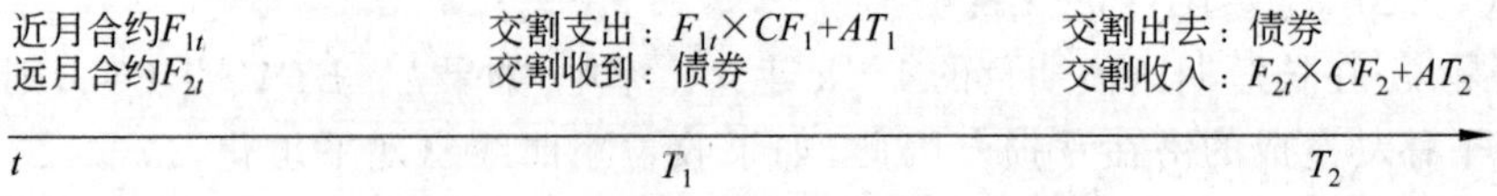

```
近月合约 $F_{1t}$        交割支出：$F_{1t} \times CF_1 + AT_1$      交割出去：债券
远月合约 $F_{2t}$        交割收到：债券                              交割收入：$F_{2t} \times CF_2 + AT_2$
─────────────────────────────────────────────────────────────────────────►
t                          $T_1$                                      $T_2$
```

图 5-11 持有到期的牛市套利示意

并买入远月合约(F_{2t})。基本的套利机制是：在 T_1 时刻，将 CTD 债券交割出去，并在 T_2 时刻交割买回 CTD 债券。潜在的问题是 T_2 时刻交割买回的 CTD 债券已经不再是最初的券种。

九、久期管理与资产配置

国债期货对于资产组合管理者是十分有力的工具，可用于资产配置和资产合成。

1. 久期管理

与套期保值相关的是国债现货和期货头寸所形成的投资组合的久期调整问题。通常，如果看多后市，则需要减少国债期货空头头寸或者买入国债期货，增加投资组合的久期。如果看空后市，可通过增加卖出期货或者减少国债期货多头头寸来降低国债组合的久期。如果将债券和期货的投资组合久期调整为 0，则相当于利用国债期货完全对冲国债现货的风险。

计算债券和国债期货组合的久期的方法，和计算债券组合的久期方法存在一致性。组合的久期等于构成组合的期货久期乘以权重加上现货组合的久期乘以权重。权重是市值占总市值的比重。

组合久期的计算方法如下：

$$\text{组合久期} = \text{现货久期} \times \frac{\text{现货市值}}{\text{期货市值} + \text{现货市值}} + \text{期货久期} \times \frac{\text{期货市值}}{\text{期货市值} + \text{现货市值}} \tag{5.24}$$

需要注意，期货市值是虚拟的，不应计算到组合的总市值中，因此组合的久期计算公式可变为：

$$\text{期现货组合久期} = (\text{现货市值} \times \text{现货组合久期} + \text{期货市值} \times \text{期货久期}) / \text{现货市值} \tag{5.25}$$

这时，组合的基点价值计算式为：

$$\text{基点价值} = |\text{债券现货组合总市值} \times \text{期现货组合久期}| / 10000 \tag{5.26}$$

机构投资者可以根据市场变化和设定的新目标久期，调整期货头寸数量。组合中所需要的期货头寸数量计算公式为：

$$\text{期货数量} = (\text{期现货组合久期} - \text{现货组合久期}) \times \text{现货现值} \div (\text{期货久期} \times 1 \text{手期货价值}) \tag{5.27}$$

如果计算的期货数量为正数，则为所需要的多头期货持仓数量。如果计算的期货数量为负数，则为所需要的空头期货持仓数量。

【例 5-14】 久期管理

某基金经理持有价值 1 亿元的债券现货(组合),久期为 7 年,国债期货价格为 98.5 元,转换因子为 1.05,久期为 4.5 年,现在有三种情形需要考虑。

情形 1:基金经理预计利率将走强,希望使用国债期货将组合久期调整为 4.5 年,则所需要的国债期货数量为多少手?期货持仓方向是什么?

可以根据式(5.27)计算,期货数量=(组合久期-现货久期)×现货现值÷(期货久期×1 手期货价值),结果为,期货数量=(5.5-7)×100 000 000÷(4.5×985 000)≈-34。也就是说,需要基金经理持有 34 手国债期货空头头寸才能使组合的久期变为 4.5。很明显,从对冲的角度看,如果利率走强,期货空头的盈利会部分对冲国债现货组合的亏损。

情形 2:如果基金经理强烈预期利率将在一段时期内走强,决定进一步降低整个组合的久期,将其调整至 0,则所需要的期货空头数量是多少?

由于整个组合的久期要降至 0,需要的期货数量为(0-7)×100 000 000÷(4.5×985 000)≈-158 手。很明显,这时需要持有 158 手期货空头头寸。158 手国债期货空头头寸将完全对冲整个国债现货组合的风险。

情形 3:基金经理希望将组合的久期由 0 调整为 8。所需的期货数量=(8-7)×100 000 000÷(4.5×985 000)≈23 手。也就是说,基金经理需要将情形 2 中的 158 手期货空头头寸平仓,同时再建立 23 手期货多头头寸。

2. 利用国债期货控制收益率曲线风险

资产管理者所持有的大多数债券对利率变动均十分敏感。假设一个资产管理者持有大量的长期债券组合。如果收益率曲线向下移动,毫无疑问债券组合价值将上升。但是,在收益率曲线向下移动时,可能会出现陡峭化。这时,该债券组合的收益就会比相同久期的中期债券组合的收益差一些。

这时,资产管理者就需要考虑,如何在保持资产整体久期不变的前提下,降低长期债券的头寸,并增加中期债券的头寸。一个可选的方法就是卖出长期国债期货,同时买入中期国债期货。当然,买卖的数量要适当,以确保整个资产组合久期不发生变化。

3. 利用国债期货合成资产

做多债券可以买入债券,也可以利用期货进行资产合成,即持有期货多头头寸来替代现券,将剩余资金用于无风险投资。在资产合成中,无风险投资可投资于短期货币市场工具,采用每天连续滚动的隔夜投资方式,也可以采用定期投资。隔夜连续滚动投资面临的问题是再投资风险。定期投资需要注意的是要与期货合约最后交割匹配。

【例 5-15】 资产合成

假设现在是 2016 年 11 月,一个资产组合管理者持有两组债券,面值均为 1 亿元。一组是 2025 年到期、票息是 6.5% 的记账式付息国债,现金价格为 113.044 1 元,BPV 为 73 800 元。另一组是 2026 年到期、票息是 5% 的记账式付息国债,现金价格为 102.537 4 元,BPV 为 79 200 元。资产管理者决定卖出债券,以国债期货合成资产,来替代现券组合投资。现在市场中的 10 年期国债期货主力合约的价格为 107.546 8 元,CTD 债券的 BPV 为 738.4。

第一步,卖出债券的收入为 113 044 100+102 537 400=215 581 500 元。

第二步,用 10 年期国债期货对第一组债券进行替代,需要买入的国债期货数量为 73 800/738.4≈100 手;用 10 年期国债期货对第二组债券进行替代,需要买入的国债期货数量为 79 200/738.4≈107 手。资产替代中,总共需要持有 207 手国债期货多头头寸。

在以上的例子中,资产管理者需要注意几方面内容。第一,需要将卖出债券所得收入按比例进行划分,一部分用于货币市场的无风险投资,另一部分用于维持期货多头头寸的保证金。第二,所需期货的数量应等于套期保值的数量,这样能够使得期货的损益和现货的损益一致。第三,要提高合成资产的总体收益,就必须高效地管理现金流。如果期货多头有收益,可以将部分现金用于短期投资,如果期货多头有损失,则会有现金流流出。第四,提高合成资产的总体收益还需要对中长期国债期货进行正确的预测,降低潜在的损失。第五,在建仓合约流动性逐渐下降时,分析是否需要以及如何对国债期货进行展期交易。

4. 资产转换

投资者可以利用国债期货和股指期货对资产进行转换。具体见图 5-12 及例 5-16。

图 5-12 资产转换过程

【例 5-16】 资产转换

假设现在是 11 月 11 日,一个基金经理有个股票组合,当前市值为 5 亿元。考虑到市场变化,该基金经理计划在未来 3 个月将股票组合转换为国债组合。股票组合的 β 值为 1.5,沪深 300 股指期货 2203 合约的当前指数点位是 2 600。国债期货 2203 合约的价格为 97.590 元,CTD 债券的久期是 4.5 年,债券组合的平均久期是 5.3 年。

在资产转换过程中,卖出股指期货的合约数量应与最优套期保值数量相等,即

$$N^* = \beta \frac{S}{F} = 1.5 \frac{500\ 000\ 000}{2\ 600 \times 300} \approx 960\ 手$$

买入国债期货的合约数量则为

$$N^* = \frac{B \cdot D}{V_F \cdot D_F} = \frac{5.3 \times 500\ 000\ 000}{975\ 900 \times 4.5} \approx 600\ 手$$

第四节　货币期货套期保值和套利交易

一、货币期货套期保值

1. 货币套期保值的基本原理

和其他期货一样,货币期货也分为买入套期保值和卖出套期保值两种。买入套期保

值主要运用于对冲风险货币的汇率上涨风险;卖出套期保值则用于对冲风险货币的汇率下跌风险。

【例 5-17】 外汇套期保值

一美国企业签订进口合同,约定 3 个月后支付 760 000 瑞士法郎的货款。即期汇率是 1 瑞士法郎＝0.630 9 美元。企业担心 3 个月后瑞士法郎汇率上升,则可以选择在期货市场预先买入 4 个月后到期的瑞士法郎期货。由于 1 手瑞士法郎的合约规模是 125 000 瑞士法郎,因此需要买入 760 000÷125 000≈6 手瑞士法郎期货。假设这里成交的瑞士法郎期货汇率为 0.645 0 美元。

3 个月后,企业买入瑞士法郎时升值,即期汇率达到 1 瑞士法郎＝0.654 0 美元,这时可以对瑞士法郎期货进行平仓,平仓汇率为 1 瑞士法郎＝0.668 3 美元。可以发现,企业虽然在即期市场多支出了 17 556 美元,但是在期货市场则有 17 475 的盈利。这一部分盈利对 17 556 美元的亏损做了良好的冲销,使购买汇率的水平大致维持在最初的 1 瑞士法郎＝0.630 9 美元水平上。具体见表 5-14。

表 5-14 瑞士法郎多头套期保值

	现货市场	期货市场
3月1日	一家美企签订进口合同,约定 3 个月后支付 760 000 瑞士法郎,即期汇率计算(1 瑞士法郎＝0.630 9 美元)	买进 6 月份到期的瑞士法郎期货 6 手(每手 125 000 瑞士法郎),成交汇率 0.645 0
6月1日	买入瑞士法郎,进行支付 即期汇率:1 瑞士法郎＝0.654 0 美元	平仓,成交汇率为 0.668 3
损益	－17 556 美元	17 475 美元
结果	－81 美元	

2. 外汇交叉套期保值

在期货领域,交叉套期保值通常是指如果在期货市场上没有与现货商品(资产)相同的交易品种,就利用与现货商品(资产)关系最密切的期货来开展套期保值交易。这里介绍的外汇交叉套期保值则是指在两个货币之间没有直接的期货合约来对冲风险时,可同时利用以第三方货币计价的这两个货币的期货进行套期保值。

【例 5-18】 外汇交叉套期保值

一家日本公司在 9 月 10 日确认,在 3 个月后将得到 1 000 000 英镑款项。公司面临收到英镑时英镑贬值、日元升值的风险,迫切需要利用期货对冲风险,但是市场上没有英镑兑日元的期货。一个可替代的方案是在芝加哥商业交易所卖出英镑期货(兑换买入美元)同时买入日元期货(兑换卖出美元)。

9 月 10 日,日元兑换美元的汇率是 128.50 日元/美元,英镑兑换美元的汇率是 1.533 2 美元/英镑,英镑兑换日元的交叉汇率是 128.50×1.533 2＝197.02 日元/英镑;日元期货可成交价为 7 800 点(即 128.20 日元/美元),英镑的期货汇率是 1.533 7 美元/英镑。

该条件下,该公司卖出的英镑期货数量是:1 000 000/62 500＝16 手(名义收入 1 000 000

×1.533 7=1 533 700 美元);买入日元期货的数量是:1 533 700×128.20÷12 500 000≈16 手

12月20日,日元兑换美元的汇率是115.45日元/美元,英镑兑换美元的汇率是1.507 5美元/英镑,英镑兑换日元的交叉汇率是174.04日元/英镑;日元期货的可平仓价位是8 600点(115.40日元/美元),英镑期货的可平仓汇率是1.508 2美元/英镑。

12月10日与9月10日相比,该公司在外汇即期市场上用英镑兑换日元的亏损是(197.02−174.04)×1 000 000=22 980 000日元。英镑期货的平仓盈利是英镑(1.533 7−1.508 2)×62 500×16=25 500美元。日元期货的平仓盈利是(8 600−7 800)×12.5×16=160 000美元。期货头寸的总盈利为(160 000+25 500)×115.45=21 415 975日元。

二、货币期货和现货套利

较之股指期货期限套利中构筑现货组合的复杂性,货币期货和现货套利的方式要简洁明了很多。不过需要注意的是,无论是期货货币,还是期货货币的计价货币,都是生息资产,因此在套利过程中就应细致考虑所买入或卖出的货币的利息收付问题。下面举例说明以美元计价的欧元期货和现货套利方法。

【例5-19】 货币期货和现货套利

假设3个月期的美元无风险利率为5%,3个月期的欧元的无风险利率为4.5%,欧元兑美元的汇率是1.244 4,即1欧元=1.244 4美元。按照理论公式可以计算得出,3个月后到期的欧元期货价格应为:

$$1.244\ 4e^{(0.05-0.045)\times 0.25}=1.246\ 0\ 美元$$

情形1:如果3个月后到期的欧元期货在市场上的当前价格为1.256 0美元,很明显高出理论价格100个基点。这时,可以建立套利组合,等待交割获取套利收益。

第一步:建立组合。

(1)卖空1手的欧元期货。

(2)同时借入美元,买入一定数量的欧元现货。

现在,需要细化套利组合的构筑,即究竟需要购买多少数量的欧元现货。这里1手欧元期货的合约规模是10 000欧元。由于卖空欧元期货,因此,以后需要交割10 000欧元。由于欧元是生息资产,所以现在不需要买入10 000欧元,而是只需要买入的欧元在期货交割时能够通过无风险投资达到10 000欧元。这样,可以利用欧元无风险利率贴现计算现在需要买入的欧元数量,即$10\ 000\times e^{-0.045\times 3/12}=9\ 888.130\ 5$欧元。为了购入这9 888.130 5欧元,需要从银行借入的美元数量是9 888.1305×1.2444=12 304.7896美元。

第二步:交割,结束套利。

(1)将10 000欧元交割出去。

(2)收取12 560美元,归还美元借款。

在套利结束时,需要归还的美元借款是:$12\ 304.789\ 6e^{0.05\times 3/12}=12\ 459.564\ 7$美元。

这样,1手欧元期货的套利利润为:12 560−12 459.564 7=100.435 3美元。

该套利过程的具体示意见图5-13。

情形2:如果3个月后到期的欧元期货在市场上价格(汇率)为1.234 8美元,该价格

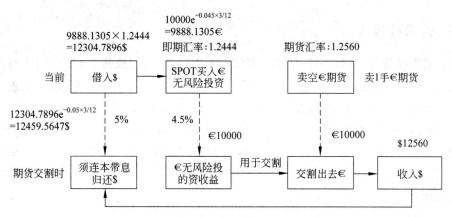

图 5-13 货币期货价格偏高时的期现货套利

低于理论价格(1.246 0),这时可展开套利。

第一步,建立组合。

(1) 买入 1 手欧元期货。

(2) 同时借入欧元卖出,得到美元后做无风险投资,以备未来交割买回欧元。

现在需要计算需要借入多少欧元,以便将组合完全建立起来。由于未来交割买入 10 000 欧元,需要 12 348 美元,因此现在需要卖出欧元得到美元的数量是 $12\,348e^{-0.05\times3/12}=12\,194.610\,8$ 美元。按照当前的汇率计算,需要从银行借入的欧元数量则是 $12\,194.610\,8\div1.244\,4=9\,799.590\,8$ 欧元。

第二步,交割,结束套利。

这时,交割可以获得的欧元数量是 10 000 欧元。应归还银行的欧元数额是 $9\,799.590\,8e^{0.045\times3/12}=9\,910.458\,6$ 欧元。

1 手欧元期货的套利收益是: $10\,000-9\,910.458\,6=89.541\,4$ 欧元

该套利过程的具体示意见图 5-14。

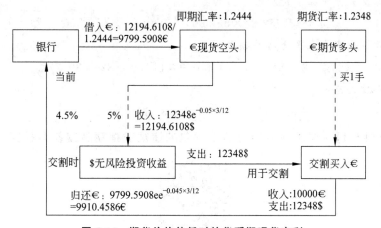

图 5-14 期货价格偏低时的货币期现货套利

三、跨币种套利

同一货币计价的不同货币期货价格可能出现不同走势,造成两个期货货币汇率扭曲,这也就为跨币种套利提供了可能。也就是说,套利者可以买入一种货币期货,再卖出交割月份相同的另外一种货币期货,在合约到期前,同时结束两个期货头寸。

在做跨品种套利之前,交易者需要了解两个期货货币的交叉汇率关系。在套利时,根据期货汇率测算期货货币的交叉汇率,分析是否处于正常区间内。如果期货交叉汇率不合理,则买入汇率较低的货币,卖出汇率较高的货币。为了更好地进行套利,两个货币期货兑换成计价货币的数量应该相等。

【例 5-20】 跨币种套利

在 CME,英镑期货合约的交易规模是 62 500 英镑,加元期货合约的交易规模是 100 000 加元。假如,6 个月到期的英镑期货价格是 1.514 1(GBP/USD),加元期货价格为 0.815 0(CAD/USD)。加元和英镑的交叉汇率等于 0.815 0/1.514 1＝0.538 2(CAD/GBP),即 1 加元兑换 0.538 2 英镑。

交易者认为 0.538 2(CAD/GBP)的汇率偏低,即加元汇率偏低,英镑汇率偏高,于是决定买入加元期货,并卖出英镑期货。具体策略的构筑需要考虑:如果卖出 1 000 手英镑期货,在交割时实际支付的资金是 94 631 250 美元。按照加元期货汇率,这 94 631 250 美元可以交割买入 94 631 250÷0.815 0≈116 111 963.190 2 加元。这大致相当于 1 161 手加元期货。这时,就可以把跨币种套利的期货建仓数量测算出来,即卖出 1 000 手英镑期货,买入 1 161 手加元期货。

假设建仓完毕一段时间后,市场汇率出现变化,6 月份的英镑期货汇率为 1.562 3 (GBP/USD),6 月份的加元期货汇率为 0.873 8(CAD/USD),交叉汇率是 0.559 0(CAD/GBP),交易者认为,这一汇率达到加元兑英镑的真实水平,则平掉仓位。

英镑期货空头头寸在平仓后的损益为:

$$(1.514\ 1-1.562\ 3)\times 62\ 500\times 1\ 000=-3\ 012\ 500\ 美元$$

加元期货多头头寸在平仓后的损益为:

$$(0.873\ 8-0.815\ 0)\times 100\ 000\times 1161=6\ 826\ 680\ 美元$$

套利的净收益为:

$$6\ 826\ 680-3\ 012\ 500=3\ 814\ 180\ 美元$$

【阅读材料 5-1】 法国兴业银行盖维耶尔的违规股指期货交易亏损案

【思考与习题】

1. 股指期货套期保值的基本原理是什么？β 在确定套期保值比率中发挥什么作用？
2. 什么是投资替代？
3. 指数套利中股票组合的构筑方法有哪些？
4. 在股指期货和现货组合之间为什么有时候会出现套利失败？
5. 比较总结牛市套利和熊市套利的适用情形和盈亏来源。
6. 国债期货如何对冲利率风险？试回顾久期对冲的基本原理和注意事项。
7. 国债期货和现货之间进行套利面临的难题有哪些？
8. 什么是买入基差交易和卖出基差交易？
9. 收益率曲线套利的基本原理是什么？
10. 5 年期债券面值为 100 元，票息率为 5%，债券年收益率为 6%，债券每半年付息一次，年利率为连续复利，则债券的市场价格和久期是多少？
11. A 债券市值为 6 000 万元，久期为 7 年；B 债券市值为 4 000 万元，久期为 10 年，则 A 和 B 债券组合的久期是多少？
12. 如何计算债券组合的久期？
13. 如何推导金融期货的最优套期保值比率？
14. 如果没有基差风险，最小方差计算的最优套期比率总为 1。这一说法是否正确？为什么？
15. 机构是否总是有必要开展套期保值？思考一下在什么条件下不需要开展套期保值？
16. 已知某国债期货合约在某交易日的发票价格为 119.014 元，对应标的物的现券价格（全价）为 115.679 元，交易日距离交割日刚好 3 个月，且在此期间无付息，则该可交割国债的隐含回购利率（IRR）是多少？
17. 股票组合的价值为 5 000 万元。现在沪深 300 指数为 3 000 点，6 个月后到期的沪深 300 股指期货为 3 010 点，6 个月的 Shibor 为 2.5%，红利率为 2.0%，股票组合的 β 值为 1.5。问：如何对冲股票组合的风险？需要多少手沪深 300 股指期货？假如 3 个月后沪深 300 指数下跌 10%，3 个月的 Shibor 为 2.2%，在股指期现货联系紧密且不考虑套利成本的情况下，对冲效果如何？
18. 现在是 2016 年 8 月，资产管理者持有两组债券，面值各为 1 亿元。国债期货交易的是面值为 100 万元的虚拟债券。具体数据见表 5-15。问：资产管理者决定卖出债券，以国债期货合成资产，来替代现券组合投资，那么该如何操作？如果沪深 300 股指期货的 1612 合约价格为 3 000 点，资产管理者希望投资于 β 值为 1.5 的股票组合 3 个月，那么该如何实现资产转换？

表 5-15 两组债券具体数据

债券	到期日	发票价格	DV01
债券 1	2025.12	113.044 1	73 800
债券 2	2026.12	102.537 4	79 200
10 年期国债期货	2016.12	107.546 8	73.84
5 年期国债期货	2016.12	108.012 3	72.89

【即测即练】 扫描书背面的二维码,获取答题权限。

扫描此码　在线自测

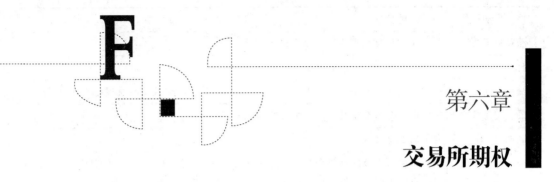

第六章 交易所期权

在期权交易所挂牌交易的期权合约中,除了期权的行权期限、行权价格和权利金可以由交易者自由选择或由公开竞价直接产生外,其余要素均由交易所设计确定,合约格式和交易内容完全实现标准化。可以将集中交易标准化期权的市场或交易所称为场内期权市场。场内期权市场是在运作模式方面和期货市场具有诸多相似性,但在具体设计机理方面又截然不同的重要衍生工具市场。场内期权市场的标准化设计和交易策略为交易者打开了投资和管理风险的新领域,有助于提高投资者的收益率。

第一节 标准化期权合约

一、交易所期权合约的内容

1. 合约名称

期权合约须对交易的标的资产进行明确规定。如果是现货期权,则应明确界定交易的金融资产类型,如黄金、利率、外汇、股票、ETF 基金等。如果是期货期权,则应该对交易的期货合约做出明确的指明。标准化期权合约的第一项就是确定标的资产(见表 6-1、表 6-2 和表 6-3)。

表 6-1 大连商品交易所豆粕期权合约

合约标的资产	豆粕期货合约
合约类型	看涨期权、看跌期权
交易单位	1 手(10 吨)豆粕期货合约
报价单位	元(人民币)/吨

续表

最小变动价位	0.5 元/吨
涨跌停板幅度	与豆粕期货合约涨跌停板幅度相同
合约月份	1月、3月、5月、7月、8月、9月、11月、12月
交易时间	每周一至周五上午 9:00—11:30,下午 13:30—15:00,以及交易所规定的其他时间
最后交易日	标的期货合约交割月份前一个月的第 5 个交易日
到期日	同最后交易日
行权价格	行权价格覆盖豆粕期货合约上一交易日结算价上下浮动 1.5 倍当日涨跌停板幅度对应的价格范围。行权价格≤2 000 元/吨,行权价格间距为 25 元/吨;2 000 元/吨<行权价格≤5 000 元/吨,行权价格间距为 50 元/吨;行权价格>5 000 元/吨,行权价格间距为 100 元/吨
行权方式	美式。买方可以在到期日之前任一交易日的交易时间,以及到期日 15:30 之前提出行权申请
交易代码	看涨期权:M—合约月份—C—行权价格 看跌期权:M—合约月份—P—行权价格
上市交易所	大连商品交易所

资料来源:大连商品交易所网站。

2. 交易单位

交易单位是指每手或每张期权合约所交易的标的资产的数量,用以计算一手合约的资产总价值。芝加哥期货交易所的小麦期权合约为 5 000 蒲式耳/手,大连商品交易所豆粕期权合约为 10 吨/手(见表 6-1),上海证券交易所交易的上证 50 交易型开放式指数证券投资基金(50ETF)是 10 000 份/手(见表 6-2)。

有时,即使对于同一标的资产而言,不同期权市场的交易单位也不相同。例如,美国的 1 手股票期权合约代表 100 股股票,而英国则为 1 000 股股票。从国际市场看,合约规模小型化对提高市场的活跃程度有明显的作用。这是因为买入期权是需要支付权利金的,权利金有时并不便宜。合约拆细后,可以有效降低一手期权的权利金占用,刺激交易。从国际惯例看,期货期权合约的交易单位多为期货合约单位的五分之一,但也有期货期权的交易单位与期货合约单位相同(如我国商品交易所的合约设计)。

3. 合约乘数

合约乘数主要存在于指数期权中。股指期权的权利金是以点报出,要计算权利金需要乘以合约乘数。如沪深 300 股指期权中的合约乘数为每点 100 元,当前权利金成交点位为 20 点,则多头持有一手合约需要支付的权利金为 2 000 元。

表 6-2 沪深 300 股指期权合约

合约标的物	沪深 300 指数
合约乘数	每点人民币 100 元
合约类型	看涨期权、看跌期权

续表

报价单位	指数点
最小变动价位	0.2 点
每日价格最大波动限制	上一交易日沪深 300 指数收盘价的±10%
合约月份	当月、下 2 个月及随后 3 个季月
行权价格	行权价格覆盖沪深 300 指数上一交易日收盘价上下浮动 10%对应的价格范围。 对当月与下 2 个月合约：行权价格≤2 500 点时，行权价格间距为 25 点；2 500 点＜行权价格≤5 000 点时，行权价格间距为 50 点；5 000 点＜行权价格≤10 000 点时，行权价格间距为 100 点；行权价格＞10 000 点时，行权价格间距为 200 点。 对随后 3 个季月合约：行权价格≤2 500 点时，行权价格间距为 50 点；2 500 点＜行权价格≤5 000 点时，行权价格间距为 100 点；5 000 点＜行权价格≤10 000 点时，行权价格间距为 200 点；行权价格＞10 000 点时，行权价格间距为 400 点
行权方式	欧式
交易时间	9:30—11:30,13:00—15:00
最后交易日	合约到期月份的第三个星期五，遇国家法定假日顺延
到期日	同最后交易日
交割方式	现金交割
交易代码	看涨期权：IO 合约月份—C—行权价格 看跌期权：IO 合约月份—P—行权价格
上市交易所	中国金融期货交易所

资料来源：中国金融期货交易所网站。

4. 最小变动价位

最小变动价位是指买卖双方在出价时权利金价格变动的最低单位。期权合约最小变动价位的制订要考虑两方面的因素：一是期权合约众多，而不同行权价格的合约价格差异很大。因此，对于标的价格变化特别大的品种，一般是按照权利金额分段设置最小变动价位。一般采取相对较小的单一值，或者采取简单的分段设置；二是理论上期权合约权利金价格变动要小于相关期货合约价格变动。比如大连商品交易所的豆粕期权最小变动价位设计是豆粕期货合约最小变动价位的一半，即 0.5 元/吨。芝加哥期货交易所和堪萨斯市交易所的小麦期权合约最小变动价位设计也是期货合约最小变动价位的一半，即期货合约的最小变动价位是 1/4 美分/蒲氏耳，期权合约的最小变动价位是 1/8 美分/蒲氏耳。

5. 合约月份

合约月份是期权合约的交易月份。例如，上证 50ETF 期权的合约月份是当月、下月及随后两个季月，沪深 300 股指期权的合约月份是当月、下 2 个月及随后 3 个季月，豆粕期权的合约月份则是期货的合约月份，即 1 月、3 月、5 月、7 月、8 月、9 月、11 月、12 月。芝加哥期货交易所小麦期权的合约月份为 3 月、5 月、7 月、9 月、12 月。通常，农产品期权合约月份要受生产季节的影响,而以金融资产为标的物的期权合约可以灵活选择合约月份,这一点与期货合约相同。但是应注意,在期货期权合约中,为了减少期权行权对标的期货交易的影响,期权合约的到期日一般提前至期货合约月份前的一个月内。

6. 行权价格与行权价格间距

期权合约表中设计了用于计算行权价格的行权价格间距。行权价格间距是指相邻两个行权价格之间的差。行权价格间距的大小对期权的活跃程度至关重要,如果期权行权价格的间距制订不合理,可能会影响期权的活跃程度。合理的行权价格间距设定有利于期权交易的活跃,提高期权市场的流动性。期权市场流动性的提高能够改善市场质量,降低市场的运作风险。

对于行权价格间距来说,不同的交易所规定的依据不同。大致归结起来需要考虑以下因素,以便确定行权价格间距。

第一,考虑行权价格的高低。一般来说,低行权价格区间,行权价格间距小;高行权价格区间,行权价格间距大。上证50ETF期权合约中规定的行权价格间距是,行权价格在3元或以下为0.05元,3~5元(含)为0.1元,5~10元(含)为0.25元,10~20元(含)为0.5元,20~50元(含)为1元,50~100元(含)为2.5元,100元以上为5元。国外一些期权不分高低行权价格区,实行完全相同的行权价格间距,如洲际交易所(ICE)棉花期货行权价格间距规定,2号棉花期货期权行权价格间距为1美分/磅。另外,CBOT的豆油期货期权、ICE的油菜籽期货期权、纽约商品交易所的黄金期货期权、CME的欧元期货期权等,都实行同一行权价格间距。

第二,考虑正常合约月份和系列合约月份。正常合约月份行权价格间距大,系列合约月份行权价格间距小。如芝加哥期货交易所小麦期货期权规定,正常合约月份行权价格间距为10美分/蒲式耳,系列合约月份行权价格间距为5美分/蒲式耳。

第三,考虑平值期权的远近。一般来说,平值期权附近是交易较为活跃的合约月份,行权价格间距小。远离平值期权的合约交易不活跃,行权价格间距大。例如,纽约商业交易所的轻质低硫原油期货期权。

在了解了期权行权价格和行权价格间距后,交易所挂出不同行权价格。大连商品交易所的豆粕期权,每个交易日挂出的行权价格覆盖豆粕期货合约上一交易日结算价上下浮动1.5倍当日涨跌停板幅度对应的价格范围。中金所沪深300股指期权与之类似。郑州商品交易所白糖期权,每个交易日以前一交易日结算价为基准,按行权价格间距挂出5个实值期权、1个平值期权和5个虚值期权。上证50ETF期权与之类似,每天计算挂出5个期权,其中1个平值合约、2个虚值合约、2个实值合约。

7. 每日价格最大波动限制

每日价格最大波动限制是指期权合约在一个交易日中的权利金波动价格不得高于或低于规定的涨跌幅度,超出该涨跌幅度的报价视为无效。对于期货期权来说,最大波动限制的规定有三种情况:期货与期权都不设置、期货设置但期权不设置、期货与期权都设置。我国的期货期权设计中,权利金的涨停板价位是权利金结算价+期货涨停幅度,跌停板价位是max(权利金结算价+期货跌停幅度,最小变动价位)。对于我国的股指期权来说,最大波动限制是上一交易日沪深300指数收盘价的±10%。与之相比,上证50ETF期权的涨跌幅计算方法要复杂一些(见表6-3)。

8.最后交易日

即能够进行期权交易的最后日期。各月份的期权交易在此日到期了结。交易所根据期权品种设计不同的最后交易日规则。例如,沪深300股指期权的最后交易日是合约到期月份的第三个星期五(遇国家法定假日顺延)。上证50ETF期权合约的最后交易日是到期月份的第四个星期三(遇法定节假日顺延)。

从国际商品期货期权来看,一般规定期权合约最后交易日提前于期货合约月份到期,这为投资者和交易所均提供了管理风险的时间。国际市场上,农产品期货期权合约最后交易日与对应期货合约月份相距4至6周,仅有极个别期权合约与对应期货同日到期;金属期货期权合约最后交易日与其对应期货合约月份一般相距两周或一个月;能源期货期权合约最后交易日与期货合约月份一般相距不超过一周。我国豆粕期货期权的最后交易日是标的期货合约交割月份前一个月的第5个交易日。之所以提前到期,是为了给期权到期后建立的期货合约头寸留足平仓时间。

表6-3 上证50ETF期权合约

合约标的	上证50交易型开放式指数证券投资基金("50ETF")
合约类型	认购期权和认沽期权
合约单位	10 000份
合约到期月份	当月、下月及随后两个季月
行权价格	5个(1个平值合约、2个虚值合约、2个实值合约)
行权价格间距	3元或以下为0.05元,3元至5元(含)为0.1元,5元至10元(含)为0.25元,10元至20元(含)为0.5元,20元至50元(含)为1元,50元至100元(含)为2.5元,100元以上为5元
行权方式	到期日行权(欧式)
交割方式	实物交割(业务规则另有规定的除外)
到期日	到期月份的第四个星期三(遇法定节假日顺延)
行权日	同合约到期日,行权指令提交时间为9:15—9:25,9:30—11:30,13:00—15:30
交收日	行权日次一交易日
交易时间	上午9:15—9:25,9:30—11:30(9:15—9:25为开盘集合竞价时间) 下午13:00—15:00(14:57—15:00为收盘集合竞价时间)
委托类型	普通限价委托、市价剩余转限价委托、市价剩余撤销委托、全额即时限价委托、全额即时市价委托以及业务规则规定的其他委托类型
买卖类型	买入开仓、买入平仓、卖出开仓、卖出平仓、备兑开仓、备兑平仓以及业务规则规定的其他买卖类型
最小报价单位	0.000 1元
申报单位	1张或其整数倍

续表

涨跌幅限制	认购期权最大涨幅=max{合约标的前收盘价×0.5%,min[(2×合约标的前收盘价-行权价格),合约标的前收盘价]×10%} 认购期权最大跌幅=合约标的前收盘价×10% 认沽期权最大涨幅=max{行权价格×0.5%,min[(2×行权价格-合约标的前收盘价),合约标的前收盘价]×10%} 认沽期权最大跌幅=合约标的前收盘价×10%
熔断机制	连续竞价期间,期权合约盘中交易价格较最近参考价格涨跌幅度达到或者超过50%且价格涨跌绝对值达到或者超过5个最小报价单位时,期权合约进入3分钟的集合竞价交易阶段
开仓保证金最低标准	认购期权义务仓开仓保证金=[合约前结算价+max(12%×合约标的前收盘价-认购期权虚值,7%×合约标的前收盘价)]×合约单位 认沽期权义务仓开仓保证金=min[合约前结算价+max(12%×合约标的前收盘价-认沽期权虚值,7%×行权价格),行权价格]×合约单位
维持保证金最低标准	认购期权义务仓维持保证金=[合约结算价+max(12%×合约标的收盘价-认购期权虚值,7%×合约标的收盘价)]×合约单位 认沽期权义务仓维持保证金=min[合约结算价+max(12%×合标的收盘价-认沽期权虚值,7%×行权价格),行权价格]×合约单位

注:认购期权即为看涨期权,认沽期权即为看跌期权;义务仓为期权卖方持仓,权利仓为期权买方持仓。
资料来源:上海证券交易所网站。

9. 行权方式

期权合约中将规定期权是美式期权还是欧式期权。从国际商品期权合约发展来看,除伦敦金属交易所外,一般都采取美式期权。金融期权较多采用欧式期权。

10. 保证金

在期权交易中,买方向卖方支付一笔权利金。对卖方来说,需要交纳保证金,以保证在买方行权的时候,卖方按约定履约。

11. 行权时间

行权时间是指买方行使权利的时间。欧式期权规定只有在合约到期日方可行权。美式期权规定在合约到期日之前的任何一个交易日(含合约到期日)均可行权。例如,买方可以在到期日之前任一交易日的交易时间,以及到期日 15:30 之前提出行权申请。郑州商品交易所的白糖期权合约中规定,买方可在到期前的每一交易日闭市(15:00)前提交行权指令、撤销行权指令;买方可在到期日 15:30 之前提交或撤销行权指令、放弃指令。

12. 到期的结算与交割

在我国,沪深 300 股指期权实行现金交割,ETF 期权实行实物交割。

二、交易所期权与权证的区别

权证是发行人与持有人之间的一种合约,可在交易所交易,持有人在约定的时间有权以约定的价格购买或卖出标的资产。权证也是在交易所交易的权利凭证,但是与交易所期权也存在以下区别。

1. 发行主体不同

期权没有发行人。权证通常由标的证券上市公司或投资银行（证券公司）、大股东等第三方作为其发行人。

2. 合约的当事人不同

期权合约的当事人是期权交易的买卖双方，即持有期权多头头寸的权利方和持有期权空头头寸的义务方；而权证的合约当事人是权证的发行人与权证的持有人。

3. 合约特点不同

期权是一种在交易所交易的标准化合约，合约条款由交易所统一确定，不能随着市场变动灵活调整。相反，权证是非标准化合约，合约要素由发行人确定，行权方式可以选择欧式、美式、百慕大式等，交割方式可以自行选择实物或现金。针对各种不同市况以及一些有较明确观点的投资群体，发行人可以适时推出带有特殊结构的权证，方便投资者选择符合自己观点的权证进行投资。

4. 可供给数量不同

理论上，期权供给的数量可以是无限的，而权证的供给由发行人确定，受发行人的意愿、资金能力以及市场上流通的标的证券数量等因素限制，单只权证的发行量通常会在发行文件中给出一个上限，并可以在一定的条件下增加发行量。

5. 持仓类型不同

投资者根据投资的方向选择买入或者卖出期权。而在权证市场，只有发行人才可以卖出权证收取权利金，投资者只能付出权利金买入认购权证或认沽权证。

6. 履约担保不同

期权卖方（义务方）因承担义务需要缴纳保证金。权证的发行人以其资产或信用进行担保。

7. 行权价格决定方不同

期权的行权价格由交易所根据交易规则来确定。权证的行权价格由发行人确定。

三、交易所期权与期货的区别

虽然交易所交易的期权合约和期货合约都是标准化合约，但是二者也存在很大差异。

1. 标的资产不同

期货交易的标的物是商品或金融资产，而期权交易的标的物既可以是一种商品或资产，又可以是期货，或其他衍生工具。

2. 权利与义务的对称性不同

期权合约是单向合约，期权的买方在支付保险金后即取得履行或不履行买卖期权合约的权利，而不必承担义务；期货合约则是双向合约，交易双方都要承担期货合约到期交割的义务。如果不愿实际交割，则必须在有效期内对冲。

3. 合约赋予交易者的交易性质不同

如果投资者买入期货,相当于买入远期资产。但是,如果投资者买入期权,买入的则是未来买入或卖出标的资产的一种权利。

4. 保证金的收取对象不同

期货的买卖双方都要交纳一定数额的履约保证金;而在期权交易中,买方不需交纳履约保证金,卖方必须交纳履约保证金,以表明他具有相应的履行期权合约的财力。

5. 现金流转不同

在期权交易中,买方要向卖方支付权利金;权利金随着标的资产价格的变化而变化。在期货交易中,买卖双方都要交纳期货合约面值5%~10%的初始保证金。

6. 盈亏的特点不同

期权买方的收益随市场价格的变化而波动,是不固定的,其亏损则只限于购买期权的权利金;卖方的收益只是出售期权的权利金,其亏损则是不固定的。期货的交易双方则都面临着无限的盈利和无止境的亏损。

7. 风险管理效果不同

期货套期保值的原理是以期货头寸的盈利(亏损)对冲标的资产的亏损(盈利)。利用期权则可以锁定标的资产价格不利变动所面临的损失,获得标的资产价格有利变动的收益。

8. 交易策略不同

期货合约的交易策略有限,对于期权来说则可以构筑起多种多样的套利策略、风险管理策略和投资策略。

第二节 期权市场运行机制

一、期权市场组织结构

1. 期权交易所

期权交易所是组织期权合约买卖的场所。其主要功能是:推出各种标准化期权品种,制定期权交易规则,以特定的方式或平台组织交易者交易,加强交易监管,创造一个高效透明的二级市场。世界上有很多交易所交易期权,但美国是世界场内期权交易的中心。

期权交易所分为3类。第一类是纯粹的期权交易所,如芝加哥期权交易所(CBOE)。第二类是股票交易所或其他现货交易所,这些交易所同时也进行一定规模的期权交易。例如美国证券交易所(AMEX)、纽约证券交易所(NYSE)、上海证券交易所、深圳证券交易所等。第三类是期货交易所。如芝加哥商业交易所(CME)、洲际交易所(ICE)。中国金融期货交易所、上海期货交易所、郑州商品交易所和大连商品交易所(见表6-4)。

表 6-4　我国证券、期货交易所开发的期权品种

交易所	期权品种
上海证券交易所	上证 50ETF、华泰柏瑞沪深 300ETF、南方中证 500ETF
深圳证券交易所	嘉实沪深 300ETF、嘉实中证 500ETF
中国金融期货交易所	沪深 300 股指、中证 100 股指
上海期货交易所	黄金、铜、铝、锌、天然橡胶、原油
大连商品交易所	豆粕、玉米、铁矿石、液化石油气、聚乙烯、聚氯乙烯、聚丙烯、棕榈油、大豆、豆油
郑州商品交易所	棉花、白糖、菜籽粕、PTA、动力煤、甲醇、花生

资料来源：根据各交易所网站中资料整理（截至 2022 年 10 月）。

2. 期权结算机构

在期权交易中，对于购买者而言，往往担心卖出者的违约风险。为了确保期权卖出者在任何时候都能履行合约，期权市场上同样引进与期货市场结算机构职能相似的结算所。期权交易需要通过结算机构完成。需要指出的是，和期货市场中结算机构类似，期权结算机构并不直接向普通期权交易者提供结算服务，而是直接或间接为期权经纪公司提供结算服务，再由期权经纪公司为交易者提供结算服务。

期权结算机构可以是交易所的内部部门，可以是子公司或控股公司，也可以是独立的结算公司。在美国，期权交易所一般都有自己的结算所，结算所以会员公司的形式加入交易所，从而隶属于商品交易所或期权交易所。在我国，场内期权市场的结算机构设立是个全新的探索领域。从期货结算部的发展趋势看，期权、期货结算机构从交易所独立出来是一个新的发展方向。

3. 期权做市商

国际上大多数交易所都采用做市商制度进行期权交易。在传统的做市商报价驱动市场中，做市商是其他投资者的对手，投资者之间的指令不直接成交，只与做市商的报价成交。做市商制度可以确保买卖指令在某一价格上立即执行，因此可以增加期权市场流动性。随着市场中做市商的逐渐增多，竞争的加剧直接体现在双边价格的迅速收窄，从而也减少了做市商的盈利空间。市场无形的手会最终确立具有最优竞争力的做市商的市场地位，形成稳定而高效的由做市商支撑的期权市场。活跃的数家做市商机构会形成一个核心做市商群。做市商在市场上因提供流动性而被动增加风险敞口，但是却和市场中的风险对冲者一样积极主动地管理所承担的风险，因此，成熟的做市商在市场中能够看到投机者和风险对冲者的交易兴趣，并更好地制定相应的风险策略，在提供流动性的同时增加自身的盈利。

4. 中介经营机构

普通期权交易者并不能直接进入期权交易所进行交易，只有通过中介经营机构才能

开展期权交易。这些机构是从事期权经纪业务,接受投资者委托,以自己的名义为投资者进行期权交易的机构。

5. 交易者

基于交易目的的差异,场内期权交易者可分为策略投资者、风险管理群体和套利者。

二、交易指令与价格形成

1. 基本的交易指令

投资者发出一项指令,买入或卖出一份期权合约,经纪公司接受指令,并将其传送到交易所的交易大厅内,由出市代表执行该指令。当然,亦可通过远程交易系统直接将指令下达到交易所的主机撮合系统。

期权指令的基本内容包括:市价或限价(权利金)、买入或卖出、开仓或平仓、数量、合约到期月份、行权价格、标的物、期权种类(看涨期权或看跌期权)。此外,有的交易所为了防范风险,还要求期权空头在指令中明示有无标的物对头寸予以保护。

(1) 限价指令。投资者可设定价位,买进时须不超过该价位的价格才能成交,即确定了买进的最高价位。卖出时则须在不低于该价位才能成交,即确定了可接受的最低价格。我国各期货交易所设计的限价指令均可以附加即时全部成交或撤销和即时成交剩余撤销两种指令属性。

(2) 市价指令。即按当时的市价来交易,该指令可以获得最好价格。在我国的各期货交易所中,只有郑商所提出了市场指令。

(3) 止损(盈)指令。投资者预先设定一个价格,当期权价触及该价位时,该指令立即变为限价指令或市价指令。买进的指令通常将止损价格设定在市场价格以上,卖出的止损指令通常将止损价格设定在市场价格以下。大连商品交易所对期权合约提供限价止损(盈)等指令。

2. 交易指令的发展

当日有效指令。即在当日时间内有效。

(1) 二择一指令。将两种或以上的指令方式视为一组,其中任一指令被执行后,其他的指令立即取消。

(2) 价差指令。价差交易是指基于同一标的物,但行权价格和合约月份至少有一项不同的两个看涨期权(或两个看跌期权),买进一个的同时卖出另一个数量相同的期权合约的交易策略。投资者可以下市价指令或限价指令。如果以限价方式下单,所限的价格通常不是两个期权各自的价格,而是以两个期权价格的差距来限价。

(3) 跨式指令。针对跨式期权组合开发的交易指令。主要有买入跨式组合指令、卖出跨式组合指令、买入宽跨式组合指令、卖出宽跨式组合指令。

(4) 触及市价指令。投资者预先设定一个价位,当价格触及该价位时,即自动变成市价指令。买进的触及市价指令通常设定比市价低的价位,卖出的触及市价指令通常设定比市价高的价位。这是与止损指令最大的不同。

3. 价格形成机制

期权的价格形成机制有指令驱动机制、做市商机制和混合驱动机制。为了提升市场流动性，我国各交易所在期权交易所采用了混合驱动机制。做市商的双边报价分为持续报价和回应报价。持续报价机制是做市商在协议约定的合约上，主动提供的持续性双边报价。回应报价机制则是在期权交易时间内，做市商在协议约定的合约上，对收到询价请求的期权合约进行的双边报价。另外，交易所有权根据市场情况，要求做市商对指定的期权合约进行报价。做市商报出的交易指令按照价格优先、时间优先的原则与交易者的交易指令予以竞价撮合成交（参见第四章）。

三、T 型报价

在期权指令发出和成交后会形成丰富的成交信息。基于成交和报价信息，行情系统和交易系统中会编制出 T 型报价行情界面。该界面的第一栏横向为交易指标名称，中间纵向为行权价格序列，形状为 T 字，故称为 T 型报价。按照第一横栏的内容差异，可以把常见的 T 型报价划分为 3 类。

1. 行情信息

T 型报价的行情信息包含某一品种、某一到期月份、各种不同行权价格的所有看跌和看涨期权的价格信息、买卖申报量、成交量、持仓量（见表 6-5）。

表 6-5　沪深 300 股指期权 T 型成交信息报价

2. 价值信息

T 型报价价值信息表中包括包含某一品种、某一到期月份、各种不同行权价格的所有看跌和看涨期权的内在价值、时间价值、虚实度、波动溢价等内容（见表 6-6）。

表 6-6 沪深 300 股指期权 T 型价值信息

合约代码	时间价	波动溢价	虚实度	溢价	内在价	涨跌	现价	行权价	现价	涨跌	内在价	溢价	虚实度	波动溢价	时间价	合约代码
IO2206-C-3500	-14.9	-99.96	18.14	-0.36	634.9	-34.2	620.0	3500.0	14.6	2.6	—	15.71	-18.14	22.46	14.6	IO2206-P-3500
IO2206-C-3600	9.1	-99.96	14.86	0.22	534.9	-16.0	544.0	3600.0	19.8	2.8	—	13.42	-14.86	15.24	19.8	IO2206-P-3600
IO2206-C-3650	20.1	-99.96	13.28	0.49	484.9	-8.6	505.0	3650.0	22.8	2.2	—	12.28	-13.28	11.28	22.8	IO2206-P-3650
IO2206-C-3700	-5.9	-99.96	11.75	-0.14	429.9	-39.2	429.0	3700.0	28.0	3.0	—	11.19	-11.75	9.36	28.0	IO2206-P-3700
IO2206-C-3750	10.1	-99.96	10.26	0.24	384.9	-28.0	395.0	3750.0	36.6	6.4	—	10.19	-10.26	9.99	36.6	IO2206-P-3750
IO2206-C-3800	23.3	-99.96	8.81	0.58	334.9	-22.4	358.2	3800.0	40.0	2.8	—	9.07	-6.81	3.94	40.0	IO2206-P-3800
IO2206-C-3850	38.1	-35.39	7.40	0.92	284.9	-15.8	323.0	3850.0	49.4	4.2	—	8.00	-7.40	2.77	49.4	IO2206-P-3850
IO2206-C-3900	41.9	-39.02	6.02	1.01	234.9	-22.2	276.8	3900.0	61.2	6.0	—	7.16	-6.02	2.19	61.2	IO2206-P-3900
IO2206-C-3950	57.3	-32.93	4.60	1.39	184.9	-10.8	242.2	3950.0	72.8	6.2	—	6.23	-4.60	-0.06	72.8	IO2206-P-3950
IO2206-C-4000	76.7	-27.92	3.37	1.85	134.9	-14.0	211.6	4000.0	88.6	7.8	—	5.41	-3.37	-0.65	88.6	IO2206-P-4000
IO2206-C-4050	93.3	-27.97	2.10	2.26	84.9	-14.6	178.2	4050.0	106.2	8.2	—	4.62	-2.10	-1.56	106.2	IO2206-P-4050
IO2206-C-4100	117.1	-25.46	0.85	2.83	34.9	-11.0	152.0	4100.0	129.2	11.6	—	3.97	-0.85	-0.56	129.2	IO2206-P-4100
IO2206-C-4150	126.0	-26.13	-0.36	3.41	—	-9.8	126.0	4150.0	152.8	11.4	15.1	3.33	0.36	-0.81	137.7	IO2206-P-4150
IO2206-C-4200	105.0	-23.71	-1.55	4.11	—	-7.6	105.0	4200.0	181.8	14.6	65.1	2.82	1.55	0.81	116.7	IO2206-P-4200
IO2206-C-4250	82.8	-25.01	-2.71	4.79	—	-9.2	82.8	4250.0	211.2	14.2	115.1	2.32	2.71	1.19	96.1	IO2206-P-4250
IO2206-C-4300	68.4	-23.21	-3.84	5.65	—	-6.6	68.4	4300.0	246.8	17.8	165.1	1.98	3.84	4.11	81.7	IO2206-P-4300
IO2206-C-4350	55.6	-22.00	-4.94	6.05	—	-4.8	55.6	4350.0	278.0	14.2	215.1	1.52	4.94	2.86	62.9	IO2206-P-4350
IO2206-C-4400	42.8	-22.59	-6.03	7.45	—	-5.2	42.8	4400.0	327.2	25.8	265.1	1.51	6.03	12.91	62.5	IO2206-P-4400
IO2206-C-4450	34.6	-21.13	-7.08	8.46	—	-3.6	34.6	4450.0	348.6	7.0	315.1	0.81	7.08	1.61	33.5	IO2206-P-4450
IO2206-C-4500	26.6	-21.04	-8.11	9.47	—	-3.8	26.6	4500.0	388.0	4.4	365.1	0.55	8.11	2.02	22.9	IO2206-P-4500
IO2206-C-4550	21.6	-19.37	-9.12	10.56	—	-2.4	21.6	4550.0	450.8	32.0	415.1	1.06	9.12	27.09	43.7	IO2206-P-4550
IO2206-C-4600	18.0	-17.16	-10.11	11.68	—	-1.2	18.0	4600.0	500.0	28.0	465.1	0.04	10.11	20.47	34.9	IO2206-P-4600
IO2206-C-4650	14.0	-16.54	-11.08	12.80	—	-1.0	14.0	4650.0	550.0	32.4	515.1	0.84	11.08	36.48	34.9	IO2206-P-4650
IO2206-C-4700	10.6	-16.33	-12.02	13.92	—	-1.5	10.6	4700.0	593.0	28.6	565.1	0.67	12.02	38.19	27.9	IO2206-P-4700
IO2206-C-4750	8.8	-14.37	-12.95	15.09	—	-1.0	8.8	4750.0	630.0	17.6	615.1	0.36	12.95	33.43	14.9	IO2206-P-4750
IO2206-C-4800	7.4	-12.28	-13.86	16.26	—	-0.8	7.4	4800.0	687.8	27.8	665.1	0.55	13.86	48.11	22.7	IO2206-P-4800
IO2206-C-4900	5.2	-8.53	-15.61	18.63	—	-0.4	5.2	4900.0	765.0	4.0	765.1	-0.01	15.61	37.06	-0.3	IO2206-P-4900
IO2206-C-5000	4.6	-1.52	-17.30	21.03	—	-0.2	4.6	5000.0	884.6	21.8	865.1	0.47	17.30	72.10	19.5	IO2206-P-5000

3. 风险指标

T 型行情表中还有一类是风险指标,这些指标的排列同样呈 T 型排列(见表 6-7)。

表 6-7 沪深 300 股指期权 T 型风险指标

合约代码	Gamma	Vega	Rho	Theta	隐波%	理论价	现价	行权价	现价	理论价	隐波%	Theta	Rho	Vega	Gamma	合约代码
IO2206-C-3500	0.000	125.072	547.874	-224.523	0.01	663.3	620.0	3500.0	14.6	5.5	29.36	-85.441	-23.698	125.072	0.000	IO2206-P-3500
IO2206-C-3600	0.000	203.891	544.194	-281.106	0.01	569.6	544.0	3600.0	19.8	11.1	27.63	-138.050	-43.708	203.891	0.000	IO2206-P-3600
IO2206-C-3650	0.000	251.198	538.599	-314.242	0.01	524.2	505.0	3650.0	22.8	15.4	26.68	-169.199	-57.468	251.198	0.000	IO2206-P-3650
IO2206-C-3700	0.000	302.574	530.180	-349.660	0.01	479.9	429.0	3700.0	28.0	20.8	26.22	-202.630	-74.053	302.574	0.000	IO2206-P-3700
IO2206-C-3750	0.001	356.637	518.782	-386.311	0.01	437.1	395.0	3750.0	36.6	27.6	26.37	-237.294	-93.616	356.637	0.001	IO2206-P-3750
IO2206-C-3800	0.001	411.677	504.342	-422.935	0.01	395.8	358.2	3800.0	40.0	36.0	24.92	-271.931	-116.222	411.677	0.001	IO2206-P-3800
IO2206-C-3850	0.001	465.765	486.898	-458.133	15.49	356.4	323.0	3850.0	49.4	46.3	24.64	-305.142	-141.831	465.765	0.001	IO2206-P-3850
IO2206-C-3900	0.001	516.870	466.595	-490.461	14.62	319.0	276.8	3900.0	61.2	58.5	24.50	-335.483	-170.299	516.870	0.001	IO2206-P-3900
IO2206-C-3950	0.001	563.007	443.683	-518.530	16.08	283.7	242.2	3950.0	72.8	72.9	23.96	-361.565	-201.377	563.007	0.001	IO2206-P-3950
IO2206-C-4000	0.001	602.365	418.506	-541.105	17.28	250.7	211.6	4000.0	88.6	89.5	23.82	-302.154	-234.719	602.365	0.001	IO2206-P-4000
IO2206-C-4050	0.001	633.437	391.486	-557.189	17.27	220.0	178.2	4050.0	106.2	108.6	23.60	-296.251	-269.905	633.437	0.001	IO2206-P-4050
IO2206-C-4100	0.001	655.114	363.103	-566.090	17.87	191.9	152.0	4100.0	129.2	130.1	23.84	-403.165	-306.453	655.114	0.001	IO2206-P-4100
IO2206-C-4150	0.001	666.742	333.870	-567.457	17.95	166.2	126.0	4150.0	152.8	154.1	23.70	-407.545	-343.851	666.742	0.001	IO2206-P-4150
IO2206-C-4200	0.001	668.152	304.309	-561.292	18.29	142.9	105.0	4200.0	181.8	180.5	24.17	-394.394	-381.577	668.152	0.001	IO2206-P-4200
IO2206-C-4250	0.001	659.638	274.925	-547.933	17.98	122.1	82.8	4250.0	211.2	209.3	24.26	-379.043	-419.126	659.638	0.001	IO2206-P-4250
IO2206-C-4300	0.001	641.914	246.188	-528.015	18.41	103.5	68.4	4300.0	246.8	240.5	24.96	-357.142	-456.020	641.914	0.001	IO2206-P-4300
IO2206-C-4350	0.001	616.035	218.513	-502.409	18.70	87.2	55.6	4350.0	278.0	273.8	24.66	-329.549	-491.869	616.035	0.001	IO2206-P-4350
IO2206-C-4400	0.001	583.311	192.247	-472.154	18.56	72.9	42.8	4400.0	327.6	309.2	27.07	-297.307	-526.300	583.311	0.001	IO2206-P-4400
IO2206-C-4450	0.001	545.206	167.665	-438.384	18.91	60.4	34.6	4450.0	348.6	345.5	24.36	-261.551	-559.047	545.206	0.001	IO2206-P-4450
IO2206-C-4500	0.001	503.244	144.965	-402.260	18.93	50.0	26.6	4500.0	388.0	385.6	24.46	-223.440	-589.912	503.244	0.001	IO2206-P-4500
IO2206-C-4550	0.001	458.920	124.271	-364.902	19.33	40.9	21.6	4550.0	458.0	426.2	30.47	-184.095	-610.773	458.920	0.001	IO2206-P-4550
IO2206-C-4600	0.001	413.631	105.634	-327.341	19.86	33.3	18.0	4600.0	500.0	468.2	30.80	-144.546	-645.574	413.631	0.001	IO2206-P-4600
IO2206-C-4650	0.001	368.517	89.050	-290.479	20.01	26.9	14.0	4650.0	550.0	511.5	32.72	-105.698	-670.324	368.517	0.001	IO2206-P-4650
IO2206-C-4700	0.001	324.928	74.458	-255.068	20.06	21.6	10.6	4700.0	593.0	555.9	33.13	-68.301	-693.081	324.928	0.001	IO2206-P-4700
IO2206-C-4750	0.000	283.403	61.759	-221.697	20.53	17.2	8.8	4750.0	630.0	601.2	31.99	-32.942	-713.945	283.403	0.000	IO2206-P-4750
IO2206-C-4800	0.000	244.667	50.825	-190.709	21.03	13.6	7.4	4800.0	687.8	647.3	35.51	-0.047	-733.045	244.667	0.000	IO2206-P-4800
IO2206-C-4900	0.000	177.076	33.640	-137.316	21.93	8.4	5.2	4900.0	764.8	741.4	32.86	57.399	-766.561	177.076	0.000	IO2206-P-4900
IO2206-C-5000	0.000	123.488	21.617	-95.311	23.61	5.0	4.6	5000.0	884.6	837.4	41.26	103.377	-794.914	123.488	0.000	IO2206-P-5000

四、期权合约的了结方式

期权合约的了结有 3 种基本方式,即对冲平仓、放弃和履约。

1. 对冲平仓

期权交易的绝大部分均是通过对冲平仓的方式进行,而且应特别注意的是,能平仓则平仓。具体的对冲平仓操作方法与期货基本相同,都是将先前买进(卖出)的合约卖出(买进)。只不过,期权的报价是权利金。具体方法是,无论是看涨期权还是看跌期权,最初的购买者要想对冲了结在手的合约头寸,就必须再卖出同样数量、同样行权价格和同样到期日的期权。对于期权合约的卖出者而言,进行对冲平仓的手法就是再买入同样数量、同样行权价格和同样到期日的期权。在期权合约有效期内,买方和卖方均可以将在手的未平仓的头寸进行对冲了结。交易者对冲平仓的盈亏计算方法是权利金卖价减去买价,再减去交易手续费和佣金。

例如,投资者以 20 元/吨买入 10 手 3 月份到期、行权价格为 1 600 元/吨的小麦看涨期权。如果小麦期货价格上涨,那么权利金也上涨,比如上涨到 30 元/吨,那么客户甲发出如下指令:以 30 元/吨卖出(平仓)10 手 3 月份到期,行权价格为 1 600 元/吨的小麦看涨期权。假设每手 10 吨。这样,投资者的盈利为(30-20)×10 手×10 吨=1 000 元。

最后需要注意的是,通过平仓来了结期权合约,可能也会遇到难题。例如,没有人能保证平仓时能够遇上一个活跃的市场。如果期权丝毫不具有行权的价值,而且离到期日时间太短的话,不论其价格如何低,也不可能有活跃的市场。而且,即使市场活跃,在了结期权合约时,所能获得的期权价格也要视市场行情而定。

2. 放弃

通常,期权的买方会在价格变动对自己有利的情况下选择行权。当价格变动出现不利时,期权的买方会放弃行权,损失也就是权利金。在一些期权交易方式下,例如美式期权,交易者可以选择在到期日前行权,然而放弃期权却需要等到期权到期日。一般情况下,买方放弃期权时不需要提出申请。对此,交易所会在期权合约中予以告示。期权作废后,交易所将自动从交易系统中清除交易双方的交易头寸。最后需要指出的是,除非期权实在无利可图,否则不要轻易放弃权利。依然是那句话:不放弃,能平仓则平仓。

3. 行权和履约

1) 行权和履约

期权合约也可以通过行权/履约来平仓。期权行权/履约平仓是指在期权的到期日内,买方有权要求行权,随后交易双方根据合约规定,对标的物进行买卖和所有权的转移。对于期权的购买者而言,当发现期权在到期日处于实值状态时,就会要求卖方履约。第一,客户必须知晓履约通知书的最后期限上有什么特别的规定。第二,客户必须知晓自动履约的规则。如果客户没有特别下达不行权的指令,在到期日,如果标的物价格在基础市场的收盘价高于行权价格,则看涨期权自动履约;当标的物的收盘价格低于行权价格,则看跌期权自动履约。

期权的行权/履约有两类。一类是现货期权的行权/履约,另一类是期货期权的行权/履约。具体的过程是,期权的买方通过经纪公司,在合约规定的有效期限内的任一交易日闭市前,通过交易下单系统下达行权指令,交易所按照持仓时间最长原则,或者随机原则,或者根据其他的公平、公正且交易批准的原则,指派并通知期权卖方,期权买卖双方的期权头寸在当日收市后转换成期货头寸或标的物头寸。我国大连商品交易所是在每日交易闭市后,由交易所按照随机均匀抽取原则进行行权配对。

表 6-8 是期货期权行权后的多空双方期货仓位变化情况。在表中列出了两类变化,一是期权在多头行权后,各方建立新的期货仓位,如开空仓和开多仓;另一类是多头行权后,各方对原有期货头寸进行平仓,如对原有的空仓进行买入平仓,或者对原有的多仓进行卖出平仓。行权后具体是开仓还是平仓,可由交易制度和交易指令确定。

表 6-8 期货期权的行权/履约原理

行权后期货头寸	看涨期权卖方	看跌期权卖方	看涨期权买方	看跌期权买方
多头行权后多空双反的仓位变化	建立期货空头头寸	建立期货多头头寸	获得期货多头头寸	获得期货空头头寸
	平掉持有的期货多头仓位	平掉持有的期货空头头寸	平掉持有的期货空头头寸	平掉持有的期货多头头寸

【例 6-1】 期货期权的行权

行权价格为 1 500 元/吨的 11 月小麦看涨期权行权后,买方获得 1 500 元/吨的 11 月份小麦期货多头头寸;卖方获得 1 500 元/吨的 11 月份小麦期货空头头寸。如果期权买方已经持有开仓价格为 1 560 元/吨的 11 月小麦空头期货合约,也可用执行看涨期权获得的多头期货头寸与已经持有的空头期货头寸平仓,获利 60 元/吨。

2) 指派和履约

从国外的一些期权交易统计结果看,交易者选择行权的现象几乎天天都会发生。为了避免行权对自己产生不利,卖方应深入分析对自己不利的情况,及时选择流动性好、行权价格合适的期权,以便及时平仓出局。这其中涉及与履约相对应的另一范畴:指派。被指派是指期权卖方收到期权买方发出的行权指令后,必须按照期权的行权价格卖出(对买权卖方而言)或者买入(对卖权卖方而言)一定数量的标的物的行为。由于涉及期权卖方的利益,所以需要分析一下服从指派和更好地预见到指派问题。

当期权购买者要求卖方履约时,期权卖方必须交割标的物。如果卖方收到指派通知,将失去平仓机会。因此,卖方必须在指派之前就要能够**预见到指派**的发生,并及早在市场上平仓。一般来说,预见指派的发生,应注意三种情况:看涨期权在到期时是实值的;期权在到期前是在折价交易;对于股票期权而言,标的股票支付高额股息而且要分红。

当然,在到期时,结算机构是否将全部实值期权进行结算,要看各国的具体设计。从美国的股票期权市场的经验看,除非客户特别指示不予履约,否则结算机构将会自动安排履约,即使仅有 3/4 单位实值的期权进行履约。需要注意,当一个投资者选择在最后交易日在市场上出售期权时,其对手很可能就是做市商。当交易停止的时候,大部分持仓的实值看涨期权的买方是做市商。因为他们可以从履约中获利。即使仅有很少的实值,做市商也会要求履约。这样,卖方往往会接到指派通知。因此,任何卖方想要避免指派,就应在最后交易日收市前平仓。

第三节　场内期权结算方式

场内期权结算是结算机构对期权日常交易和行权进行清算,并完成期权合约记录、资金收付、合约标的划转的过程,是期权交易机制中不可缺少的重要一环。期权结算业务包括日常交易结算和行权结算。较之期货,期权的结算原理和结算方法要更为复杂。尽管在期权市场存在着对买卖双方均收取保证金的期货式结算,但是被更广泛使用的是股票式结算。在股票式结算中,对于期权买方来说,没有保证金结算要求,因此只在开仓、平仓、行权和放弃的交易当日进行结算;对于期权卖方来说,则要结算保证金和权利金。

一、开仓权利金与保证金结算

买卖双方开仓后,会进入不同的结算程序。对买方来说,需要结算权利金;对卖方来说,需要结算收到的权利金和需要支付的保证金。每日结算时,结算部门将对买卖双方收取交易手续费,并对应收、应付的款项同时划转,相应增加或减少会员的结算准备金。

1. 买方开仓的权利金结算

买方开仓的权利金计算公式如下:

期权买方(卖方)开仓支付(收取)权利金 = Σ买入开仓成交价 × 买入期权数量 −
Σ卖出开仓成交价 × 卖出期权数量

在开仓后,买方权利金冻结,按照成交价划给卖方。对买方而言,没有保证金风险和结算风险。

2. 卖方开仓的权利金和保证金结算

对于卖方来说,开仓将存在两方面的结算内容。其一,卖方收到权利金。权利金可以用作期权合约开仓时的交易保证金。其二,交易所按当日结算价计收期权卖方的交易保证金。交易保证金的计算存在差异。

对于上证 50ETF 期权来说,开仓时的保证金计算公式如下:

认购期权义务仓开仓保证金 = [合约前结算价 + max(12% × 合约标的前收盘价 −
认购期权虚值,7% × 合约标的前收盘价)] × 合约单位

认沽期权义务仓开仓保证金 = min[合约前结算价 + max(12% × 合约标的前收盘价 −
认沽期权虚值,7% × 行权价格),行权价格] × 合约单位

在大连商品交易所期权结算中,期权卖方开仓时,交易所按照上一交易日结算时该期权合约保证金收取期权卖方交易保证金。保证金的具体计算方法是:

保证金 = max{成交权利金 + 昨日期货保证金 − 虚值期权的一半,
权利金 + 昨日期货保证金的一半}

其中,看涨期权的虚值额 = max[(期权行权价格 − 昨日的标的期货结算价) × 合约乘数,0];
看跌期权虚值额 = max[(昨日的标的期货结算价 − 期权行权价格) × 合约乘数,0]。

【例 6-2】 期货期权成交时的保证金计算

情形Ⅰ:m2209 合约看涨期权,上一日的期货合约结算价为 3 500 元/吨,期货保证金率为 7%。期权行权价格为 3 400 元/吨,权利金为 100 元/吨。这个期权属于实值期权,虚值额为 0。这样,对于卖方来说,每手期权成交时的保证金 = 100 元/吨 × 10 吨 + 3 500 元/吨 × 10 吨 × 7% = 3 450 元。

情形Ⅱ:m2209 合约看涨期权的行权价格为 3 600 元/吨,权利金为 20 元/吨。则(1)期货保证金 − 1/2 虚值额 = 3 500 元/吨 × 10 吨 × 7% − 1/2(3 600 元/吨 − 3 500 元/吨) × 10 吨 = 1 950 元;(2)1/2 期货保证金 = 1/2 × 3 500 元/吨 × 10 吨 × 7% = 1 225 元。据此,可以计算得到:期权保证金 = 权利金 + (1)和(2)中的较大值 = 20 × 10 吨 + 1 950 元 = 2 150 元。

情形Ⅲ：如果期权行权价为 3 745 元/吨，权利金为 1 元/吨，则(1)期货保证金－1/2 虚值额＝3 500 元/吨×10 吨×7％－1/2(3 745 元/吨－3 500 元/吨)×10 吨 ＝1 225 元；(2)1/2 期货保证金＝1 225 元。据此可以计算得到：期权保证金＝权利金＋(1)(2)中较大值＝1 元/吨×10 吨＋1 225 元＝1 235 元。

二、卖方持仓结算

对于期货期权的卖方来说，当日开仓后持仓至闭市，结算部门要进行每日结算。

1. 期权结算价

当日结算需要引入期权结算价。期权结算价是确定每日期权价格变动区间、计算卖方交易保证金等的依据。

这里以郑州商品交易所期权设计原理为例，介绍结算价的计算方法。其一，某月份期权合约有成交的，按该月份有成交期权合约的成交量加权隐含波动率，计算该月份所有期权合约当日结算价；其二，某月份所有期权合约均无成交的（包括新月份期权合约），按该月份最近一个成交期权合约（除到期日合约外，交割月方向有成交的期权合约优先）的成交量加权隐含波动率，计算该月份所有期权合约的当日结算价；其三，某月份期权合约（包括有成交或无成交）到期日实值期权的结算价为期权合约的实值额，平值期权和虚值期权的结算价为零；以上项不能确定结算价的，该期权合约结算价为上一日隐含波动率计算的期权价格；期权价格明显不合理时，交易所有权调整期权合约结算价。

2. 卖方当日持仓的保证金结算

对于卖方来说，实行逐日盯市制度。在闭市时，需要根据新的市场数据，重新计算保证金，可以称其为维持保证金。

对于上证 50ETF 期权而言，保证金计算中需要用标的合约收盘价（而不再是合约标的前收盘价），具体的计算公式是：

认购期权义务仓维持保证金＝[合约结算价＋max(12％×合约标的收盘价－
　　　　　　　　　　　认购期权虚值，7％×合约标的收盘价)]×合约单位

认沽期权义务仓维持保证金＝min[合约结算价＋max(12％×合标的收盘价－
　　　　　　　　　　　认沽期权虚值，7％×行权价格)，行权价格]×合约单位

对于期货期权而言，当日建仓在闭市结算时，卖方需要缴纳的保证金的计算公式是：

维持保证金＝max{权利金结算价＋当日期货保证金－虚值期权的一半，
　　　　　　　　权利金结算价＋当日期货保证金的一半}

其中，看涨期权的虚值额＝max[(期权行权价格－当日标的期货结算价)×合约乘数，0]；看跌期权虚值额＝max[(当日标的期货结算价－期权行权价格)×合约乘数，0]。

如果维持保证金高于开仓保证金，则结算部门会从期权卖方准备金账户划出资金到买方账户（因为这时买方权利金价值出现了上升，也就是说在权利金方面出现盈利），如果卖方资金不足则需要追加保证金。如果维持保证金低于开仓保证金，则结算部门会向期权卖方准备金账户划回资金。

【例 6-3】 期货期权的每日保证金结算

假如依然沿用例 6-2 的情形Ⅰ，m2209 合约看涨期权，上一日的期货合约结算价为 3 500 元/吨，期货保证金率为 7%。期权行权价格为 3 400 元/吨，成交时的权利金为 100 元/吨。

如果当日闭市后，期货结算价为 3 550 元/吨，期权结算价为 170 元/吨。该期权是实值期权，对于卖方来说，结算时每手期权需要缴纳的保证金是：max{权利金结算价＋当日期货保证金－虚值期权的一半，权利金结算价＋当日期货保证金的一半}＝权利金结算价＋当日期货保证金＝10 吨×170 元/吨＋3 550 元/吨×10 吨×7%＝4 185 元

这时计算卖方需要补交多少保证金。在最初的情形 1 中，卖方建仓时的保证金是 3450 元/手；在闭市时卖方的保证金是 4 185 元/手，所以结算部门将从卖方的结算准备金中再划出的资金为 4 185－3 450＝735 元/手。

3. 卖方持历史仓的保证金结算

卖方持历史仓的保证金结算原理与当日持仓的保证金结算类似。结算部门根据每日期货结算价和期权结算价计算卖方结算保证金，将当日的期权结算保证金和上日的期权结算保证金进行对比，确定是否需要从卖方准备金账户划出资金或向卖方准备金账户划入资金。

三、平仓结算

平仓结算分为当日开仓当日平仓结算和历史持仓平仓结算。

1. 权利金平仓结算

期权买方(卖方)平仓时，按照成交价格收取(支付)权利金。对于期权的买方而言，一旦平仓，则按权利金平仓价全部划入其结算准备金账户。各方平仓的权利金计算公式如下：

期权买方(卖方) 平仓收取(支付) 权利金＝Σ 卖出平仓成交价×卖出平仓期权数量－Σ 买入平仓成交价×买入平仓期权数量

2. 平仓时的卖方保证金结算

期权卖方平仓时，将期权卖方所平持仓的交易保证金划回其结算准备金账户。对于当期开仓平仓的情况，如果期权价格下跌，结算所将在卖方平仓后将盈余划入结算准备金账户。对于历史持仓平仓而言，则平仓时划入资金等于已经收取的保证金减去权利金平仓价。

四、行权和放弃时的结算

1. 行权与指派结算

对于美式期权而言，每天都可能有行权事件发生。结算部门会按照一定的配对原则，如持仓时间最长原则或随机选择方式等，找出相应的期权卖方(卖方这时被称为被指派者，the assigned)。配对后，各自的期权持仓自动消失。

在国际上,对于期货期权来说,二者转换的期货头寸可视为建立期货头寸,按照期货的结算办法进行每日结算。从我国商品交易所的设计看,买方和卖方在结算时按照行权价格建立相应期货持仓,并按照当日期货结算价结算。由期权行权转化的期货持仓不参与当日期货结算价计算。结算部门收取的卖方交易保证金也于当日自动划入卖方结算保证金账户。至于买方,因为成交当日的权利金已经划出,也不进行每日结算,所以行权后也没有权利金的划转问题。

2. 实值期权到期自动结算

在期权结算设计中,期权到期闭市后,所有没有提出权利行权的实值期权可由结算部门自动结算。实值期权自动结算的基本条件是在扣除各项手续费之后应还有利润,如果没有利润则不自动结算。至于实值多少,要看交易所或结算公司的规定。如果是现金结算,则只要有一个最小变动价位就应自动结算。往往交易所和经纪公司会设定一些具体的规则,在到期时自动执行那些对客户有利的实值期权。

《中国金融期货交易所股指期权合约交易细则》规定:"股指期权合约到期日结算时,交易所对符合下列行权条件的买方持仓自动行权:(一)买方提交行权最低盈利金额的,行权条件为合约实值额大于买方提交的行权最低盈利金额和交易所规定的行权(履约)手续费两者中的较大值;(二)买方未提交行权最低盈利金额的,行权条件为合约实值额大于交易所规定的行权(履约)手续费。"

3. 权利放弃时的结算

最后交易日闭市后,虚值期权和平值期权以及不行权的实值期权将自动失效,其持仓在最后交易日后随着合约的到期也自然消失。权利放弃时,买方不用结算。卖方所支付的交易保证金全部划入其保证金账户。

【阅读材料6-1】 全球期权做市商制度的发展和设计

【思考与习题】

1. 仔细阅读国内已经上市期权合约的基本内容。
2. 期货和期权的联系和区别在哪里?
3. 你认为场外期权和场内期权有何区别?
4. 期权有哪些不足之处需要在交易时注意和规避?
5. 期权做市商的基本作用是什么?
6. 期权价格的形成机制有哪些?有何新的发展趋势?
7. 安装一个交易软件,仔细观察期权交易的行情表。
8. 期权多空双方的了结方式有哪些?

9. 期货期权多空双方行权/履约后会得到何种期货头寸?

10. 为什么要对期权的卖出者收取保证金而不对买方收取保证金?

11. 期权卖方开仓的权利金和保证金如何结算?

12. 在买入实值看涨期权后,标的资产价格持续上涨,那么行权和平仓哪个更有利?为什么?

13. 查阅中外资料,分析实值期权和虚值期权哪种期权的交易量更大,分别对应什么样的市场情况。

14. 投资者以 50 元/吨买入 100 手 5 月份到期,行权价格为 2 600 元/吨的小麦看涨期权。如果小麦期货价格上涨,那么权利金也上涨,比如上涨到 90 元/吨,那么客户甲发出如下指令:以 90 元/吨卖出(平仓)80 手 3 月份到期,行权价格为 2 600 元/吨的小麦看涨期权。假设每手为 10 吨。这样,投资者所获得的盈利为多少?

15. m2209 合约看涨期权,上一日的期货合约结算价为 3 700 元/吨,期货保证金率为 5%。期权行权价格为 3 550 元/吨,权利金为 200 元/吨。这个期权卖方所需要缴纳的保证金是多少? m2209 合约看涨期权的行权价格为 3 800 元/吨,权利金为 30 元/吨。对于卖方来说,所需要缴纳的保证金是多少?

【即测即练】 扫描书背面的二维码,获取答题权限。

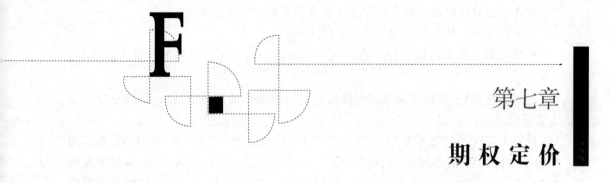

第七章

期权定价

第一节 期权价值的分解

期权权利金可以分解为内在价值和时间价值两个部分。内在价值和时间价值在期权的定价研究和交易实践中均具有极为重要的作用,需要细致地予以掌握。

一、内在价值

1. 美式期权价值

对于美式期权而言,期权的内在价值(intrinsic value),有时也被称作"货币性"(moneyness),是指立即行权所获取的收益。这是由期权的行权价格 X 与标的资产价格 S 的关系决定的。由于美式期权可以灵活地选择行权,所以美式看涨期权内在价值为 $\max(S-X,0)$,对美式看跌期权来说,内在价值为 $\max(X-S,0)$。

2. 欧式期权价值

对于欧式期权而言,行权价格是期权结束时的价格,所以欧式看涨期权的内在价值应为 $\max(S-Xe^{-rT},0)$,看跌期权的内在价值应为 $\max(Xe^{-rT}-S,0)$。

二、时间价值

1. 时间价值的含义

时间价值(time value)和时间有关,是期权价值的催生价值。可以将其理解为,期权买方希望通过随着时间的延长,资产价格变动有可能使期权增值而愿意为买进这一期权所付出的权利金。时间价值同时也反映出期权售出者所愿意接受的期权的卖价。

对于美式期权而言,期权剩余的有效日期越长,时间价值就越大。这时,因为期权的有效期越长,对于期权的买方来说,标的资产价格发生有利变动的机会越多,因此获利的可能性也就越大。而对于期权的卖方来说,时间越长则意味着风险越大,因此其卖出期权的价格也就越高。但是随着期权到期日的临近,如果其他条件不变,该期权的时间价值就会加速衰减。到了到期日,期权就不再具有时间价值。

2. 期权价值的分解

时间价值与内在价值、权利金的关系是:

$$时间价值 = 期权价格(价值) - 内在价值$$

表 7-1、表 7-2 分别描述了具有内在价值的看涨期权和不具有内在价值的看涨期权的价值分解。表 7-3、表 7-4 则分别描述了具有内在价值的看跌涨期权和不具有内在价值的看跌期权的价值分解。可以发现,如果期权没有到期,无论其有无内在价值,都一定会有时间价值。

表 7-1 具有内在价值的股指看涨期权价值分解

看涨期权的内在价值		看涨期权的时间价值	
股票指数	3 156	股票指数	3 156
看涨期权价格	187	看涨期权价格	187
行权价格	3 000	行权价格	3 000
距离期权到期的时间	1 个月	距离期权到期的时间	1 个月
内在价值	3 156－3 000＝156	时间价值	187－156＝31

表 7-2 不具有内在价值的股指看涨期权价值分解

看涨期权的内在价值		看涨期权的时间价值	
股票指数	2 900	股票指数	2 900
看涨期权价格	50	看涨期权价格	50
行权价格	3 000	行权价格	3 000
距离期权到期的时间	2 个月	距离期权到期的时间	2 个月
内在价值	0	时间价值	50－0＝50

表 7-3 具有内在价值的股指看跌期权分解

看跌期权的内在价值		看跌期权的时间价值	
股票指数	3 777	股票指数	3 777
看跌期权价格	350	看跌期权价格	350
行权价格	4 000	行权价格	4 000
距离期权到期的时间	4 个月	距离期权到期的时间	4 个月
内在价值	4 000－3 777＝223	时间价值	350－223＝127

表 7-4 不具有内在价值的看跌期权分解

看跌期权的内在价值		看跌期权的时间价值	
股票指数	4 200	股票指数	4 200
看跌期权价格	50	看跌期权价格	50
行权价格	4 000	行权价格	4 000
距离期权到期的时间	4个月	距离期权到期的时间	4个月
内在价值	0	时间价值	50－0＝50

3. 曲棍效应

图 7-1 绘出了看涨期权和看跌期权当前某一天和最后到期日的价值构成。可以发现，随着到期日的到来，期权的损益曲线将由虚线逐渐变为图中的实线部分。这就是所谓的**曲棍**（hockey stick）效应。

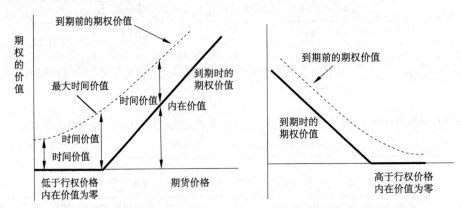

图 7-1 看涨期权多头头寸（左图）和看跌期权多头头寸（右图）的价值构成

三、期权价值与交易选择

实值期权、虚值期权和平值期权的选择对于各种期权交易策略具有至关重要的作用。不同的交易策略往往需要选择不同内在价值的期权。

1. 实值期权的交易选择

实值期权的权利金要比平值期权的权利金高一些。虽然实值期权权利金高，但实值越多，时间价值越少。实值期权较虚值期权拥有较大的行权机会。实值期权的杠杆作用没有虚值期权杠杆作用大。因为权利金支出很大，所以投资者不宜买进太多。但是，实值期权有更多的机会获利，并且很少到期没有价值。

卖出实值期权是一种比较激进的策略。但深度实值期权可能并没有交易。因为当标的资产价格大大高于看涨期权的行权价格或者大大低于看跌期权的行权价格时，权利金会很高，因此可能使投资者望而却步，不从事买入交易。

2. 虚值期权的交易选择

对于虚值看跌期权而言,标的资产价格要比实值看跌期权价格下跌更多才能达到损益平衡;对于虚值看涨期权而言,标的资产价格要比实值看涨期权价格上涨更多才能达到损益平衡。如果投资者认为标的资产价格会大幅波动,则可以买入虚值期权。

虚值越多,权利金越低,投资者的买进成本越低。虚值期权最大的可能是到期无价值,但是并非总是无价值。投资者买入虚值期权主要看中的是收益率。相比之下,对于卖方而言,尽管虚值期权的权利金很低,但是如果认为价格不可能突破损益平衡点的范围,则卖出虚值期权。

深度虚值期权一般没有交易。例如,对于一份虚值看涨期权而言,标的资产的市场价格不断下跌,已经远远低于行权价格。在下跌的过程中,交易者对其关注会越来越少。这时期权的价值会越来越低,期权只有等待最后过期。

3. 平值期权的交易选择

平值期权没有内在价值,只有时间价值。选择平值期权要依赖投资者对后市的判断和组合策略的需要。

第二节 期权价值的界限和平价关系[①]

一、股票期权价值的上限

这里先给出相关的符号和定义,以便分析。

X:行权价格。

T:期权到期时间。

S:标的资产价格。

S_T:在 T 时刻标的资产价格。

r:无风险利率。

C:1 单位标的资产的美式看涨期权的价值。

P:1 单位标的资产的美式看跌期权的价值。

c:1 单位标的资产的欧式看涨期权的价值。

p:1 单位标的资产的欧式看跌期权的价值。

1. 不付红利股票看涨期权价值上限

美式看涨期权或欧式看涨期权的持有者有权以确定的价格购买 1 股股票。在任何情况下,期权的价值都不会超过股票的价值,可用以下式子表示:

$$c \leqslant S \quad C \leqslant S$$

2. 看跌期权的价值上限

美式看跌期权或欧式看跌期权的持有者有权以 X 的价格出售一股股票。无论股票价

---

① 本节内容可以结合第九章第一节和第二节的期权边界套利、转换套利与反转换套利予以学习。

格多低,期权的价格都不会超过 X,即 $p \leqslant X, P \leqslant X$。对于欧式期权来说,在 T 时刻,看跌期权的价值都不会超过 X。因此,欧式期权的当前价值不会超过 X 的现值,即 $p \leqslant X e^{-rT}$。

二、欧式不付红利股票期权的价值下限

1. 欧式股票看涨期权价格的下限

可以通过构筑如下两个组合推导欧式股票看涨期权价格的下限。

组合 A:购买一股行权价格为 X 的欧式股票看涨期权,并将数额为 $X e^{-rT}$ 的现金进行无风险投资。

组合 B:购买一股股票。

先考虑第一项投资选择,即组合 A 的价值变化。在组合 A 中,数额为 $X e^{-rT}$ 的现金如果按无风险利率投资,到 T 时刻将变为 X。

如果在 T 时刻,$S_T > X$,则选择行权,即以行权价格 X 购买股票。购买资金源于组合初期金额为 $X e^{-rT}$ 的无风险投资。这部分投资在时间 T 的价值变为 X。由于行权,这时组合 A 的价值就等于购买的股票市值,即 S_T。

如果在 T 时刻,$S_T < X$,则不行权,组合 A 的价值也就等于无风险利率投资获得的资金 X。

可见,在 T 时刻,组合 A 的价值是:$\max(S_T, X)$。

现在考虑第二项选择,即组合 B。T 时刻组合 B 的价值就是股票的市值 S_T。因此,在 T 时刻组合 A 的价值通常不低于组合 B 的价值,并且有时 A 的价值会高于 B 的价值。因此,在不存在套利机会的情况下,组合 A 的价值 $c + X e^{-rT}$ 要大于 S,即 $c + X e^{-rT} \geqslant S$。将这个不等式变换一下形式,可得到看涨期权价值的下限:

$$c \geqslant S - X e^{-rT}$$

对于看涨期权来说,可能发生的最坏事情就是期权到期价值为零,这就意味着期权的价值必须为正值,即 $c > 0$,因此,$c \geqslant \max(S - X e^{-rT}, 0)$。

2. 欧式股票看跌期权价格的下限

看跌期权价值的下限为 $X e^{-rT} - S$。为了给出正式的证明,同样可以考虑两项投资选择。

组合 C:以价格 S 购买一股股票,以价格 p 购买行权价格为 X 的股票看跌期权。

组合 D:将金额为 $X e^{-rT}$ 的现金进行无风险投资。

先考虑组合 C 在 T 时刻的价值。

如果 $S_T < X$,投资者可以选择行权,将持有的股票以 X 的行权价格卖出,这时该组合的价值为 X。

如果 $S_T > X$,投资者不行权,继续持有股票,那么此时该组合的价值就等于所持有股票的市价 S_T。

比较这两种情况,就可以发现,组合 C 在 T 时刻的价值为 $\max(S_T, X)$。

现在考虑组合 D。数量为 Xe^{-rT} 的现金按无风险利润进行投资,在 T 时刻的价值为 X。

这时,可以比较组合 C 和组合 D。可以发现,在 T 时刻组合 C 的未来价值 $\max(S_T,X)$ 不会低于组合 D 的未来价值 X。这样在不存在套利机会时,组合 C 的现在价值一定高于组合 D 的现在价值,即 $p+S \geqslant Xe^{-rT}$。这样,就得出了看跌期权的下限:$p \geqslant Xe^{-rT}-S$。

对于看跌期权来说,可能发生的最坏事情就是期权到期价值为零,这就意味着期权的价值必须为正值,即 $p>0$,因此,$p \geqslant \max(Xe^{-rT}-S,0)$。

欧式无红利股票期权的价值上下限如表 7-5 所示。

表 7-5　不付红利股票期权的价值上下限

其权类型	价格上限	价格下限
看涨期权	S	$\max(S-Xe^{-rT},0)$
看跌期权	Xe^{-rT}	$\max(Xe^{-rT}-S,0)$

三、欧式股票看涨期权与看跌期权的平价关系

1. 欧式不付红利股票看涨期权与看跌期权的平价关系

如果对照组合 A 和组合 C,就会发现其在到期日的价值均为 $\max(S_T,X)$。也就是说,这两个组合在期权到期时等值。在没有无风险套利机会的条件下,这两个组合也一定有相等的现值,这样可以得出以下关系式:

$$c+Xe^{-rT}=p+S \tag{7.1}$$

这就是看涨期权和看跌期权的平价关系。它表明某一个行权价格和到期日的看涨期权的价格可以由相同行权价格和到期日的看跌期权推导出来。反之亦然。

应当注意的是,式(7.1)只对欧式股票期权成立。美式股票看涨期权和股票看跌期权的价格关系,体现在以下不等式中

$$S-X \leqslant c-p \leqslant S-Xe^{-rT}$$

这里不再详细分析。

2. 红利对股票期权平价关系的影响

前述的期权价格平价关系没有考虑红利问题。要考虑红利因素,可以重新对组合 A 和组合 B 进行定义。

组合 A:一个欧式看涨期权加上金额为 $D+Xe^{-rT}$ 的现金。

组合 B:一股股票。

与以往推导类似,可以证明 $c \geqslant S-D-Xe^{-rT}$。

同样,可以重新将组合 C 和组合 D 进行定义。

组合 C:一个欧式看跌期权加上一股股票。

组合 D:金额为 $D+Xe^{-rT}$ 的现金。

可以证明,$p \geqslant D+Xe^{-rT}-S$。

同样,可以再得出支付红利的欧式看涨期权和看跌期权的平价关系式:$c+D+Xe^{-rT}=p+S$。而对于美式期权则存在关系 $S-D-X \leqslant c-p \leqslant S-Xe^{-rT}$。

四、期货期权平价关系

1. 欧式看涨期货期权与看跌期货期权的平价关系

尽管股票期权代表着期权的很多性质,但是期货期权却是场内期权的核心。需要具体研究欧式看涨-看跌期权的平价关系。现在考虑具有相同行权价格 X 和期限 T 的两个欧式看涨和看跌期权。可以构造以下两个组合。

组合 A:一份行权价格为 X 的欧式期货看涨期权,加上数量为 Xe^{-rT} 的现金。r 为无风险利率。

组合 B:一份行权价格为 X 的欧式期货看跌期权加上一份期货合约多头头寸,再加上数量为 F_0e^{-rT} 的现金。其中 F_0 为当前的期货价格。

在组合 A 中,现金按照无风险利率投资,到 T 时刻增加为 X。假设期权到期时的期货价格是 F_T。这时,如果 $F_T > X$,则组合的价值为 F_T;如果 $F_T \leqslant X$,则组合中的期权不被行权,组合的价值为 X。因此,在时刻 T,组合 A 的价值为 $\max(F_T, X)$。

在组合 B 中,现金被以无风险利率进行投资,在时刻 T,该投资会增长到 F_0。看跌期权收益为 $\max(X-F_T, 0)$。期货合约的收益为 F_T-F_0。这样,在时刻 T 组合 B 的价值为

$$F_0+(F_T-F_0)+\max(X-F_T, 0)=\max(F_T, X)$$

因为在时刻 T,两个组合的价值相同,并且都没有提前行权的机会,所以今天两者的当前价值也相同。组合 A 的当前价值为 $c+Xe^{-rT}$。其中,c 是看涨期权的价格。按逐日盯市过程保证组合 B 中期货当前价格为 0,因此组合 B 的当前价值为 $p+F_0e^{-rT}$。其中,p 是看跌期权的价格。

因此,可以得出欧式期货期权的看涨—看跌平价关系式为

$$p+F_0e^{-rT}=c+Xe^{-rT}$$

2. 美式看涨期货期权与看跌期货期权的平价关系

在现实中,期货期权的主要形式是美式期货期权,而非欧式。而美式期货期权的看涨—看跌平价关系式为

$$F_0e^{-rT}-X < c-p < F_0-Xe^{-rT}$$

3. 期货期权价值的下限

从期货期权的看涨—看跌平价关系式可以得出看涨期权和看跌期权的下限。因为平价关系式中的看跌期权的价格 p 不能为负值,所以,$c+Xe^{-rT} \geqslant F_0e^{-rT}$,即

$$c \geqslant (F_0-X)e^{-rT}$$

同样,可以得出

$$p \geqslant (X-F_0)e^{-rT}$$

很明显,这些结论和欧式股票期权下限的结论十分类似。当期权处于深度实值状态时,欧式看涨期权及看跌期权会与他们的价格非常接近。其原因是,当一个看涨期权处于

深度实值时，相应的看跌期权为深度虚值，这就意味着 p 接近于 0，很明显 c 要接近于 $(F_0-X)\mathrm{e}^{-rT}$ 这个下限值。

由于美式期货期权可以在任何时刻行权，因此，可以得出以下关系式

$$C \geqslant F_0 - X$$
$$P \geqslant X - F_0$$

如果利率为正，美式期货期权的下限一定高于欧式期货期权的下限。这是因为美式期权总是有被提前行权的可能。

第三节 期权定价模型

一、期权价格的影响因素

期权的定价模型主要研究各种因素如何影响和决定期权的公平价值。而主要因素有：标的资产的现价、行权价格、到期期限、标的资产价格的波动率、无风险利率以及期权有效期内标的资产的预计收益。这些因素对期权的价值变动具有不同的影响。

1. 标的资产价格与行权价格

标的资产价格与行权价格决定了期权的内在价值。如果行权价格既定，则期权的公平价值首先受到标的资产价格的影响。对于看涨期权来说，资产价格越高，期权的实值程度越深，那么期权的价值也就越高。对于看跌期权而言，资产价格越低，期权实值程度越深，那么期权的价值也就越高（见表 7-6）。期权的行权价格对期权价值的影响与标的资产价格所产生的影响正好相反。其基本规律是，行权价格越高，看涨期权的价格相对越低；行权价格越低，看跌期权的价格也越低（见表 7-7）。

表 7-6 标的资产价格与期权价值的关系

期　权	标的资产价格	期权价值
看涨期权	上升	上升
	下降	下降
看跌期权	上升	下降
	下降	上升

表 7-7 行权价格与期权价值的关系

期　权	行权价格	期权价值
看涨期权	越高	越低
	越低	越高
看跌期权	越高	越高
	越低	越低

2. 到期期限

到期期限是指期权的剩余有效天数，即期权买卖日开始的即期至期权到期日的时间。当期权的有效期增加时，美式看跌期权和看涨期权的价值都会增加，即期权的时间价值会增加。为了理解这一点，可以比较分析其他条件相同，但只有到期日不同的两个期权。期权到期期限较长的明显包含了到期期限较短的那个期权的所有行权机会，或者说其获利的机会要更多一些。因此，到期期限长的期权的价值要大于或等于期限短的期权的价值。但是到期期限的长短对于欧式期权价值的影响并不明显。这是因为欧式期权的行权期是固定的，较长到期期限并不能保证能包含较短期限的所有行权机会。到期期限与期权价值的关系如表 7-8 所示。

表 7-8　到期期限与期权价值的关系

期　权	到 期 期 限	期 权 价 值
美式看涨期权	越长	越高
	越短	越低
美式看跌期权	越长	越高
	越短	越低
欧式期权	越长	难以确定影响
	越短	难以确定影响

最后还需要了解，尽管期权到期期限的长短与期权的时间价值成同向变动，但是两者之间的关系却不是线性的。在一般情况下，随着权利期限的缩短，期权的时间价值会迅速变化，尤其是在期权最后一个月有效期内，越是临近到期日，期权价值衰退更是如此（见图 7-2）。主要的原因是期权的价值与时间的关系是平方根关系。如果一个 30 天的平价期权的价值是 1 元，60 天的期权的价值大约就是 $1\times\sqrt{2}=1.414$ 元。这其中就蕴含着极为重要的含义。期权初学者学到这里，就应该意识到，考虑到期权时间价值的非线性衰减，就应当购买期限较长的期权。说到底，用大约 2.45 元 ($1\times\sqrt{6}$) 买 1 手 6 个月期的期权比用 1 元买 1 手 1 个月期的期权要便宜。反过来，卖出者则应该卖出近期月份的期权。当然这只是理论上的考虑，现实市场中还要权衡考虑其他交易费用，才能做出最后决断。

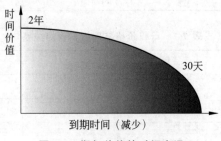

图 7-2　期权价值的时间衰退

3. 标的资产价格的波动率

波动率主要用来衡量标的资产未来价格的不确定性。这个因素在期权的价值分析中处于十分关键的地位，同时也是相对难以理解的。可以比较一下期货和期权。在期货市场，波动率既是机会也是风险，波动率对于期货投资者盈亏的影响是对称的。但对于期权来说，由于期权具有风险限制的特性，不论行情下跌（上涨）幅度有多大，看涨期权（看跌期权）的价值最多跌到零。因此，波动率对于期权价值的影响与对期货的影响存在根本差异。标的资产价格波动率越大，其突破行权价格进入实值状态的可能性就越大，因此期权的价值也就越高。相反，标的资产价格波动率越小，行权具有收益的可能性就越小，因此期权的价值也就越低。从数学角度看，波动率就是无方向性。从现实角度看，如果没有波动率，期权就是多余的。考虑到波动率是期权价值影响因素中的唯一未知变量以及其具有重要的信息含义，本章第四节将深入介绍波动率的计算及其应用问题。波动率与期权价值的关系如表 7-9 所示。

表 7-9 波动率与期权价值的关系

期　　权	波　动　率	期 权 价 值
看涨期权	上升	上升
	下降	下降
看跌期权	上升	上升
	下降	下跌

4. 无风险利率

无风险利率对期权价值和价格的影响是复杂的。从不同的角度分析，往往会得出不同的结论。

首先，利率对期权价值的影响主要体现在对标的物价格以及贴现率的影响上。从比较静态的角度考察，即比较不同利率水平下的两种均衡状态。如果无风险利率较高，则标的物的预期收益率也应较高。这意味着对应于标的物的现在特定的市场价格 S，未来预期价格 E(ST) 较高。同时，贴现率较高，未来同样预期盈利的现值就较低。这两种效应都减少看跌期权的价值。但对于看涨期权而言，前者使期权价值上升，而后者使期权价值下降。由于前者的效应大于后者，因此对应于较高的无风险利率，看涨期权的价格也较高。从动态的角度，即考察一个均衡被打破到另一个均衡的过程。在标的物价格与利率呈负相关时，当无风险利率提高时，原有均衡被打破，为了使标的物预期收益率提高，均衡过程通常是通过同时降低标的物的期初价格和预期未来价格来实现的，只是前者的降幅更大，同时贴现率也上升。对于看涨期权而言，两种效应使得期权价值下降，而对于看跌期权而言，前者效应为正，后者为负，由于前者效应通常大于后者，因此其净效应应视为看跌期权价值上升。

其次，如果就利率对期权价值的影响而言，利率变动对看涨期权价值有正向的影响，而对看跌期权的价值有反向的影响。这种影响在股票期权中表现得更为明显。因为对于买进股票的投资者而言,买进股票和买进股票看涨期权具有替代性,那么买进看涨期权可以节约使用资金,这些节约的资金具有投资收益。因此,无风险利率上升,看涨期权的价值也会上升。同样,买进看跌期权和直接卖出股票具有替代性,因此在利率上升的时候,投资者显然会倾向于直接卖出股票,将获得的收益用于再投资以获得较高的无风险利息收益,而买入看跌期权需要支付权利金,因此,利率变动与看跌期权价值呈反向变动关系。

除了以上两个角度的分析,有人也从权利金的机会成本角度来分析利率对期权价值的影响。由于权利金在期权交易初期以现金的方式支付,因此具有机会成本,而这一机会成本显然受到利率的影响。当无风险利率较高时,买入期权的机会成本较高,投资者会把资金从期权市场转移到其他市场,从而导致期权价格下降。反之,当无风险利率较低时,投资者把资金投资于期权的机会成本较低,因此期权的价格会因为需求的增加而上升。

5. 期权有效期内标的资产的收益

标的资产都有相应的收益,例如股票有红利,债券有利息等。这些收益归标的资产的所有者所有。在期权的交易中,期权投资者如果买进某种标的资产的看涨期权,则在期权行权之前,尚未持有该期权的标的资产,也就不能获得该标的资产的收益;相反,如果期权投资者买进某标的资产的看跌期权,则在期权被行权前,通常持有该期权的标的资产,因而拥有标的资产的收益。对于期权的出售者而言,如果出售的是看涨期权,且是有担保的看涨期权,则在该期权被行权前,其因持有标的资产而获得来自该标的资产的收益;相反,如果卖出者卖出的是看跌期权和无担保的看涨期权,则在期权被行权前,就会因为并不持有标的资产而得不到来自标的资产的收益。

标的资产的收益将影响未来的标的资产价格变化,而在行权价格确定时,标的资产的价格又必然影响期权的内在价值,进而影响期权的价值。由于标的资产分红付息等将使标的资产的价格下降,而行权价格并不进行相应调整,因此,在期权有效期内,标的资产产生的收益将使看涨期权价值下降,使看跌期权价值上升。

二、Black-Scholes 模型

1973 年,美国芝加哥大学教授费希尔·布莱克与迈伦·斯科尔斯发表了《期权定价和公司债务》,提出了 Black-Scholes 期权定价模型(以下简称 B-S 模型)。该模型推导了基于不付红利股票的任何期权价格必须满足的微分方程,并得出了看涨期权和看跌期权的价格计算方法。尽管对于绝大多数期权投资者和初学者而言,没有必要深入了解 B-S 模型推导过程,但是应当熟悉该模型的各种表现形式,并能借助相关软件确定期权的公平价值。

1. B-S 模型的基本形式

B-S 期权定价方法的基本思想是:期权价格及其所依赖的标的资产价格都受同一种不确定因素的影响,二者遵循相同的维纳过程。如果通过建立一个包含恰当的衍生资产头寸和标的资产头寸的资产组合,可以消除维纳过程,标的资产头寸与衍生资产头寸的盈亏可以相互抵消。这样构造出的资产组合为无风险的资产组合,在不存在无风险套利机会的情况下,该资产组合的收益应等于无风险利率。

在推导 B-S 期权定价模型时,布莱克和斯科尔斯用到了如下假设:①股票价格遵循对数正态模型,股票的预期收益率(μ)和价格波动率(σ)为常数;②没有交易费用或税收,所有的证券都是高度可分的;③在期权有效期内没有红利支付;④不存在无风险套利机会;⑤证券交易是连续的;⑥投资者能够以同样的无风险利率借款或贷款;⑦无风险利率 r 为常数且对所有到期日都相同;⑧对卖空没有限制,卖空的资金由交易者自行支配。

在上述假设中,S_T 为股票在 T 时刻的价格,X 为行权价格,则欧式看涨期权到期日的期望价值为:$E[\max((S_T-X),0)]$。

在风险中性的世界中,欧式看涨期权的现价 c 就是这个期望值以无风险利率贴现的结果,即

$$c = e^{-rT} E[\max((S_T - X), 0)]$$

在风险中性的世界里,S_T 具有对数正态分布,即 $\ln S_T$ 服从如下分布:

$$\ln S_T \sim N\left[\ln S + \left(r - \frac{\sigma^2}{2}\right)T, \sigma^2 T\right]$$

利用积分的方法对 $c = e^{-rT} E\max[(S_T - X), 0]$ 右边求值后,将 $\ln S_T \sim N\left[\ln S + \left(r - \frac{\sigma^2}{2}\right)T, \sigma\sqrt{T}\right]$ 代入,可得:

$$c = SN(d_1) - Xe^{-rT}N(d_2) \tag{7.2}$$

其中,

$$d_1 = \frac{\ln(S/X) + (r + \sigma^2/2)T}{\sigma\sqrt{T}} \tag{7.3}$$

$$d_2 = \frac{\ln(S/X) + (r - \sigma^2/2)T}{\sigma\sqrt{T}} \tag{7.4}$$

这样,在求得 d_1 和 d_2 的基础上,就可以根据标准正态分布表求得 $N(d_1)$ 和 $N(d_2)$,进而求得 c 值。

由于欧式看涨期权和看跌期权的平价关系是 $c + Xe^{-rT} = p + S$,所以同样可以求出欧式看跌期权的价格 p,即

$$p = -SN(-d_1) + Xe^{-rT}N(-d_2) \tag{7.5}$$

B-S 模型的优越性在于:

第一,在 B-S 模型中所含的变量均是可以观察或估计的,其中股票价格 S、行权价格 X、到期时间 T、无风险利率 r 都是已知变量,价格波动率 σ 可以通过有关技术进行估计。

第二,B-S 所体现的开创性思想是期权价格与标的资产的期望收益无关,即风险中性定价。因为投资者对股票的期望收益已经被融入到了股票价格中。这样,期权的价格就不依赖投资者的风险偏好,这就大大简化了对期权的定价。

2. 基于红利支付的股票期权定价模型

由于严格的假设削弱了 B-S 模型在现实中的实用性,一些经济学家开始对其进行改进。也就是在 B-S 模型提出的同年,罗伯特·莫顿放松了部分假设,推出了有红利支付的股票期权定价模型。

莫顿的研究思路是,比较支付连续红利的股票与不支付红利的相似的股票可以知道,

支付红利时股票价格降低了。假设红利率为年率 q。这样，q 使得股票价格的增长率比不支付红利率时减少了 q。如果连续支付红利的股票价格从现在的 S 增加到 T 时刻的 S_T，则没有红利支付时股票的价格从现在的 S 增加到 T 时刻的 $S_T \cdot e^{qT}$。这也可以看作有红利支付时的股票价格从 t 时刻的 Se^{-qT} 增加到 T 时刻的 S_T。

这样，可以利用 Se^{-qT} 代替 B-S 模型中的 S，进而得到

$$c = Se^{-qT}N(d_1) - Xe^{-rT}N(d_2) \tag{7.6}$$

$$p = -Se^{-qT}N(-d_1) + Xe^{-rT}N(-d_2) \tag{7.7}$$

其中

$$d_1 = \frac{\ln(S/X) + (r - q + \sigma^2/2)T}{\sigma\sqrt{T}} \tag{7.8}$$

$$d_2 = \frac{\ln(S/X) + (r - q - \sigma^2/2)T}{\sigma\sqrt{T}} \tag{7.9}$$

莫顿对 B-S 的改进还不止于此。1976 年，莫顿通过研究利率的方差以及利率与标的资产价格的协方差在期权价格上的效应，放松了固定利率的假设，导出了随机利率条件下的期权定价公式。此外，莫顿也放松了标的资产价格连续变化的假设，通过跳跃方式假定对数正态分布，推导出欧式看涨期权的定价模型。其他一些学者则对莫顿的模型进行了更精确的研究。也有的学者放松了无税收和无交易成本的假设。这些新的改进大大增强了期权定价模型的实用性。

3. 期货期权的定价模型

1976 年，费希尔·布莱克研究了期货期权的定价模型。经过证明，期货价格的行为类似于红利率等于 r 的股票价格的行为，因此，期货期权的定价方法和连续支付红利率为 r 的股票定价方法相似。假定 F 为期货的价格，则下面直接给出期货期权的定价公式：

$$c = e^{-rT}[FN(d_1) - XN(d_2)] \tag{7.10}$$

$$p = e^{-rT}[XN(-d_2) - FN(-d_1)] \tag{7.11}$$

其中，

$$d_1 = \frac{\ln(F/X) + \sigma^2 T/2}{\sigma\sqrt{T}} \tag{7.12}$$

$$d_2 = \frac{\ln(F/X) - \sigma^2 T/2}{\sigma\sqrt{T}} = d_1 - \sigma\sqrt{T} \tag{7.13}$$

4. 货币期权的定价模型

1983 年，马克·加曼和史蒂文·科尔黑格对标的资产是货币的欧式期权提出了一个具体的模型。其定价思想也是首先假设汇率与股票价格一样，遵循相同的随机过程。现在定义 S 为即期汇率，σ 为汇率变动的波动率，r_f 为标的货币的无风险利率。可以认为，r_f 就是标的货币持有者收入的"红利收益率"，这样就可以得出货币期权的定价公式：

$$c = Se^{-r_f T}N(d_1) - Xe^{-rT}N(d_2) \tag{7.14}$$

$$p = -Se^{-r_f T}N(-d_1) + Xe^{-rT}N(-d_2) \tag{7.15}$$

其中

$$d_1 = \frac{\ln(S/X) + (r - r_f + \sigma^2/2)T}{\sigma\sqrt{T}} \qquad (7.16)$$

$$d_2 = \frac{\ln(S/X) + (r - r_f - \sigma^2/2)T}{\sigma\sqrt{T}} \qquad (7.17)$$

5. 美式期权

美式期权的定价模型是由理查德·罗尔(1977)、罗伯特·格斯克(1979)以及罗伯特·惠利(1981)提出。其模型十分复杂,应用不方便,所以很多使用者利用二叉树期权定价方法对美式期权进行定价。

三、二叉树定价

二叉树期权定价方法是晚于 B-S 模型的期权定价方法。该定价方法较为简单,也易于理解和操作,由考克斯、罗斯和鲁宾斯坦于 1979 年在《期权定价:一种被简化的方法》一文中提出。其提出的最初动机是为推导 B-S 模型提供一种比较简单和直观的方法,但是随着研究的深入,二叉树模型得到新的应用,开始成为解决复杂期权(如美式期权和非标准的变异期权)定价的基本手段。可以说,如果掌握了二叉树定价模型,就等于拿到了打开各种复杂期权及其他衍生工具定价迷宫的钥匙。

1. 股票期权的单步二叉树模型

首先,假设股票的现行价格是 S,该股票期权的当前价格是 f,期权的有效期是 T,在期权有效期内,股票价格的变化可能是向上变动 u 倍,达到 $S_u(u>1)$,或者向下变动 d 倍,达到 $S_d(d<1)$。假设股票价格变动到 S_u 时,期权的收益为 f_u,股票价格变动到 S_d 时,期权的收益为 f_d。具体情况如图 7-3 所示。

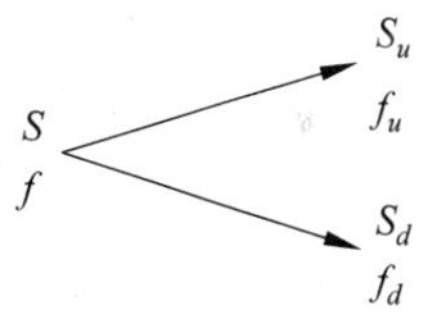

图 7-3 单步二叉树模型中的股票价格和期权价格

现在假设不存在套利机会,构造一个股票和期权的证券组合,使得该组合在 T 期末的价值是确定的。这样,这个组合就是无风险的,收益率一定等于无风险收益率。这样就可以得出构造该组合所需要的成本,进而得出该期权的价格。由于只有两种证券(股票和期权),且只有上涨和下跌两个结果,因此总有可能构造出无风险的证券组合。

无风险的组合包括:

(1) 多头头寸:Δ 股股票。

(2) 空头头寸:一股股票的看涨期权。

如果股票价格上升,则在期末该组合的价值为:$\Delta S_u - f_u$

如果股票价格下跌,则在期末该组合的价值为:$\Delta S_d - f_d$

令这两个价值相等,这就意味着,$\Delta S_u - f_u = \Delta S_d - f_d$,即:

$$\Delta = \frac{f_u - f_d}{S_u - S_d}$$

在这种情况下,当持有 Δ 股股票时,该组合就是无风险的。这时,无论股票价格向哪个方向变化,该组合的最终价值都是一样的。

假设 r 表示无风险利率，则该组合的现值是：$(\Delta Su - f_u)\mathrm{e}^{-rT}$，而构造该组合的成本是：$S\Delta - f$。因此可得：

$$(\Delta Su - f_u)\mathrm{e}^{-rT} = S\Delta - f$$

将 Δ 代入上式，并进行简化，得到：

$$f = \mathrm{e}^{-rT}[pf_u + (1-p)f_d] \tag{7.18}$$

其中，

$$p = \frac{\mathrm{e}^{rT} - d}{u - d} \tag{7.19}$$

这里需要注意如何确定 u 和 d 的值。在实践中，u 和 d 是由标的资产的波动率 σ 来决定的。u、d 和 p 的一种计算方法可以是：

$$u = \mathrm{e}^{\sigma\sqrt{\Delta T}}$$

$$d = \frac{1}{u} = \mathrm{e}^{-\sigma\sqrt{\Delta T}}$$

$$p = \frac{a - d}{u - d}$$

其中，ΔT 为时间步长，a 为每步增长因子，即 $a = \mathrm{e}^{r\Delta T}$。

2. 单期二叉树模型中的风险中性定价思想

在前述的期权价格推导过程中，虽然不需要对股票价格上涨和下跌的概率做出任何假设，但是仍然会很自然地将其中的变量 p 理解为股票价格上涨概率，$1-p$ 理解为下跌的概率，因此 $pf_u + (1-p)f_d$ 就是期权的预期收益。按照对于 p 的这种解释，式 7.18 可以表述为：期权当前的价值等于预期收益的贴现值。

现在应当研究一下当上涨概率为 p 时，股票的预期收益为多少。在 T 时刻，股票价格的预期值为

$$E(S_T) = pS_0 u + (1-p)S_0 d \tag{7.20}$$

将式(7.17)带入上式，就可以得出

$$E(S_T) = S_0 \mathrm{e}^{rT}$$

该式说明，股票价格平均按照无风险利率增长。因此，股票价格上涨的概率 p 等价于股票的收益率，即为无风险利率。

在一个风险中性世界中，每个投资者对风险都持中性的态度。在这样的世界里，投资者对风险不要求任何补偿，所有的证券收益均等于无风险利率。$E(S_T) = S_0 \mathrm{e}^{rT}$ 说明，当假设股票价格上涨的概率为 p 时，就假设了风险中性。式 7.18 就说明了期权价值等于风险中性世界的预期收益按无风险利率进行贴现所得数值。

以上结果是期权定价领域中非常重要的风险中性定价原理的应用。风险中性定价原理说明，在期权定价时可以放心地假设世界为风险中性，由此得出的期权公式不仅在风险中性中正确，在其他方面也是正确的。

3. 股票期权的多步二叉树模型

在二叉树模型中，单步二叉树模型十分简洁，却包含了最基本的原理和方法。但是，

单步二叉树仅把一个时期的股票价格波动的最终结果分为两个方向。而事实上，股票价格是一个连续的随机变量，可能会有很多变化方向。因此，单步二叉树模型所得到的期权价格是非常粗略的近似值。这样，为精确计量结果就需要把股票价格变动的这种"期间"由一个增加到多个，从而使单步二叉树模型变成多步二叉树模型。期间增加并不是延长期权的剩余时间，而是把既定的有效期分割成越来越多的小期间。分割的期间越多，则计算结果的准确性越高。

这里先分析两步二叉树模型，对单步二叉树模型进行拓展。假设股票的现行价格是 S，基于股票的两步期权的价格为 f，在每个单步的二叉树中，股票价格或者上升到初值的 u 倍，或者下跌到初值的 d 倍，无风险利率为 r，每个单步二叉树的时间长度为 ΔT 年。具体情况如图 7-4 所示。

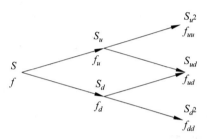

图 7-4　两步二叉树模型中的股票价格和期权价格

重复运用前述原理，可得

$$f_u = e^{-r\Delta T}[pf_{uu} + (1-p)f_{ud}]$$
$$f_d = e^{-r\Delta T}[pf_{ud} + (1-p)f_{dd}]$$
$$f = e^{-r\Delta T}[pf_u + (1-p)f_d]$$

与单步二叉树模型一样，p 值代表股票价格上升的概率，$1-p$ 则代表股票价格下跌的概率。

在两步二叉树模型的基础上，可以发展更多步数的二叉树模型。多步二叉树模型是将期权有效期划分为 n 个连续的小期间后的定价模型。因此，在期权的到期日，股票价格的可能取值不再是两个，而是 $n+1$ 个。特别是当 $n \to \infty$ 时，股票价格取值也趋向于一个连续的随机变量。此时，推导出 n 期二叉树期权定价模型后，再令 $n \to \infty$，就是具有实用价值的连续性期权定价模型。在现实中，通常将有效期分成 30 个时间步，这就意味着有 31 个末端股票价格，并且有 2^{30}，即大约 10 亿个可能的股票价格路径。

3. 其他期权的二叉树模型处理

支付红利股票期权、货币期权和期货期权的二叉树模型基本原理与股票期权的二叉树模型基本原理一样，所不同的是 p 的计算有所改变。

对于支付红利的股票期权来说，假设红利收益率是 q。在风险中性世界，红利加上资产收益等于 r，红利收益为 q，因此资本的收益率为 $r-q$。如果股票的当前价格为 S，在第 1 步后股票的预期值为 $S_0 e^{(r-q)\Delta T}$，因此

$$pS_0 + (1-p)S_0 d = S_0 e^{(r-q)\Delta T}$$

即

$$p = \frac{e^{(r-q)\Delta T} - d}{u - d}$$

对于货币期权来说,可以将外汇看作收益率等于外币利率的资产。假定外币的无风险利率为 r_f,那么,这时

$$p = \frac{e^{(r-r_f)\Delta T} - d}{u - d}$$

对于期货期权来说,期货合约的多头和空头不需要投资者支付任何费用。这说明在风险中性的世界里,期货的预期增长率为 0。和前面一样,定义 u 为价格上涨的倍数,d 为价格下跌的倍数。期货的初始值为 F_0。在第 1 步 ΔT 时间后,期货预测值仍为 F_0。这意味着

$$pF_0 u + (1-p)F_0 d = F_0$$

即

$$p = \frac{1-d}{u-d}$$

第四节 期权波动率

在期权定价模型中有一个重要的术语——波动率。波动率经常被一些初入门的交易者忽视,但却是许多期权理论家和有经验的期权投资者最耗心血、最为关注的重要问题。所谓波动率实际上就是对标的资产投资收益率的变化程度的测量结果。从统计角度看,其是标的资产投资收益率的标准差。波动率虽然在定义和理解方面较为简单,但却是期权定价模型中唯一不能在市场上直接观测而需要估计的重要参数,同时也是期权交易实践中需要考虑的最重要变量之一。在期权领域,最重要的波动率包括历史波动率、预测波动率和隐含波动率。预测波动率可以用于期权的定价,历史波动率既可以用于期权定价,也可以配合隐含波动率,用于期权或标的资产的投资分析。

一、历史波动率与预测波动率

历史波动率与预测波动率既可用于期权定价,同时也可用于各种策略交易。

1. 历史波动率

历史波动率是指过去一段时间内收益率所表现出的波动率,由标的资产过去一段时间的价格变化所反映。基本的方法原理是根据标的资产价格的时间序列数据,计算出相应的收益率数据,然后运用统计方法估算收益率的标准差,从而得到历史波动率的估计值。波动率历史估计的基本前提是收益率的变化趋势具有某种惯性,即收益率可以从过去一直延续到未来某一阶段。这样,就可以根据时间序列统计资料得到历史波动率的估计值,并将其作为实际波动率的一个较好近似值。

这里重点介绍一种经常被人们使用的估计方法及其步骤。

第一,选择收益率的计算方法。

一般来说,衡量资产回报率的方法主要是百分比收益率和对数收益率。前者假设价格是离散变化,后者假设价格连续变化。在 B-S 期权定价模型中,假设价格的运动是连续的,因此应考虑对数收益率。

现在定义 i 为时间观察次数,τ 为以年为单位表示的时间间隔的长度,标的资产价格为 S_i,收益率为 u_i,则第 i 天时,标的资产收益率计算式应为 $u_i = \ln(S_i/S_{i-1})$。

第二,计算 u_i 的标准差估计值。

$$s = \sqrt{\frac{1}{n-1}\sum_{i=1}^{n}(u_i - \bar{u})^2}$$

其中,$\bar{u}$ 为 u 的均值。

在期权定价理论中,存在 $\ln(S_t/S) \sim \varphi[(\mu-\sigma^2/2)T, \sigma^2 T]$,可知 u_i 的标准差为 $\sigma\sqrt{\tau}$。因此,变量 s 是 $\sigma\sqrt{\tau}$ 的估计值。σ 本身可被估计为 $\hat{\sigma}$,其中 $\hat{\sigma} = s/\sqrt{\tau}$。此估计的标准差近似为 $\hat{\sigma}/\sqrt{2n}$。

现在有 3 个重要的问题产生。一是如何选择一个合适的 n 值。在统计上 n 越大,获得的精度越高。但是,在期权交易中,太过长远的历史数据对于预测未来并不能发挥良好的作用。经验表明,选用 90~180 天的每日价格就可以了。二是选择的标的资产价格究竟应为什么价格。对于一些标的资产如股票、期货等,收盘价是重要的价格指标,可以用其作为计算依据。但是,对于外汇交易来说并没有所谓的收盘价,这就成为一个难题。三是估计或使用波动率参数时,应该以日历天数计算还是以交易天数计算 τ。有的学者认为,波动率在某种程度上是由交易产生的,非交易日能产生的影响并不是很大。因此,在估计或使用波动率参数时,应以实际的交易日为计算天数,例如 252 天。

【例 7-1】 波动率计算方法

表 7-10 给出了 21 个连续交易日的某一标的资产价格序列。可以算出 $\sum u_i = 0.095\ 31$,$\sum u_i^2 = 0.003\ 26$,则日收益率标准差的估计为:

$$s = \sqrt{\frac{0.003\ 26}{19} - \frac{0.095\ 31^2}{380}} = 0.012\ 16$$

假设每年有 252 个交易日,则,$\tau = 1/252$。

根据公式可以测算出波动率 $\hat{\sigma} = 0.012\ 16 \cdot \sqrt{252} = 0.193$,即 19.3%。

表 7-10 波动率计算

序号	标的资产收盘价	价格比率(S_i/S_{i-1})	日收益 $u_i = \ln(S_i/S_{i-1})$
0	20.00		
1	20.10	1.005 00	0.004 99
2	19.90	0.990 05	−0.010 00
3	20.00	1.005 03	0.005 01
4	20.50	1.025 00	0.024 69

续表

序号	标的资产收盘价	价格比率(S_i/S_{i-1})	日收益 $u_i = \ln(S_i/S_{i-1})$
5	20.25	0.987 80	−0.012 27
6	20.90	1.032 10	0.031 59
7	20.90	1.000 00	0.000 00
8	20.90	1.000 00	0.000 00
9	20.75	0.992 82	−0.007 20
10	20.75	1.000 00	0.000 00
11	21.00	1.012 05	0.119 80
12	21.10	1.004 76	0.004 75
13	20.90	0.990 52	−0.009 52
14	20.90	1.000 00	0.000 00
15	21.25	1.016 75	0.016 61
16	21.40	1.007 06	0.007 03
17	21.40	1.000 00	0.000 00
18	21.25	0.992 99	−0.007 03
19	21.75	1.023 53	0.232 60
20	22.00	1.011 49	0.114 30

以上只是测算历史波动率的基本方法,在现实中还有其他一些方法。无论哪种方法都有优缺点,关键要看测算结果能否和实际波动率一致或相近。

2. 预测波动率

期权定价模型需要的是在期权有效期内标的资产价格的实际波动率。相对于当前而言,期权有效期内的实际波动率是未知变量。在一般情况下,可以利用预测波动率来替代实际波动率。尽管历史波动率也可以简单地用来估计预测波动率,然而历史毕竟不会简单地再现。因此,更好的方法是将利用历史数据估计和波动率变化规律结合起来,综合运用各种定量与定性分析工具,对波动率进行预测。

任何一个细心的观察者都会发现,资产价格总会在某些时段大起大落,波动远大于平均水平。这些大的波动可能会影响资产总的波动率水平。为了更好地分析整体的波动率,就需要对这些特殊时段的剧烈波动进行专门分析。为了方便分析,可以把那些波动率显著高于平均水平的交易日称为经济日。相对于正常的交易日,经济日的天数可能很少,但是确实需要对其进行整理。

一般的方法是,首先假设经济日在长期以一定的概率出现,然后分步进行计算。第一,利用样本期内标的资产价格数据,计算资产收益率的绝对值$|u_t|$。第二,确定一个收益率门限值u^*。若$|u_t|$大于门限值u^*,则其对应的交易日为经济日。门限值的选定具

有关键意义。一般来说,门限值的确定使经济日天数占样本交易日天数的 20%—25%。

在此基础上,就可以分步估计预测波动率。

第一,分别计算正常交易日的波动率 σ_1 和经济日波动率 σ_2。

第二,计算经济日出现的概率 p,得出波动率的综合估计方程:

$$\sigma^* = p\sigma_2 + (1-p)\sigma_1$$

第三,随着时间的推移,根据新得到的实际价格数据,调整组合波动率计算公式中的权系数,从而得到预测波动率估计的修正值。

下面举例说明经济日的确定过程和如何利用经济日进行预测波动率估计。

假定有某只股票 2008 年 5 月 25 日至 2009 年 5 月 4 日期间每一交易日的收盘价格数据。这时,可以计算出相应的日收益率数据。这段时间内共有 240 个交易日。假设出现经济日的概率为 25%,即有 60 天为经济日。因此,将所得到的日收益率数据按绝对值排列,假设第 180 个数据的绝对值是 9.618%,这就是门限值。这样,由大于 9.618% 的数据测算的波动率为经济日波动率,估计值为 $\sigma_2 = 16.326\%$,根据其余数据可以计算出正常波动率 $\sigma_1 = 4.077\%$。

假定以该股票为标的资产的看涨期权到期日为 2009 年 6 月 2 日,为了计算期权价格,就需要给出实际波动率的预测估计。这时要估计的波动率是 5 月 4 日至 6 月 20 日期间,即期权有效期的实际波动率。这段时间共有 40 个交易日。这样,预计经济日会有 40×25%=10 天,正常交易日为 40-10=30 天。根据这些数据,可以计算出预测波动率应为

$$\sigma^* = p\sigma_2 + (1-p)\sigma_1 = 16.326\% \times 10/40 + 4.077\% \times 30/40 = 7.139\%$$

假定 5 月 5 日和 6 日均为正常交易日,则剩下的 38 天中仍有 10 个交易日为经济日,则

$$\sigma^* = p\sigma_2 + (1-p)\sigma_1 = 16.326\% \times 10/38 + 4.077\% \times 28/38 = 7.300\%$$

最后需要指出的是,以上是估计预测波动率的基本原理。在现实中,无论是产品市场或是金融市场,都存在程度不同的季节性因素和周期性因素。因此,在进行预测波动率估计时,必须识别出季节性因素或周期性因素,并在估计公式中得以反映。

随着技术的发展,预测未来波动率的方法已经日益繁多,主要包括:历史波动率法、时间序列模型(例如 GARCH 模型)、随机波动率模型、人工智能模型等。由于波动率与其影响变量往往具有非线性的关系,同时波动率随时间可能发生结构性变化,因此,使用人工智能方法预测波动率逐渐成为业界和学界的主流模式,例如前馈神经网络丝、Elman 神经网络、Jordan 神经网络、长短期记忆神经网络等,人工智能算法与其他各种模型的组合使用也成为当前研究的前沿方向。前沿方法的探索与完善提高了对未来股票波动率的预测准确率,为期权定价与套利提供了越来越坚实的基础。

二、隐含波动率

隐含波动率是在市场中观察到的期权价格所隐含的波动率。隐含波动率可以用期权定价模型进行估计,即将波动率作为未知变量,在其他参数给定的条件下,以期权的实际交易价格为输入变量,通过期权定价模型进行反向计算。隐含波动率也就是隐含在期权

市场价格中的波动率。由于隐含波动率是由期权市场价格决定的波动率,是市场价格的真实映射,而有效市场价格是供求关系平衡下的产物,是买卖双方博弈后的结果,因此隐含波动率反映的是市场对标的产品波动率的看法,从而在期权交易和资产投资中有着极为有益的应用。

1. 隐含波动率的估计

期权定价波动所反映的波动率与期权价值之间的函数关系是非线性的,所以并不容易得到隐含波动率的解析解。一种简洁而且使用范围较广的隐含波动率估计方法是两分法。

用两分法估计隐含波动率的步骤如下:

第一步,分别选择一个最大波动率 σ_{max} 和最小波动率 σ_{min}。一般来说,对这两个值的要求并不严格,只要其所对应的期权理论价格 P_{max} 和 P_{min} 分别大于和小于期权的实际价格 P 就可以。

第二步,分别计算 σ_{max} 和 σ_{min} 对应的 P_{max} 和 P_{min}。

第三步,计算下式

$$\sigma^* = \sigma_{min} + (P - P_{min})(\sigma_{max} - \sigma_{min})/(P_{max} - P_{min})$$

第四步,计算 σ^* 所对应的理论价格 P^*。

第五步,估计隐含波动率。如果 $|P-P^*|<E$,则 σ^* 就是隐含波动率的最终估计。当 $|P-P^*|<E$ 时,需要分两种情况继续分析。一种情况是 $P<P^*$,这时令 $\sigma_{max}=\sigma^*$,σ_{min} 不变,重新转入第二步进行迭代计算。直到符合条件 $|P-P^*|<E$ 时,σ^* 才是隐含波动率的最终估计。另一种情况是 $P>P^*$,这时令 $\sigma_{min}=\sigma^*$,σ_{max} 不变,重新转入第二步进行迭代计算,直到符合条件 $|P-P^*|<E$ 时,σ^* 才是隐含波动率的最终估计。

2. 综合波动率

在期权市场上,对于以同一标的资产为标的的一类期权,可能因行权价格而分不同的品种,因此对应的隐含波动率估计值也将不同。假如投资者希望确定手中所持有期权仓位的理论价值时,或者需要对实际波动率做预测时,就需要用一个综合波动率数值作为分析基础。因此,有必要运用一定的方法将不同的隐含波动率加以综合。假定对于同一类期权(指具有相同标的资产和到期日的看涨期权或看跌期权),由于行权价格不同,期权市场上共有 n 种交易品种,由此得到 n 个不同的隐含波动率估计值 $\sigma_i, i=1,2,\cdots,n$,这些波动率的加权平均值 σ^* 为:

$$\sigma^* = W_1\sigma_1 + W_2\sigma_2 + \cdots + W_n\sigma_n$$

其中,W_i 是第 i 种估计值的权重。

这时就需要进一步了解权重的测算方法。通常的方法有三种。一种是交易量加权法,即 $W_i = Q_i/\sum Q_i$,Q_i 是第 i 个期权的交易量。另一种是距离加权法,即处于平值状态的期权,其对应的隐含波动率估计应被给予较大的权重,离平值状态越远的期权,其对应的隐含波动率估计应被给予越小的权重。第三种是 Vega 加权法。关于 Vega,后续章节将做详细介绍。这种方法的权重计算公式是 $W_i = \text{Vega}_i/\sum \text{Vega}_i$。前两种方法不仅操作简单,而且含义明确,因此在投资实践中得到广泛运用。

三、波动率微笑

1. 隐含波动率的微笑特征

波动率微笑(volatility smile)是期权理论与期权投资实践中十分重要的问题。波动率微笑是指隐含波动率随期权行权价格变化而变化的现象。这种现象的出现和 B-S 定价模型有关。如果 B-S 模型的假设成立,那么对于同一标的资产所隐含推导出的隐含波动率应该是常数,即隐含波动率不随行权价格的变化而变化。但是,市场交易结果所产生的隐含波动率与行权价格之间具有独特的微笑特征。

图 7-5 描绘了外汇期权和股票期权的抽象的波动率微笑。大致可以认为,平值外汇期权的波动率相对较低,实值或虚值外汇期权的波动率较高。对于外汇期权而言,其波动率微笑或多或少是对称的微笑,但是极少会出现严格对称,而对于股票期权而言,隐含波动率则是行权价格的减函数。深度实值的股票看涨期权或者深度虚值的股票看跌期权的隐含波动率比较高。因此,股票期权的波动率微笑又称为波动率倾斜(volatility sneer 或 volatility skew)。此外,利率期权比股票指数期权具有更为单调的单边微笑。事实上,"微笑"的形状往往因标的资产市场的不同而不同。

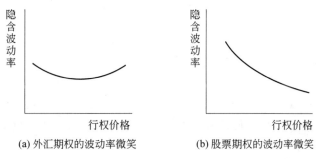

图 7-5 不同期权的波动率微笑

之所以有不同微笑形状的波动率存在,是因为金融市场的波动率往往与 B-S 模型的假设存在巨大差异。在 B-S 模型中,有两个假设在现实中是难以满足的。第一,标的资产波动率为常数。第二,标的资产价格变化平稳,并且没有跳跃。对于汇率而言,其波动率往往与常数相差甚远,并且在央行政策的作用下跳动明显。由于与假设完全不一样,现实汇率变动既不呈正态分布,又不呈对数分布,因而最终导致了波动率微笑的产生。

较为特殊的是股票期权的波动率倾斜。对这种情形的一个可能解释是因为资本结构的影响。当股票价格下跌时,公司债务比上升,这就会导致公司杠杆比率的上升,从而使公司的不确定性上升,股票价格的波动率上升。相反,当股票价格上升时,公司的债务比率和杠杆比率都会下降,这就使得公司的不确定性和股票价格波动率下降。

还有一种解释是股票波动率倾斜和市场的心理有关。有学者发现,在 1987 年美国股灾之前,隐含波动率与行权价格之间并没有太大联系,而之后则出现了波动率倾斜问题。由于交易员害怕出现市场暴跌,因此对于虚值看跌期权赋予较高的价格,这也造成了较高的波动率。

2. 波动率曲面

很多理论研究者和有经验的交易员喜欢将不同期限的波动率微笑结合在一起形成波动率曲面(implied volatility surface)进行研究。表 7-11 可以描绘某外汇期权的波动率曲面。可以看出，随着期权有效期的增加，波动率微笑幅度有所减少。主要的原因可能有两个，一是波动率会回到还有较长时间到期的期权的隐含波动率平均水平；二是市场认为迟早会发生一些重大事件并导致市场崩溃，因而具有较长到期时间时，会具有较高的波动率。

表 7-11　外汇期权隐含波动率曲面

	92%	94%	96%	98%	平价	102%	104%	106%	108%
1W			12.20	10.20	9.50	10.00	11.50		
2W		12.50	11.70	10.50	9.70	10.00	11.00	11.70	
1M		11.20	10.25	10.50	10.30	10.40	10.55	10.90	
2M	12.00	11.50	11.20	11.00	10.90	10.90	11.10	11.30	11.70
3M	12.00	11.50	11.35	11.20	11.10	11.10	11.35		17.80
6M	12.00	11.75	11.65	11.45	11.40	11.40	11.50	11.60	11.80
12M	12.00	11.80	11.70	11.65	11.60	11.60	11.65	11.70	11.85

注：第一横栏的百分比是 $\frac{S}{X} \times 100\%$。

3. 波动率微笑的作用

波动率微笑无论在理论上还是实践中都具有极为重要的作用。例如，第一，由于波动率微笑的存在，许多学者着力于对 B-S 模型进行改良。在新的波动性假设之上可以建立新的模型。第二，交易者可以利用波动率曲面估计新的期权序列的波动率。限于篇幅，这里将不再深入介绍。第三，交易波动率微笑。波动率在不同的行业有不同活跃程度的交易。对于希望对波动率微笑的斜率和曲率建立头寸的投资者来说，微笑现象是他们关心的事情。金融工程师往往大量研究波动率微笑问题，以为投资决策提供参考。在外汇领域，波动率微笑是日常交易的一部分。波动率微笑在股权领域也有交易，交易员套利股票市场指数的波动率。与风险相关的微笑比较陡峭，人们希望将其扁平化。在利率领域，交易波动率微笑主要用于风险管理以及对冲上限、下限头寸和互换期权风险[①]。

四、波动率期限结构

1. 隐含波动率的期限结构

所谓波动率的期限结构(term structure)是指在其他条件不变的情况下，处于平价状态的期权所对应的隐含波动率随到期日不同所表现出的变化规律。具体地讲，对于具有

---

① 关于利率上限、下限和互换期权的内容将在第十一章进行介绍。

相同标的资产的一类平价期权,市场上可能有不同到期日的品种。给定其中任意一种,可以利用 B-S 模型或其他定价模型得到其所对应的隐含波动率。如果以到期日作为横坐标,以隐含波动率作为纵坐标,可得到一条隐含波动率随到期日不同而变化的曲线,这就是波动率的期限结构图。波动率的期限结构可以直接从波动率矩阵中得到。例如,由表7-11 中平价那一列的数据可以得到外汇期权的期限结构(见图 7-6),它是一条向上倾斜的曲线。这说明在其他条件相同时,到期日越远的期权,隐含波动率越大。这显然与传统波动率的基本假设是相违背的。

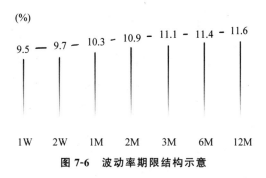

图 7-6 波动率期限结构示意

对于以其他资产为标的的期权来说,它们的波动率期限结构也具有上述的时变特征。这与传统的波动率稳定假设相悖。不过,对于不同的期权来讲,波动率期限结构在具体形式上可能会有所不同,有的是单调向上倾斜的;有的则可能呈现倒 U 型,即随着到期日的临近,隐含波动率先减后增;有的可能是无规则的。

2. 波动率锥

波动率"锥"(the volatility cone)现象的发现对波动率均值回归说是一个有力的证明。其主要特点是:其一,随着时间段的延长(它对应期权到期日的增加),历史波动率的最大值逐渐下降,而最小值则逐渐增加。因此,历史波动率曲线看上去像一个平放的锥形(见图 7-7)。其二,如果不出现重大异常情况的话,隐含波动率不应当超过其所对应的时间段历史波动率的最大值,也不应当低于相应时间段历史波动率的最小值。其三,在时间段(期权到期日)较短时,隐含波动率随时间的变化较为剧烈,而且偏离历史波动率的均值较

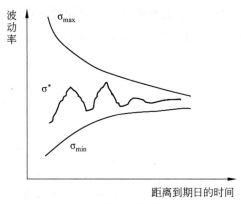

图 7-7 波动率锥示意图

远。但是,隐含波动率始终在由历史波动率最大值和最小值构成的上下限内运动。而且,随着时间段的增加,隐含波动率将逐渐向历史波动率的平均值靠近,这正是实际波动率向长期平均波动率的回归。

因此,波动率"锥"的存在从实证的角度展示了波动率均值回归说的可信性。同时,它也说明,由于到期日较长的期权所对应的隐含波动率将向长期平均波动率靠近,故对这类期权来讲,历史波动率仍不失为其未来波动率的一个较好的估计。

3. 波动率期限结构的作用

从波动率期限结构看,在其他条件相同时,到期日较短的期权,隐含波动率的变化较剧烈;于长期而言,隐含波动率将向长期平均波动率回归。这就显示出波动率期限结构研究具有三方面的意义。其一,再次验证了期权定价模型关于波动率为常数的基本假设并不成立;其二,说明传统的隐含波动率估计及综合方法的可行性和实用性存在着一定的局限性;其三,可利用隐含波动率的变化特点开展期权和标的资产投资交易,或进行波动率套利交易。

五、波动率隐含信息

期权的价格处于不断变化之中。定价过高的期权往往暗示着再购买这个期权可能要面临损失,但是也预示着期权标的物(如股票)具有投资价值。判断期权价格高低最为理想的方法就是使用隐含波动率对其进行衡量。市场参加者可以通过测算隐含波动率,分析其与历史波动率、预测波动率之间的关系,较好地监测市场对某种资产波动率的态度,分析市场的可能走势。

1. 隐含波动率与移动平均隐含波动率的差距及投资含义

在分析隐含波动率时,可以充分利用移动平均隐含波动率,以摆脱其剧烈摆动的问题。一般而言,使用10~20天的移动平均率效果要更好一些。如果时间过长,平均值就会包含过多的陈旧信息;如果时间过短,平均值则起不到良好的稳定作用。

对于交易者来说,在标的物价格变动不大时,应当特别注意隐含波动率与移动平均隐含波动率之间是否出现较大差异。假如投资者发现,每日隐含波动率低于20天移动平均隐含波动率,那么应该放弃持有该期权的标的物。这里隐含的意思是,便宜的期权所代表的标的物(如股票)不具有投资价值,而昂贵的期权则表明应该买进标的物,而不是要买进期权。

2. 隐含波动率与历史波动率的差距及投资含义

隐含波动率和历史波动率的差异可以用于判断期权或者标的物的价格高低。一般来说,隐含波动率大于历史波动率,期权的价格可能被高估,所以应当予以卖出。如果历史波动率高于隐含波动率,期权价格则可能被低估,这可能是一个买进期权的良机,特别是预计标的物价格将会上升的时候(见表7-12)。需要注意的是,通过判断隐含波动率和历史波动率的关系进行交易,要时刻保持谨慎。市场走势永远会出乎意料,一般性的指导不是永远都对的。这是因为期权价格通常包含着和标的物的历史波动性不一致的隐含波动,况且期权价格现在表现的低廉并不代表今后就会昂贵。

表 7-12 隐含波动与历史波动率的差异及市场含义

	一般的市场含义
隐含波动率＞历史波动率	隐含波动和期权价格具有正向联系,此时期权价格可能偏高,因此可以卖出期权
隐含波动率＜历史波动率	期权价格可能偏低,现在可能是买进期权的一个良机。特别是当预计标的物价格会发生逆转的时候

隐含波动率和历史波动率之间具有橡皮圈效应。也就是说,波动性的摆动通常可以和橡皮圈效应类似,即如果橡皮圈的一个方向被过度拉伸,而另一个方向却是松弛的,那么大部分情况下这个橡皮圈就会回归到一般状态(见图 7-8)。根据这一思想,如果一项资产的隐含波动率为 30%,但是由于某种情况突然下降到 10%,那么期权的价值可能就被低估,随着时间的推移,这个异常值会回到常规区域或者说平均值区域。

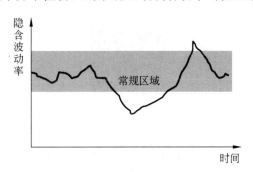

图 7-8 隐含波动率与橡皮圈效应

在标的物价格变动不大时,隐含波动率与历史波动率之间出现较大差异也可能代表着标的物存在投资机会。假如加权的每日隐含波动率同 10 天、20 天、50 天、100 天历史波动率比较时,至少比其中的三种历史波动率高出 20%,同样可以买进期权的标的物。但是,投资者需要进一步分析判断。首先应观察构成加权的某一种期权的隐含波动率是否出现异常,是否扭曲了整个加权平均隐含波动率。如果是因为单只期权的隐含波动率异常,导致加权隐含波动率过高,这时候买进标的物就没有太大的意义。而如果每个期权的隐含波动率都很高,这就说明标的物价格可能要上涨了,投资者可以购买标的物进行投资。

为了更有效地利用隐含波动率分析是否应投资标的物,还需要借助对期权交易量的考察。期权交易量的确认往往需要晚几天。如果期权交易量始终跟不上来,那么隐含波动率猛增所预示的标的物投资机会并不完全可靠。

3. 隐含波动率与预测波动率的差距及投资含义

未来实际波动率决定的是期权的真实价值,隐含波动率则取决于期权的市场价格。这样,期权产品的真实价值与市场价格进行比较,也就是将所预测的期权未来波动率与其隐含波动率进行比较,有助于对期权进行投资。

如果期权的隐含波动率相较于预期的未来波动率高,说明期权的市场价格高而其真实价值低,这时投资者应该卖出期权;如果期权的隐含波动率比预期波动率低,说明期权的市场价格低而真实价值高,投资者应该买进期权。

值得注意的是,深度实值期权和深度虚值期权的价格对其波动率敏感性程度较低,即这两者的价格并不随着波动率的变化而大幅变动,因此从这些价格得出的隐含波动率可靠程度较低,因而在期权交易策略中得不到有效的应用。另外,深度实值期权的交易量不大,其价格往往并不能反映真实的市场情况,进而降低了隐含波动率的实用性

【阅读材料 7-1】 对隐含波动率微笑和期限结构时变特征的解释

【阅读材料 7-2】 波动率指数及其衍生品

【思考与习题】

1. 什么是期权的内在价值和时间价值?二者是何种关系?
2. 实值期权和虚值期权各有何种交易特性?
3. 影响期权价格的因素主要有哪些?这些因素如何影响期权的价值变化?
4. 期权波动率有哪些?如何计算各种期权波动率?
5. 阐述和推导不付红利股票的欧式看涨期权与看跌期权平价关系。
6. 股票看涨期权的权利金为 18.25 元,行权价格为 280 元,标的物价格为 290.5 元,那么该期权的时间价值应为多少?
7. 如何用波动率表达二叉树模型中的 u 和 d?
8. 一个不付红利股票的看涨期权,期限为 4 个月,行权价格为 25 元,股票当前价格为 28 元,无风险利率为每年 8%,期权的下限是多少?
9. 一个期限为 1 个月的不付红利看跌股票的欧式看跌期权的当期价格为 2.5 元,股票价格为 45 元,行权价格为 50 元,无风险利率为每年 6%。这时,有无套利机会?如何处理?
10. 股票当前的价格是 40 元,已知在 1 个月后这只股票的价格将变为 42 或 28。无风险利率为 8%(连续复利)。行权价格为 39 元。试利用单步二叉树计算 1 个月期限的欧式看涨期权的价格是多少。
11. 股票当前价格是 50 元,6 个月后这一股票的价格将变为 45 或 55,无风险利率为 10%。行权价格为 50 元。试利用单步二叉树计算 6 个月期限的欧式看跌期权的价格是多少?

【即测即练】 扫描书背面的二维码，获取答题权限。

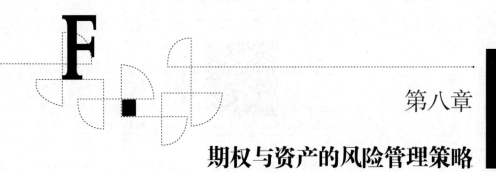

第八章

期权与资产的风险管理策略

在期权交易中,需要注意价格影响因素波动所隐含的风险。为了降低期权头寸的风险,可以用标的资产进行中性对冲。特别是对于期权空头来说,可以在事先拥有与履约时资产交易方向相反的头寸,以便对期权头寸予以良好的保护。需要注意的是,期权价值影响因素众多,因此往往需要构筑较为复杂的中性对冲。另外,与对冲期权或投资组合风险的原理相一致的是,交易者可以利用多样化的期权交易策略,对冲或管理标的资产的价格波动风险。虽然和期货套期保值的原理不同,但是这种交易在某种意义上也可以将其称为套期保值。

第一节 希腊值与期权头寸的风险管理

影响期权价值的因素发生变化会对期权交易和期权风险产生深刻影响。与此相关的是 Delta、Gamma、Theta、Vega、Rho 等避险参数(见表 8-1)。这些参数是期权策略交易和管理期权价格波动风险的重要指标。

表 8-1 期权避险参数

参　数	符号	敏　感　性
Delta	Δ	和标的资产价格变化相比的期权价格变化
Gamma	Γ	和标的资产价格变化相比的期权 Delta 值变化
Theta	Θ	与有效期变化相比的期权价格变化
Vega	V	与资产价格波动率变化相比的期权价格变化
Rho	ρ	与无风险利率变化相比的期权价格变化

一、Delta

1. Delta 的含义

Delta 是衡量期权价值相对标的资产价格变动所面临的风险程度的指标。例如，假设标的资产价格上升 1 元，而期权价格上涨 0.25 元，则期权的 Delta 系数就是 0.25。如果 Delta 系数为 0.75，则表示标的资产价格变化 1 元，期权价值变动 0.75 元。

Delta 的计算与 B-S 期权定价模型有关。表 8-2 列出了不同类型期权的 Delta 值计算方法。可以看出，影响 Delta 值的因素包括到期期限、标的资产的价格、波动率和无风险利率等。一般而言，对于欧式期权而言，随着标的资产价格的上涨，Delta 会扩大。所有看涨期权多头头寸的 Delta 都是正数，空头头寸的 Delta 都是负数；所有看跌期权多头头寸的 Delta 都是负数，空头头寸则都是正数。

表 8-2 不同类型期权的 Delta(Δ)值

期权	看涨期权 Δ 值	看跌期权 Δ 值	d_1
不付红利的欧式股票期权	$N(d_1)$	$N(d_1)-1$	$d_1=\dfrac{\ln(S/X)+(r+\sigma^2/2)T}{\sigma\sqrt{T}}$
支付红利的欧式股票期权	$e^{-qT}N(d_1)$	$e^{-qT}[N(d_1)-1]$	$d_1=\dfrac{\ln(S/X)+(r-q+\sigma^2/2)T}{\sigma\sqrt{T}}$
欧式货币期权	$e^{-r_fT}N(d_1)$	$e^{-r_fT}[N(d_1)-1]$	$d_1=\dfrac{\ln(S/X)+(r-r_f+\sigma^2/2)T}{\sigma\sqrt{T}}$
欧式期货期权	$e^{-rT}N(d_1)$	$e^{-rT}[N(d_1)-1]$	$d_1=\dfrac{\ln(F/X)+\sigma^2T/2}{\sigma\sqrt{T}}$

2. Delta 的基本特点

从定义和数学表达式可以看出，Delta 具有以下基本特征。

第一，对于看涨期权而言，$0\leqslant \text{Delta}_c \leqslant 1$；对于看跌期权来说，$-1\leqslant \text{Delta}_p \leqslant 0$。从理论上看，期权价值变动幅度不会超过标的资产价格变动幅度。

第二，在其他因素不变的情况下，对于看涨期权而言，Delta_c 与标的资产价格 S_t 成同向变动关系。当 S_t 越大时，Delta_c 就越接近于 1；当 S_t 越小时，Delta_c 就越接近于 0。这是因为，在标的资产价格很高时，看涨期权处于深度实值状态，Delta 也就接近于 1；在看涨期权深度虚值时，Delta 也就接近于 0。对于看跌期权而言，当 S_t 很大时，处于深度虚值状态，Delta_p 接近于 0；当 S_t 很小时，看跌期权处于深度盈利状态，Delta_p 会接近—1(见图 8-1)。

3. 期权的 Delta 中性对冲

由于 Delta 实际上是指期权价格变化与标的资产价格变化的比率，因此这就意味着当标的资产价格变化为 ΔS 时，期权价格变化为 $\text{Delta}\times \Delta S$。可以利用这一关系，以标的资产对冲期权空头头寸的风险。具体见下例。

【例 8-1】 Delta 中性对冲

股票看涨期权的 Delta 为 0.6，期权价格 c 为 10 元，股票价格 S 为 100 元。交易者卖出了

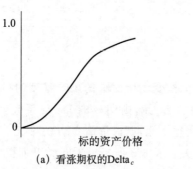
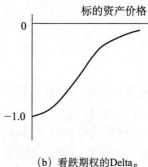

(a) 看涨期权的Delta$_c$　　　　(b) 看跌期权的Delta$_p$

图 8-1　看涨期权与看跌期权的 Delta 变化范围及其与标的资产价格的关系

20 份看涨期权,每份合约含 100 股股票。为了对冲掉这 20 份期权的风险,交易者应当买入 0.6×2 000=1 200 股股票。这样:如果股票价格上涨 1 元,每股股票的看涨期权价格就会上涨 0.6×1 元=0.6 元,即所出售的看涨期权头寸损失 1 200 元,而这时持有的股票头寸会增值 1 200 元;如果股票价格下跌 1 元,则期权价格下跌 0.6 元,此时看涨期权空头头寸将增值 1 200 元,但是股票头寸会损失 1 200 元。可以发现,股票价格无论向哪个方向变化,该机构的期权头寸盈亏和股票头寸盈亏都完全相抵。可以将这一交易称为 Delta 中性对冲。

所谓 Detla 对冲,实际上就是构筑一个包括期权和标的资产在内的交易组合,并使总头寸的 Δ 为零。可对 Delta 对冲进一步归纳。具体见表 8-3。

表 8-3　Delta 中性对冲策略

交易内容	风险控制意向	对冲方式
看涨期权空头头寸(含 w 股股票)	防范股票价格上涨导致的期权价格上涨风险	做多 Δ·w 只股票
看涨期权多头头寸(含 w 股股票)	防范股票价格下跌导致的期权价格下跌风险	做空 Δ·w 只股票
看跌期权空头头寸(含 w 股股票)	防范股票价格下跌导致的期权价格上涨风险	做空 Δ·w 只股票
看跌期权多头头寸(含 w 股股票)	防范股票价格上涨导致的期权价格下跌风险	做多 Δ·w 只股票

需要注意,Delta 值的变化并不是线性的(从计算原理可以看出),因此标的资产价格发生波动,期权的价值和 Delta 也会发生变化。无论是利用期权对标的资产保值,还是利用标的资产对期权价格风险进行对冲,都要随着 Delta 不断变化调整风险管理工具头寸。例如,在前例中,需要不断地调整股票头寸,才能有效对冲期权头寸的风险。而所需要增加的股票头寸为($\Delta_t - \Delta_0$)(如果小于零则减持相应的现货头寸)。这种交易方式就是动态对冲策略。

在期权交易风险的动态对冲中,根据 Delta 调整标的资产头寸对于能否实现有效管理风险具有极为重要的意义。从理论上看,对冲的频率越频繁,效果就越好。在对冲中,需要遵循"买升卖跌"(buy high-sell low)的原则,即在标的资产价格开始下降时就将其售出,在标的资产价格上涨时就将其购入。

二、Gamma

1. Gamma 的含义和计算

保持 Delta 中性需要不断调整标的资产头寸。那么,究竟需不需要和如何调整组合头寸?

这往往涉及另一概念,即 Gamma(Γ)。所谓 Gamma 实际上就是 Delta 变化相对于标的资产价格变化的比率。这实际上是期权或期权交易组合关于标的资产价格的二阶偏导数,即:

$$\Gamma = \frac{\partial^2 \Pi}{\partial S^2}$$

可以直接给出几种资产的期权 Gamma 值计算公式。

对于不付红利股票的欧式看涨期权或看跌期权而言,Gamma 为:

$$\Gamma = \frac{N'(d_1)}{S\sigma\sqrt{T}}$$

其中,$N'(x) = \frac{1}{\sqrt{2\pi}} e^{-x^2/2}$

对于支付红利 q 的欧式看涨期权或者看跌期权价格而言,Gamma 为:

$$\Gamma = \frac{N'(d_1) e^{-qT}}{S\sigma\sqrt{T}}$$

其中,$N'(x) = \frac{1}{\sqrt{2\pi}} e^{-x^2/2}$

2. Gamma 的特点

第一,Gamma 数值可以揭示标的资产价格和期权组合价值的关系。当 Gamma 为正数时,如果 S 变化很小,则期权的价值减少;但是如果 S 变化较大,则期权的价值会增大。如果 Gamma 值较大,则 S 的变化会对期权的价值产生较为敏感的影响。在 Gamma 为较大的正数时,S 的变化会引起期权价值的较大幅度增加或减少;而 Gamma 为较大的负值时,S 的变化会引起期权价值的较大幅度减少或增加,增加或减少幅度视 S 的变化幅度而定(见图 8-2)。

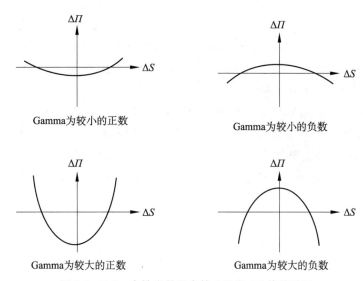

图 8-2 Delta 中性交易组合的 $\Delta\Pi$ 和 ΔS 的关系图

第二,Gamma 受标的资产价格的影响。标的资产市场价格越接近行权价格,Gamma

就越高;标的资产价格和行权价格正好相等时为 Gamma 最高值。对于多方而言,看涨看跌期权的 Gamma 值都是正的,对于空方而言,Gamma 都是负的。正、负与看涨、看跌期权无关(见表 8-4)。

表 8-4　不同价值状态的期权的 Gamma 表现

平价期权	当资产价格接近行权价格时,Gamma 就会变大,这就意味着 Delta 对股票价格变化十分敏感
实值期权	当期权成为深度实值期权的时候,Delta 就会接近 1,并且对标的资产的价格变化的敏感性不高
虚值期权	与实值期权的 Gamma 正好相反

第三,Gamma 受到期时间长短的影响。随着到期日的临近,Gamma 值也会发生变化。图 8-3 表明,剩余的到期日越短,平值期权的 Gamma 值越大,甚至远超过虚值期权和实值期权 Gamma 值,短期平值期权的 Gamma 很高,说明期权价值对于标的资产价格变化具有很强的敏感性。

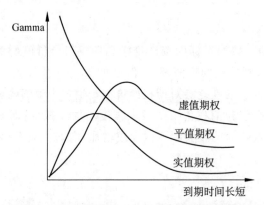

图 8-3　股票期权 Gamma 与到期日之间的关系

3. 实现期权组合的 Gamma 中性

交易组合中,Gamma 的变化受到期权的影响,但是不受标的资产价格的影响。因此,要对冲交易组合的风险就需要引入一定数量的特定期权,构造出 Gamma 中性组合,使交易组合的 Gamma 为零。具体的方法是:假设某 Delta 中性的交易组合,其 Gamma 值为 Γ,某可交易期权的 Gamma 为 Γ_T。如果加到原组合中的可交易期权的数量是 ω_t,则总组合的 Gamma 是:

$$\omega_t \Gamma_T + \Gamma$$

如果要使总组合的 Gamma 中性化,则需要的可交易期权数量为 $\omega_t = -\Gamma/\Gamma_T$。这时,组合 Delta 值由于加入了新的期权头寸而脱离中性,因此需要再调整标的资产的头寸。

需要注意的是:新的组合只是在短时期内达到 Gamma 中性。随着时间的变化,Gamma 还会发生新的变化,因此需要不断调整可交易期权的头寸,并使得该头寸总是等于 $-\Gamma/\Gamma_T$,才能维持 Gamma 中性。在每次调整完 Gamma 后必须调整标的资产头寸,以维持 Delta 中性。具体见下例。

【例 8-2】 如何构造期权组合的 Gamma 中性和 Delta 中性

假设组合的 Delta 中性,Gamma 是 $-3\,000$。某特定的可交易看涨期权的 Delta 和 Gamma 分别是 0.62 和 1.50。为了使交易组合的 Gamma 中性,则应购入的期权头寸数是 $-(-3\,000)/1.5=2\,000$。

这时,总组合的 Gamma$=0$。但是,由于加入新的期权,使组合的 Delta 值不再是中性,由原先的 0 变成了 $2\,000\times0.62=1\,240$。

为保持 Delta 中性(参见表 8-3),需要在购入新的期权的同时,再卖空 1 240 份标的资产。

从例子可以看出,Delta 中性避免了对冲组合再调整之间的较小的标的资产价格变动的影响;而 Gamma 中性则消除了对冲组合再调整之间较大的标的资产价格波动的影响。

Gamma 是一个较为复杂、高深的概念。只有那些持有大量经常换手的期权的职业交易者或者做市商,才更迫切地需要深入了解和掌握 Gamma。个体或小的交易者不必把太多注意力放在 Gamma 研究上,而应更多地关注标的资产的选择和市场预测。

三、Theta

1. Theta 的含义和计算

Theta(Θ)是敏感性最强的参数,用于揭示期权价值与时间的关系。可以将 Theta 定义为,在其他条件不变时,期权(或期权组合)价值变化相对于时间变化的比率。具体表达式为

$$\Theta=\frac{\Delta\Pi}{\Delta t}$$

其中,$\Delta\Pi$ 为其他条件不变时,相应的期权(或期权组合)价值随时间变化发生的变动。

对于一个不付红利股票的欧式看涨期权,计算 Theta 的公式可以由 B-S 模型得出,即

$$\Theta=-\frac{SN'(d_1)\sigma}{2\sqrt{T}}-rXe^{-rT}N(d_2)$$

其中,$N'(x)=\frac{1}{\sqrt{2\pi}}e^{-x^2/2}$ 为标准正态分布的密度函数。

而对于一个不付红利股票的欧式看跌期权,Theta 的计算公式为

$$\Theta=-\frac{SN'(d_1)\sigma}{2\sqrt{T}}+rXe^{-rT}N(-d_2)$$

同理,可以知道支付红利(q)的股票(指数)欧式看涨期权的 Theta 的计算公式为:

$$\Theta=-\frac{SN'(d_1)\sigma e^{-qT}}{2\sqrt{T}}-rXe^{-rT}N(d_2)+qSN(d_1)e^{-qT}$$

对于支付红利(q)的股票(指数)欧式看跌期权的 Theta 计的算公式为:

$$\Theta=-\frac{SN'(d_1)\sigma e^{-qT}}{2\sqrt{T}}+rXe^{-rT}N(-d_2)-qSN(-d_1)e^{-qT}$$

如果将 q 换成 r_f，可以得出外汇看涨期权和看跌期权的 Theta 公式；将 q 换成 r，S 换成期货价格 F，就可以得出期货期权的 Theta 公式。

【例 8-3】 股票指数看跌期权的 Theta 计算与含义

1 个 4 个月期的股票指数看跌期权，指数的现值是 305，行权价格是 300，红利是 3%。无风险利率是 8%，指数价格的波动率为每年 25%。则 Theta 值的计算方法是：

$$\Theta = -\frac{SN'(d_1)\sigma e^{-qT}}{2\sqrt{T}} + rXe^{-rT}N(-d_2) - qSN(-d_1)e^{-qT} = -18.15$$

在例子中，$\Theta = -18.15$ 的含义是，即使指数数值没有发生任何变化或者波动率为零，1 年后期权的价值也会减少 18.15。假设按日历日计算，则每天的 Theta 值为 $-18.15/365 = -0.0497$，意思是，即使指数数值没有发生任何变化或者波动率为零，期权的价值也会每天平均减少 0.0497。假设按交易日计算，则每天的 Theta 值为 $-18.15/252 = -0.0720$，意思是，即使指数数值没有发生任何变化或者波动率为零，期权的价值也会每天平均减少 0.0720。

2. Theta 的特点

第一，在其他因素不变的情况下，Theta 与标的资产价格相对于行权价格的大小有关。例如，对于看涨期权而言，当处于平价状态时，Theta 负值达到最大；当处于深度虚值状态时，Theta 趋近于 0；当处于深度实值状态时，Theta 趋近于 $-rXe^{-rt}$（见图 8-4）。

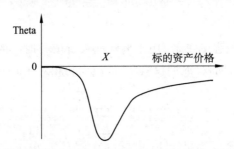

图 8-4 欧式看涨期权 Theta 与标的资产价格的关系

第二，单个期权多头头寸的 Theta 值几乎总为负。这是因为在其他条件不变的情况下，越来越接近到期日，期权会变得越来越不值钱。

3. Theta 与期权风险管理

了解 Theta 后，应学习和总结一些具体的风险管理和交易经验。

第一，Theta 为负值说明随着到期日的日益临近，时间价值的衰退会不断增加。对于期权来说，时间衰退会在到期前的 1 个月出现异常变化或者加速下降。因此，在现实交易中，应当迅速出售持有的还有 30 天就要到期的平价期权或者是虚值期权。同时，避免买入到期时间低于 30 天的单一的虚值期权（除非该虚值期权是构成期权策略的一个部分）。

第二，购买到期时间短的深度实值期权。这是因为其无论是看涨期权还是看跌期权都包含大量的内在价值，并且没有时间价值。由于没有时间衰退的情况或者时间价值很小，这意味着期权投资的风险几乎为零。

第三，Theta 中的期权价值的损耗并不是不确定的，因此也就不是典型的风险参数，并不直接用于对期权的风险对冲。

四、Vega

1. Vega 的含义和计算

在 Delta、Theta 和 Gamma 的讨论中,隐含了一个假定前提:标的资产价格波动为常数。实际上,标的资产的价格波动率随时间的变化而变化,这说明期权价值随着时间的变化而不断变化。这就需要将标的资产的波动率 σ 引进组合交易中,考虑分析 Vega(用 ν 表示)。[①] 所谓 Vega 可以定义为期权(或期权组合)价值相对于标的资产波动率的比率。计算方法如下:

不付红利股票的看涨期权和看跌期权的 Vega 值为

$$V = S\sqrt{T}N'(d_1)$$

支付红利股票的看涨期权和看跌期权的 Vega 值为

$$V = S\sqrt{T}N'(d_1)e^{-qT}$$

如果用 r_f 替代 q,就可以得出欧式外汇期权的 Vega 值。如果用 r 代替 q,F 代替 S,就可以得出期货期权的 Vega 值。

可以认为,如果 Vega 值很大,说明期权的价值对于波动率的微小变化十分敏感;如果 Vega 值很小,则说明期权的价值对于波动率的变化没有多大反应。

2. Vega(ν)的基本特点

第一,做多期权的 Vega 都是正值,即期权的买方买入波动率;做空期权的 Vega 都是负值,即期权的卖方卖出波动率。第二,较之实值和虚值期权,平值期权的 Vega 值总是最大。第三,对平值期权而言,无论波动率如何变化,平值期权 Vega 值恒定。第四,Vega 的绝对值与到期时间成正比。到期时间越长,波动率对期权价值的影响也就越大。

3. 实现期权组合的 Vega 中性

保持 Vega 中性十分重要。基本的方法是,假设期权组合的 Vega 值是 ν,可交易期权的 Vega 值为 ν_T,那么数量为 $-\nu/\nu_T$ 的可交易期权头寸将使原期权组合达到暂时的 Vega 中性状态。

然而,问题产生了:Gamma 中性的证券组合一般来说并不能使 Vega 也达到中性,而 Vega 中性的证券组合也不能保证 Gamma 中性。下例中简单介绍了如何构筑 Vega 中性交易组合。

【例 8-4】 如何构筑 Vega 中性交易组合

某 Delta 中性期权组合,Gamma 值为 $-5\,000$,Vega 值为 $-8\,000$。假设某可交易期权的 Gamma 值为 0.5,Vega 值为 2.0,Delta 值为 0.6。为了使 Vega 中性,需要购入 $-(-8\,000)/2.0=4\,000$ 份标的资产的期权多头头寸。

由于购入 4 000 份标的资产期权头寸,因此期权组合的 Delta 发生了新变化,增加了

[①] Vega 虽然是期权中的"希腊值"的一个名称,但它并不对应任一个希腊字母。

$4\,000 \times 0.6 = 2\,400$。为了实现 Gamma 中性,因此需要再卖出 2 400 份标的资产。

又由于新购入 4 000 份标的资产期权头寸,因此,原先组合的 Gamma 值从原来的 $-5\,000$ 变为 $-5\,000 + (4\,000 \times 0.5) = -3\,000$。

因此,交易者要想同时达到 Vega 和 Gamma 中性,就至少要使用两种基于同种标的资产的期权。

假设这时存在另一种可交易期权,Gamma 值为 0.8,Vega 值为 1.2,Delta 值为 0.5。w_1, w_2 分别为证券组合中这两种可交易期权的数量。目标是通过以上两种可交易期权构造出 Gamma 和 Vega 均为中性的组合。这就要求:

$$-5\,000 + 0.5w_1 + 0.8w_2 = 0$$
$$-8\,000 + 2.0w_1 + 1.2w_2 = 0$$

通过求解,可以得出,$w_1 = 400, w_2 = 6\,000$。

因此,在原先组合中加入含 400 份标的资产的第一种可交易期权,和含 6000 份标的资产的第二种可交易期权,从而使得组合的 Gamma 和 Vega 均为中性。但是,由于这时 Delta 失去中性,因此要使其达到中性,就必须卖出 $400 \times 0.6 + 6\,000 \times 0.5 = 3\,240$ 份标的资产。

4. 对 Vega 中性和 Gamma 中性的比较

通过以上分析可以发现,Gamma 中性校正的是对冲进行再调整之间的时间损耗,而 Vega 中性校正的则是波动率 σ 的变化。正如所期望的,使用适当的可交易期权进行 Vega 或者 Gamma 中性保值的效果,依赖对冲再调整之间的时间和波动率的波动率(volatility of the volatility)。

五、Rho

1. Rho(ρ)的基本含义

Rho(ρ)定义为交易组合价值变化与利率变化之间的比率,主要用于衡量交易组合对利率的敏感性。

2. Rho(ρ)的计算

对于不付红利股票的欧式看涨期权,Rho 的计算公式为

$$\rho = XTe^{-rT}N(d_2)$$

对于不付红利股票的欧式看跌期权,Rho 的计算公式为

$$\rho = -XTe^{-rT}N(-d_2)$$

根据以前的原理,可以推出支付红利股票期权、外汇期权等的 Rho 值。这里不予赘述。感兴趣的读者可以自行推导。

【例 8-5】 看涨期权 Rho(ρ)的计算和含义

假设 1 个不付红利的股票看涨期权,股票现价是 49 元,行权价格是 50 元,期限是 20 周,无风险利率是 5%,指数价格的波动率为每年 20%。Rho 值的计算方法和计算结果为

$$\rho = XTe^{-rT}N(d_2) = 8.91$$

这就意味着无风险利率每增加 1 个百分点时(例如从 5% 增加到 6%),期权的价格将

增加 $8.91 \times 0.01 = 0.0891$。

【例 8-6】 支付红利的看跌期权的 Rho 值和含义

1个4个月期的股票指数看跌期权,指数的现值是305,行权价格是300,红利是3%。无风险利率是8%,指数价格的波动率为每年25%。Rho 值的计算是:

$$\rho = -XTe^{-rT}N(-d_2) = -42.57$$

这意味着无风险利率每增加1%(如从8%增加到9%),期权的价值减少0.4257。

3. Rho(ρ)的基本特点

从定义看,Rho(ρ)具有四个特点。第一,看涨期权的 Rho(ρ)一般大于0,看跌期权的 Rho(ρ)一般小于0。在到期日,两者才会同时等于0。第二,相对其他影响因素,利率对期权价值的影响是比较小的。即期权对利率变化并不十分敏感。第三,Rho(ρ)的绝对值与到期时间成正比。到期时间越长,利率对期权价值的影响也就越大。第四,Rho(ρ)与标的资产价格 S_t 之间呈正向变动关系。

第二节 实现 Delta-Gamma-Vega 中性的期权套保策略

传统套期保值的基本思想是利用衍生工具的收益(或亏损)对冲标的资产的亏损(或收益),或者说构筑起一个由标的资产和衍生工具形成的组合,无论标的资产价格如何变化,组合的总价值都不因之而发生变化(如果说有变化,那也应该是按照无风险利率增长)。利用期货开展套利保值的基本原理如此,利用期权开展套期保值的原理亦是如此。基于此,要利用期权构筑起一个能够完全对冲标的资产风险的组合,就要充分考虑 Delta、Gamma、Vega 这些风险参数的作用。

一、Delta 中性套保策略

1. 基本原理

假设存在某一数量为 n 的标的资产,其单价为 S_t。为了防止价格波动对资产总价值(nS_t)造成冲击,可以引入以该资产为标的的期权。假设期权的价格为 V_1,数量为 n_1。这时,新组合的总价值可以用下式表示

$$V = nS_t + n_1 V_1$$

对此式两端关于 S_t 求偏导数,就有

$$\text{Delta}_V = n + n_1 \times \text{Delta}_1$$

这是组合的 Delta 值。

Delta 套期策略的基本原理是,通过引入期权使组合的价值不受标的资产价格变化的影响,也就是使组合的 Delta 值为零。这样,令 $\text{Delta}_V = 0$,则可以求出 $n_1 = -\dfrac{n}{\text{Delta}_1}$。

可以认为,在引入数量为 $-n/\text{Delta}_1$ 的期权后,可以使组合的总价值不受标的资产价格波动的影响。这时,也就对标的资产实现了 Delta 中性对冲。根据这一思想,可把表 8-3

做个变形,建立起针对标的资产多头头寸和空头头寸的 Delta 中性对冲框架(见表 8-5)。

当然,这里需要说明两点。一是,如果 n、n_1 为正号,表示交易方向为做多;如果 n、n_1 为负号,表示交易的方向为做空。二是,引入的期权可以是看涨期权,可以是看跌期权,也可以是期权组合。

表 8-5 标的资产头寸的 Delta 中性对冲框架

交易内容	对冲方式
n 股股票多头头寸	做多看跌期权(内含 n/Δ 股股票)
	做空看涨期权(内含 n/Δ 股股票)
n 股股票空头头寸	做多看涨期权(内含 n/Δ 股股票)
	做空看跌期权(内含 n/Δ 股股票)

2. Delta 的变动与套期保值头寸的调整

由 Delta 的概念和特性可知,在整个期权权利期内,Delta 都是一个可变的比率。所以虽然在建立套期保值头寸开始时能实现 Delta 中性,但随着标的资产市场价格的变动或权利期间的缩短,套期保值者就必须根据 Delta 的变动情况,对套期头寸做出相应调整,以恢复 Delta 中性。

【例 8-7】 Delta 的变动与套期保值头寸的调整

某投资者在现货市场买进 1 000 股 C 公司股票。为防范股票持有期间市场价格下跌而造成损失的风险,可买入 C 公司股票看跌期权。现在假设买进的看跌期权为平价期权,Delta 为 -0.5。根据 Delta 中性的原则,应买进 20 份期权,方可实现完全套期保值。

假设套期保值者在买进 20 份看跌期权合约后,股票价格上涨,Delta 变为 -0.4,为维持 Delta 中性,该投资者就必须再买进同样条件的看跌期权合约 5 份,其计算公式为 1000÷(100×0.4)-20=5 份。

如果套期保值者在做了上述调整后,股票价格有较大幅度的下跌,期权到期日日益临近,Delta 变为 -0.83,这时要维持 Delta 中性,就需要卖出多余的 13 份看跌期权合约。其计算公式为 25-1000÷(100×0.83)=13 份。

3. 动态套期保值的局限性

尽管动态套期保值弥补了静态套期保值的不足,但是其同样也存在多方面缺陷,也很难实现完全套期保值,其主要原因有两个。第一,在动态套期保值中,标准化的场内期权会影响套期保值的实际效率。如,在每一期权合约的交易单位一定时,投资者根据 Delta 值算得的套期保值所需的期权合约数往往不是一个整数,而投资者实际买进或卖出的期权合约数又显然必须是整数。这样,套期保值活动只能做到近似的 Delta 中性。第二,要实现完全套期保值,套期保值者不断调整套期保值头寸会不可避免地增加交易成本。头寸调整得越频繁,投资者所需支付的交易成本也就越高。

可见,期权动态套期保值是一种要求很高、难度很大、技术性很强的交易方式。它要求套期保值者既能准确地观察 Delta 的变动情况,又能恰如其分地做出是否调整、何时调整,以及怎样调整套期保值头寸的决策。

二、Delta-Gamma 中性套保策略

应用 Delta 套期策略的市场条件是标的资产价格只在小范围、短期内波动。随着条件的变化,组合的 Delta 值会随所选期权的 Delta 值的变化而发生变化,这就需要套期保值者构筑一个 Delta-Gamma 中性的组合。构筑这种组合,应当引入两种期权。假设这两种期权的价值分别为 n_1V_1 和 n_2V_2,那么组合的总价值计算式就为

$$V = nS_t + n_1V_1 + n_2V_2$$

对上式两端关于 S_t 求一阶、二阶偏导数,则有

$$\text{Delta}_V = n + n_1 \times \text{Delta}_1 + n_2 \times \text{Delta}_2$$
$$\text{Gamma}_V = n_1 \times \text{Gamma}_1 + n_2 \times \text{Gamma}_2$$

令 $\text{Delta}_V = 0$,$\text{Gamma}_V = 0$,这样就会实现 Delta-Gamma 中性。可以解出:

$$n_1 = -n \cdot \text{Gamma}_2 / (\text{Delta}_1 \cdot \text{Gamma}_2 - \text{Delta}_2 \cdot \text{Gamma}_1)$$
$$n_2 = n \cdot \text{Gamma}_1 / (\text{Delta}_1 \cdot \text{Gamma}_2 - \text{Delta}_2 \cdot \text{Gamma}_1)$$

如果解出的期权数量 n_1、n_2 为正号,表示交易方向为做多;如果解出的期权数量 n_1、n_2 为负号,表示交易的方向为做空。引入的期权可以是看涨期权,也可以是看跌期权。

三、Delta-Gamma-Vega 中性套保策略

Delta-Gamma-Vega 策略是在 Delta-Gamma 套期策略基础上尝试规避波动率 σ 变化冲击的套期策略。其基本的思路是构筑 Delta-Gamma-Vega 中性的组合。为了实现组合中性,需再要引入第三种期权,假设该期权的价格用 V_3 标识,数量为 n_3,这样新组合的价值就为

$$V = nS_t + n_1V_1 + n_2V_2 + n_3V_3$$

对上式两端关于 S_t 求一阶、二阶偏导数,关于 σ 求一阶偏导,得到以下方程组

$$\text{Delta}_V = n + n_1 \times \text{Delta}_1 + n_2 \times \text{Delta}_2 + n_3 \times \text{Delta}_3$$
$$\text{Gamma}_V = n_1 \times \text{Gamma}_1 + n_2 \times \text{Gamma}_2 + n_3 \times \text{Gamma}_3$$
$$\text{Vega}_V = n_1 \times \text{Vega}_1 + n_2 \times \text{Vega}_2 + n_3 \times \text{Vega}_3$$

组合要实现 Delta-Gamma-Vega 中性,令 $\text{Delta}_V = 0$,$\text{Gamma}_V = 0$,$\text{Vega}_V = 0$,解出 n_1、n_2 和 n_3。n_1、n_2 和 n_3 的数值和符号,表示构造 Delta-Gamma-Vega 中性组合所需要的三种期权交易的数量和方向。

第三节 应对单一资产风险的期权策略

应对单一资产风险的期权策略主要是指期权的标的资产和具有风险敞口的资产完全一致时所开展的风险管理策略。如大豆期权管理大豆价格波动风险,黄金期权管理黄金价格波动风险,外汇期权管理汇率波动风险等。

一、保护策略和抵补策略

期权相对于零成本的远期合约,通常是一种次优的选择。但是期权交易的不对称性和套期保值的灵活性使其备受风险管理者青睐。人们可以利用期权构筑起不完全对冲价格变动风险(收益)的四种基本策略。即,买入看涨期权、买入看跌期权、卖出看涨期权和卖出看跌期权。买入期权以应对风险的策略称为保护性策略(protective strategy),卖出期权以抵补风险损失的策略称为抵补性策略(cover strategy)。这些策略的目的虽然也是应对和管理标的资产的风险,但并不像 Delta-Gamma-Vega 套期策略那样以实现中性对冲为目的。

1. 买入看涨期权策略

套保目标:保护未来计划买入的资产价格或者现在持有的资产空头头寸,使其免于价格上涨风险。

心理特点:在"看空标的资产,但不能肯定"或"看涨后市"时可以选择这种策略。

构筑方法:在开始时,购买看涨期权。期权的选择可以标的资产的目标价或期货头寸的建仓价为衡量标准,选择虚值或平值期权。最好是浅度虚值期权,这样可以确保套期保值策略成本不会因为选择实值期权而过高。

损益分析:图 8-5 合成了利用看涨期权管理标的资产风险的收益曲线(较粗的实线)。很明显,当标的资产价格上涨的时候,投资者会通过行权的方式,以获得的收益对冲空头头寸的损失,因此并不会遭受巨大的损失。而当标的资产价格下跌后,该策略的构筑者不会选择行权,虽然空头头寸的曲线向下移动,但是只要价格下跌,终将获得较为丰厚的利润。但是无论如何,这种风险管理策略都需要一定的初始投资,即购买看涨期权需要花费一定的权利金。这一点对于投资者来说应予以关注。

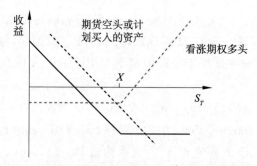

图 8-5 买进看涨期权管理标的资产风险的策略结构

2. 买进看跌期权策略

套保目标:保护标的资产多头头寸。

构筑方法:购买虚值或平值的看跌期权。

损益分析:图 8-6 合成了利用看跌期权进行风险管理的收益曲线(实线)。很明显,当标的资产价格下跌的时候,通过行权可以免受损失。而当标的资产价格上涨,可以选择不行权,同时获得价格上涨的好处。这种套期保值由于需要支付权利金,因此也需要一定的初始投资。

心理特点:在"看多但是不肯定"或者"看跌标的资产后市"时会采取这种策略。同时,也具有承担得起的心理特点。

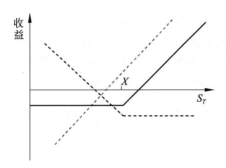

图 8-6　利用买进看跌期权进行套期保值

3. 卖出看涨期权策略

在卖出看涨期权策略中,以收取的权利金来弥补市场价格的不利变动所造成的损失,从而缩小或消除由价格的不确定变动所带来的风险。

套保目标:降低现货或期货头寸的价格下跌风险。

构筑方法:卖出平值或虚值的看涨期权。因为实值期权权利金较高,也可以在买方行权可能性很低的情况下卖出实值期权。建议不要卖出深度实值期权。

损益分析:图 8-7 合成了该策略的损益曲线(实线部分)。可以发现,卖出期权获得的权利金可以使标的资产收益曲线上移,弥补标的资产价格下跌后的部分损失。但是,在标的资产价格上升超过行权价格后,买方行权会使套保者无法再获得标的资产价格上升后的收益。

心理基础:对市场走向的看法是中性的,认为标的资产价格上涨和下跌都不会太多。

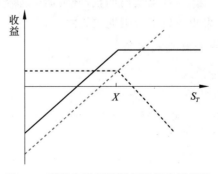

图 8-7　利用卖出看涨期权进行套期保值

很容易看出:卖出看涨期权的避险效果有限;通过卖出看涨期权进行套保后,现货的获利程度也被固定了。这是因为市场价格上涨超过行权价格时,看涨期权的购买者将行权。所以,即使市场价格涨得再高,投资者在现货市场的利润也将被期权市场的损失所抵消。

4. 卖出看跌期权策略

卖出看跌期权与卖出看涨期权一样,也是以收取的权利金来弥补市场价格的不利变动所造成的损失。

套保目标:减少标的资产价格上涨的风险。

构筑方法:卖出虚值或平值的看跌期权,应对标的资产价格上升后的风险损失。

损益分析:图8-8显示,构筑套保组合后卖出期权,获得的权利金会使标的资产收益曲线整体上移。但是,如果在投资者卖出看跌期权后,市场价格持续跌至行权价格之下,那么看跌期权的多头将选择行权,封住标的资产价格下跌可以带来的收益。

心理基础:套保者对市场走向的看法是中性的,认为标的资产价格上涨和下跌都不会太多。

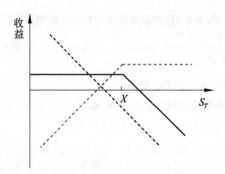

图 8-8 利用卖出看跌期权进行套期保值

二、双限策略

在利用单一的期权进行管理标的资产风险时,存在一定的不足之处。第一,买入期权需要付出一定的成本支出。第二,如果卖出期权,则可能会抑制标的资产的收益。为了解决这两方面问题,市场上开发出了以下双限期权策略。

1. 买入看涨期权,卖出看跌期权策略

该风险管理组合的构造模式是:

——风险头寸:持有标的资产空头头寸。

——卖出较低行权价格的看跌期权。

——买入较高行权价格的看涨期权。

策略的使用条件是交易者担心资产价格出现上升风险。买入看涨期权有助于化解资产价格上涨造成的损失。卖出相同数量的看跌期权则是为了降低买入看涨期权的成本支出。在构筑组合时需要注意,买入的看涨期权应为平值或者较为虚值的期权,卖出的看跌期权应为虚值期权。很多时候,构筑双限套利的一个基本原则是使得初始的净支出不大于0(图8-9中的净支出为0)。

损益分析:该组合最终形成的损益曲线见图8-9中的实线。可以发现,这一策略虽然

可以降低风险管理的成本,但是无法得到标的资产价格大幅下跌带来的好处。

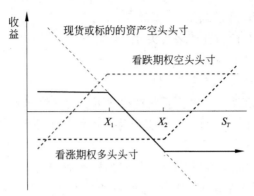

图 8-9 买入看涨期权,卖出看跌期权套保(构筑成本为 0 的情形)

【例 8-8】 买入看涨期权,卖出看跌期权应对资产价格上涨风险的策略

2022 年 4 月,一家大型贸易商决定在 6 月购买 5 000 吨白糖。当时的白糖价格是 5 565 元/吨,7 月的白糖期货价格是 5 512 元/吨,行权价格为 5 450 元/吨的 7 月到期的看跌期权价格为 75 元/吨,行权价格为 5 650 元/吨的 7 月到期的看涨期权的价格为 75 元/吨。该贸易商认为未来几个月白糖价格将会上涨,于是决定利用买入看涨期权,卖出看跌期权这一双限期权策略应对价格风险。

表 8-6 简单模拟分析了两种情形下的合成损益。第一种情形:到了 6 月,白糖价格现货上涨到 6 012 元/吨,7 月期货价格上涨到 6 078 元/吨;第二种情形:到了 6 月,白糖现货价格下跌到 5 032 元/吨,7 月的期货价格下跌到 5 056 元/吨。

表 8-6 买入看涨期权,卖出看跌期权合成损益分析

4 月	决定 6 月购买 5 000 吨白糖。当时现货价格是 5 565 元/吨,7 月的白糖期货价格是 5 512 元/吨,行权价格为 5 450 元/吨的 7 月到期的看跌期权价格为 75 元/吨,行权价格为 5 650 元/吨的 7 月到期的看涨期权的价格为 75 元/吨
套保方法	买入行权价格为 5 650 元/吨的 7 月到期的看涨期权价格为 75 元/吨,卖出行权价格为 5 450 元/吨的 7 月到期的看跌期权价格为 75 元/吨。 权利金支出=(75-75)×5 000=0 元
6 月 情形 1 的损益	白糖价格现货上涨到 6 012 元/吨,7 月期货价格上涨到 6 078 元/吨。这时,看跌期权空头头寸不被行权,看涨期权多头行权。 现货市场损益=(5 565-6 012)×5 000= -2 235 000 元 期货市场损益=(6 078-5 650)×5 000=2 140 000 元 净盈利=-95 000 元
6 月 情形 2 的损益	白糖现货价格下跌到 5 032 元/吨,7 月的期货价格下跌到 5 056 元/吨。这时看跌期权空头头寸被行权,看涨期权不行权。 现货市场损益=(5 565-5 032)×5 000=2 665 000 元 期货市场损益=(5 056-5 450)×5 000= -1 970 000 元 净盈利=2 665 000-1 970 000=695 000 元

2. 买入看跌期权，卖出看涨期权策略

该风险管理组合的构造模式是：

——风险头寸：持有标的资产多头头寸。

——卖出较高行权价格的看涨期权。

——买入较低行权价格的看跌期权。

组合构筑：空头看涨期权和多头看跌期权尽可能为虚值期权，这样看涨期权不易被行权，看跌期权价格相对较低。同样，套保者应尽可能使初始的净支出不大于0（图8-9中的净支出为0）。

损益分析：构筑组合的初始净支出会使标的资产曲线向上或向下移动。在标的资产价格大于看涨期权的行权价格 X_2 时，看涨期权的买方会行权；当标的资产价格小于看跌期权的行权价格时，套保者会选择行权。这样，可以形成如图8-10所示的套保组合损益曲线（实线）。很明显，买入看跌期权，卖出看涨期权套保策略虽然可以降低套保成本，但是无法得到标的资产价格上涨带来的全部好处。

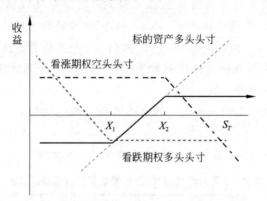

图8-10 买入看跌期权，卖出看涨期权套保

【例8-9】 买入看跌期权，卖出看涨期权套保

某企业打算在7月出售1 000盎司黄金。为防止未来价格下跌造成损失，该企业计划通过买入看跌期权和卖出看涨期权的方式进行套期保值。假设，现时的黄金价格为800美元/盎司，7月黄金期货的价格是790美元/盎司，行权价格为810美元/盎司的7月看涨期权的价格是3美元/盎司，行权价格为790美元/盎司的7月看跌期权的价格是4美元/盎司。为了便于学习这种套期保值方式，表8-7做了情景分析。

表8-7 买入看跌期权，卖出看涨期权套保案例情景分析

当前	现时的黄金价格为800美元/盎司，7月黄金期货的价格是790美元/盎司，行权价格为810美元/盎司的7月看涨期权的价格是3美元/盎司，行权价格为790美元/盎司的7月看跌期权的价格是4美元/盎司
套保方法	卖出行权价格为810美元/盎司的7月看涨期权，买入行权价格为790美元/盎司的7月看跌期权。 权利金支出＝(4-3)×1 000＝1 000美元

6月 情景Ⅰ：金价下跌后的套保损益	黄金的市场价格为778美元/盎司，期货价格为776美元/盎司。由于黄金期货价格低于看跌期权的价格，套保企业行权，并将行权后的空头头寸平仓。同时，看涨期权行权价格高于市场价格，因此不被行权。综合考虑现货、期货和期权市场，该企业的损益如下： 　　现货市场潜在损益＝(778－800)×1 000＝－22 000 美元 权利金支出＝(4－3)×1 000＝1 000 美元 看跌期权行权后的期货损益＝(790－776)×1 000＝14 000 美元 净损益＝14 000－22 000－1 000＝－9 000 美元	
6月 情景Ⅱ：金价上涨后的套保损益	金价上涨到816美元/盎司，期货价格涨至808美元/盎司。这时看跌期权多头不行权，看涨期权的多头要求行权。综合考虑现货、期货和期权市场，该企业的套保损益如下： 看涨期权被行权的期货损益＝(808－810)×1 000＝ －2000 美元，期货价格小于行权价格810，看涨期权不会行权。 现货市场的损益为＝(816－800)×1 000＝16 000 美元 权利金支出＝(4－3)×1 000＝1 000 美元 净损益＝16 000－1 000＝15 000 美元	

三、期货和期权组合策略

1. 期货空头与看涨期权多头策略

一般情况下，生产商和加工商防范价格下跌风险的方式有两种，即买入看跌期权，或利用期货做空头套期保值。第一种方法需要付出初始成本，第二种方法则无法获得现货价格上涨带来的好处。为了弥补期货空头套期保值的不足，可以在期货套期保值的操作中再引入期权来共同开展套期保值。

该风险管理组合的构造模式是：

——风险资产：持有标的资产多头头寸。

——卖出期货。

——买入看涨的期货期权。

损益分析：当现货标的资产价格下跌后，套期保值者会在期货头寸上平仓盈利弥补现货亏损，同时不执行看涨期权。当现货价格上涨后，套期保值者会在期货头寸上亏损，但是可以执行买入的看涨期权，转换为期货多头头寸，以此化解事先建立的期货空头头寸。

【例8-10】 期货空头与看涨期权多头套期保值

假如现在是3月，某贸易商决定在3个月后出售白糖，但是担心价格下跌，则可以采用这种期货空头头寸和看涨期权多头头寸相结合的套期保值方法。假设白糖当前的现货价格是5 200元/吨，7月期货价格是5 250元/吨，7月行权价格为5 200元/吨的看涨期权价格为30元。可以将该风险管理策略的盈亏模拟总结到表8-8中。

表 8-8 期货空头与看涨期权多头套期保值的盈亏损益模拟

市场情况	现货盈亏	期货盈亏	期权盈亏	总 盈 亏
现货价格下跌至 5 000 元/吨,期货价格下跌至 5 020 元/吨	5 000－5 200＝－200 元/吨	平仓后:5 250－5 020＝230 元/吨	不行权:损失权利金 30 元/吨	230－200－30＝0 元/吨
现货价格下跌至 5 000 元/吨,期货价格下跌至 5 050 元/吨	5 000－5 200＝－200 元/吨	平仓后:5 250－5 050＝200 元/吨	不行权:损失权利金 30 元/吨	200－200－30＝－30 元/吨
现货价格上涨至 5 350 元/吨,期货价格上涨至 5 360 元/吨	盈利:5 350－5 200＝150 元/吨	行权:以行权价格 5 200 元/吨获得期货的多头头寸,对冲 5 250 元/吨,获利 50 元/吨,成本 30 元/吨		150＋50－30＝170 元/吨

2. 期货多头与看跌期权多头策略

这种策略的目标是防范价格上升风险。

该风险管理组合的构造模式是:

——风险资产:持有现货标的资产空头头寸(或将要买入某种标的资产)。

——买入期货。

——买入看跌的期货期权。

损益分析:当期货和现货价格均出现上涨时,期货头寸的盈利可以弥补现货头寸的亏损,此时看跌期权不行权,仅损失权利金;当期货价格和现货价格均出现下跌时,期货的亏损会侵蚀现货的盈利,为此套保者可以利用对看跌期权的行权来平掉期货多头仓位。可以发现,这一策略不仅可以规避价格上涨的风险,还可能使套期保值者在现货价格不断下跌的情况下获得充足的利润。

【例 8-11】 期货多头与看跌期权多头策略

某白糖企业计划 7 月购进某大宗商品。3 月现货市场价格为 5 210 元/吨,9 月期货价格为 5 470 元/吨(7 月合约不活跃,用 9 月合约替代),该企业预计市场价格有较大幅度上升的趋势。为了免受价格上涨带来的购进成本增加的损失,但又不想放弃一旦跌价带来的低成本购进的机会,该企业决定利用期货和期权交易进行保值。于是,买进 9 月价格为 5 470 元/吨的期货合约,同时买入 9 月看跌期权(7 月倒数第 5 个交易日到期),行权价格为 5 500 元/吨,支付的权利金为 80 元/吨。

从 3 月到 6 月现货价格一直呈上涨趋势。7 月,现货市场价格涨至 5 400 元/吨,9 月期货合约涨到 5 670 元/吨。该企业便以 5 670 元/吨的价格卖出 9 月期货合约与手中多头期货持仓 5 470 元/吨对冲,获取差价利润 200 元/吨,同时放弃或低价转让看跌期权,损失不超过 80 元/吨的权利金支出,期货、期权交易共盈余 120 元/吨(200－80＝120)。为从现货市场买货起到 120 元/吨的保值作用,其购进成本实为 5280 元/吨(5 400－120＝5 280)

假如 7 月的现货市场价格下跌到 5 300 元/吨,9 月的期货价格下跌为 5 410 元/吨,该企业便行使看跌期权,以行权价格 5 500 元/吨卖出期货合约与手中多头期货持仓 5 470 元/吨对冲,获利 30 元/吨,扣除权利金 80 元/吨,共损失 50 元/吨。从现货市场上以 5 300 元/吨低价购进货物,其最终购进成本为 5 350 元/吨(5 300+50=5 350),同样可以享受到低价购进的好处。

第四节 应对组合资产风险的期权策略

对于很多机构来说,需要运用期权策略来管理资产组合的风险,如利用股指期权管理股票组合风险,利用利率期权管理债券组合风险。本节将探讨运用股指期权开展对组合资产的套期保值。这些策略与上一节所介绍策略在本质上一样,但是在策略过程中则存在一些差异。如,在组合保险和无成本期权中需要考虑 β 值,90/10 策略则又是某种投资替代策略。

一、组合保险

组合保险(portfolio insurance)又称动态资产配置(dynamic asset allocation),是机构投资者在预期股票市场将下跌的情况下所采取的一种买入股指看跌期权的套期策略。在利用股指期权开展的组合保险中,需要确定应当买入的股指期权行权价格是多少,数量是多少。

为了方便计算,这里需要考虑以下变量:组合保值的到期时间 T,投资组合在 t 时刻 ($0 \leqslant t \leqslant T$)的价值为 V_t,投资组合保值要达到的目标水平 V^*,标的股指在 t 时刻的水平 S_t,一手股指期权合约在 t 时刻的面值 P_t,投资组合的 Beta(β)值,保值期间的无风险利率 r 和红利率 q。

1. 确定看跌期权行权价格 X

可以先考虑未来结束套保时组合的价值 V_T。假设组合的期望收益率为 k,则可以知道

$$V_T = (1+k-q)V_0$$

其中的 k 可以通过资本资产定价模型予以测算,即

$$k = \beta(k_m - r) + r$$

而作为市场预期收益率的 k_m 也可以用式子表达出来,即

$$k_m = \frac{(S_T - S_0)}{S_0} + q$$

这样,就可以重新根据已知变量和 S_T 计算套保结束时的组合价值,即

$$V_T = \left\{ 1 + r + \beta \left[\frac{(S_T - S_0)}{S_0} + q - r \right] - q \right\} V_0$$

为了实现保值目标 V^*,所引入的看跌期权行权价格 X 应当是 S_T 的特定值,这样可求解下列方程

$$V^* = \left\{ 1 + r + \beta \left[\frac{(X - S_0)}{S_0} + q - r \right] - q \right\} V_0$$

2. 确定卖出期权的数量 n

卖出期权的数量由下式给出

$$n = \beta \frac{V_0}{P_0} = \beta \frac{V_0}{\alpha \cdot X}$$

其中,α 是股票指数期权合约中确定的乘数。$\alpha \cdot X$ 是一手指数期权以行权价所能锁定的资产目标价值,类似于一手股指期货合约的价值。

【例 8-12】 组合保险的行权价格和合约数量计算

假设有一个总价值(V_0)为 1 000 万的股票组合,该组合和沪深 300 指数相关,β 值为 2,指数当前水平(S_0)是 4 000 点。该组合的管理人预期未来 3 个月市场可能会下跌,希望选择沪深 300 股指看跌期权开展组合保险,确保股票组合的价值不低于 900 万(V^* 为 900 万)。另外,3 个月的无风险利率为 r 为 1.5%,3 个月的红利率 q 为 1%。

据此,可求得行权价格 X 为 3 810,由于行权价格间距设计,最终可以选择的沪深 300 股指期权行权价为 3 800 点。所需沪深 300 股指看跌期权合约的数量为 50 手。

二、无成本期权套期

无成本期权套期是买入看跌期权,同时卖出看涨期权以管理投资组合风险的套期策略[见图 8-11(a)]。在该策略中,看跌期权和看涨期权的权利金应该一样,以便使套期策略的构筑成本为 0 或者接近于 0。对于看跌期权和看涨期权来说,应该都是虚值期权,才能满足两个期权的权利金一样。当然现实中要想找到价格完全一样的虚值看涨期权和虚值看跌期权并不容易,所以只要大致一致即可。

图 8-11(b)绘出了无成本期权套期组合在套期结束(期权到期时)的合成损益。这一原理容易理解,其实就是双限套期保值策略。但是,其也存在不同之处,在针对股票组合开展期权套期保值时,需要考虑 β 对期权合约数量和总成本的影响。

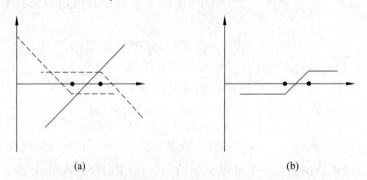

图 8-11 无成本期权套期的组合构筑(a)和合成损益曲线(b)

【例 8-13】 利用股指期权①开展无成本套期交易

当前的沪深 300 股票指数为 4 000 点,某机构持有价值 1 亿元的股票组合。该组合的

---

① 股指期权合约交割结算价为最后交易日标的指数最后 2 小时的算术平均价。

价值与沪深300指数相关,β值为1.5。该机构认为未来3个月股市会出现动荡,下跌风险很大,于是决定开展无成本期权套期策略。

策略的构筑思路是:买入虚值的沪深300股指看跌期权(如IO2203P3950)100手,每手的权利金支出是33.2点,即33.2×100=3 320元;卖出权利金基本相同的虚值沪深300股指看涨期权(如IO2203C4050)100手,每手的权利金收入是34.0点,即34.0×100=3 400元。

买入的IO2203P3950数量与β有关,具体为1.5×100 000 000/(3 950×100)≈380手,卖出的IO2203C4050的数量是1.5×100 000 000/(4 050×100)≈370手。

这样,组合的净成本为380×3 320−370×3 400=3 600元。

三、90/10策略

90/10策略又称保证报酬基金(guaranteed return funds),是一种不买入组合资产,而以买入看涨期权予以替代的投资方式。这种策略有广义和狭义两类,在一定程度上也属于套期策略。

1. 狭义90/10策略

狭义的90/10策略是机构投资者将暂时自己闲置的90%的资金用于购买无风险资产或者货币市场工具,剩余10%的资金用于购买期权。下面举例予以说明。

【例8-14】 90/10策略

假设某基金3月份拥有1 000万元的资金,基金管理人发现目前短期利率较高,6个月的货币市场利率达到6%。沪深300股票指数为4 000点,预期其将要在未来一段时间内上升。于是决定将90%的资金用于货币市场投资,半年后得到的利息是900×6%÷2=27万元。剩下的10%用于购买行权价格为4 000、期限为6个月的沪深300股指看涨期权(IO2203C4000),权利金为50点。可以购买的期权数量为1 000 000/(50×100)=200手。这200手IO2203C4000相当于购买了200×4 000×100=80 000 000元的指数资产,是其管理资产的8倍。

6个月后期权到期日,如果沪深300股票指数结算价低于4 000点,IO2203C4000不行权,90/10策略最终的总价值是927万元。如果沪深300股票指数结算价高于4 000点,基金管理人就会有行权结算收益。例如,指数结算价为4 500点,则获得的收入为200×(4 500−4 000)×100=10 000 000元。此时,基金经理的总资产增加至19 270 000元。

2. 广义90/10策略

广义90/10策略是基金管理人不拘泥于90/10比率,而是根据对风险的态度,对资产投资比率予以调整。以例8-14内数据为例,将资产的97.09%投资于货币市场,剩余的2.91%用来购买IO2203C4000,购买的数量是291 000/(50×100)≈58手。这样,在6个月后资产的总价值会包含两部分:一是1 000万元,二是期权行权收益 $\max[(S_T-4000)\times 100\times 58, 0]$。

无论是狭义90/10策略还是广义90/10策略,有两个条件是必要的。一是保证安全的货币市场投资收益越高越好;二是选择看涨期权要判断使用浅度实值、浅度虚值还是平值期权,权利金越低越好,这就需要在杠杆和行权之间进行综合考虑。

【阅读材料 8-1】 二阶希腊值 Vomma,Vanna,Charm,Veta

【思考与习题】

1. 掌握 Delta、Gamma、Theta、Vega、Rho 的含义和计算方法。
2. Delta 有哪些基本特征?什么是 Delta 对冲?
3. 某个头寸的 Delta 为 0,而 Gamma 是一个很大的负值,该头寸的风险是什么?
4. 如何构造期权组合的 Gamma 中性和 Delta 中性?
5. 在交易时 Theta 有何启示?如果以年计,Theta 值为 -0.1 意味着什么?如果一个交易者认为股票价格和隐含波动率都不变,那么期权头寸是什么类型?
6. 对期权头寸进行风险管理和利用期权开展套期保值有何内在联系?
7. 如何理解期权套期保值中的保护性策略(protective strategy)与抵补性策略(cover strategy)?
8. 什么是期权动态套期保值策略?动态套保有何局限性?
9. 比较分析不同的双限期权套期保值策略。
10. 看涨期权的价格是 100 元,Delta 为 0.6,如果期权标的物价格上涨了 3 元,则期权价格大概是多少?
11. 机构卖出了 10 万股不付红利股票的欧式看涨期权,假设股票价格现在是 49 元,行权价格为 50 元,无风险利率为 5%,股票价格每年的波动率为 20%,期权还有 26 周到期,计算该期权组合的 Delta、Gamma、Theta、Vega、Rho 值。
12. 如果有 100 000 份看涨期权多头头寸,每份 Δ 为 0.533;200 000 份看涨期权空头头寸,每份 Δ 为 0.468;50 000 份看跌期权空头头寸,每份 Δ 为 -0.508,则该组合的 Δ 是多少?
13. 一个不付红利股票的看涨期权,股票价格为 49 美元,行权价格为 50 美元,无风险利率为 5%,期限为 20 周,股票价格波动率为 20%。则 1 股股票期权的 Gamma 为多少?假如股票价格变化 ΔS 时,期权 Delta 的变化为多少?
14. 某银行持有的美元/欧元期权的 Delta 值为 30 000,Gasmma 为 -80 000。如何解释这些数字?假如汇率为 0.90,为了使得头寸为 Delta 中性,该如何进行交易?在一短暂的时间后,汇率变化为 0.93,如何实现 Delta 中性?假定银行在最初设定了 Delta 中性头寸,在汇率变动后,这一头寸是亏损还是盈利?
15. 某机构持有以下场外英镑期权头寸的交易组合(见表 8-9)。

表 8-9 英镑期权头寸组合

期权类型	头 寸	期权 Delta	期权 Gamma	期权 Vega
看涨期权	−1000	0.50	2.2	1.8
看涨期权	−500	0.80	0.6	0.2
看跌期权	−2000	−0.40	1.3	0.7
看涨期权	−500	0.70	1.8	1.4

某交易所交易期权的 Delta 为 0.6，Gamma 为 1.5，Vega 为 0.8。

(1) 什么样的交易所内交易期权头寸会使交易组合为 Gamma 及 Delta 中性？

(2) 什么样的交易所内交易期权头寸会使交易组合为 Vega 及 Delta 中性？

16. 某银行提供的存款产品中向投资者保证 6 个月期限内收益为 0 与市场指数收益的 40%。一个投资者决定将 100 000 美元投资于这种产品，请将该产品收益描述为关于指数的期权。假定无风险年利率为 8%，指数红利收益率为年率 3%，指数波动率为年 25%，这一产品对于投资者而言合理吗？

【即测即练】 扫描书背面的二维码，获取答题权限。

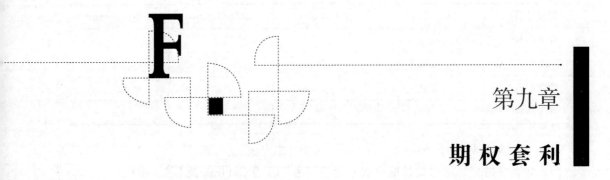

第九章

期权套利

期权套利是利用期权的不合理定价或对市场出现的波动率错误估计来谋取低风险利润的一种交易方式。期权套利有两类。一是针对期权价格失真进行的单纯型套利,主要包括价格上下限套利、转换套利、反转换套利、箱体套利、垂直价差套利等。二是以对实际波动率和隐含波动率的不同估计为基础进行的波动率套利,这是一种广义的套利交易,主要有水平价差套利、对角套利等。

第一节 边界套利

期权价值有其上下限。如果期权的实际价格突破上限,交易者可以开展上限套利;如果期权价格低于下限,交易者则可开展下限套利。

一、上限套利

1. 看涨期权上限套利

在任何情况下,期权权利金都不应超过标的资产价值,即 $c \leqslant S$(美式期权为 $C \leqslant S$)。如果 $c > S$,套利者就会开展套利,基本策略是:

——卖出看涨期权。

——买入标的资产(如股票)。

由于构筑组合时 $c > S$,所以套利者一开始就能得到一份收益:$c - S$。

可以从以下两种可能的情况分析期权到期时的套利收益。

如果 $S_T > X$,期权买方会要求行权,套利者将履约以 X 的价格卖出标的股票。这时,套利收益为 $(c - S)e^{rT} + X$。

如果 $S_T < X$,期权买方选择不行权,套利者则可将手中的股票按照市场价格 S_T 卖

出。这时,套利收益为$(c-S)e^{rT}+S_T$。

2. 看跌期权上限套利

对于看跌期权来说,无论标的资产价格多低,权利金都不应超过行权价格,即$p\leq X$(美式期权为$P\leq X$)。更精确地来说,欧式看跌期权的权利金都不应超过行权价格的现值,即$p\leq Xe^{-rT}$。如果不存在这一关系,或者说如果$p \cdot e^{rT}-X>0$,交易者就会选择售出看跌期权,并将所得收入以无风险利率进行投资。

该策略的最终收益与期权到期时多头是否行权有关。具体情况如下:

如果$S_T<X$,看跌期权买方行权,策略构筑者需要以X买入标的股票,再以S_T卖出,套利的收益是$p \cdot e^{rT}-X+S_T$。

如果$S_T>X$,则看跌期权的买方不行权,这时的策略收益为$p \cdot e^{rT}$。

二、下限套利

期权下限套利又称贴现套利。这里以不付红利股票的欧式期权为对象来说明下限套利的原理。

1. 看涨期权下限套利

已经知道,对于不付红利股票的欧式看涨期权来说,其价格下限为$\max(S-Xe^{-rT},0)$。如果看涨期权有内在价值,则价格下限为$S-Xe^{-rT}$。当期权价格小于内在价值时,即$c<S-Xe^{-rT}$或$c+Xe^{-rT}<S$时,则可以开展套利。基本策略是:

——卖空股票。

——购买该股票的看涨期权。

由于股票价格不会低于看涨期权价格,所以该组合在开始时就会有一份收入$S-c$。套利者可将其做无风险投资。

在期权到期时,组合损益可分为如下两种情形。

如果$S_T>X$,就选择对看涨期权行权,用无风险投资所获得的收益以行权价X买回股票。这时的套利收益是$(S-c)e^{rT}-X$。

如果$S_T<X$,则不行权,这时可以更低的市场价格S_T买回股票,所获得的套利收益为$(S-c)e^{rT}-S_T$。

【例 9-1】 不付红利股票的欧式看涨期权下限

某一时刻,股票的可成交价为 20 元,1 年期的无风险利率为 10%,此时行权价格为 18 元的 1 年期看涨期权的可成交卖价为 3 元。套利者迅速发现,在当前市场条件下,该期权的内在价值应为$S-Xe^{-rT}=3.71$元,而市场价格明显偏低,存在着套利机会。

套利者决定卖空股票,购买 1 年期该股票的看涨期权,此时可获得的现金流为:$20-3=17$元。在获得 17 元后,以无风险利率投资 1 年。一年以后,资金终值为$17 \times e^{0.1 \times 1}=18.79$元。

期权到期后,如果股票价格高于行权价格,套利者就会以 18 元的价格行权买回股票。这时可以获得的利润为$18.79-18=0.79$元。

如果股票价格低于行权价格，套利者则从市场上购买股票归还所借股票。这时套利者的盈利会更高。如，假设股票市场价格是17元，则盈利为18.79－17＝1.79元。

2. 看跌期权贴现套利

对于实值的看跌期权而言，如果价格小于内在价值，即 $p<Xe^{-rT}-S$，套利者会展开套利。建仓手法是：

——融资买入标的股票。

——融资买入看跌期权。

很明显，构筑该组合需要一定的成本，即 $p+S$。

在期权到期时，套利者可以基于标的股票的价格表现做出如下两种不同的选择。

如果 $S_T<X$，套利者可以行权卖出股票，归还资金 $(p+S)e^{rT}$。这时，套利收益为 $X-(p+S)e^{rT}$。

如果 $S_T>X$，套利者不行权，可将手中持有的股票按照市价 S_T 卖出，同时归还资金 $(p+S)e^{rT}$。这时，套利收益为 $S_T-(p+S)e^{rT}$。

【例9-2】 套利与看跌期权价值的下限

某时刻股票可成交的价格为37元，无风险利率为5%，此时半年后到期的行权价格为40元的股票看跌期权可成交卖出价为1元。套利者计算出看跌期权的理论下限为 $Xe^{-rT}-S=2.01$元，发现看跌期权的卖价1元要比下限2.01元低很多，于是决定开展下限套利交易：借入38元，期限为半年，用于购买1股股票和相应的看跌期权。

现在需要6个月后的收益。

期权到期时，套利者需要连本带利归还38.96元。此时，如果股票价格低于40元，则套利者行权，获得的收益是40－38.96＝1.04元；如果股票价格高于40元，套利者不行权，可直接按照市价卖出股票，偿还本息。比如，这时的股票价格涨到了42元，那么套利收益就为42－38.96＝3.04元。

第二节 平价套利

期权平价关系描述了具有同一标的资产、同一到期月、同一行权价格的看涨期权和看跌期权的价格关系。如果期权平价关系不成立，套利者就会开展套利。和期权平价关系相关的常见套利方式有转换套利、反转换套利、箱体套利等。

一、期权平价关系回顾

第七章为了推导不付红利股票期权的平价关系，构筑了具有等价关系的组合 A 和组合 C。

组合 A：购买一股行权价格为 X 的欧式股票看涨期权，并将数额为 Xe^{-rT} 的现金进行无风险投资。该组合价值为 $c+Xe^{-rT}$。

组合 C：以价格 S 购买一股股票，以价格 p 购买行权价格为 X 的股票看跌期权。该

组合的价值为 $p+S$。

组合 A 在 T 时刻可以买入股票,组合 C 在 T 时刻可以将股票卖出。两个组合的价值一样,即 $c+Xe^{-rT}=p+S$。如果这一等式不成立,就可以基于组合 A 和组合 C 建立多空组合来开展套利。具体如下:

如果 $c+Xe^{-rT}>p+S$,则做空组合 A,做多组合 C。具体的操作是:第一步,卖出看涨期权获得收入 c,再借入资金 $(p+S-c)$,买入看跌期权和标的资产;第二步,等待期权到期,在期权头寸上将标的股票卖出去。

如果 $c+Xe^{-rT}<p+S$,则做空组合 C,做多组合 A。具体的操作是,卖出看跌期权和标的股票,获得收入 $p+S$,将其中一部分资金买入看涨期权,剩余部分资金做无风险投资;在期权到期时,通过期权头寸将卖出的标的股票买回。

【例 9-3】 不付红利股票期权平价关系套利

假定 $S=31$ 元,$X=30$ 元,年利率 $r=10\%$,$T=0.25$,$c=3$ 元,$p=2.25$ 元。

组合 A 的价值是 $c+Xe^{-rT}=32.26$ 元。

组合 C 的价值是 $p+S=33.25$ 元。

很明显,组合 A 价值相对低估,组合 C 相对高估。或者说,看涨期权价格相对于看跌期权偏低。这时,套利者就会买入组合 A,卖出组合 C,具体如下:

卖出组合 C:以 31 元的价格卖空股票,以 2.25 元的价格卖出一个看跌期权。这时可以获得资金 $31+2.25=33.25$ 元。

买入组合 A:将卖出组合 C 所获得的资金,以 3 元的价格买入看涨期权,将剩余资金 $33.25-3=30.25$ 元进行 0.25 年的无风险投资,终值为 31.02 元。

3 个月后,有两种情况发生。

第一种情况:如果股票市场价格超过行权价格,即高于 30 元,这时卖出的看跌期权不会被行权,而买入的看涨期权应予以行权,即以 30 元买回股票,这时的盈利是 1.02 元。

第二种情况:如果股票市场价格低于行权价格,即低于 30 元,这时套利者不会执行买入的看涨期权,但是卖出的看跌期权会被行权,也就是说套利者不得不以 30 元的价格买回股票。这时的盈利也是 1.02 元。

这是相同期限和行权价格的看跌期权相对于看涨期权价格偏高的情形,表 9-1 还总结了看跌期权价格相对偏低的情形。读者可以对比学习。

表 9-1 看跌期权和看涨期权平价关系不成立时的套利机会

市场条件	3 个月的看涨期权价格为 3 元;3 个月的看跌期权价格为 2.25 元,价格偏高	3 个月的看涨期权价格为 3 元;3 个月的看跌期权价格为 1 元,价格偏低
当前交易	买入看涨期权,付费 3 元; 卖出看跌期权,收入 2.25 元; 卖空股票,收入 31 元; 将净收入资金 30.25 元以无风险利率投资 3 个月	卖出看涨期权,收入 3 元; 以 1 元价格买入看跌期权; 借入 29 元,期限为 3 个月; 以 31 元买入股票

续表

3个月后，$S_T>30$	无风险投资收益为 31.02 元； 行使看涨期权，买入价 30 元； 净利润为 1.02 元	看涨期权被行权，以 30 元卖出股票； 偿还 29.73 元贷款； 净利润为 0.27 元
3个月后，$S_T<30$	无风险投资收益 31.02 元； 看跌期权被行权，价格 30 元； 净利润为 1.02 元	行使看跌期权，以 30 元卖出股票； 偿还贷款本息 29.73 元； 净利润为 0.27 元

二、合成标的资产

合成标的资产由期权平价关系演绎而得，是期权平价关系套利的基础。所谓合成的标的资产可以是利用期权合成的指数（如股票指数）、合成的期货，也可以是合成的现货（如 ETF、股票等），究竟合成的是何种标的资产要看期权是指数期权、期货期权还是现货期权。但不管合成的是何种资产，都会有多头头寸和空头头寸之分。

1. 合成标的资产多头头寸

合成标的资产多头头寸是指买入一份看涨期权（c, X, T），同时卖出一份同一标的资产、同一到期日、同一行权价格的看跌期权（p, X, T）。这个由看涨期权多头头寸和看跌期权空头头寸组成的标的资产的损益曲线见图 9-1(a) 中的实线部分，其形状就如同现货标的资产多头头寸一样。从该图可以看出，合成标的资产到期的盈亏平衡点是 $X+(c-p)$，$c-p$ 可以理解为合成标的资产的构筑成本。

在了解了合成标的资产多头头寸之后，可以将其和期权标的资产空头组合起来，形成一个独特的组合。该组合实际上是在当前卖空标的资产，在未来以合成标的资产多头头寸的形式平掉现货空头的仓位。这里的"平仓价位"就是合成标的资产的盈亏平衡点，即 $X+(c-p)$，可将其称为合成指数或合成资产价格。该组合的跨期毛收益就是空头头寸建仓价格和合成资产多头头寸价格的差值。

以上这种组合交易就是后面要介绍的反转换套利。

2. 合成标的资产空头头寸

合成标的资产空头头寸是指买入一份看跌期权（p, X, T），同时卖出一份同一标的资产、同一到期日、同一行权价格的看涨期权（c, X, T）。很明显，该组合的损益曲线类似于标的资产空头头寸损益曲线[见图 9-1(b)]，损益平衡点是 $X-(p-c)$。$p-c$ 可以理解为合成标的资产的构筑成本。如果将盈亏平衡点和其他头寸结合起来，可以将其称为合成指数或者合成标的资产价格。

同样，交易者也可以利用合成标的资产空头头寸开展套利，基本的方法是买入期权标的资产，同时构筑 T 时间后到期的期权合成标的资产空头头寸。这样相当于先买入资产，未来再将其卖出，以获得一份跨期价差收益。这种交易组合叫转换套利。

三、转换和反转换套利

期权转换套利和反转换套利与前面回顾期权平价关系时介绍的例 9-3 没有实质上的

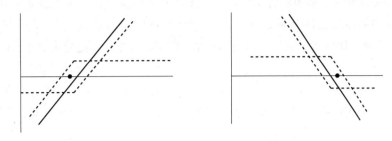

(a) 合成标的资产多头头寸的到期损益曲线　　(b) 合成标的资产空头头寸的到期损益曲线

图 9-1　合成标的资产多头头寸和空头头寸到期损益曲线

差异,其特点是基于期权合成资产,套利组合的构筑原理更为简洁清晰。

1. 转换套利

转换套利的组合构造包括 3 个头寸,即

——买入标的资产(价格为 S)。

——买入欧式看跌期权(p,X,T)。

——卖出欧式看涨期权(c,X,T)。

该组合可以理解为建立标的资产多头头寸,同时建立合成标的资产空头头寸。在期权到期的 T 时刻,组合中的资产多头头寸可以通过买入的看跌期权行权予以卖出,也可以通过卖出的看涨期权被行权来卖出。卖出的资产价格就是行权价格 X。也就是说,期权合成标的资产空头头寸实际上锁定了资产的卖出价格。

当然,期权转换套利组合是否会有套利机会,套利的利润是多少,需要具体问题具体分析。为此,可以对不同类别的期权进行探讨。一类是指数期权和现货期权。这类期权有两个特点。其一,在交易所市场,基本上都是欧式期权。其二,在开展转换套利时,如果要构筑标的资产多头头寸,往往需要大量的现金流支出。如,对于指数来说,需要构筑能够模拟指数的产品组合。另一类是期货期权。这类期权也有对应的两个特点。其一,在交易所市场,交易的大都是美式期权。其二,在开展转换套利时,由于标的资产是期货,所以不需要考虑大量的现金流支出。下面就以不同期权种类为例,分别对套利机会和利润计算方法予以介绍。

(1) 对于欧式指数期权和现货期权而言,在期初,构筑该组合需要买入标的资产和买入看跌期权,支出的资金是 $S+p$;同时还要卖出看涨期权,可以获得收入 c,所以总的支出是 $S+p-c$。由于看涨期权的价格通常都不会超过标的资产的价格($c<S$),所以该组合在开始构筑时会有个净支出,即 $S+p-c>0$。

在期权到期时,转换套利交易者可以通过期权头寸将手中的资产卖出,获得收入。具体情形如下:

如果 $S_T<X$,看跌期权多头头寸行权,将标的资产卖出,获得收入 X;

如果 $S_T>X$,看涨期权空头头寸被行权,履约卖出标的资产,获得收入 X;

如果 $S_T=X$,看跌期权和看涨期权均不行权,将标的资产按市价卖出,获得收入 X。

由于组合建立时有净成本支出,组合在 T 时刻结束头寸时会有固定的收入 X,那么就可以得出一个基本结论：要想获得正收益需要满足的条件就是收入大于净支出，即 $X>S+p-c$。这样，如果在满足该套利条件时，开展套利，可以获得收益就是 $X-(S+p-c)$。当然，这只是毛利。如果考虑到资金的时间价值，正向套利的条件应变为 $X-(S+p-c)e^{rT}>0$，或者 $C-P>S-Xe^{-rT}$。也就是说，只要看涨期权价格相对偏高（或者隐含波动率明显偏高）、看跌期权价格相对偏低（或者隐含波动率明显偏低），就满足了以上套利条件，交易者就可以构筑起一个转换套利组合，该组合在期权到期时会有一个正的净收益：$X-(S+p-c)e^{rT}$。

至此就可以发现，当市场均衡时，套利收益为零，期权平价关系重新建立起来，即 $C-P=S-Xe^{-rT}$。所以说，期权平价关系是转换套利的基础。

严格意义上说，指数期权和现货期权（如个股期权、ETF 期权）在开展转换套利时是存在差异的。指数期权到期时采用的是现金结算，所以模拟指数的现货组合并不能通过期权头寸予以卖出，这就需要交易者在期权结算的同时自行卖出跟踪指数的现货组合。当然，转换套利交易者也不必等到期权最后到期，其可以在套利机会消失时，对组合中的所有头寸予以平仓。

【例 9-4】 利用股指期货开展期权转换套利

交易者在开展股指期权的转换套利时，可以利用股指期货替代股票指数。这样做的好处有两点。一是股指期货交易仅需要保证金，而不需要花费大量的资金来买入现货组合。二是股指期货的规模容易调节，和期权头寸形成良好的匹配关系。如，我国沪深 300 股指期货的合约乘数是每点 300 元，沪深 300 股指期权的合约乘数是每点 100 元，这样做转换套利时需要买入 1 手沪深 300 股指期货，买入 3 手沪深 300 股指期权，卖出 3 手沪深 300 股指期权。

现在假定 2022 年 3 月底，IO2205-C-4200 的价格是 138.6 点，隐含波动率为 30%，IO2205-P-4200 的价格是 102.2 点，隐含波动率为 12%，股指期货 IF2205 在当前市场上可立即成交的卖出报价是 4 230 点。套利者发现 IO2205-C-4200 隐含波动率明显偏高，IO2205-P-4200 隐含波动率相对偏低，决定买入 1 手 IF2205，买入 3 手 IO2205-P-4200，卖出 3 手 IO2205-C-4200。这样，构筑该组合的初始收入是 $(138.6-102.2)\times100\times3=10\ 920$ 元。

《中国金融期货交易所结算细则》规定，沪深 300 股指期货和沪深 300 股指期权合约的交割结算价均为最后交易日标的指数最后 2 小时的算术平均价。现在假定在期权到期日，沪深 300 股指的结算价为 S^*，那么可以分以下三种情形予以分析转换套利的损益。

在 $S^*<4\ 200$ 的情形下，看涨期权作废，看跌期权行权收益是 $(4\ 200-S^*)\times100\times3$；股指期货的收益是 $(S^*-4230)\times300$，这时组合总的收益（即套利收益）是 $(4\ 200-S^*)\times300+(S^*-4\ 230)\times300+10\ 920=1\ 920$ 元。

在 $S^*>4\ 200$ 的情形下，看跌期权作废，看涨期权空头头寸的损益是 $(4\ 200-S^*)\times100\times3$，期货多头的损益是 $(S^*-4\ 230)\times300$，这时组合总的收益（即套利收益）是 $(4\ 200-S^*)\times300+(S^*-4230)\times300+10\ 920=1\ 920$ 元。

在 $S^*=4\ 200$ 的情形下，看涨期权和看跌期权都不行权，则期货收益是 $(4\ 200-4\ 230)\times300=-9\ 000$，这时组合的总收益（即套利收益）是 $10\ 920-9\ 000=1\ 920$ 元。

需要说明的是，以上计算套利收益时未考虑保证金的时间价值、交易手续费，也假定了没有冲击成本。在现实套利中，应充分考虑这些会影响最终套利收益的因素。

（2）对于期货期权而言，构筑转换套利策略的具体方法依然是按照上述原理形成 3 个头寸。但是，期货期权转换套利的条件发生了变化。这是因为，对于美式期货期权而言，看涨期权和看跌期权权利金的价差关系（平价关系）不再是 $C-P=S-Xe^{-rT}$，而变成了 $F_0 e^{-rT}-X < C-P < F_0 - Xe^{-rT}$。如果看涨期货期权价格相对偏高（或者隐含波动率明显偏高），看跌期货期权价格就相对偏低（或者隐含波动率明显偏低），满足了条件 $C-P > F_0 - Xe^{-rT}$，交易者就可以开展转换套利活动。当然，交易者在建立期权转换套利组合后，可以等待期权到期时结束头寸，也可以主动提前行权（或被动履约）结束头寸，再或者在套利机会消失时平掉所有仓位。

2. 反转换套利

反转换套利的构造方法如下：

——卖空标的资产（S）。

——买入欧式看涨期权（c, X, T）。

——卖出欧式看跌期权（p, X, T）。

该组合可以视为卖空标的资产，同时以合成资产多头头寸的形式确定了未来的买回价格和买回方式，即在期权到期时可以通过看涨期权行权或者看跌期权被行权来买入标的资产，进而结束最初的标的资产空头头寸。

和转换套利组合的分析思路一样，反转换套利组合是否会有套利机会，套利的利润是多少，需要考察期初和期末的现金流。下面依然需要将指数期权、现货期权归为一类，而将期货期权归为另一类，以做进一步的分析。

（1）对于欧式指数期权和现货期权而言，在组合构筑时，由于标的资产的价格正常情况下总是高于看涨期权权利金（$S > c$），所以组合在一开始构筑时就会有个大于零的净收入 $S+p-c$。

在组合到期时，可以考虑三种情形：

如果 $S_T > X$，看涨期权行权，套利者可以买入标的资产，支出资金 X；

如果 $S_T < X$，看跌期权被行权，套利者履约买入标的资产，支出资金 X；

如果 $S_T = X$，看跌期权和看跌期权均不行权，套利者以市价买入标的资产，支出资金 X。

考虑到该套利组合在一开始时会有现金流进入，在期权到期时会有资金支出，那么要想获得套利收益，就必须满足一个前提条件，即 $S+p-c > X$。如果满足这一条件，可以获得一份套利毛收益，即 $(S+p-c)-X$。在考虑时间价值的情况下，反转换套利的条件可以变为 $C-P < S-Xe^{-rT}$，这种条件下的实际套利收益就变成了 $(S+p-c)e^{rT}-X$。

与转换套利的分析结论一样，当市场均衡时，反转换套利的收益为零，这时期权平价关系重新建立起来，即 $C-P = S-Xe^{-rT}$。

（2）对于期货期权而言，期权平价关系发生了变化。从期权平价关系可以看出，反转换套利的条件是 $C-P < F_0 e^{-rT}-X$。这时，看涨期权价格相对低估，看跌期权价格相对

高估。交易者可以根据出现的套利机会，构造出反转换套利组合。组合的了结方式可以是平仓，也可以是等待到期时行权或履约。

四、箱体套利

箱体套利是由一组某一行权价格的转换套利组合和另一组另一行权价格的反转换套利组合构筑而成。

1. 正向箱体套利

箱体套利的组合是由行权价格较低的反转换套利和行权价格较高的转换套利组合形成，由于转换套利和反转换套利分别涉及标的资产多头头寸和空头头寸，所以正向箱体套利组合在构筑过程中不再考虑标的资产，而只考虑所需要的期权头寸。组合的具体构筑方式（见图 9-2）如下：

——买入看涨期权(c_1, X_1, T)。
——卖出看跌期权(p_1, X_1, T)。
——买入看跌期权(p_2, X_2, T)。
——卖出看涨期权(c_2, X_2, T)。

其中，$X_2 > X_1$。据此可以判断，$p_2 > p_1, c_1 > c_2$。

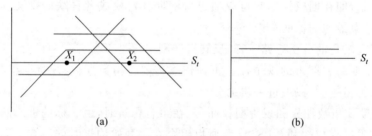

图 9-2　正向箱体套利组合的构筑(a)和合成收益(b)

正向箱体套利组合是否有套利机会，利润是多少需要进一步分析期初和期末现金流。

在组合构筑时，现金流是$c_2 - c_1 + p_1 - p_2$。由于$p_2 > p_1, c_1 > c_2$，所以一开始组合就会有个成本支出。

在组合到期时，各期权头寸上的行权损益之和始终是$X_2 - X_1$。

可见，只要市场上出现$X_2 - X_1 + (c_2 + p_1 - c_1 - p_2)e^{rT} > 0$这一条件，交易者就可以开展正向箱体套利。开展正向箱体套利后，净收益为$X_2 - X_1 + (c_2 + p_1 - c_1 - p_2)e^{rT}$（见表 9-2）。

表 9-2　正向箱体套利的现金流和收益

操作方式	组合现金流	$S_T > X_2$	$S_T < X_1$	$X_1 < S_T < X_2$
买入看涨期权(X_1)	$-c_1$	$S_T - X_1$	0	$S_T - X_1$
卖出看跌期权(X_1)	p_1	0	$S_T - X_1$	0
买入看跌期权(X_2)	$-p_2$	0	$X_2 - S_T$	$X_2 - S_T$

续表

操作方式	组合现金流	$S_T > X_2$	$S_T < X_1$	$X_1 < S_T < X_2$
卖出看涨期权(X_2)	c_2	$X_2 - S_T$	0	0
合计	$c_2 - c_1 + p_1 - p_2$	$X_2 - X_1$	$X_2 - X_1$	$X_2 - X_1$
期权到期的收益		$X_2 - X_1 + (c_2 - c_1 + p_1 - p_2)e^{rT}$		

【例 9-5】 上证 50ETF 期权的正向箱体套利

2022 年 4 月 7 日 11 时 05 分 32 秒,4 月上证 50ETF 期权行情见表 9-3。

如果开展正向箱体套利,策略构成是:买入上证 50ETF 购 4 月 2350,可成交的价位是 0.364 8 元;卖出 50ETF 沽 4 月 2350,权利金收入是 0.000 5 元;买入 50ETF 沽 4 月 2800,可成交价位是 0.074 3 元;卖出 50ETF 购 4 月 2800,权利金收入是 0.095 0 元。

在考虑正向箱体套利组合是否有盈利机会时,需要分析现金流。在策略中,构筑 1 手正向箱体套利组合所需要的现金流是$(0.000\ 5 + 0.095\ 0 - 0.364\ 8 - 0.074\ 3) \times 10\ 000 = -3\ 436$ 元。期权到期时的行权头寸上的损益是$(2.8 - 2.35) \times 10\ 000 = 4\ 500$ 元。很容易判断出,开展正向箱体套利可以获得良好的收入。

考虑到时间价值,最终的套利收益为 $4\ 500 - 3\ 436(1 + 0.05 \times 15/360) = 1\ 056.84$ 元

表 9-3 2022 年 4 月 7 日上证 50ETF 期权行情(1)

合约	卖一价	买一价	卖一量	买一量	最新成交价	开仓保证金
50ETF 购 4 月 2350	0.364 8	0.339 5	9	10	0.364 8	7 662.60
50ETF 沽 4 月 2350	0.002 4	0.000 5	2	1	0.000 3	1 661.00
50ETF 购 4 月 2800	0.097 8	0.095 0	1	12	0.097 8	3 837.60
50ETF 沽 4 月 2800	0.074 3	0.073 1	5	1	0.073 3	4 335.60

资料来源:刘逖.期权工程高级期权策略自修讲义[M].上海:上海人民出版社,2020.

2. 反向箱体套利

反向箱体套利组合(见图 9-3)的构筑方法如下:

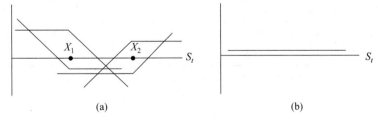

图 9-3 反向箱体套利组合的构筑(a)和合成收益(b)

——买入看涨期权(c_2, X_2, T)。
——卖出看跌期权(p_2, X_2, T)。
——买入看跌期权(p_1, X_1, T)。

——卖出看涨期权$(c_1 X_1, T)$。

其中,$X_2 > X_1$。可以发现,$c_1 > c_2, p_2 > p_1$。

表9-4对反向箱体套利的现金流和收益进行了分析总结。可以发现,构筑该组合有个现金流收入,即$c_1 - c_2 + p_2 - p_1$,而在组合到期时期权组合损益为$X_1 - X_2$。

这样,判断该组合是否有套利机会可以分析其能否获得净收入,即$X_1 - X_2 + (c_1 - c_2 + p_2 - p_1)e^{rT}$是否大于0。如果$X_1 - X_2 + (c_1 - c_2 + p_2 - p_1)e^{rT} > 0$,则开展反向箱体套利。

表9-4 反向箱体套利的现金流和收益

	组合现金流	$S_T > X_2$	$S_T < X_1$	$X_1 < S_T < X_2$
买入看涨期权(X_2)	$-c_2$	$S_T - X_2$	0	0
卖出看跌期权(X_2)	p_2	0	$S_T - X_2$	$S_T - X_2$
买入看跌期权(X_1)	$-p_1$	0	$X_1 - S_T$	0
卖出看涨期权(X_1)	c_1	$X_1 - S_T$	0	$X_1 - S_T$
合计	$c_1 - c_2 + p_2 - p_1$	$X_1 - X_2$	$X_1 - X_2$	$X_1 - X_2$
到期的收益		$X_1 - X_2 + (c_1 - c_2 + p_2 - p_1)e^{rT}$		

【例9-6】 上证50ETF期权的反向箱体套利

2022年4月7日14时21分56秒,4月上证50ETF期权行情如表9-5。构筑反向套利组合,需要买入50ETF沽4月2200,支出0.0005元;卖出50ETF购4月2200,收入0.6186元;买入50ETF购4月2350,支出0.3648元;卖出50ETF沽4月2350,收入0.0005元。

构筑一手反向套利组合的收入是$(0.6186 + 0.0005 - 0.0005 - 0.3648) \times 10\,000 = 2\,538$元。组合到期时,期权头寸的损益是$(2.200 - 2.350) \times 10\,000 = -1\,500$。

即使不考虑资金的时间价值,也可以发现此时有明确的反向箱体套利机会。期权到期时的实际收益为$2\,538(1 + 0.05 \times 15/365) - 1\,500 = 1\,043.22$元。

表9-5 2022年4月7日上证50ETF期权行情(2)

合 约	卖一价	买一价	卖一量	买一量	最新成交价	开仓保证金
50ETF沽4月2200	0.0005	0.0002	21	10	0.0005	1 543.00
50ETF购4月2200	0.6298	0.6186	1	1	0.6212	9 124.60
50ETF购4月2350	0.3648	0.3395	9	10	0.3648	9 622.60
50ETF沽4月2350	0.0024	0.0005	2	1	0.0003	1 661.3

资料来源:刘逊.期权工程高级期权策略自修讲义[M].上海:上海人民出版社,2020.

五、果冻卷套利

果冻卷套利[①]是由某一个到期月份的期权合成资产多头头寸与另一到期月份同一行

---

① 果冻卷(Jelly Rolls)套利组合由芝加哥期权交易所(CBOE)中一位爱吃果冻卷的场内交易员首创,交易所最终以该交易员喜好的食品对这一策略进行了命名。

权价格的期权合成资产空头头寸所组合的套利策略。这种套利交易同样也和期权价格失真有关。当交易者发现近月期权合成的资产的价格（近期价格）和远月期权所合成的资产的价格（远期价格）之差出现异常时，就可以开展果冻卷套利。果冻卷套利可以分为正向套利和反向套利。

1. 正向果冻卷套利

开展正向果冻卷套利的原理是：由近月期权所合成的资产多头头寸的价格（近期价格）相对较低，而远月期权所合成的资产空头头寸的价格（远期价格）相对较高。这时，交易者就可以买入近月合成资产，卖出远月合成资产。具体的策略构筑如下：

——买入近月看涨期权$(c_1, X, T_近)$。
——卖出近月看跌期权$(p_1, X, T_近)$。
——买入远月看跌期权$(p_2, X, T_远)$。
——卖出远月看涨期权$(c_2, X, T_远)$。

很明显，这种果冻卷套利与正向市场中的期货跨期套利具有内在一致性。在期货市场，当近月价格相对低，远月价格相对高，未来价差具有缩小的趋势时，套利者买入近月期货，卖出远月期货。正向果冻卷套利的原理亦是如此。不过，合成资产的价差关系究竟在什么范围内合理，并不容易判断。所以，交易者在开展正向果冻卷套利时，可以从期权价格或隐含波动率入手。如果交易者发现，近月看涨期权的隐含波动率相对偏低，近月看跌期权的隐含波动率相对偏高；远月看涨期权的隐含波动率相对偏高，远月看跌期权的隐含波动率相对偏低，就可以开展果冻卷套利，建立套利组合（见表9-6）。

待果冻卷套利组合建仓完毕后，套利者可以等待近月期权到期。现在可以假设近月期权到期的两种常见结果。

情况1：标的资产价格高于行权价格，则买入的看涨期权行权，卖出的看跌期权不会被行权，套利者建立标的资产多头头寸，其将与远月期权组合形成一个转换套利组合。

情况2：标的资产价格低于行权价格，则买入的看涨期权不行权，卖出的看跌期权被行权，套利者建立标的资产多头头寸，该头寸与远月的期权组合依然形成了一个转换套利组合。

表9-6　正向果冻卷套利组合

期　　权	期权在1个月后到期	期权在3个月后到期
看涨期权	买入 （隐含波动率相对偏低）	卖出 （隐含波动率相对偏高）
看跌期权	卖出 （隐含波动率相对偏高）	买入 （隐含波动率相对偏低）
合成资产价格	$X+(c_1-p_1)$	$X-(p_2-c_2)$

2. 反向果冻卷套利

反向果冻卷套利的策略构筑是：

——买入近月看跌期权$(p_1, X, T_近)$。

——卖出近月看涨期权($c_1, X, T_近$)。

——买入远月看涨期权($c_2, X, T_远$)。

——卖出远月看跌期权($p_2, X, T_远$)。

表 9-7 对此做了简明的介绍。待果冻卷套利组合建仓完毕后,套利者可以等待 1 个月后到期的期权到期。这时可以假设 1 个月后会出现两种结果。

情况 1:标的资产价格高于行权价格,则买入的看跌期权不行权,而卖出的看涨期权被行权。这时,套利者将建立标的资产空头头寸。这时,套利者的整个套利组合就变成了标的资产空头头寸、看跌期权空头头寸和看涨期权多头头寸。这相当于建立了一个还剩 2 个月到期的反转换套利组合。

情况 2:标的资产价格低于行权价格,则这时看涨期权不被行权,而对买入的看跌期权行权,套利者将建立标的资产空头头寸。可以发现,套利者的整个组合依然包含标的资产空头头寸、看涨期权多头头寸和看跌期权空头头寸。这还是相当于一个还剩 2 个月的反转换套利组合。

表 9-7　反向果冻卷套利组合

期　权	期权在 1 个月后到期	期权在 3 个月后到期
看涨期权	卖出 (相对较贵)	买入 (相对便宜)
看跌期权	买入 (相对便宜)	卖出 (相对较贵)

第三节　价差套利

一、行情表与套利头寸的排列

在期权平价关系套利中,针对的是同一标的资产、同一到期月、同一行权价格的看涨期权和看跌期权之间的价格关系。期权价差套利与之不同,其交易的对象是同一标的资产的看涨期权之间或看跌期权之间的价差关系。从行情表中不同期权的设计分布看,期权价差套利有垂直价差套利、水平价差套利和对角价差套利三种模式。

垂直价差套利是在同一标的资产、同一到期月,但不同行权价格的看涨期权之间(或看跌期权之间)所开展的套利。如,同时在 IO2203C4500 和 IO2203C4550 两个合约上开展建仓方向相反的交易,从表 9-8 左侧第一个虚框内容可以发现,构成垂直价差套利组合的期权头寸的报价是垂直排列的。

水平价差套利是在同一标的资产、同一行权价格,但不同到期月的看涨期权(或看跌期权)之间所开展的套利。如,同时在 IO2204C4450 和 IO2205C4450 两个合约上开展建仓方向相反的交易。期权头寸的报价位置见表 9-8 中间上面的虚框内容,可以发现二者的报价是水平排列的。

对角价差套利是在同一标的资产,但不同行权价格、不同到期月看涨期权(或看跌期权)之间开展的套利。如,同时在 IO2204P4500 和 IO2205P4550 这两个合约上开展建仓方向相反的交易。从表 9-8 右侧下面的虚框内容可以发现,对角套利中期权报价在行情表中是对角排列的。

仔细观察以上举例,可以发现垂直价差套利考虑的是价格异常问题,而水平价差套利和对角价差套利中期权的到期月不同,属于日历套利的范畴,其针对的是标的资产价格波动率问题。

表 9-8　2022 年 3 月 3 日某时的沪深 300 股指期权行情

行权价格	看涨期权价格（单位：元）			看跌期权价格（单位：元）		
	3 月	4 月	5 月	3 月	4 月	5 月
4450	87.2 (IO2203C4450)	129.4 (IO2204C4450)	180.4 (IO2205C4450)	36.6 (IO2203P4450)	76.0 (IO2204P4450)	114.4 (IO2205P4450)
4500	58.0 (IO2203C4500)	102.6 (IO2204C4500)	157.6 (IO2205C4500)	56.8 (IO2203P4500)	99.4 (IO2204P4500)	138.4 (IO2205P4500)
4550	36.2 (IO2203C4550)	78.4 (IO2204C4550)	132.2 (IO2205C4550)	86.0 (IO2203P4550)	121.8 (IO2204P4550)	169.6 (IO2205P4550)

注：括弧内为合约代码。

二、垂直价差套利

1. 看涨期权垂直价差套利

对于同一标的资产、同一到期月、不同行权价格的看涨期权来说,存在这样一个规律:行权价格越低,期权价格越高;行权价格越高,期权价格也就越低。如果市场报价异常,出现了低行权价格期权的权利金比高行权价格期权的权利金还低的情况,就可以开展垂直价差套利。套利的基本策略[见图 9-4(a)]是：

——买入低行权价格看涨期权(c_1, X_1, T)。
——卖出高行权价格看涨期权(c_2, X_2, T)。

其中,$X_1 < X_2$。

由于高行权价格期权的权利金现在比低行权价格期权的权利金还高,所以该组合在一开始构筑时就可以获得一笔收入$c_2 - c_1$。交易者可以将这笔资金做无风险投资,终值为$(c_2 - c_1)e^{rT}$。

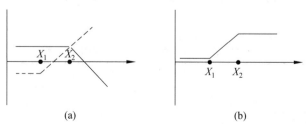

图 9-4　看涨期权垂直价差套利组合(a)和到期损益(b)

在组合到期时,可以根据标的资产价格(S_T)的3种不同情形,对损益予以分析(见表9-9)。

当$S_T<X_1$时,组合的收益是$(c_2-c_1)e^{rT}$。

当$S_T>X_2$时,组合的收益是$X_2-X_1+(c_2-c_1)e^{rT}$。

当$X_1<S_T<X_2$时,组合的收益则是$S_T-X_1+(c_2-c_1)e^{rT}$。

根据这一结果,可以绘制出看涨期权垂直价差套利的损益图[见图9-4(b)]。

表9-9 看涨期权垂直价差套利的损益分析

$X_1<X_1$	组合到期时的期权头寸损益		
	$S_T>X_2$	$X_1<S_T<X_2$	$S_T<X_1$
看涨期权(X_1)多头头寸	S_T-X_1	S_T-X_1	0
看涨期权(X_2)空头头寸	X_2-S_T	0	0
到期时组合价值	X_2-X_1	S_T-X_1	0
总损益	$X_2-X_1+(c_2-c_1)e^{rT}$	$S_T-X_1+(c_2-c_1)e^{rT}$	$(c_2-c_1)e^{rT}$

2. 看跌期权垂直价差套利

对于同一标的资产、同一到期月,但不同行权价格的看跌期权来说,行权价格越高,期权价格越高;行权价格越低,期权价格越低。如果高行权价格看跌期权的权利金低于低行权价格看跌期权的权利金,就会产生套利机会。

看跌期权垂直价差套利的基本策略是(见图9-5):

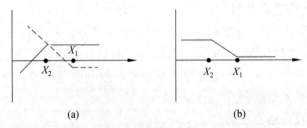

图9-5 看跌期权垂直价差套利组合(a)和到期损益(b)

——买入权利金低的高行权价格看跌期权(p_1,X_1,T)。

——卖出权利金高的低行权价格看跌期权(p_2,X_2,T)。

很明显,该组合在一开始构筑时就可以获得一个现金流收入p_2-p_1。

在组合到期时,可以根据标的资产价格(S_T)的高低情况判断收益,这里不予赘述,可参见表9-10。

表9-10 看跌期权垂直价差套利的损益分析

$X_1>X_1$	组合到期时的期权头寸损益		
	$S_T>X_1$	$X_2<S_T<X_1$	$S_T<X_2$
看跌期权(X_1)多头头寸	0	X_1-S_T	X_1-S_T

续表

$X_1 > X_1$	组合到期时的期权头寸损益		
	$S_T > X_1$	$X_2 < S_T < X_1$	$S_T < X_2$
看跌期权(X_2)空头头寸	0	0	$S_T - X_2$
到期时组合价值	0	$X_1 - S_T$	$X_1 - X_2$
总损益	$(p_2 - p_1)e^{rT}$	$X_1 - S_T + (p_2 - p_1)e^{rT}$	$(X_1 - X_2) + (p_2 - p_1)e^{rT}$

三、水平价差套利

1. 水平价差套利的基本原理

水平价差套利是在同一标的资产、同一行权价格但到期月不同的看涨期权或看跌期权上所开展的套利。下面是利用看涨期权构筑的水平价差套利组合：

——卖出一个近月看涨期权($c_1, X, T_近$)。

——购买另一个具有相同行权价格和标的资产的远月看涨期权($c_2, X, T_远$)。

很明显，$c_2 > c_1$。构筑组合需要支出成本 $c_2 - c_1$。

表 9-11 分析了该组合在近月合约到期时的损益。可以发现，其净损益是远月看涨期权的时间价值减去构成成本。由于平值期权的时间价值最大，所以近月合约到期时，如果期权处于平值状态，则收益最高。

表 9-11 水平价差套利组合在近月期权到期时的损益分析

不同情形	近月看涨期权空头头寸的损益	远月看涨期权多头头寸的价值	成 本	净 损 益
$S_T > X$	$X - S_T$	$(S_T - X) + TV$	$(c_2 - c_1)e^{rT}$	$TV - (c_2 - c_1)e^{rT}$
$S_T < X$	0	TV'	$(c_2 - c_1)e^{rT}$	$TV' - (c_2 - c_1)e^{rT}$
$S_T = X$	0	TV''	$(c_2 - c_1)e^{rT}$	$TV'' - (c_2 - c_1)e^{rT}$

注：TV、TV'、TV''分别为远月期权在实值、虚值和平值状态下的时间价值。

【例 9-7】 如何进行水平价差套利

3 月 3 日，卖出 IO2204C4500，权利金收入 102.6 点，买入 IO2205C4500，权利金支出 157.6 点，套利成本 157.6 － 102.6 ＝ 55.0 点。下面分析组合平仓和组合到期这两种情形。

平仓收益。3 月 20 日，IO2204C4500 权利金为 80.8 点，IO2205C4500 权利金为 156.8 点。权利金差额变为 76.0。套利者这时如果决定平掉仓位，可净获利 21.0 点。

到期收益。在 IO2204C4500 的最后交易日，沪深指数收盘价为 4500 点，IO2204C4500 的价值为 0，IO2205C4500 价值为 79.8 点，这时的套利净收益是 24.8 点。

表 9-12 模拟了上例中近月期权合约到期时股指在不同情况下的收益。

表 9-12　看涨期权水平套利模拟

月份	股票指数	IO2204C4500	IO2205C4500	套利成本	净收益
3月	4500	102.6（卖出）	157.6（买入）	55.0	
4月	4366	0	23.2	55	−31.8
	4430	0	57.3	55	2.3
	4500	0	79.8	55	24.8
	4576	76	131.6	55	0.6
	4616	116	151.4	55	−19.6
	4665	165	185.6	55	−34.4

2. 水平价差套利的损益和前提条件

通过以上分析和举例可以发现水平价差套利的三个特点。其一，在近月合约到期时，标的资产价格与行权价格平值时，套利组合的收益通常最大；其二，随着标的指数的不断下降，近月合约到期时价值为零，远月合约也失去内在价值，且远月合约在进入深度虚值状态时，时间价值也很低，这时套利组合的净收益逐渐接近套利成本；其三，随着标的资产价格的不断上升，近月合约到期时仅剩下内在价值，远月合约具有同样的内在价值的同时还具有时间价值，但是时间价值在深度实值的状态下并不会很高，这时套利组合的净收益也会是负值，并向构筑成本靠近。

可以把这一模拟结果绘制出一个近月期权合约到期时的损益图（见图 9-6）。从中也可以看出，水平价差套利要获得良好收益的话，需要标的资产价格稳定，或者需要近月期权的实际波动率下降，远月期权的隐含波动率上升。

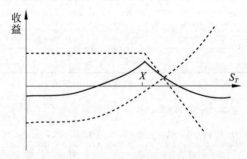

图 9-6　水平价差套利组合（虚线）在近月期权到期时的损益曲线（实线）

3. 水平价差套利组合构筑要求和退出时机

其一，卖出期权合约和买入期权合约的到期时间之差至少要大于 1 个月。

其二，卖出的近月期权合约期限尽可能较短，如还有一个月到期，这样可以借助近月合约的时间价值损耗，降低远月合约多头头寸的成本支出。

其三，为了取得良好的效果，应避免对那些在 1 个月内价格变化超过 15% 的标的资产进行水平价差套利交易。

其四，选择实值、虚值还是平值期权，需要在交易前予以判断。

其五，套利者需要预测未来资产价格变动幅度，或者预测出近月期权的实际波动率，并计算分析远月期权的隐含波动率。如果发现所预测的近月期权实际波动率偏高，而远月期权的隐含波动率偏低，就可以做多水平价差套利组合。如果发现近月期权的波动率将要上扬，而远月期权的隐含波动率太高，则可以做空水平价差套利组合（如买入近月看涨期权，卖出同一行权价格的远月看涨期权）。

其六，构筑水平价差套利组合，可以用看涨期权构筑，也可以用看跌期权构筑。

虽然组合最大亏损也就是构筑成本，但是套利者还是应谨慎地选择恰当的退出时机。通常的标准是，当损失额度达到初始成本50%的时候选择退出交易。当然，当交易中实现了最大收益的50%的时候，也应当考虑结束交易。

四、对角价差套利

基于标的资产未来价格的变动方向，对角价差套利可分两种。一种是标的资产后市看涨的对角价差套利，另一种是标的资产后市看跌的对角价差套利。

1. 标的资产后市看涨的对角价差套利

交易者可以利用看涨期权也可以利用看跌期权构筑起一个标的资产后市看涨预期下的对角价差套利。使用看涨期权构筑这种对角价差套利的基本的方法是：

——买入远月低行权价格看涨期权$(c_1, X_1, T_\text{远})$。

——卖出近月高行权价格看涨期权$(c_2, X_2, T_\text{近})$。

由于买入的远月看涨期权行权价格低、到期时间长，所以其权利金c_1要大于卖出的看涨期权权利金c_2。这样，构筑组合需要的初始投入为c_1-c_2。

在近月期权到期时，可以根据标的资产的价格范围，分析组合的不同损益（见表9-13）。

当$S_T<X_1$时，净损益为$TV-(c_1-c_2)e^{rT}$。如果S_T越低，远月期权的时间价值TV就越小，组合的净亏损就越接近构筑成本。

当$S_T>X_2$时，净损益为$X_2-X_1+TV'-(c_1-c_2)e^{rT}$。如果$S_T$越高，远月期权合约的时间价值$TV'$就越小，总的收益也就会越接近$X_2-X_1-(c_1-c_2)e^{rT}$。

当$X_1<S_T<X_2$时，净损益为$S_T-X_1+TV''-(c_1-c_2)e^{rT}$。$S_T$越向$X_2$靠近，远月合约的内在价值和时间价值也会越高。由于平值期权的时间价值最大，所以在$S_T=X_2$时，组合在T时刻的收益可以达到最大值$X_2-X_1+TV''-(c_1-c_2)e^{rT}$。

表9-13 标的资产后市看涨的对角价差套利组合到期损益分析

不同情形	近月高行权价格看涨期权空头头寸的损益	远月低行权价格看涨期权多头头寸的价值	成 本	净 损 益
$S_T<X_1$	0	TV	$(c_1-c_2)e^{rT}$	$TV-(c_1-c_2)e^{rT}$
$S_T>X_2$	X_2-S_T	S_T-X_1+TV'	$(c_1-c_2)e^{rT}$	$X_2-X_1+TV'-(c_1-c_2)e^{rT}$
$X_1<S_T<X_2$	0	S_T-X_1+TV''	$(c_1-c_2)e^{rT}$	$S_T-X_1+TV''-(c_1-c_2)e^{rT}$

注：TV、TV'和TV''是远月期权在近月期权到期时（T时刻）的时间价值。

上面的对角价差套利是用看涨期权构筑的,当然也可以用看跌期权予以构筑(表 9-14)。两种策略是一致的。究竟选择哪一种,就要看哪一个策略能获得更好的收益。

表 9-14　对角价差套利组合的构造

后市判断	头寸构成
看好后市	买入远月低行权价格看涨期权(实值),卖出近月高行权价格看涨期权(虚值)
	买入远月低行权价格看跌期权(虚值),卖出近月高行权价格看跌期权(实值)
看淡后市	买入远月高行权价格看涨期权(虚值),卖出近月低行权价格看涨期权(实值)
	买入远月高行权价格看跌期权(实值),卖出近月低行权价格看跌期权(虚值)

2. 标的资产后市看跌的对角价差套利

在预计标的资产后市看跌的情况下,交易者可以用看跌期权构筑对角价差套利组合,也可以用看涨期权构筑对角价差套利组合(表 9-14)。为了方便和标的资产价格下跌的情形结合起来,这里用看跌期权来构筑组合,具体如下:

——买入远月高行权价格看跌期权($p_1, X_1, T_{远}$)。

——卖出近月低行权价格看跌期权($p_2, X_2, T_{近}$)。

考虑到时间价值和 $X_1 > X_2$ 这一条件,可以肯定 $p_1 > p_2$。所以该组合在构筑时会有个成本支出 $p_1 - p_2$。同样可以考虑,标的资产价格(S_T)在近月期权到期时不同价格范围所对应的套利损益(表 9-15)。

如果 $S_T > X_1$,近月的看跌期权合约到期时没有时间价值也没有内在价值,远月的高行权价格期权没有内在价值但有时间价值 TV,所以净损益是 $TV - (p_1 - p_2)e^{rT}$。

如果 $X_2 < S_T < X_1$,近月的看跌期权合约到期时没有时间价值也没有内在价值,远月高行权价格期权的内在价值是 $X_1 - S_T$,时间价值是 TV',组合的净损益是 $X_1 - S_T + TV' - (p_1 - p_2)e^{rT}$。

如果 $S_T < X_2$,近月合约没有时间价值,内在价值是 $X_2 - S_T$(对套利者来说,损益则是 $S_T - X_2$),远月合约的内在价值是 $X_1 - S_T$,时间价值是 TV'',所以净损益是 $X_1 - X_2 + TV'' - (p_1 - p_2)e^{rT}$。

以上的损益分析针对的是近月期权到期的情况。在交易中,套利者还可以在近月期权合约到期前平仓以了结头寸。见例 9-7。

表 9-15　标的资产后市看跌的对角价差套利组合到期损益分析

	近月低行权价格看跌期权空头头寸的损益	远月高行权价格看跌期权多头头寸的价值	成　本	净　损　益
$S_T > X_1$	0	TV	$(p_1 - p_2)e^{rT}$	$TV - (p_1 - p_2)e^{rT}$
$X_2 < S_T < X_1$	0	$X_1 - S_T + TV'$	$(p_1 - p_2)e^{rT}$	$X_1 - S_T + TV' - (p_1 - p_2)e^{rT}$
$S_T < X_2$	$S_T - X_2$	$X_1 - S_T + TV''$	$(p_1 - p_2)e^{rT}$	$X_1 - X_2 + TV'' - (p_1 - p_2)e^{rT}$

注:TV、TV' 和 TV'' 是远月期权在近月期权到期时(T 时刻)的时间价值。

【例 9-8】 对角价差套利的平仓与损益

某投资者看淡后市,3 月 3 日根据行情表(表 9-8)买入 IO2205P4550,同时卖出 IO2203P4450。这时,构造这个组合的成本为 169.6－36.6＝133.0 点。随着时间的推移,IO2205P4550 价格变为 168.0 点,IO2203P4450 价格变为 11.0 点。这时,两者的差额变为 157.0 点。套利者可以选择了结组合头寸,最终获利是 157.0－133.0＝24.0 点。

最后需要提及的是,果冻卷套利组合其实可以分解为由看涨期权和看跌期权分别构筑的对角价差套利组合。如果感兴趣,可以重新回到本章第二节最后一部分进行分解分析。

第四节 凸性套利

在探索期权无风险套利策略的过程中,一些重要的不等式关系也逐渐被发现。在交易所期权市场,最常见的期权价格不等式是凸性不等式。凸性不等式是在一个理想市场模型下得出的理论不等式,用于描述同一标的资产、同一到期时间的三个不同行权价格看涨期权或者看跌期权价格关系的不等式。与这一不等式联系的是凸性套利。如果不等式是关于看涨期权的,可以根据条件开展看涨期权凸性套利。同样,交易者也在寻找看跌期权凸性套利。

一、看涨期权凸性套利

1. 看涨期权凸性不等式

看涨期权的凸性不等式是在市场上没有无风险的套利机会、期权是欧式,且不计交易费用和保证金的情况下的不等式,具体表达式如下:

$$(1-\lambda)c_1 + \lambda c_3 \geqslant c_2$$

其中,c_1、c_2、c_3 分别为同一标的资产、同一到期时间,但行权价格分别为 X_1、X_2、X_3 的看涨期权的可成交权利金报价。3 个行权价格的关系是 $X_1 < X_2 < X_3$。

λ 是由 3 个行权价格决定的,即 $\lambda = (X_2 - X_1)/(X_3 - X_1)$。根据行权价格之间的关系,可以发现 λ 并不是 0 到 1 之间的任何一个数字。

该不等式在无套利假设下成立的原因是,期权的理论价格是行权价格的凸函数。如果该不等式不成立,或者说在 $(1-\lambda)c_1 + \lambda c_3 < c_2$ 的情况下,交易者就可以按照一定比率买卖这个期权,以构筑相应的套利组合。

2. 看涨期权凸性套利的策略构筑与损益

当 $\Delta = c_2 - (1-\lambda)c_1 - \lambda c_3 > 0$,且 Δ 对于所有交易费用时,可以构筑以下套利策略组合:

——卖出 1 份看涨期权 (c_2, X_2, T)。

——买入 $1-\lambda$ 份看涨期权 (c_1, X_1, T)。

——买入 λ 份看涨期权 (c_3, X_3, T)。

其中，$X_1<X_2<X_3$。由于事实上期权交易的单位必须是整数张或手，而 λ 是 0 到 1 之间的一个数字，所以在实际构筑组合时要把各头寸调整为整数。如 $\lambda=0.6$，那么以上组合的构筑比率是 1∶0.4∶0.6，整数调整后的期权比例是 5∶2∶3。

在期权组合到期时，该策略在标的物价格处于不同区间时，可以呈现出不同情形下的组合盈亏。可以将其总结起来，列于表 9-16 中。

表 9-16　看涨期权凸性套利组合到期损益分析

期权类型	$S_T<X_1$	$X_1\leqslant S_T<X_2$	$X_2\leqslant S_T<X_3$	$S_T\geqslant X_3$
看涨期权 (c_1,X_1,T)	0	$(1-\lambda)(S_T-X_1)$	$(1-\lambda)(S_T-X_1)$	$(1-\lambda)(S_T-X_1)$
看涨期权 (c_2,X_2,T)	0	0	X_2-S_T	X_2-S_T
看涨期权 (c_3,X_3,T)	0	0	0	$\lambda(S_T-X_3)$
总盈亏	0	$(1-\lambda)(S_T-X_1)$	$\lambda(X_3-S_T)$	0

二、看跌期权凸性套利

1. 看跌期权凸性不等式

看跌期权的凸性不等式是在市场上不存在无风险的套利机会、期权是欧式，且不计交易费用和保证金的情况下的一种不等式，其具体的表达式如下：

$$(1-\lambda)p_1+\lambda p_3\geqslant p_2$$

其中，p_1、p_2、p_3 分别为同一标的资产、同一到期时间，但行权价格分别为 X_1、X_2、X_3 的看跌期权的可成交权利金报价。3 个行权价格的关系是 $X_1<X_2<X_3$。λ 是由 3 个行权价格决定的，即 $\lambda=(X_2-X_1)/(X_3-X_1)$。

2. 看跌期权凸性套利的策略构筑与损益

当 $\Delta=p_2-(1-\lambda)p_1-\lambda p_3>0$，且 Δ 对于所有交易费用时，可以构筑以下套利策略组合：

——卖出 1 份看跌期权 (p_2,X_2,T)。
——买入 $1-\lambda$ 份看跌期权 (p_1,X_1,T)。
——买入 λ 份看跌期权 (p_3,X_3,T)。

其中，$X_1<X_2<X_3$。

在期权套利组合到期时，该策略在不同情形下的组合盈亏见于表 9-17。

表 9-17　看跌期权凸性套利组合到期损益分析

期权类型	$S_T<X_1$	$X_1\leqslant S_T<X_2$	$X_2\leqslant S_T<X_3$	$S_T\geqslant X_3$
看跌期权 (p_1,X_1,T)	$(1-\lambda)(X_1-S_T)$	0	0	0

续表

期权类型	$S_T < X_1$	$X_1 \leq S_T < X_2$	$X_2 \leq S_T < X_3$	$S_T \geq X_3$
看跌期权 (p_2, X_2, T)	$S_T - X_2$	$S_T - X_2$	0	0
看跌期权 (p_3, X_3, T)	$\lambda(X_3 - S_T)$	$\lambda(X_3 - S_T)$	$\lambda(X_3 - S_T)$	0
总盈亏	0	$(1-\lambda)(S_T - X_1)$	$\lambda(X_3 - S_T)$	0

【阅读材料 9-1】 期权波动率套利策略解析

【思考与习题】

1. 期权套利应该遵循哪些基本原则?
2. 期权套利有哪些分类? 分类的依据是什么?
3. 思考期权平价在转换套利中发挥着何种作用。
4. 试阐述转换套利的基本操作原理。总结出转换套利的利润来源。
5. 试阐述反转换套利的基本操作原理。总结出反转换套利的利润来源。
6. 试阐述箱型套利的操作原理。
7. 果冻卷套利的基本设计原理是什么?
8. 阐述对角套利的设计原理、不同类型市场的套利方式。
9. 阐述水平价差套利的操作原理、不同类型市场的套利方式。
10. 一个期限为 1 个月的无红利股票的欧式看跌期权价格为 2.5 元,股票价格是 47 元,行权价格是 50 元,无风险利率为每年 6%。是否有套利机会?
11. 行权价格为 1 000 元的看涨期权的价格为 200 元,标的资产价格为 1 300 元。是否存在套利的机会? 请以组合损益图的形式进行分析。
12. 当前股票价格为 19 元,其对应的行权价格为 20 元,剩余期限还有 3 个月的欧式看涨期权和看跌期权权利金均为 3 元,3 个月的无风险利率为 10%。在 1 个月后股票将支付 1 元的红利。请分析套利机会。

【即测即练】 扫描书背面的二维码,获取答题权限。

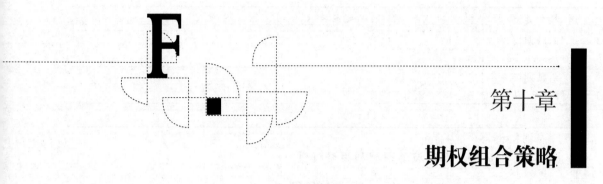

第十章

期权组合策略

期权市场的一个极具吸引力之处是投资者可以构筑起丰富多样的交易组合。从理论上讲,在不同的市场环境和交易偏好下,交易者总是可以利用看涨和看跌期权的多空组合实现任意形式的损益。每种策略都有优缺点,但没有哪一个策略是最好的策略。这主要源于投资者类型众多,没有哪个策略对所有人都好。在确定对某个个人来说哪个策略最好时,知识和策略的适合性更关键。投资者必须对此有准确的把握和认识。本章将主要从多头角度考虑问题,把由多个期权头寸组合成的策略划分为方向性组合策略、波动性组合策略、横盘调整组合策略和杠杆组合策略。

第一节 方向性组合策略

方向性投资组合策略主要运用于投资者对期权标的物价格在某一个变化方向上的投资,常见的策略既有买入单一期权策略、卖出单一期权策略,也包括由多个期权组成的牛市价差组合和熊市价差组合。当然,牛市价差组合和熊市价差组合也有买入策略和卖出策略之分,这里仅从买入策略予以介绍。

一、单一期权策略

1. 买入期权策略

当投资者认为期权标的物的后市将要上涨,就可以选择买入看涨期权。当然,在标的物牛市中,如果发现看涨期权的隐含波动率偏低,低于历史波动率或一定时间范围内的移动隐含波动率均值,也可以买入看涨期权。

当投资者认为标的物后市看跌,或者在标的物熊市过程中,看跌期权隐含波动率下降到一定数值,则可以买入看跌期权。表10-1对这两种策略做了简要的总结。

表 10-1　买入看涨期权和看跌期权的市场情形

市场情形	买入看涨期权	买入看跌期权
标的物后市	标的物后市存在大涨可能。由于虚值期权的权利金低，因此后市越是大涨，越是可以买进虚值看涨期权	标的物后市存在大跌可能。由于虚值期权的权利金很低，因此后市越是大跌，越是可以买进虚值看跌期权
隐含波动率	在牛市过程中，看涨期权的隐含波动率出现下降，低于历史波动率或者移动隐含波动率平均值（如10日均值或30日均值），可以买入看涨期权	在熊市过程中，看跌期权的隐含波动率出现下降，低于历史波动率或者移动隐含波动率平均值，也可以买入看跌期权

买入单一期权策略获取收益的途径有两个。

第一个途径是行权。行权收益的原理已经十分明了，无须再述。需要指出的是，由于期权交易具有巨大的杠杆效应和简便性，从损益图上看利润又不封顶，所以很多投资者不断加入到多头行列，日渐具有一种买彩票的心理过程和交易特征，总想能得到低概率行权而实现一日暴富。事实上，行权有其弊端。其一，对于期货期权来说，如果买方行权后建立了期货头寸，就需要交付期货保证金，同时也会承担相当大的期货价格变动风险。其二，行权会损失掉期权的时间价值。这里有两个关于行权与否的建议。其一，除非期权是深度实值的，且当日没有交易，否则不要行权。其二，能平仓就不要行权。

第二个收益途径是平仓。对于多头来说，期权行权获得的是内在价值，期权平仓不仅可获得内在价值，还可以回收一部分时间价值。表10-2的3个分表对此予以了比较。

表　10-2

行权好还是平仓好（1）

t 时刻买入	T 时刻	行权净收益	平仓收益
价格 50	价格 90		
内在价值 40	内在价值 85	85－50＝35	
时间价值 10	时间价值 5		90－50＝40

行权好还是平仓好（2）

t 时刻买入	T 时刻	行权净收益	平仓收益
价格 50	价格 40		
内在价值 40	内在价值 35	35－50＝－15	
时间价值 10	时间价值 5		40－50＝－10

行权好还是平仓好（3）

t 时刻买入	T 时刻	行权净收益	平仓收益
价格 50	价格 60		
内在价值 0	内在价值 25	25－50＝－25	
时间价值 50 元	时间价值 35		60－50＝10

2. 卖出裸期权的策略

卖出看涨期权和看跌期权的动因并不一样。当交易者认为标的物未来价格上涨空间有限或者会出现下跌，就可以卖出看涨期权。或者在熊市状态下，看涨期权的隐含波动率过高，也可以卖出看涨期权。与之类似，当交易者认为标的物未来下跌的空间有限，可以卖出看跌期权。或者，在标的物市场牛市的状态下，如果看跌期权的隐含波动率过高，则可以卖出看跌期权。由于期权空头头寸没有有效保护，所以通常将卖出单一的期权的活动，称为卖出裸期权。表 10-3 对此做了简要的总结。

表 10-3 适合卖出看涨期权和看跌期权的市场对比

市场情形	卖出看涨期权	卖出看跌期权
标的物后市	标的物价格波动局限于某一个狭窄的区间，标的物价格只是稍微走高，标的物价格出现下降	标的物价格波动局限于某一个狭窄的区间，标的物价格出现上升，标的物的价格仅会出现小幅下跌
隐含波动	标的物市场处于熊市状态下，看涨期权的隐含波动率高，超过历史波动率或者移动隐含波动率	标的物市场处于牛市状态下，看跌期权的隐含波动率高，超过历史波动率或者移动隐含波动率

对于期权卖出者来说，收益源于两个方面。第一，期权到期时，买方不行权，卖方获得权利金收入。第二，低价买入平仓，获得权利金价差收益。

卖出期权面临两种风险。一是斩仓风险，即当期权价格出现不利变动时，斩仓出局。二是履约风险。对于美式期权卖方来说存在被指派履约的情形。期权卖方可能因此而出现损失。

最初学习期权时，人们很容易认为，不要做一个期权的卖出者。因为卖出期权仅能获得有限的盈利，而面临的风险则无限大。但从现实看，出售期权对投资者也有一定好处。理由是：①时间是出售方的有利武器。图 10-1 和图 10-2 描绘了离到期日不同时间的期权损益曲线。随着到期日的临近，期权价值将逐渐显现，期权出售者获得的利润会越来越多。②对于期权出售方来说，盈利不需要标的物价格波动朝一个特定的方向波动。只要标的物价格不出现极端走向，期权卖出者就会盈利。

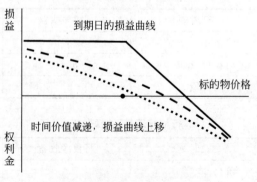

图 10-1 卖出看涨期权的损益

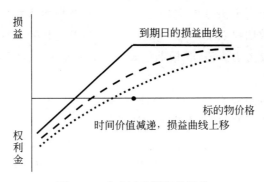

图 10-2　卖出看跌期权的损益

二、备兑期权策略

备兑期权策略包括备兑看涨期权策略和备兑看跌期权策略。备兑看涨期权策略是卖出看涨期权的同时持有标的资产多头头寸。备兑看跌期权策略是卖出看跌期权的同时持有标的资产空头头寸。就策略的构筑结构而言,其和前面套期保值策略中的抵补策略是一样的。如果说不同,可能是运用的视角或目的不同。下面仅介绍备兑看涨期权策略。关于备兑看跌期权策略的原理,读者可以自行思考。

1. 策略原理

备兑看涨期权策略的构筑方式是:

——持有标的资产多头头寸。

——持有该标的资产的看涨期权空头头寸。

之所以本章再次将这一组合做简要介绍是因为该策略具有另外两个目的。一个目的是交易者在卖出看涨期权后为了降低风险,加持了标的资产多头头寸,这样通过持有的标的资产多头头寸抵御看涨期权空头头寸所面临的标的资产价格上涨风险。由于卖出的看涨期权是基础的交易部位,因此该策略可以归类为方向型策略。另一个目的是其可用于增强标的资产的投资收益。2018 年晨星(Morningstar)公司对全美共同基金的调查显示,在所有使用期权的共同基金中,三分之一以上将期权应用于资产组合的收益增强。最典型的收益增强策略就是备兑看涨期权策略。在这种收入增强策略中,标的资产多头会由于标的资产的价格只会小涨或横盘整理而选择卖出虚值看涨期权,以实现增强收益的目的[①]。

不管出于什么交易目的,该组合在期权到期日的合成损益曲线和图 8-7 一样,所以这里不予赘述。

2. 交易实践

1) 组合构筑

很明显备兑看涨期权策略的使用目的不同,构筑组合的关注点也不同。

---

① 严格意义上说,收益增强策略并不属于方向性策略。考虑到策略构筑方式的一致性,将其放到本节予以介绍。

对于持有看涨期权空头头寸的交易者来说,需要选择买入标的资产。通常这不是难题。但是对于股票指数期权来说,考虑用股票组合、追踪指数的 ETF(或组合)或股指期货更好一些。股票组合要考虑 β 值,股指期货要考虑保证金,ETF 要考虑流动性,其他各种因素也都需要具体分析。

对于收益增强型策略来说,要考虑的是对卖出期权的选择问题。选择卖出的看涨期权应该是虚值或者平值期权,且具有良好的流动性。

2)时间损耗

时间对看涨期权空头是有利的。如果到期日标的资产价格没有达到行权价,策略交易者会获得全部的权利金。

3)结束交易

结束交易的决策要考虑建立该策略的目的究竟是增强收益还是保护期权空头头寸。如果期权临近到期,当判断标的资产价格上升超过行权价格时,可以选择平掉期权头寸。当标的资产价格持续下跌趋势朗时,可选择结束用于保护期权空头头寸的现货头寸。

3. 避险参数

对于备兑看涨期权策略来说,避险参数的含义很明晰。

Delta 是正值。当标的资产价格上升到行权价格以上并获得最大收益时。

Gamma 是负值。这是因为在策略中,持有的看涨期权是空头头寸。

Theta 是负值。这有利于看涨期权空头头寸。

Vega 是负值。波动率加大不利于期权空头头寸。

Rho 是负值,较高的利率不利于期权头寸

4. 优缺点

备兑看涨期权策略的优点可以从其构筑目的予以分析。最明显的优点是其可以增强标的资产的收益,或者可以降低看涨期权空头头寸的风险。

该策略的缺点是不能有效抵御标的资产大跌的风险。对于以增强收益为目的的备兑看涨期权策略来说,标的资产大幅上涨的收益会被看涨期权空头头寸封住。

三、牛市价差组合

1. 策略原理

牛市价差组合是场内和场外期权交易中普遍存在的交易组合。买入牛市价差组合主要是基于投资者对标的物价格上涨的预期。交易者可以利用看涨期权,也可以利用看跌期权构筑牛市价差组合。

利用看涨期权构筑牛市价差组合的方式如下:

——买进 1 份行权价格较低的看涨期权(c_1, X_1, T)。

——卖出 1 份到期日相同,但行权价格较高的看涨期权(c_2, X_2, T)。

利用看跌期权构筑牛市价差组合的方式如下:

——买入 1 份较低行权价格的看跌期权(p_1, X_1, T)。

——卖出1份较高行权价格的看跌期权(p_2, X_1, T)。

下面仅考虑利用看涨期权构筑牛市价差组合的到期损益。在期权到期时,组合可能会呈现出以下三种不同的损益状态。

情形Ⅰ:在$S_T > X_2$时,买入的看涨期权行权,损益为$S_T - X_1$;卖出的看涨期权被行权,损益为$X_2 - S_T$。总损益为$X_2 - X_1$。

情形Ⅱ:在$X_1 < S_T < X_2$时,买入看涨期权行权,获得的损益为$S_T - X_1$;卖出的看涨期权不被行权,损益为0。总损益为$S_T - X_1$。

情形Ⅲ:在$S_T < X_1$时,买入的看涨期权不行权,卖出看涨期权不被行权,总损益为0。

以上损益分析未考虑组合构筑成本。对于看涨期权而言,由于$X_1 < X_2$,所以$c_1 > c_2$,该组合需要一定的初始成本$c_1 - c_2$。把构筑组合的成本考虑进来,最终可以形成图10-3中的到期损益曲线(实线)。可以看出,该组合的盈亏平衡点是$X_1 + (c_1 - c_2)e^{rT}$,最大的损失是成本支出$(c_1 - c_2)e^{rT}$,最大的收益是$X_2 - X_1 - (c_1 - c_2)e^{rT}$。

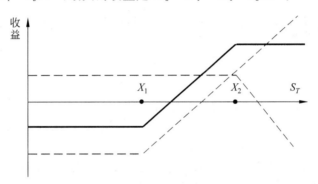

图10-3 牛市价差组合的到期损益

2. 交易实践

1)组合的构筑

在利用看涨期权构筑牛市价差组合时,应注意四方面内容。第一,选择有充足流动性的期权。第二,买入的行权价格较低的看涨期权应当是平值或轻度虚值期权。第三,当卖出行权价格较高的看涨期权时,应运用在线工具寻找到期日或者到期日之前的最优收益和盈亏平衡点。第四,选择较长时间到期的期权构筑组合。如至少还有6个月到期的期权。

2)时间损耗

这种交易策略在能够获利时,时间损耗对其有利;当遭受损失时,时间损耗对其不利(见图10-4)。

3)结束交易

交易者可以通过回购售出的看涨期权并售出最初买入的看涨期权了结组合。为减少损失,一些有经验的交易者会选择结束组合中的部分长腿,同时留下一个长腿部分以从中获利。

3. 牛市价差期权的避险参数

表10-4简要描述了不同到期时间的牛市价差期权的避险参数及其变化特点。

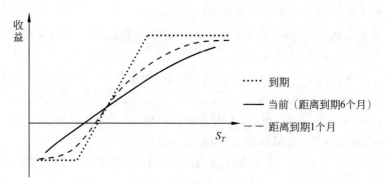

图 10-4　考虑时间的牛市价差组合损益曲线

表 10-4　牛市价差期权的避险参数与交易原理

Delta	Delta 是正值,峰值出现在两个行权价格之间。这说明,在这些水平上的任何小幅度变化的价格将可能使得牛市看涨价差期权的价值发生大幅度变化。对于该组合而言,距离到期日时间越短,Delta 的敏感性就越强	
Gamma	当价差期权组合是虚值期权的时候,Gamma 是正数。但是当标的物价格上升到高于行权价格水平的时候,Gamma 就是负数。在较低的行权价格以下时,该组合的 Gamma 达到最高点;在较高行权价格以上时,该组合的 Gamma 达到最低点	
Theta	当交易头寸超过盈亏平衡点的时候,Theta 是正数。这说明,当期权组合是虚值期权的时候,时间衰退是不利的。当期权组合是实值期权的时候,时间衰退是有利的。在实际交易中,一旦期权组合变成实值期权,那么随着时间的消逝,收益将会增加。其原因是这时的利润完全等于行权价格减去构筑组合的成本,不同行权价格所包含的时间价值差异也变得越来越小	
Vega	当交易头寸从下到上穿过盈亏平衡点时,Vega 就会从正数变成负数。这说明当交易没有盈利的时候,波动性的增加是有利的,而当交易产生盈利的时候,波动性的增加则是不利的。如果期权是虚值期权,这一点则表现的就更为明显。更深入地说,尽管波动性的增加将提高获利的机会,但是对于盈利则具有并非良好的影响,可能造成盈利的减少。随着到期日的靠近,Vega 的敏感性将会下降,特别是在期权到期前的最后几个月,这是因为波动性没有足够的时间来影响交易头寸	
Rho	距离期权到期时间越长,Rho 的影响也就越强。当交易头寸变成深度实值期权,Rho 将会上升到行权价格附近的水平上,然后下降成负数。随着到期日的临近,Rho 的敏感性将会下降,因为利率的影响将会降低	

注：虚线为有效期 1 个月损益曲线,实线为有效期 6 个月损益曲线。

4. 优点和缺点

牛市价差组合有三方面优点。第一,成本和盈亏平衡点降低;第二,向下风险有限;第三,越远离到期日,针对标的物价格迅速下跌的情况,组合所提供的向下风险保护措施就越好。

牛市价差组合的缺点。第一,只有当投资者选择足够高的较高行权价格,且标的物价格升至两个行权价格中较高行权价格水平时,才能获得较大的收益;第二,组合向上的收益也有限;第三,距离到期日越远,获得最大收益的速度就会越慢,这是为向下风险提供保护所付出的代价。

四、熊市价差组合

1. 策略原理

熊市价差组合适用于投资者预期标的物价格将要下跌的情形。利用看涨期权构筑熊市价差组合的构筑方式如下:

——买进 1 份行权价格较高的看涨期权(c_2, X_2, T)。

——卖出 1 份到期日相同但行权价格较低的看涨期权(c_1, X_1, T)。

利用看跌期权构筑熊市价差组合的构筑方式如下:

——购买 1 份行权价格较高的看跌期权(p_2, X_2, T)。

——出售 1 份行权价格较低的看跌期权(p_1, X_1, T)。

下面仅考虑利用看涨期权构筑熊市价差组合的到期损益。在期权到期时,组合可能会呈现出以下 3 种不同的损益状态。

情形 I:$S_T > X_2$,买入的看涨期权行权,损益为 $S_T - X_2$;卖出看涨期权被行权,损益为 $X_1 - S_T$。总损益为 $X_1 - X_2$。

情形 II:$X_1 < S_T < X_2$,买入看涨期权不行权,损益为 0;卖出看涨期权被行权,损益为 $X_1 - S_T$。总损益为 $X_1 - S_T$。

情形 III:$S_T < X_1$,买入看涨期权和卖出看涨期权的损益均为 0。

以上损益分析未考虑组合构筑收益。对于看涨期权构筑的熊市价差组合而言,由于 $X_1 < X_2$,所以 $c_1 > c_2$。也就是说,构筑该组合会有一定的初始收入 $c_1 - c_2$。如果考虑构筑组合的收益,可以根据以上不同的损益状态绘制出组合的到期损益图,见图 10-5 中的实线。可以发现,该策略的盈亏平衡点是 $X_1 + (c_1 - c_2)e^{rT}$,最大亏损是 $X_1 - X_2 + (c_1 - c_2)e^{rT}$,最大盈利是 $(c_1 - c_2)e^{rT}$。

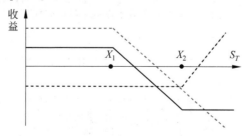

图 10-5 熊市价差组合的到期损益

2. 交易实践

1) 组合的构筑

在利用看涨期权构筑熊市价差组合时应注意四个方面内容。第一，应当选择未平仓合约数量较高且流动性充足的期权。第二，买入的行权价格较高的看涨期权应是虚值期权。要寻找合理的标的物作垫来对向下风险提供保护，同时能够保证获得合理的收益率，一般要高于10%。第三，卖出行权价格较低的看涨期权时，应使投资有至少高于当前标的物价格10%的标的物作垫，作垫的水平应视接近相关到期日的时间而定。第四，在交易时要选择合适的时期进行交易。从实践看，这种交易的时间应当是一个月或更短时间。

2) 时间损耗

当能够获利时，时间损耗对该头寸是有利的。当遭受损失时，时间损耗对该头寸是不利的。应当记住的是，如果能够通过购买和售出虚值期权来获得净收入，保持标的物价格不变，那么就能获利。因此，很多投资者只想在短期内使用这种交易策略。如果头寸变得无利可图，那么时间损耗对投资不利，因为越接近到期日，也就越接近所面临的最大损失（见图10-6）。

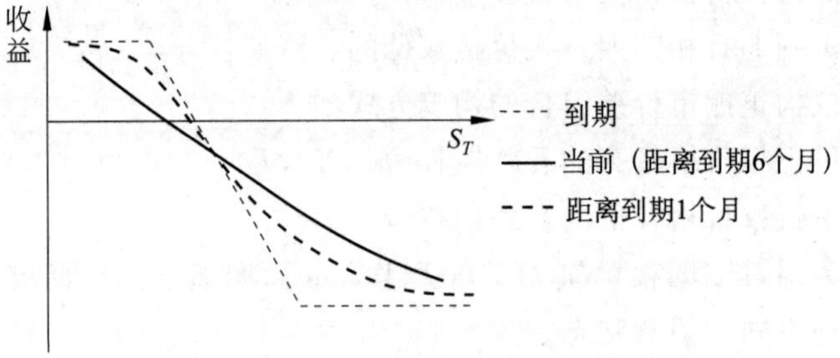

图 10-6 考虑时间的熊市价差组合损益曲线

3) 结束交易

可以通过回购售出的看涨期权并售出最初买入的看涨期权了结交易组合。有经验的交易者为了减少损失，会选择结束部分长腿，留下一个能获利的长腿部分。

3. 熊市价差期权的避险参数

表 10-5 简要描述了不同到期时间的熊市价差期权的避险参数及其变化特点。

表 10-5 熊市价差期权的避险参数与交易原理

Delta	Delta 是负值。当标的物价格位于两个行权价格之间时，该速度变得最大，注意当组合的头寸是深度实值或虚值期权时，Delta 是如何减缓速度的	
Gamma	在较高的行权价格以上，该组合头寸的 Gamma 值达到顶点；在较低的行权价格以下时，该头寸的 Gamma 值达到最低点	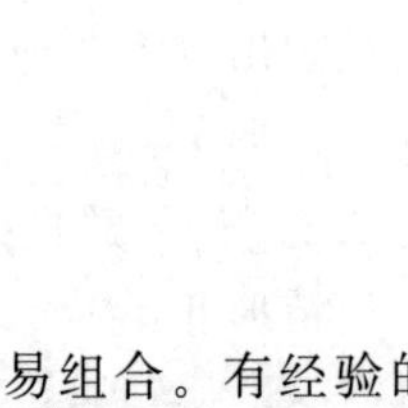

续表

Theta	当能够获利时,时间损耗对该组合头寸有利;当无法获利时,时间损耗则不利于该头寸	
Vega	当无法获利时,波动率有利于该头寸;当能够获利时,波动率则不利于该组合	
Rho	较高的利率通常不利于该期权组合头寸	

注:虚线为有效期5天损益曲线,实线为有效期1个月损益曲线。

4. 优点和缺点

熊市价差组合的优点。第一,这是一种短期收入策略,并不一定要求标的物价格发生变动;第二,与未担保的卖出看涨期权相比,这种组合能够为面临的向下风险提供保护,因此所承担的风险有限。

该组合也有缺点。第一,尽管风险有限,但是最大的风险损失通常大于所能获得的最大收益;第二,高收益交易通常意味着更少的保护,也就意味着具有更大的风险;第三,如果标的物价格下降,所能获得的收益也是有限的。

第二节 波动性组合策略

当投资者不能确定标的物价格会向哪个方向变化,但又确定肯定会发生变化时,可以采取波动性组合策略。这种交易策略包括跨式期权组合和宽跨式期权组合、剥离式组合和捆绑式组合。

一、跨式组合

1. 策略原理

跨式期权组合又称同价对敲交易,是一种非常普遍的投资组合。跨式期权组合包括买入跨式期权组合和卖出跨式期权组合,二者构筑方式和适用情形相反。买入跨式期权组合是波动性策略,具体的构筑方式如下:

——买入1份某一行权价格、某一到期日的看涨期权(c,X,T)。

——买入1份与之相同标的资产、相同行权价格、相同到期日的看跌期权(p,X,T)。

看涨期权和看跌期权的比率是1∶1。

现在可以考虑组合到期时的损益,具体分以下两种情形。

情形Ⅰ:如果$S_T>X$,看涨期权的损益是S_T-X,看跌期权的损益是0,总损益是S_T-X。

情形Ⅱ:如果$S_T<X$,看涨期权的损益是0,看跌期权的损益是$X-S_T$,总损益是$X-S_T$。

以上分析未考虑组合的初始投资$c+p$。将初始投资考虑进来,就可以绘制出组合在到期时的损益曲线,如图10-7中的实线部分。可以发现,该期权组合的最大亏损是$(c+p)e^{rT}$,两个盈亏平衡点分别为$X+(c+p)e^{rT}$和$X-(c+p)e^{rT}$。只有当标的物价格$S_T<X-(c+p)e^{rT}$,或者$S_T>X+(c+p)e^{rT}$时组合才会有净盈利。

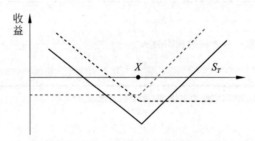

图10-7 买入跨式期权组合的到期损益

2. 交易实践

1) 组合的构筑

开展跨式交易需要把握一些原则。第一,看涨期权和看跌期权均为虚值期权。第二,最理想的市场状态是,隐含波动率小于平均隐含波动率(3个月至1年的平均隐含波动率值)。第三,买入跨式期权组合应选择在市场盘整一段时间,并将突破时为最佳。第四,识别能够显著地影响标的物价格的未来事件。未来事件应该距离现在至少30~60天,用来构造跨式交易的期权合约在事件发生后至少还有30天才到期。第五,从理论上看,投资者应该进行到期时间超过3个月的跨式期权交易。主要的原因是期权的时间价值在到期前一个月是衰退最快的。由于购买了两个期权,因此对于跨式交易来说,最大的风险就是时间衰退。为了应对这种情况,跨式期权到期时间应该在2~4个月,并且至少应该在期权到期前一个月退出交易。第六,寻找价格波动不大的标的物。这意味着对标的物的买方和卖方都是公平的。在建立跨式期权头寸后,应根据交易计划的规则来处理已经持有的头寸。如果标的物价格出现上涨,则卖出看涨期权,这时可以等待标的物价格下跌再从看跌期权获利。如果标的物价格先出现下降,则卖出看跌期权,这时可以等待标的物价格上涨再从看涨期权获利。

2) 时间损耗

时间损耗对于期权的多头不利,因此对于跨式交易也明显不利。在交易过程中,最好不要持有距离到期日仅有一个月的跨式期权组合。在这段时间内,期权的时间损耗会以指数级加速。这是要注意的规则中最重要的一条。如果距离到期日只有1个月时间,那就出售手中的所有头寸。在交易中不应期待最好的收益而继续持有头寸。因为面临的风险会让你损失掉所有的投资资金。

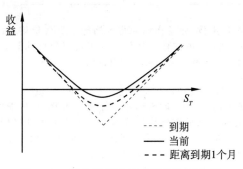

图 10-8 考虑时间的跨式期权收益曲线

3) 结束交易

组合的退出方式与前述的原理一样。投资者在退出时还应特别掌握一些重要的退出原则。第一，在一些时候，在预期事件发生之前，最好结束跨式交易中的一份可能存在潜在风险的合约。第二，事件发生后尽快结束跨式交易。如果事件确实引起标的物价格剧烈变化，那么它就暂时为盈利的期权合约价格注入了额外的事件价值，在这些额外的时间价值损失之前，将盈利的合约销售出去。第三，在合约到期前，不要同时持有跨式交易的看涨和看跌期权合约。一般来说，如果没有发生任何事件导致标的物价格变动，那么在期权到期的 3～4 个星期之前，跨式交易将会损失掉大部分的价值。在期权合约到期之前的 3～4 个星期退出交易，目的是尽量弥补原始投资的成本。

3. 跨式期权与避险参数

表 10-6 简要描述了不同到期时间的跨式期权避险参数及变化特点。

表 10-6 跨式期权避险参数、交易特点与变化形状

Delta	当标的物价格靠近行权价格时，Delta 的变化就会急剧增加。当标的物价格很低时，Delta 就是负数；当标的物价格接近或高于行权价格时，Delta 的变化速度就会加快变成正数。这说明，当标的物价格低于行权价格的时候，标的物价格的进一步下跌对交易是有利的；当标的物的价格高于行权价格的时候，标的物价格就要持续上升才能使跨式期权交易获利。这就是 Delta 的 "S"。当标的物价格与行权价格相等时，跨式期权的价格会随着标的物价格变化而变化，但是变化的速度会减慢	
Gamma	对于跨式期权的多头而言，Gamma 一般都是正数，并且在 Delta 最陡的时候达到峰值。当标的物价格接近行权价格的时候，Gamma 值就会达到峰值，这说明在这个水平上跨式期权对标的物价格变化的敏感性是相当强的	
Theta	时间衰退对跨式期权是不利的。Theta 呈现 "V" 型，并且在标的物价格等于行权价格的时候会呈现负数的槽。这是因为对跨式期权多头来说，购买了两份期权，在标的物价格远远低于跨式期权行权价格的时候，跨式期权就会严重受到时间衰退所带来的风险。有时 Theta 也会有正值的出现	

Vega	Vega的值永远都是正数,并且在标的物价格等于行权价格的时候形成山峰的形状。Vega值在标的物价格等于行权价格达到峰值,说明波动性的微小变化都会引起跨式期权价值的显著增加	
Rho	距离期权到期时间越长,Rho的影响就会加强。和Delta的形状类似,Rho的图形也是在标的物价格很低的时候形成负值的区域,然后在价格接近行权价格的时候加速达到最大值,随后在标的物价格远远高于跨式期权的行权价格的时候开始下跌	

注:虚线为有效期1个月损益曲线,实线为有效期3个月损益曲线。

4. 优点与缺点

跨式期权组合的优点是:第一,标的物价格往任何方向的变化都能使投资者从中获利。第二,面临的风险损失有限。第三,标的物价格往任何方向的变动所具有的潜在收益没有上限。

跨式期权组合的缺点是:第一,成本较高。因为看涨期权和看跌期权都需要支付权利金。第二,要获得收益,标的物的价格应发生显著性的变动,超过盈亏平衡点。这对行权价格、期权价格的选择就提出了较高的要求。第三,竞买/竞卖价差对交易质量有负面影响。第四,对心理承受能力要求很高。

二、宽跨式组合

1. 策略原理

宽跨式期权组合有时又称底部垂直价差组合或勒式期权组合。这种期权组合与跨式组合相比构造成本更低。构筑方式如下:

——买进1份行权价格较高的看涨期权(c, X_2, T)。
——买进1份行权价格较低的看跌期权(p, X_1, T)。

看涨期权和看跌期权的比率是1:1,标的资产相同。

绘制宽跨式期权组合到期时的损益曲线需要考虑以下三种情形。

情形Ⅰ:$S_T > X_2$,看涨期权的损益为$S_T - X_2$,看跌期权的损益为0。组合收益为$S_T - X_2$。

情形Ⅱ:$S_T < X_1$,看涨期权的损益为0,看跌期权的损益为$X_1 - S_T$。组合的收益为$X_1 - S_T$。

情形Ⅲ:$X_1 < S_T < X_2$,看涨期权的损益为0,看跌期权的损益为0。组合的收益为0。

考虑构筑该组合有初始投入$c+p$,就可以绘出其实际损益曲线(图10-9中的实线部分)。可以发现,最大亏损是$(c+p)e^T$,组合的两个盈亏平衡点是$X_1-(c+p)e^T$和$X_2+(c+p)e^T$。

2. 优点和缺点

宽跨式期权组合的优点是:第一,标的物价格往任何方向的大幅变化都能使投资者从

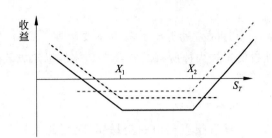

图 10-9　宽跨式期权组合的到期损益

中获利。第二,面临的风险损失有限。第三,标的物价格往任何方向的变动所具有的潜在收益没有上限。

组合的缺点是:第一,如果获得收益,标的物的价格应发生显著性的变动。第二,竞买/竞卖价差对交易质量有负面影响。第三,对心理承受能力要求很高。

3. 交易实践

1) 组合的构筑

第一,购买的期权均为虚值期权。第二,必须选择具有充足流动性的期权。第三,看跌期权的行权价格要低于看涨期权的行权价格。第四,在构筑组合时,投资者应选择自己认为合适的标的物价格变化范围。第五,这种组合的构筑基础是投资者对行情的展望是中性的,投资者只是希望波动性增强,但可以向任何一个方向发生大幅变化。最理想的情况是:现在隐含波动率很低,能获得较低的期权价格,但是标的物价格会很快发生大幅变化。为了寻找潜在的价格变化情况,可以主动寻找看起来像三角旗形或其他一些持续整理的形态(反转突破形态在分析之列)。

2) 后期步骤

与跨式组合类似,在建立宽跨式期权头寸后,应根据交易计划的规则来处理已经持有的头寸。如果标的物价格出现上涨,则卖出看涨期权,这时可以等待标的物价格下跌再从看跌期权获利。如果标的物价格先出现下降,则卖出看跌期权,这时可以等待标的物价格上涨再从看涨期权获利。

3) 时间损耗

期权的选择最好是距离到期日 3 个月左右。由于宽跨式期权组合的头寸在构筑时均是多头头寸,因此时间损耗对这种组合同样极为不利,所以不要持有到最后一个月(见图 10-10)。

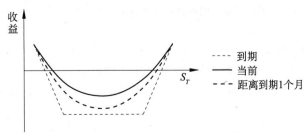

图 10-10　考虑时间的跨式期权的损益曲线

4) 结束交易

在距离到期日最后一个月时主动退出交易。不要因期待最好的收益而持有头寸,因为这时面临的风险会让投资者损失掉所有的资金。具体的退出方式和前面讲述的跨式期权退出方式具有相同的原理。

4. 宽跨式期权和跨式期权的比较

宽跨式期权和跨式期权具有很多相似的交易属性,因此风险参数变化和投资原理也具有相似性。但是,二者之间的差异也应该予以关注。第一,较之于跨式期权,宽跨式期权使用了更宽的损益平衡点,需要标的物价格变化范围更大一些。第二,较之跨式期权,宽跨式期权支付的成本更低一些,风险更小一些。第三,在期权到期前的一个月里,宽跨式期权的预计最大风险占交易总体风险的比例更大一些。

三、剥离式组合和捆绑式组合

较之跨式期权组合,剥离式和捆绑式组合是一种简单的修正。剥离式期权组合是由具有相同行权价格和相同到期日的一个看涨期权和两个看跌期权组成。捆绑式组合是由具有相同行权价格和相同到期日的两个看涨期权和一个看跌期权多头头寸构成。这两种投资组合的损益曲线见图 10-11。剥离式期权组合和捆绑式期权组合同样用于期权标的物价格可能会发生很大变化的情形。二者的主要差别在于:使用剥离式期权组合的原因是标的物下降的可能性大于上升的可能性。捆绑式期权组合的使用情形则正好相反。

剥离式和捆绑式组合的优缺点、所需注意交易原则和跨式期权组合类似。

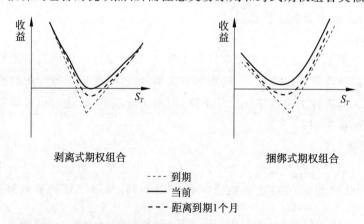

图 10-11 考虑时间的剥离式期权组合和捆绑式期权组合损益曲线

本章介绍的策略主要是从多头角度考虑问题。对于空头头寸来说,损益曲线是与图 10-7 到图 10-11 所示完全相反的形态。如果卖出跨式组合和宽跨式组合,交易者有可能面临巨大的风险。读者可以进一步了解阅读材料 10-2 中联合利昂卖出波动性组合的亏损案例。

第三节 横向盘整组合策略

期权标的物的价格有时会出现变化速度缓慢、变化空间狭窄的情况。如果投资者预计标的物价格在未来一段时间内波动性较小,并能识别价格变化区间,就可以采用横向盘整组合策略进行交易。横向盘整组合主要有蝶式组合和鹰式组合。这两种组合能够在股票价格维持一定区间的情况下,获得一定的收益。这部分收益是由构造组合所要选择的行权价格决定的。

一、蝶式组合

1. 策略原理

蝶式价差组合是一种非常常见的期权组合。策略的具体构筑方式如下：

——买进 1 份行权价格较低的看涨期权(c_1, X_1, T)。

——买进 1 份行权价格较高的看涨期权(c_3, X_3, T)。

——卖出 2 份行权价格居中的看涨期权(c_2, X_2, T)。

构筑组合时需要满足的条件是行权价格间距相等,其中,$X_1 < X_2 < X_3$,$X_2 = (X_1 + X_3)/2$。

现在可以考虑组合到期时的损益,具体分以下四种情形。

情形 I：如果 $S_T < X_1$,第一个看涨期权多头头寸的损益为 0,第二个看涨期权多头头寸的损益为 0,另外两个看涨期权空头头寸的损益为 0。总的损益为 0。

情形 II：如果 $X_1 < S_T < X_2$,第一个看涨期权多头头寸的损益为 $S_T - X_1$,第二个看涨期权多头头寸的损益为 0,另外两个看涨期权空头头寸的损益为 0。总的损益为 $S_T - X_1$。

情形 III：如果 $X_2 < S_T < X_3$,第一个看涨期权多头头寸的损益为 $S_T - X_1$,第二个看涨期权多头头寸的损益为 0,另外两个看涨期权空头头寸的损益为 $2(X_2 - S_T)$,总的损益是 $X_3 - S_T$。

情况 4：如果 $S_T > X_3$,第一个看涨期权多头头寸的损益为 $S_T - X_1$,第二个看涨期权多头头寸的损益为 $S_T - X_3$,另外两个看涨期权空头头寸的损益为 $2(X_2 - S_T)$。总的损益为 0。

该组合在构筑时的初始投资是 $c_1 + c_3 - 2c_2$,将其融入以上四种情况,可以绘出蝶式组合的损益曲线(见图 10-12 中的实线)。可以发现,蝶式期权组合的盈亏平衡区间是 $[X_1 + (c_1 + c_3 - 2c_2)e^{rT}, X_3 - (c_1 + c_3 - 2c_2)e^{rT}]$;最大收益是 $X_2 - X_1 - (c_1 + c_3 - 2c_2)e^{rT}$;最大亏损是损失掉最初的投资额 $(c_1 + c_3 - 2c_2)e^{rT}$。

2. 交易实践

1) 组合的构筑

第一,选择具有充足流动性的期权。第二,较低的行权价格低于当前标的物的价格。

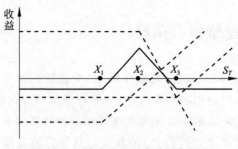

图 10-12 蝶式价差组合的到期损益

第三,中间价位的行权价格应尽可能接近期权平价,或者投资者能判断出到期日时标的物的价格水平。第四,对于较高的行权价格来说,其高于中间价位行权价格的差额应等于中间价位行权价格高于较低行权价格的差额,在到期日以及到期日前,运用在线工具来寻找最优收益和盈亏平衡点。第五,需要注意的是,构筑组合的前提是应尽力保证价格在一定范围内变动,并确定一个明确的支持和阻力价位范围。而且应当在构造组合前,尽量保证最近没有标的物的有关消息发布。

2) 时间损耗

在短期内使用该种策略进行交易是最安全的,最好是距离到期日一个月或更短的时间内操作。一般来说,当有利可图时,时间损耗对于该头寸是有利的。当遭受损失时,时间损耗对该头寸是不利的。当投资者进入交易时,通常标的物价格会保持在能够获利的范围内,因此时间损耗对该头寸不利。因此,应当在具体的交易过程中调整头寸(见图 10-13)。

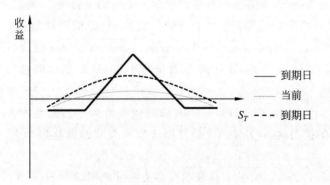

图 10-13 蝶式组合的时间损耗

3) 结束交易

结束交易有 3 种情况。一是组合到了交易日。二是需要彻底止损。在交易后期,当标的物突破止损价位,高于或者低于标的物价格时,那就结束全部头寸。三是需要减少交易损失。对于前两种情况,交易者的结束方式是通过回购售出的看涨期权并售出最初买入的看涨期权了结交易组合。有经验的交易者会随着标的物价格的浮动来决定长腿部分的取舍或仅仅部分结束价差。以这种方式,交易者将会在交易到期日之前获得较少的增加性收益。对于第三种情况,一些具有丰富经验的交易者为减少损失,会选择部分结束每个长腿的价差,并形成可供选择的风险状况。

3. 蝶式期权的避险参数

表 10-7 简要描述了不同到期时间的蝶式期权避险参数及变化特点。

表 10-7　蝶式期权避险参数、交易特点与变化形状

Delta	当标的物价格低于中间的行权价格的时候,该组合的 Delta 是正数,并且会在标的物价格等于较低的行权价格的时候达到峰值。这就意味着标的物价格从较低的行权价格开始向上移动对蝶式期权是有利的。 当标的物价格等于中间行权价格的时候,Delta 就是零。在这个时候,标的物价格不需要发生任何变化就可以在期权到期的时候获得最大的收益。 当标的物价格低于较高的行权价格的时候,蝶式期权的 Delta 是负数。这就意味着在这个水平上,标的物价格下跌才能给蝶式期权带来收益。利用看涨期权构筑的蝶式期权的避险参数和利用看跌期权构筑的蝶式期权的避险参数是一样的	
Gamma	当标的物价格等于中间的行权价格时候,Gamma 就会形成一个槽。这说明标的物价格偏离这个区域的变化都会对蝶式期权不利。当标的物价格等于或低于较低的行权价格,以及等于或者高于较高的行权价格的时候,Gamma 就会达到峰值	
Theta	Theta 的图形就像是 Gamma 图形的反转,它在标的物价格等于中间行权价格的时候达到峰值,在等于或者低于较低的行权价格,以及等于或者高于较高的行权价格的时候形成槽	
Vega	Vega 的图形和 Gamma 图形相似,在标的物价格等于中间行权价格的时候形成一个槽,在标的物价格等于或低于较低行权价格,以及等于或者高于较高的行权价格的时候就达到顶峰	
Rho	当标的物价格低于中间行权价格的时候,Rho 是正值,并在标的物价格等于较低的行权价格的时候达到峰值。 当标的物价格等于中间行权价格的时候,Rho 等于零。 当标的物价格高于中间的行权价格的时候,Rho 是负数,并在标的物价格等于较高行权价格的时候进入槽	

注:虚线为有效期 1 个月损益曲线,实线为有效期 3 个月损益曲线。

4. 优点和缺点

蝶式价差期权交易的优点有 3 个。第一,交易成本很低。第二,风险水平较低。第三,交易的最大收益体现了足够的杠杆效应。

缺点也有 3 个。第一,盈利对应的价格区间非常狭窄。第二,如果要实现最大收益,就必须对时间有严格的限制。一般来说,选择到期时间较远的期权合约可以降低蝶式价差期权交易的成本。第三,竞买/竞卖价差对交易质量会有负面影响。

二、铁蝶式组合

1. 策略原理

铁蝶式期权组合的构筑方式如下:

——买进 1 份行权价格较低的看跌期权 (p_1, X_1, T)。
——卖出 1 份行权价格居中的看跌期权 (p_2, X_2, T)。
——卖出 1 份行权价格居中的看涨期权 (c_2, X_2, T)。
——买进 1 份行权价格较高的看涨期权 (c_3, X_3, T)。

其中,$X_1 < X_2 < X_3$,$X_2 = (X_1 + X_2)/2$。

尽管铁蝶式期权组合与蝶式期权组合存在构造上的差异(见图 10-14),但合成的损益曲线一致。两种期权组合的最大风险和最大收益均有限;当标的物价格在中间价位时,组合能够获得最大利润。

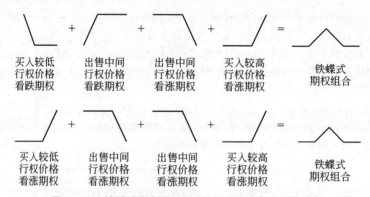

图 10-14 铁蝶式期权组合和蝶式期权组合的构筑差异

2. 交易实践

1) 组合的构筑

第一,尽力分析出标的物价格波动范围,并确定一个明确的支撑价位和阻力价位。第二,买入的较低行权价格的看跌期权和较高行权价格的看涨期权均为虚值。出售的中间行权价格的看跌期权和看涨期权均为平值期权。所有期权行权价格之间的距离是相等的,所有期权都具有足够的流动性。第三,所有的期权都具有相同的到期日。由于在短期内使用该策略是最安全的,所以该策略的到期时间应为 1 个月或者更短的时间。

2) 时间损耗

当有利可图时,时间损耗对于该组合是有利的;但遭受损失时,时间损耗对该组合是不利的。当进入该交易时,通常标的物价格会在有风险情况下且能够获利的范围内。因此,从此观点看,时间损耗对该头寸不利。

3) 结束交易

结束交易应注意以下事项。第一,根据交易计划中的规则来处理持有的头寸。第二,可以在到期日前结束组合。当然,还要计算所有佣金。第三,结束该策略的具体方法是,平掉最初的仓位。第四,当具有足够的经验后,投资者可以根据标的物价格的变化逐步平掉各个仓位,以便获得最大利润。

4）风险参数

铁蝶式期权的风险参数变化特点与蝶式期权的类似。

4. 优点和缺点

铁蝶式期权和蝶式期权的优缺点类似。

优点有 3 个。第一,在没有成本以及较低向下风险的情况下,能从在一定变动范围内的标的物价格中获利;第二,风险较低具有上限;第三,如果标的物价格保持在一定的范围之内,则具有相对较高的潜在收益。

缺点有 3 个。第一,只有标的物价格在较小的范围内波动才能获得利润;第二,只有当接近到期日时,才会出现较高的潜在收益;第三,竞买和竞卖价差可能会对交易的质量起到负面作用。

三、鹰式组合

1. 策略原理

鹰式价差组合的基本构筑方式如下：

——买进 1 份行权价格较低的看涨期权(c_1, X_1, T)。

——买进 1 份行权价格较高的看涨期权(c_4, X_4, T)。

——卖出 1 份行权价格中间偏低的看涨期权(c_2, X_2, T)。

——卖出 1 份行权价格中间偏高的看涨期权(c_3, X_3, T)。

其中,行权价格均匀分布,$X_1 < X_2 < X_3 < X_4$,满足 $X_1 + X_4 = X_2 + X_3$。

表 10-8 分析了利用看涨期权构造的鹰式价差组合的损益。在现实中,构造组合需要花费的成本支出是 $c_1 + c_4 - c_2 - c_3$。这样可以画出鹰式组合在到期时的实际损益线(图 10-15 中实线)。可以发现,该组合在到期时的盈亏平衡区间是 $[X_1 + (c_1 + c_4 - c_2 - c_3)e^{rT}, X_4 - (c_1 + c_4 - c_2 - c_3)e^{rT}]$；最大收益是 $X_2 - X_1 - (c_1 + c_4 - c_2 - c_3)e^{rT}$；最大风险是初始投资额的终值 $(c_1 + c_4 - c_2 - c_3)e^{rT}$。

表 10-8 鹰式组合到期时在不同情况下的损益

情形	看涨期权 (c_1, X_1, T)	看涨期权 (c_2, X_2, T)	看涨期权 (c_2, X_2, T)	看涨期权 (c_4, X_4, T)	总的收益
$S_T < X_1$	0	0	0	0	0
$X_1 < S_T < X_2$	$S_T - X_1$	0	0	0	$S_T - X_1$
$X_2 < S_T < X_3$	$S_T - X_1$	$X_2 - S_T$	0	0	$X_2 - X_1$
$X_3 < S_T < X_4$	$S_T - X_1$	$X_2 - S_T$	$X_3 - S_T$	0	$X_4 - S_T$
$S_T > X_4$	$S_T - X_1$	$X_2 - S_T$	$X_3 - S_T$	$S_T - X_4$	0

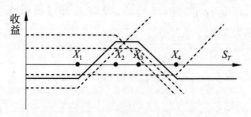

图 10-15 买入鹰式期权组合的到期损益

2. 交易实践

1) 组合的构筑

当对行情展望是中性时可以选择这种交易组合。在具体的构筑过程中,应注意遵循以下原则。第一,选择具有充足流动性的期权;第二,对于较低的行权价格而言,最少有两个行权价格要低于标的物的当前价格;第三,对于较低的中间价位的行权价格来说,最少有一个低于标的物的当前价格;第四,对于较高的中间价位的行权价格来说,最少有一个行权价格应当高于标的物的当前价格;第五,对于较高行权价格而言,最少有两个行权价格要高于标的物的当前价格。

2) 时间损耗

构筑该组合时应尽量选择一个月或到期时间更短的期权。当有利可图时,时间损耗对该组合头寸是有利的。当遭受损失时,时间损耗对该头寸是不利的。

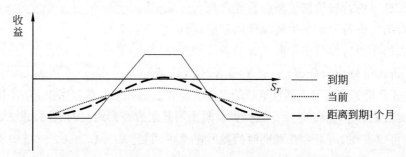

图 10-16 鹰式组合的时间损耗

3) 结束交易

鹰式组合交易的结束原理和方法与蝶式组合的类似。

4) 风险参数

该组合的风险参数变化类似于蝶式组合的风险参数变化。

4. 优点和缺点

组合的优点:第一,以较少的成本获得较大的收益;第二,具有较低的风险水平;第三,如果标的物价格保持在一定范围之内,则具有相对较高的收益率。

组合的缺点:第一,只有当期权行权价翼的范围较窄时,才能有较高的潜在收益;第二,只有接近到期日时,才会出现较高的潜在获利能力;第三,竞买/竞卖价差对交易质量会有负面影响。

5. 蝶式期权和鹰式期权的比较

鹰式期权与蝶式期权在构造方法、避险参数等方面具有相似性,二者都给投资者提供了"有限的"最大风险和最大收益。这两种投资策略的最大风险都是所需要支付的全部成本。

二者也有不同之处。第一,最大盈利的概率不同。对于鹰式期权来说,由于中间行权价格的差额更大,因此获得最大盈利的概率更高。而对于蝶式期权来说,最大收益仅仅发生在标的物价格在期权到期时等于中间行权价格的时候,显然这种情况发生的概率要低得多。第二,构造成本不同。尽管鹰式期权最大盈利的概率较之蝶式期权高一些,但是其净支出也更大一些。其原因是在一般情况下,投资者交易的第一条腿(看涨期权)或者最后一条腿(看跌期权)使用的是购买价格昂贵的深度实值期权。

四、铁鹰式组合

1. 策略原理

铁鹰式期权组合是铁蝶式期权组合的一个变种,到期损益曲线则和鹰式期权组合的类似。构筑方式如下:

——买进1份行权价格较低的看跌期权(p_1, X_1, T)。
——卖出1份行权价格中间偏低的看跌期权(p_2, X_2, T)。
——卖出1份行权价格中间偏高的看涨期权(c_3, X_3, T)。
——买进1份行权价格较高的看涨期权(c_4, X_4, T)。

其中,行权价格均匀分布,$X_1 < X_2 < X_3 < X_4$,满足 $X_1 + X_4 = X_2 + X_3$。很明显,该组合和鹰式组合的构成方式并不一样,但叠加后的损益曲线一致,从图10-17可以看出铁鹰式组合与鹰式组合的风险和损失均有限。

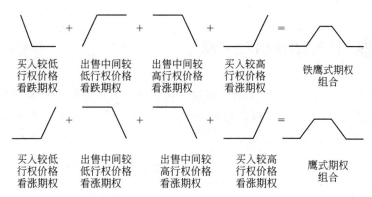

图10-17 铁鹰式期权组合与鹰式期权组合的构筑差异

2. 交易实践

1) 组合的构筑

第一,尽力分析出标的物价格波动范围,并确定一个明确的支撑价位和阻力价位。第二,期权行权价格之间的差额相等。第三,所有期权均为虚值期权。第四,期权具有相同到期日。由于在短期内使用该策略是最安全的,所以该策略的到期时间应为 1 个月或者更短的时间。第五,选择流动性好的期权。

2) 时间损耗

当有利可图时,时间损耗对于该组合是有利的;但遭受损失时,时间损耗对该组合是不利的。当进入该交易时,通常标的物价格会在风险情况下能够获利的范围内,因此,从此观点看,时间损耗对该头寸不利。

3) 结束交易

结束交易应注意以下事项。第一,根据交易计划中的规则来处理持有的头寸。第二,可以在到期日前结束组合。当然,还要计算所有佣金。第三,结束该策略的具体方法是,平掉最初的仓位。第四,当具有足够的经验后,投资者可以根据标的物价格的变化逐步平掉各个仓位,以便获得最大利润。

3. 铁鹰式期权组合的风险参数

铁鹰式期权组合的风险参数与蝶式、铁蝶式、铁鹰式期权组合的具有相似的特征。

4. 优点和缺点

优点有五个。第一,在没有成本以及较低向下风险的情况下,能从在一定变动范围内的标的物价格中获利。第二,风险较低,具有上限。第三,如果标的物价格保持在一定的范围之内,会具有相对较高的潜在收益。第四,比铁蝶式期权组合的市场风险更小一些。第五,与铁蝶式期权组合相比,铁鹰式期权组合的最大收益与标的物价格在一定区间范围内的变动相对应,而不是一个点。

缺点有三个。第一,只有标的物价格在较小的范围内波动才能获得利润。第二,只有当接近到期日时,才会出现较高的潜在收益。第三,竞买和竞卖价差可能会影响交易质量。

第四节 杠杆期权组合策略

杠杆期权组合投资策略主要是指比率价差期权组合和反向比率价差期权组合。这些策略如果能够操作成功,投资者将获得丰厚的利润。杠杆期权投资组合的策略分类与适用行情如表 10-9 所示。

表 10-9 杠杆期权投资组合的策略分类与适用行情

投资策略	适用情况		
反向比率价差看涨期权组合	行情展望极度看涨	高波动率	标的物价格大幅上涨
反向比率价差看跌期权组合	行情展望极度看跌	高波动率	标的物价格大幅下跌
比率价差看涨期权组合	行情展望熊市看跌中性	波动率下降	标的物价格保持在一定的范围内
比率价差看跌期权组合	行情展望牛市看涨中性	波动率下降	标的物价格保持在一定的范围内

一、反向比率价差看涨期权组合

1. 策略原理

1∶2反向比率价差看涨期权组合的构筑方式如下：

——卖出 1 份较低行权价格的看涨期权(c_1, X_1, T)。

——买入 2 份高行权价格的看涨期权(c_2, X_2, T)。

其中，$X_1 < X_2$。图10-18是1∶2反向比率价差看涨期权组合的到期损益曲线。反向比率价差看涨期权组合的风险和收益概述见表10-10。

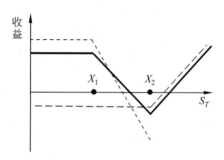

图 10-18　1∶2 反向比率价差看涨期权组合的到期损益

表 10-10　反向比率价差看涨期权组合的风险与收益

最大风险	行权价格的差额－构筑组合的权利金净收入（＋构筑组合的权利金净支出）。这里的权利金究竟是一种净收入还是一种净支出要看组合的构筑基础而定
最大收益	没有上限
向下的盈亏平衡点	较低的行权价格＋净收入
向上的盈亏平衡点	较高行权价格＋(行权价格的差额×卖空看涨期权的数量)/(买入看涨期权的数量－卖空看涨期权的数量)－获得的权利金净收入（或者＋权利金净支出）

反向比率价差看涨期权组合的构筑比率可以是1∶2，也可以是2∶3，或者是其他比率。为了更好地理解风险、收益和盈亏平衡点的关系，并对构筑组合提供有益的启示，这里举例说明2∶3反向比率价差看涨期权组合。

【例 10-1】　2∶3 反向比率价差看涨期权组合

假设行权价格为25.00的看涨期权价格为4.90元,行权价格为30.00元的看涨期权价格为2.50元。先构筑一个2∶3的反向比率价差看涨期权组合。即,以4.90的价格卖出两份2010年1月到期、行权价格为25.00元的期权。以2.50元的价格买入3份相同有效期,但行权价格为30.00元的看涨期权。该组合的具体损益见表10-11。

表 10-11　2∶3 反向比率价差看涨期权组合的风险与收益

净收益	购买期权的权利金－卖出期权的权利金 9.80－7.50＝2.30
最大风险	行权价格的差额×卖空看涨期权的数量－构筑组合的权利金净收入 2×5.00－2.30＝7.70

续表

最大收益	没有上限
向下的盈亏平衡点	较低的行权价格＋净收入 25＋2.30＝27.3
向上的盈亏平衡点	较高行权价格＋(行权价格的差额×卖空看涨期权的数量)/(买入看涨期权的数量－卖空看涨期权的数量)－获得的权利金净收入 30.00＋(5.00×2)/(3－2)－2.30＝37.70

2. 交易实践

1) 组合的构筑

第一，所选择的期权流动性要高。第二，出售的看涨期权行权价格较低，大致属于平值期权。购买的看涨期权行权价格则要高一些，即为虚值期权。第三，投资者还可以构筑起卖出和买入之比是2∶3的组合。但是从前述案例可以看出，2∶3的组合虽然可以得到一定的初始收入，但是却将向上的盈亏平衡点推向更远的地方。因此，需要进行多次测试，以便确定最优的交易。通常最好的方法是比较每种策略的向上盈亏平衡点和最大风险。第四，在构筑组合时，应尽可能地将成本降低到零，甚至获得一定的净收入。第五，构筑组合时应尽力保证价格上升的趋势，并确定一个明确的支撑价位范围。第六，在距离到期日较长时期时使用该策略比较安全，因此最好是至少离到期日还有6个月以上。所有的期权都有具有相同的到期日。最后需要注意的是，在实际操作中，投资者可以不断尝试利用很多实值、平价以及虚值期权来确定最优交易。通常最好的方法是比较每种策略的向上盈亏平衡点和最大风险。

2) 时间损耗

时间损耗不利于该组合，所以需要尽可能长的时间来操作该交易。

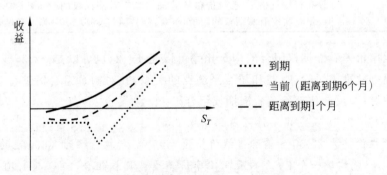

图10-19 考虑时间的看涨期权反向比率价差组合收益曲线

3) 结束交易

这种组合同样需要买回最初的看涨期权并卖出最初买入的期权来结束自己的仓位。在经验丰富的情况下，交易者可以根据标的物价格的上下浮动来决定采取的具体的次序以结束组合中各个边。

3. 反向比率价差看涨期权组合与避险参数

表 10-12 简要总结和描述了不同到期时间的反向比率价差看涨期权组合避险参数及变化特点。

表 10-12 反向比率价差看涨期权组合避险参数、交易特点与形状变化

Delta	标的物价格上涨越多,Delta 越将达到其最大值;标的物价格下跌越多,该头寸变化速度越慢,因此 Delta 值就会减少到零	
Gamma	在较高的行权价格附近,该头寸的 Gamma 值达到顶点,表明此时是头寸的主要转折点和变化速度最大的点	
Theta	时间损耗对该头寸非常不利,除非标的物价格大幅下跌	
Vega	波动率对该头寸具有非常重要的最有利作用	
Rho	较高的利率通常有利于该期权头寸,尤其是当标的物价格上涨的情况下更是如此	

注:虚线为有效期 1 个月损益曲线,实线为有效期 6 个月损益曲线。

4. 优点和缺点

优点体现在 4 个方面。第一,成本有限。如果组合构筑得当,初始的投资可以很低,甚至还会有初始的收入。第二,风险具有上限,特别是标的物价格具有高波动率时。第三,如果标的物价格不断上涨,就能够获得没有上限的收益或者说获得高杠杆性的收益。

缺点有两个。第一,当标的物价格不变时风险较大。第二,对于一般的交易者来说,该交易显得较为复杂,无法进行良好的运用。

二、反向比率价差看跌期权组合

1. 策略原理

反向比率价差看跌期权组合的构筑方式如下：

——买入 2 份较低行权价格的看跌期权(p_1, X_1, T)。
——卖出 1 份较高行权价格的看跌期权(p_2, X_2, T)。

其中，$X_1 < X_2$。这样就可以形成一条新的损益曲线（见图 10-20）。可以发现，如果在组合到期时，标的物价格大幅下跌，就会获得很高的收益。具体的损益和盈亏平衡点见表 10-13。

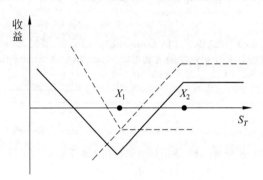

图 10-20 反向比率价差看跌期权组合损益曲线

表 10-13 反向比率价差看跌期权组合的风险与收益

最大风险	行权价格的差额×卖空看跌期权的数量－构筑组合的权利金净初始收入（或者＋构筑组合的权利金净支出）
最大收益	没有上限（直到标的物价格跌至零）
向下的盈亏平衡点	较低行权价格＋(行权价格的差额×卖空看跌期权的数量)/(买入看跌期权的数量－卖空看跌期权的数量)＋获得的初始权利金净收入（或者－初始权利金净支出）
向上的盈亏平衡点	较高行权价格－净收入

由于和反向比率价差看涨期权组合的风险与收益具有相似的属性，这里不再举出具体案例。但是，读者需要细致区分看涨期权组合与看跌期权组合盈亏点之间的不同。

2. 交易实践

1) 组合的构筑

第一，所选择的期权流动性要高。第二，出售的看跌期权行权价格应在平价附近，而购买的较低行权价格的看跌期权应为虚值期权。第三，投资者还可以构筑起卖出和买入之比是 2∶3 的组合。2∶3 的组合可能将向下的盈亏平衡点推向更远的地方。因此，需要进行多次测试，以便确定最优的交易。通常最好的方法是比较每种策略的向上盈亏平衡点和最大风险。第四，在构筑组合时，应尽可能地将成本降低到零，甚至获得一定的净收入。第五,构筑组合时应尽力保证价格处于下跌的趋势,并确定一个明确的阻力价位范围。第六,在距离到期日较长时期时使用该策略比较安全,因此最好是至少离到期日还有6个月以上。所有的期权都具有相同的到期日。最后需要注意的是:在实际操作中,投资者可以不断尝试利用很多实值、平价以及虚值期权来确定最优交易。通常最好的方法是比较每种策略的向上盈亏平衡点和最大风险。

2) 时间损耗

时间损耗不利于该组合。所以需要尽可能长的时间来操作该交易(图 10-21)。

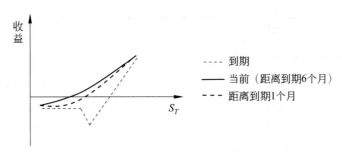

图 10-21 考虑时间的看跌期权反向比率价差组合收益曲线

3) 交易的调整和结束

第一,根据交易计划的规则处理手中的头寸。第二,出现以下两种情况时结束头寸。一是,如果标的物价格上升至止损价格以上就结束整个头寸。二是,在距离到期日至少1个月前就结束交易。这样要么可以获得收益,要么可以控制损失。具体的结束交易方式是买回最初的看跌期权并卖出最初买入的看跌期权。如果投资经验十分丰富,交易者可以根据标的物价格的上下浮动来决定采取的具体的次序以结束组合中各个边。

3. 反向比率价差看跌期权组合与避险参数

表 10-14 简要描述了不同到期时间的反向比率价差看跌期权组合避险参数及变化特点。

表 10-14 反向比率价差看跌期权组合避险参数、交易特点与形状变化

Delta	标的物价格下跌越多,Delta 越将达到其最大值;标的物价格上涨越多,该头寸变化速度越慢,因此 Delta 值就会减少到零	
Gamma	在较低的行权价格附近,该头寸的 Gamma 值达到顶点,表明此时是头寸的主要转折点和变化速度最大的点	
Theta	时间损耗对该头寸非常不利,除非标的物价格大幅下跌	

续表

Vega	波动率对该头寸具有非常重要的最有利作用	
Rho	较高的利率通常有利于该期权头寸,尤其是当标的物价格上涨的情况下更是如此	

注:虚线为有效期1个月损益曲线,实线为有效期6个月损益曲线。

4. 优点和缺点

优点有3个。第一,成本有限。如果组合构筑得当,初始的投资可以很低,甚至还会有初始的收入。第二,风险具有上限,特别是标的物价格具有高波动率时。第三,如果标的物价格下跌,就能够获得没有上限的收益或者说获得高杠杆性的收益。

缺点有两个。第一,当标的物价格不变时风险较大。第二,对于一般的交易者来说,该交易显得较为复杂,无法发挥良好的运用。

三、比率价差看涨期权组合

1. 策略原理

比率价差看涨期权组合的构筑方式如下:

——买入1份较低行权价格的看涨期权(c_1, X_1, T)。

——卖出2份较高行权价格的看涨期权(c_2, X_2, T)。

其中,$X_1 < X_2$。该组合的损益曲线见图10-22。很明显这种组合面临的风险是巨大的。其形态不如蝶式期权的获利安全性高。表10-15分析了更为具体的盈亏平衡与损益可能。

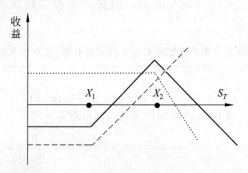

图10-22 1∶2比率价差看涨期权组合损益曲线

表10-15 比率价差看涨期权组合的风险与收益

最大风险	没有下限
最大收益	行权价格之差－构筑组合的权利金净支出(或者＋权利金的净收入)
向下的盈亏平衡点	较低行权价格＋净支出/买入合约的数量

续表

| 向上的盈亏平衡点 | 较高行权价格+(行权价格的差额×卖出期权合约的数量)/(卖出期权合约的数量-买入期权合约的数量)+获得的权利金净收入(或者-净成本) |

2. 交易实践

1) 组合的构筑

第一,构筑时首先应尽力确认标的物价格是下跌的趋势,并确定一个明确的阻力范围。这样是为了降低价格上涨造成的巨大损失。第二,组合的比率是1∶2,也可以是2∶3。第三,选择流动性高的期权。第四,买入的较低行权价格的看涨期权应为实值期权或平值期权,卖出的较高行权价格的看涨期权被行权的可能性要低一些,即应将上方的盈亏平衡点和阻力价位联系起来。第五,在构筑组合时,应尽可能地将成本降低到零,甚至获得一定的净收入。第六,由于存在的巨大风险,构筑组合的到期时间应当尽可能的短,最好是1个月或更短的时间。

2) 时间损耗

由于这个组合是净卖出,所以时间损耗对这个组合更有利。特别是组合到期时间进入最后30天后,时间价值的损耗急速变化(见图10-23)。

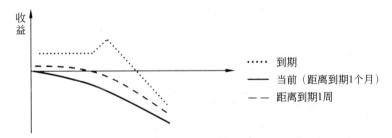

图 10-23 考虑时间的比率价差看涨期权组合收益曲线

3) 交易的调整和结束

在组合构筑起来之后,应根据交易计划的规则来处理头寸。交易者可以根据具体情况调整长腿部分。有时可以平掉多余的看涨期权空头头寸,这样可以形成一个较为稳健的牛市看涨价差期权组合。

在以下情况应当平掉整个头寸。第一,标的物价格突破阻力位,并得到确认,就平掉组合的左右头寸。第二,合约到期平掉头寸。

3. 比率价差看涨期权组合与避险参数

表10-16简要描述了不同到期时间的比率价差看涨期权组合避险参数及变化特点。

表 10-16 比率价差看涨期权组合避险参数、交易特点与形状变化

Delta	标的物价格上涨越多,Delta值越将达到其最大值,标的物价格下跌越多,该头寸变化速度越慢,因此Delta值会减少到零	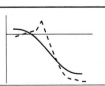

续表

Gamma	在较高的行权价格附近,该头寸的 Gamma 值达到最低点,表明此时是头寸的主要转折点和变化速度最大的点	
Theta	除非标的物价格出现大幅度下跌,时间损耗对该头寸非常有利	
Vega	波动率对该头寸非常不利	
Rho	较高的利率通常对该期权头寸没有作用,尤其是当标的物价格出现上涨时更是如此	

注:虚线为有效期 1 周损益曲线,实线为有效期 1 个月损益曲线。

4. 优点和缺点

优点有两个。第一,通过构造组合可能增加净收入。第二,标的物价格不出现大范围上升,则可能获得一定的收益。

缺点也有两个。第一,标的物价格出现大范围上升,则损失巨大。第二,该策略较为复杂,对于一般的投资者来说,不具有强大的吸引力。

四、比率价差看跌期权组合

1. 策略原理

比率价差看跌期权组合的构筑方式如下:

——买入 1 份较高行权价格的看跌期权 (p_1, X_1, T)。

——卖出 2 份较低行权价格的看跌期权 (p_2, X_2, T)。

其中,$X_1 > X_2$。组合的到期损益曲线见图 10-24。很明显,这种组合面临的风险也是巨大的,最大的风险是标的物价格跌至零。表 10-17 分析了更为具体的盈亏平衡与损益可能。

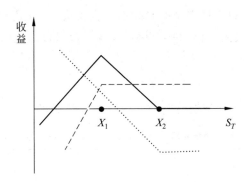

图 10-24　1∶2 比率价差看跌期权组合损益曲线

表 10-17　比率价差看跌期权组合的风险与收益

最大风险	没有下限
最大收益	行权价格之差－构筑组合的权利金净支出(或者＋权利金的净收入)
向下的盈亏平衡点	较低行权价格－(行权价格的差额×卖出期权合约的数量)/(卖出期权合约的数量－买入期权合约的数量)－获得的权利金净收入(或者＋净成本)
向上的盈亏平衡点	较高行权价格－净成本/买入合约的数量

2. 交易实践

1) 组合的构筑

第一,构筑时首先应尽量确认标的物价格是上升的趋势,并确定一个明确的支撑范围。第二,期权的比率可以是 1∶2,也可以是 2∶3。第三,选择流动性高的期权。第四,卖出的较高行权价格的看跌期权应为实值期权,即应将下方的盈亏平衡点和支撑价位联系起来。第五,在构筑组合时,应尽可能地将成本降低到零,甚至获得一定的净收入。第六,由于存在的巨大风险,构筑组合的到期时间应当尽可能的短,最好是 1 个月或更短的时间。

2) 时间损耗

由于这个组合是净卖出,所以时间损耗更有利。特别是组合到期时间进入最后 30 天后,时间价值的损耗急速变化(见图 10-25)。

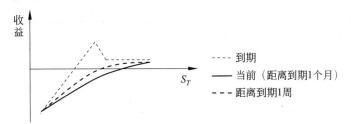

图 10-25　考虑时间的比率价差看跌期权组合收益曲线

3) 交易的调整和结束

在组合构筑起来之后,应根据交易计划的规则来处理头寸。交易者可以根据具体情况调整长腿部分。有时可以平掉多余的看跌期权空头头寸。在以下情况应当平掉整个头寸。第一,标的物价格突破阻力位,并得到确认,就平掉组合的左右头寸。第二,合约到期平掉头寸。

3. 比率价差看跌期权组合与避险参数

表 10-18 简要描述了不同到期时间的比率价差看跌期权组合避险参数及变化特点。

表 10-18　比率价差看跌期权组合避险参数、交易特点与形状变化

参数	说明	图示
Delta	标的物价格下跌越多,Delta 值越将达到其最大值,标的物价格上涨越多,该头寸变化速度越慢,因此 Delta 值会减少到零	
Gamma	在较低的行权价格附近,该头寸的 Gamma 值达到最低点,表明此时是头寸的主要转折点和变化速度最大的点	
Theta	除非标的物价格出现大幅度上涨,时间损耗对该头寸非常有利	
Vega	波动率对该头寸非常不利	
Rho	较高的利率通常对该期权头寸是有利的,尤其是当标的物价格出现下跌时更是如此	

注:虚线为有效期 1 个月损益曲线,实线为有效期 1 年损益曲线。

4. 优点和缺点

组合的优点:第一,通过构造组合可能增加净收入;第二,标的物价格不出现大范围下降,则可能获得一定的收益。

组合的缺点:第一,标的物价格出现大范围下跌,则损失巨大。第二,对于一般的投资者来说,该策略较为复杂。

【阅读材料 10-1】 常用期权投资策略表

【阅读资料 10-2】 联合利昂的备兑看涨期权与波动性组合空头交易

【阅读材料 10-3】 最好的策略

【思考与习题】

1. 在预期标的资产看涨的情况下，比较买入看涨期权和卖出看跌期权两种不同策略的适用范围和损益情况。
2. 在预期标的资产看跌的情况下，比较买入看跌期权和卖出看涨期权两种不同策略的适用范围和损益情况。
3. 为什么出售期权对投资者更有利？
4. 如何利用看跌期权构筑牛市价差策略和熊市价差策略？
5. 比较分析牛市价差组合策略和熊市价差组合策略的优缺点。
6. 有如下 4 种证券组合，请画图说明投资者收益和损失随股票价格变化的情况。
(1) 一份股票和一份看涨期权空头头寸。
(2) 两份股票和一份看涨期权空头头寸。
(3) 一份股票和两份看涨期权空头头寸。
(4) 一份股票和四份看涨期权空头头寸。
在以上每种情况下，均假设看涨期权的行权价格等于当前股票价格。
7. 当前市场数据如表 10-19 所示。

表 10-19　当前市场数据

期　　权	期权价格（元）
4 月 30 看涨期权	4
4 月 35 看涨期权	1.1
4 月 40 看涨期权	0.4

你想卖出上表中相应的看涨期权。请在表 10-20 中填写策略分析。

表 10-20 策 略 分 析

盈亏状况	4月30看涨期权	4月35看涨期权	4月40看涨期权
潜在盈利			
损益平衡			
潜在亏损			

8. 假定行权价格分别为30元和35元的股票看跌期权价格分别为4元和7元。如何利用这些期权构造一个牛市价差组合和熊市价差组合策略？说明两种策略的盈利和收益。

9. 分别绘出空头跨式期权组合和空头宽跨式期权组合的损益图，并分析其损益平衡点和盈亏。

10. 分别绘出空头蝶式期权组合和空头鹰式期权组合损益图，并分析各自的损益平衡点和盈亏来源。

11. 利用期权平价关系来说明欧式看跌期权所构成的蝶式策略费用等于欧式看涨期权所构成的蝶式策略的费用。

12. 投资者认为股票价格大幅上涨的可能性高于大幅下跌的可能性，那么该采取何种期权组合策略？

13. 投资者认为股票价格将会出现大幅度变化，但是不知道会往哪一个方向变动，该采取何种期权组合策略？

14. 投资者认为股票价格可能在一定时期内不会发生大的变化，那么该采取何种期权组合策略？

15. 投资者卖出一个蝶式期权组合。该组合的构成和收支是：卖出一个行权价格为260元的看涨期权，权利金收入是25元；买入两个行权价格为270元的看涨期权，权利金支出是18元；卖出一个行权价格为280元的看涨期权，权利金收入为17元。则该组合的最大收益和风险各为多少？

16. 假设投资者持有的期权组合头寸构成如表10-21所示，组合构建目标的标的资产价格为100元，所有期权在一个月后到期。(1)请绘出该期权组合的盈亏结构图。(2)根据盈亏结构图，找出该期权组合在到期日的最大盈利、最大亏损和盈亏平衡点。(3)分析期权组合在什么样的情况下能获得正收益。

表 10-21 期权组合头寸

序号	期权类型	行权价格	期权费	头寸方向
1	Call	95	10	多
2	Call	100	5	空
3	Call	100	5	空
4	Call	110	2	多

17. 某投资者预期一段时间内沪深 300 指数会维持窄幅震荡,于是构造飞鹰式期权组合如下,买入 IO1402-C-2200、IO1402-C-2350,卖出 IO1402-C-2250、IO1402-C-2300,支付净权利金 20.3 元,则到期时其最大获利为多少?

18. 投资者构造空头飞鹰式期权组合如下,卖出 1 份行权价为 2 500 点的看涨期权,收入权利金 160 点。买入两个行权价分别为 2 600 点和 2 700 点的看涨期权,付出权利金 90 点和 40 点。再卖出一个行权价为 2 800 点的看涨期权,权利金为 20 点。则该组合的最大收益为多少?

【即测即练】 扫描书背面的二维码,获取答题权限。

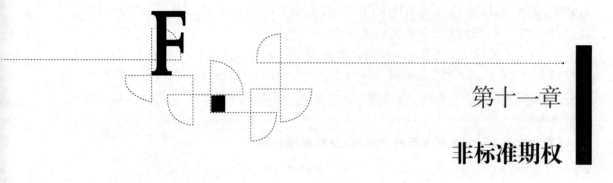

第十一章

非标准期权

从 20 世纪 80 年代开始,场外各类非标准期权的重要性和市场规模不断上升。场外非标准期权的最大特点是可以量身设计期权合约,如灵活选择执行日、行权价格、合约大小。鉴于场外期权种类繁多,难以尽述,本章将简要介绍常见的奇异期权、复合期权和多期期权。

第一节 奇异期权

奇异期权(exotic options)是传统期权的变种。这种期权大致产生于 20 世纪 80 年代末,但是种类和数量发展迅速。现在,奇异期权已经被广为理解和接受,也不再显得新颖奇异。按照性质划分,奇异期权主要包括路径依赖期权、时间依赖期权、多因素期权、单支出期权。这些期权大多在场外交易,但是也有部分品种被交易所开发进行场内交易。例如,1994 年纽约商品交易所上市了一种彩虹价差期权。这些美式期权的支付结构是由原油价格和成品油价格之间的价差所确定的。在学习之前需要了解的是,奇异期权确实是无法尽述的,它的丰富多变就是金融工程的核心和魅力的体现。所以,这里仅介绍一些常见的奇异期权、定价与对冲问题。

一、奇异期权分类

1. 路径依赖期权(path-dependent options)

一个标准的路径依赖期权的最终价值只取决于标的物在到期日时的价格。而价格是如何到达这个价位对于欧式期权价值并没有影响。路径依赖期权的价值主要取决于标的物在期权存续期内所走过的路径。路径依赖期权包括均值依赖期权和极值依赖期权。均值依赖期权是指以期权存续期内某个时段上的平均价格而非到期日时的现货价格来确定最后的支付。极值依赖期权则取决于标的物在上升或下降过程中所产生的极值。其中的具体种类划分见图 11-1。

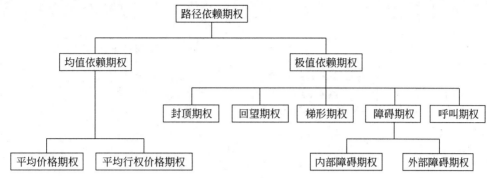

图 11-1　路径依赖期权的划分

1) 平均价格期权和平均行权价格期权

平均价格期权(average rate/price option)又称亚式期权(Asian option),是金融衍生品市场中交易最活跃、适用范围最广泛的均值依赖期权。其行权价格已经确定,而到期计算收益的价格则是一段时期内标的物的平均价格。期权购买者的收益就是行权价格与平均价格的差异。其中,标的物的现货平均价格则需要根据具体的要求进行测算。在平均的过程中需要注意 3 个方面的内容。第一,用月平均、周平均、日平均或任何一个预先确定的时间周期平均。第二,平均周期可以是期权的整个有效期,也可以是有效期内的时间段。第三,平均的方法可以采用算术平均,也可以采用几何平均。算术平均的一种形式可以表示为

$$I = \frac{1}{n}(S_1 + S_2 + \cdots + S_n)$$

而几何平均一般可以用 $I = (S_1 S_2 S_3 \cdots S_n)^{\frac{1}{n}}$,或者 $\ln I = \frac{1}{n}(\ln S_1 + \ln S_2 + \ln S_3 + \cdots + \ln S_n)$ 来表示。除此之外,还有一种使用广泛的方法是指数加权平均,也就是说它不像算术平均或几何平均那样给予每个价格以等权重,而是最近价格的权重大于以前价格的权重。总的来看,算术平均易于理解和计算,但是算术平均期权的估价要比几何平均期权困难得多。

究竟采用哪种方法取决于使用者的风险程度。例如,一家公司在六个月内,每月的最后一天从外国供货商买入固定数额的货物。采用一种六个月平均外汇期权可以提供最佳的风险防范。这里以每月最后一天上午 11 点的即期汇率来计算月算术平均汇率。平均价格期权比标准的期权更便宜,因为标的物价格在一段时期内的平均值变动比特定日价格的变动程度要小,这就减少了期权的风险从而降低了其时间价值。平均价格期权图解如图 11-2 所示。

平均行权价格期权(average strike option)与平均价格期权原理相似,不同之处是其现货价格是到期日即期价格,而行权价格则是一个确定时期内所观察到的现货价格的平均值。平均行权价格期权图解如图 11-3 所示。

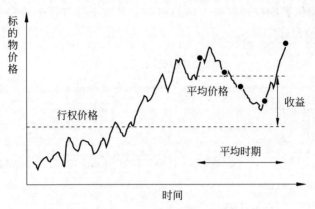

图 11-2　平均价格期权图解

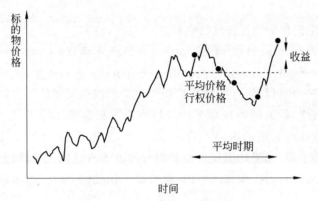

图 11-3　平均行权价格期权图解

平均价格期权的回报和价值都受到到期前标的物价格变化路径的影响。其之所以广受欢迎,是因为平均值减少了波动,使其比一个类似的常规期权更便宜。另外,在许多情况下,在市场上寻求套期保值的公司往往需要为他们未来一段时间内连续平稳的可观测现金流进行保值,这时持有一个合适的平均价格期权可以对冲平均价格的风险,因此平均价格期权在对冲那些不断进行的小额交易的风险时特别有用。有时,亚式期权所使用的是一段特定时期内的平均价格,这样可以满足交易者的特殊需求。例如,平均价格可以是期权到期前一段时间内的标的物价格的平均值。这种期权称为尾部亚式期权(Asian tail)。这类期权对于到期时有固定现金流出的交易者,如养老金账户很有意义,因为其可以避免到期前标的物突然波动带来的风险。

2) 回望期权(look-back option)

回望期权与平均行权价格期权有一定的类似之处。回望期权的行权价格也是由到期日标的物价格决定的。然而,其行权价格并不是标的物平均价格。期权持有者可以回顾标的物的价格变动,在期权有效期内选择最佳的价格作为行权价格;对于回望看涨期权,行权价格就是期权有效期内的最低现货价格;对于回望看跌期权,行权价格就是有效期内的最高现货价格。

在美式期权操作下采用回望期权非常有利,因为期权持有者不必担心会错过行权的最佳时间。回望期权总会在最佳价格下行权。另外,回望期权到期时不可能是虚值期权。需要注意的是,由于回望期权收益总比标准期权收益高,因此回望期权的价格非常昂贵。事实上,价格过于昂贵了,在实际中也很少发生能与回望期权收益相匹配的风险。

3) 梯形期权(ladder option)

梯形期权预先设定一系列价格水平,当载体资产价格达到下一个价格水平时,行权价格要重新确定。假设 X 是最初的行权价格,L_i 是达到的第 i 层梯,则看涨期权的到期损益为 $\max[0,(S\text{-}X),\max\{(L_i-X),0\}]$。具体见图11-4。

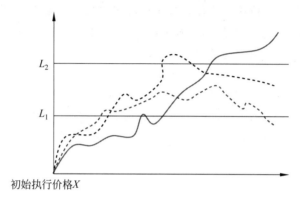

图 11-4　梯形看涨期权的损益是达到的第 i 层梯

4) 呼叫期权(shout option)

对于呼叫期权,行权价格并非预先定好的,而是由期权购买人进行判断,在其认为最有利的时候通过"呼叫"来重定。初始行权价格为100,如果买者喊为114,则获得14的收入,行权价格重定为114。因而买者的收益至少为14,期权到期时还可获得其内在价值。

看涨期权的损益:$\max(0,S-X,\text{shout}-X)$。

看跌期权的损益:$\max(0,X-S,X-\text{shout})$。

呼叫期权、回望期权及梯形期权的损益比较见图11-5。

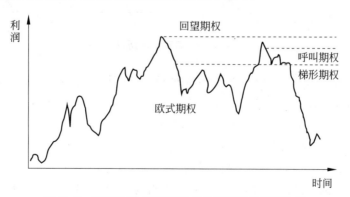

图 11-5　呼叫期权、回望期权及梯形期权的损益比较

5) 障碍期权(barrier option)

障碍期权运用广泛,有诸多形式。最为普遍的障碍期权在最初时就确定两个价格水平,一个是行权价格,另一个是障碍价格(barrier price)或触发价格(trigger price)。最基本的障碍期权包括"触销"型期权和"触发"型期权。"触销"型期权一开始和标准期权一样,但当障碍价格水平被突破时就会消失。由于存在消失的可能性,因此,触销期权的费用要小于标准期权的费用。对于"触发"型期权来说,在当价格达到障碍水平时就会被激活。障碍期权如果被触销或未能触发,期权的卖出者有时会给予购买者预先确定的折扣。可见,标的物价格达到或超过障碍价格时,期权可能"被'触发'(knocked in)",也可能"被'触销'(knocked out)"。究竟会发生什么情况,往往取决于障碍期权的类型。

障碍看跌期权的障碍价格通常比行权价格和当前现货价格都要高,这种期权包括"向上触销"型看跌期权和"向上触发"型看跌期权。与之相反,障碍看涨期权的障碍价格通常比行权价格和当前现货价格都要低,这种期权主要包括"向下触销"型看涨期权和"向下触发"型看涨期权。图11-6描绘了障碍看涨期权的基本特征。对于"向下触销"型看涨期权而言,假如现货市场价格在时间 t 触及并击破障碍价格,这时"向下触销"型看涨期权消失,购买者没有任何收益。而对于"向下触发"型看涨期权而言,当现货市场价格触及障碍价格时,期权激活。随后,现货价格上升超过行权价格,在时间 T,"向下触发"型看涨期权成为实值期权。

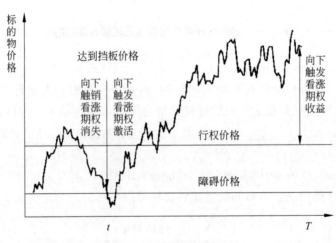

图 11-6　障碍看涨期权

障碍期权创造出来的最初时期,交易量并不大,很少有人能很熟练地为其进行合理定价。但现在,障碍期权的市场容量急剧扩大,人们还根据市场需求对它们做了复杂多样的变形。现在,也许只有那些在以上这些基本的障碍期权之上增加了许多新的特殊交易条款的期权才能被叫作奇异期权了。这些条款包括:

——障碍水平的时间依赖性,即随时间不同障碍水平将发生变化,比如障碍水平从某一个位置开始,逐渐上升。通常来说,障碍水平会是一个时间的分段常数函数(即在一段时间之内维持一个固定的水平,之后发生变化再维持一个水平)。其中的极端例子是被保护或是部分障碍期权(protected or partial barrier options)。在这类期权中,障碍是间歇性的,在一段特定的时间内,障碍会完全消失。其中又可以分为两类,一种是在障碍有效的时间内,只要资产价格处于障碍水平之外,障碍条件就被引发;第二种则是只有资产价格在有效时间内越过障碍,才被引发,如果价格已经位于障碍水平之外则不会被引发。

——双重障碍(double barrier):期权条款中包含一个障碍上限和一个障碍下限。上限高于现价,而下限则低于现价。在一个双重敲出期权中,如果任何一个障碍水平被触及,期权就作废。在一个双重敲入期权中,规定时间内价格至少要达到其中一个障碍水平,期权才可有效。还可以想象其他的情况:一个障碍水平是敲入,而另一个则是敲出。到期时,这个合约可能是一个敲入或是敲出期权的回报。

——多次触及障碍水平(repeated hitting of the barrier):双重障碍期权可以进一步变得更复杂:有一类期权要求在障碍条件被引发之前,两重障碍水平都要被触及。实际上当其中一个障碍水平第一次被触及,这个合约就变成了一个常规的障碍期权,因此,这种期权可以看成一个在较低的障碍水平上的向上期权和一个在较高水平上的向下期权之和。

——障碍水平的重新设定:这种期权叫作重设障碍期权(reset barrier)。当触及障碍水平的时候,合约变成另一个不同障碍水平的障碍期权。由于如果在规定时间之内障碍被触及的话,就会得到一个新的障碍期权,而如果在规定时间之后被触及,则仍然是常规期权,因此,在此意义上,这类合约可以看作依赖时间的。

和这类合约相关的一类期权是上卷期权(roll-up)和下卷期权(roll-down)。这类期权开始时是常规期权,但如果资产价格达到某一事先确定的水平,就变为一个障碍期权。比如,一个上卷看跌期权,如果上卷水平达到,合约就变成一个向上敲出看跌期权,上卷价格就是障碍看跌期权的行权价,相应的障碍水平则是事先确定好的。

——外部障碍期权(outside barrier options):外部障碍期权或称为彩虹障碍期权(Rainbow Barrier Option)的回报特征取决于第二种标的物。这个期权中的障碍水平可能被一个资产价格的变动触发,而期权的回报则取决于另一种资产价格。这类产品显然属于多因素合约。

——提前行权的可能性:除了以上对障碍的多种创新之外,还可以在障碍期权中加入美式提前行权的条款,这时合约中一定要列明如果合约提前行权的话,期权回报将如何。

——部分折扣(rebate):有时障碍期权合约中会规定,如果触及障碍水平,可以部分退款(折扣)。这常常发生在敲出期权的情况下,这时这部分退款可以看作对失去的回报部分的缓冲。这部分退款可以在障碍被引发时或是到期时才支付。

2. 多因素期权(multifcator option)

在标准期权和路径依赖期权中,期权的价值是由一项标的物的价格行为确定的。多因素期权则与其不同,其价值是由两个甚至更多的金融价格行为以及这些金融资产价格之间的相关关系确定的。多因素期权主要包括彩虹期权、双币期权以及篮式期权。

1) 彩虹期权(rainbow option)

彩虹期权的价值是由两种或多种标的物的表现确定的。彩虹期权有多种不同的支付结构,以下介绍比好/比差期权和超表现期权。

比好/比差期权。比好期权被广泛运用于股票市场上,它使投资者得到和某些表现良好的股票指数相连的回报率。例如,一个投资者可能在德国股票指数(DAX)上还是英国金融时报股票指数(FTSE)上持有头寸需要做出决策。这个投资者可以购买一份比好期权,这份期权将根据 DAX 和 FTSE 指数哪个表现更好进行支付。如果在到期日 FTSE 指数增加了 13%,DAX 减少了 16%,那么彩虹期权的持有者会以 FTSE 指数所增加的 13% 为基础得到回报率。如果彩虹期权同时下降,那么期权的持有者就会支付在价值上降低幅度较小的指数资产。

虽然比好期权主要涉及来自同资产种类的资产,但是其依然可以涉及来自不同资产种类的资产。在 20 世纪 90 年代早期,一个很流行的组合就是以一个股票市场指数和一个债券市场指数的表现为基础的比好期权。期权在有效期内,具有一个由股票和债券相对更好表现所确定的支付结构。如果到期时,股票市场上涨 10% 而债券市场上涨 5%,那么比好期权持有者所得到的报酬就会以股票指数 10% 的绩效为基础。

超表现期权。彩虹期权的支付形式也可以两种资产表现的差异为基础。例如,一个在 DAX 上持有头寸的投资者可以对 DAX 指数表现差于 FTSE 指数表现的部分进行保护。方法就是购买一份根据两个指数汇报差异进行支付的彩虹超表现期权,但是期权的支付只在 FTSE 指数表现好于 DAX 指数表现的时候才会发生。如果 FTSE 指数上涨 13%,DAX 下跌 6%,那么超表现期权的持有者就可以得到以两个回报之间 19% 差异为基础的回报。但是,如果 FTSE 指数表现差于 DAX 指数表现,那么期权的支付就为零。当超表现期权用 DAX 指数中的现货头寸加以持有时,那么投资者最终得到的就是 DAX 指数相对 FTSE 指数在总回报率上的超表现头寸。

2) 双币期权(quanto option)

当投资者在购买其他货币计值的资产时就会遇到外汇风险。双币期权的产生主要是为了消除这种风险。假设一个美国的投资者购买一份欧式期权,这份期权赋予其购买一项以欧元计值的资产(如 DAX 指数)的权利。到期的时候,期权的美元价值就取决于在期权到期日即期美元/欧元的汇率 FX_T 以及欧元计值的资产价值 S_{DM}:

$$FX_T \times \max(0, S_{DM} - X)$$

或者用另一种办法,美国的投资者可能希望得到一份能够消除外汇风险的期权。通过在购买期权的时候固定汇率 FX_0,就可以实现目标。在到期的时候,这样一份期权的价值是

$$FX_0 \times \max(0, S_{DM} - X)$$

投资者使用双币期权不会从欧元升值中获取收益,在贬值时遭到损失。但是,期权的卖方会面临一种在以标准欧元计值的看涨期权中不会出现的新风险敞口:期权的出售者会承担不确定数量欧元的风险敞口,即

$$\max(0, S_{DM} - X)$$

3) 篮式期权(basket option)

篮式期权是根据确定的一篮子金融资产的总价值进行支付的。只要构成篮子的金融

资产不是完全正相关,那么购买篮子期权就不会比篮子里每种资产的单个权利金加起来更贵。在到期日,篮式看涨期权的价值应为:

$$\max\left(0, \sum\alpha_i S_i - X_{basket}\right)$$

其中,α_i 是资产 i 在篮子中的百分比,S_i 是第 i 种资产的价格,而 X_{basket} 则是以篮子总价值定义的行权价格。

3. 时间依赖期权(time-dependent option)

1) 可选择期权(chooser option)

这种期权又称现付后选期权。期权的持有者在未来一个确定的日期具有选择一份标准看涨期权或一份标准看跌期权的权利。

2) 前行期权(forward option)

一份前行期权的购买者在今天对一份在未来开始的期权支付权利金,期权的行权价格设定为标的物在所约定开始日期内的现货价格。在利率市场上,这样的期权表现为"周期利率上限和下限"。在一份标准的利率上限中,每份"利率上限协议"的行权利率在合约开始就要确定。而在一份周期性利率上限中,每份"利率上限协议"的行权利率根据当时通行的参考利率价差确定。

3) 棘轮期权(cliquet option/ratchet option)

这种期权首先应用在法国巴黎证券交易所 40 种股票指数上,后来被推广开来。棘轮期权的行权价格一开始就确定了,之后在一系列预先定好的日子可以以当时资产价格来重新确定行权价格。一旦行权价格重新确定就可以锁定内在价值。对于一个看涨的棘轮期权来说,假设行权价格的设定日为 $0, \tau, 2\tau, \cdots$,时间 0 时,行权价格为 K。如果在时间 τ 时,标的物价格为 S_τ,则行权价格重新设定为 S_τ。期权的收益为 $\max\{0, (S_\tau - K)\}$。如果在时间 2τ 时,标的物价格为 $S_{2\tau}$,则行权价格设为 $S_{2\tau}$,期权的收益为 $\max\{0, (S_{2\tau} - S_\tau)\}$。依次类推。例如,如果起初行权价格为 100,在第一个重定日价格上升到 110,则交割价格可以重新定位 110,同时获得收入为 10。假定下一个重定日价格突然降至 95,交割价格将会再次重定,但没有收入了。若再下一个重定日价格升至 103,将会收入 8。

4. 单支出期权(single-payout option)

1) 二元期权(binary option)

对于二元期权而言,如果达到了行权价格,期权卖出者就会向购买者支付固定数额的收益。这个固定的数额并不和标的金融资产的价格高于或低于行权价格的幅度有关。二元期权可以是看涨期权也可以是看跌期权。如果标的金融资产的价格超过了某个水平,二元看涨期权会支付一个事先确定的数额。如果标的金融资产价格低于某个水平,一份二元看跌期权则会支付一个事先确定的数额。例如,在 XYZ 股票价值上的二元看涨期权的支付额度为 5 美元,而行权价格为 80 美元,这就意味着这份期权在 XYZ 股票在到期日达到 80 美元的时候支付 5 美元。如果 XYZ 股票的价格在到期日低于 80 美元,那么期权持有者就得不到任何收益(见图 11-7)。

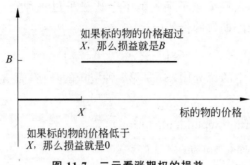

图 11-7　二元看涨期权的损益

2）或有权利金期权（contigent premium option）

这种期权中，权利金是在期权合约订立日确定的，但是只有当期权到期时处于实值状态才会支付。如果期权到期时，处于虚值状态，那么期权卖出者就不会得到任何东西。由于期权出售者有可能得不到任何东西，所以或有权利金期权的费用要高于标准期权的费用。

图 11-8 比较了标准看涨期权和或有权利金看涨期权。在到期日，如果标的物价格低于行权价格，那么或有权利金期权的购买者不需要支付权利金。如果标的物价格等于或高于行权价格，那么或有权利金看涨期权就会自动行权。同时，期权持有者得到现货和行权价格之间的价差减去较大权利金后的差额。很明显，要收回或有权利金，指数就需要有更大的波动，但是好处是不需要支付前端费用。

目前，在股票、外汇和利率市场上，或有权利金期权已经作为一种"灾害保险"的形式在金融资产价格出现高度波动的时期得到使用。例如，20 世纪 90 年代早期汇率调节机制中，交叉汇率出现的不确定性让那些希望对大幅度波动提供保护的基金经理们使用或有权利金看跌期权来提供"灾害保险"。而如果没有出现不利的价格波动，就不需要有任何的费用支出。

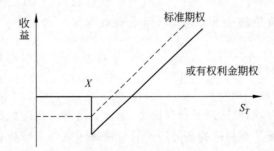

图 11-8　或有权利金看涨期权和标准看涨期权的损益

二、奇异期权的性质

奇异期权有如下 4 个方面的特性。

1. 分拆与组合

最基本的奇异期权是对常规期权和其他一些金融资产的分拆和组合，从而得到所需要的回报。这一方法是金融工程的核心之一。分拆和组合的思想还可以用在为奇异期权定价上。通过对奇异期权到期时回报的数学整理，常常可以把期权分成常规期权、简单期权和其他金融资产的组合，从而大大简化期权定价过程。

2. 路径依赖与时间依赖

所谓的路径依赖(path dependence)性质是指期权的价值会受到标的变量所遵循路径的影响，它又可以分为弱式路径依赖(weak path dependence)和强式路径依赖(strong path dependence)两种。如果期权价值会受到路径变量的影响，但是在期权定价的偏微分方程中并不需要比与之类似的常规欧式期权增加新的独立路径依赖变量，就属于弱式路径依赖性质的期权。

美式期权(或者更一般地说，具有提早行权特征的期权)就是弱式路径依赖型的期权。当期权到期时，期权持有者是否仍持有期权要看他是否已经执行了期权，或者说要看标的物价格遵循的路径。但是在定价模型中，并不需要增加独立的状态变量，因此美式期权路径依赖的特征是比较弱的。

导致弱式路径依赖的第二个最常见的原因是障碍(barrier)。当标的物价格在事先确定的时间内触及某个预先确定的障碍水平时，障碍期权(敲入或敲出期权)就可能被敲出(作废)或是敲入(开始生效)。这种期权显然是路径依赖的，因为它仍然需要解一个以资产价格和时间为变量的偏微分方程，所以它仍然是弱式路径依赖的。

与弱式路径依赖对应的强式路径依赖，在奇异期权中也相当常见。这些期权的损益除了取决于标的物的目前价格和时间之外，还取决于资产价格路径的一些特征，也就是说不能将期权价格简单写作 $f(S,t)$，还需要获得资产价格路径的更多信息。期权价值是原先的期权价格、时间和至少再多一个独立变量的函数，在期权价值偏微分方程中也将相应地，增加期权价值对这些独立变量的导数。在现实生活中存在着许多这样的期权合约，亚式期权是其中的典型范例，其损益要受到标的物在一定时间内价格平均值的影响。

奇异期权的一种变化形式是在以上特征中加入时间依赖(time dependence)。比如说美式期权只能在特定的一段时间之内提前行权，如百慕大期权；敲出期权的障碍位置也可以随着时间而不同，每个月都可以设定一个比上个月更高的水平。或者可以想象一个敲出期权，其障碍只在每个月的最后一星期有效。这些变化使得期权合约更加丰富，也更符合客户和市场的特殊需求。

3. 维数

维数(dimensions)指的是基本的独立变量的个数。常规期权有两个独立变量 S 和 t，因此是二维的。弱式路径依赖期权合约和那些除了不是路径依赖之外其他条件都与之完全相同的期权合约的维数相同，比如一个障碍期权和与之相应的常规期权都只有两个变量，都是二维的。对于这些合约来说，资产价格这个变量的作用和时间变量的作用是彼此不同的，因为在 B-S 期权定价方程中，包含了对资产价格的二阶偏导，而对时间只有一阶偏导。

在两种情况下，会出现三维甚至多维。第一种情况出现在有其他随机源的时候，比如期权中有多个标的物。假设有一个期权，要取两种股票价格的最大值。这两种标的物都是随机的，每种都有自己的波动率，它们之间还有相关关系。在 B-S 期权定价方程中，将会出现对每种资产价格的二阶偏导，可以把这叫作存 S_1 和 S_2 的扩散过程，这就出现了三维问题。

三维的第二种形式是强式路径依赖的合约。比如一种新的独立变量是路径依赖量（比如亚式期权中的价格平均数）的一个衡量，期权价值是依赖这个量的。这样，期权价格方程中需要再增加新的变量，但这时期权价格对这个新变量的导数只是一阶的。这个新的变量看起来更像是一个时间一样的变量，这与多标的物的情况显然是不同的。

4. 期权的阶数

奇异期权最后一个分类特征是期权的阶数，但这不仅是一种分类特征，还引入了建模的问题。

常规期权是一阶的，其损益直接取决于标的物价格，其他的如路径依赖期权，如果路径变量直接影响期权价格的话，它也是一阶的。高阶指的是那些期权损益和价值取决于另一个(些)期权的价值。最典型的二阶期权的例子是复合期权。比如一个看涨期权给予持有者购买一个看跌期权的权利。复合期权在 t_1 时刻到期，而作为其自变量的那个标的期权则在更迟的一个时刻 t_2 到期。

从实际的角度来看，高阶期权的存在提出了一些重要的建模问题：复合期权的损益取决于标的期权的市场价值而非理论价值。但是对两阶期权都要使用理论模型，这时高阶期权对模型正确与否就非常敏感，需要很小心地处理。

三、奇异期权的风险对冲

对于交易奇异期权的机构来说，需要对承担的风险进行有效的对冲。应当说，奇异期权的复杂价格增加了风险对冲的复杂度。例如障碍期权的风险对冲。当标的物价格未触及障碍水平时，期权的风险参数性质与普通期权完全相同。而一旦资产价格触及障碍水平，障碍期权的价值立即为 0。因此，障碍期权的 Delta 函数是一个非连续函数，在障碍水平处存在断点。但是，大部分奇异期权的风险管理过程的复杂性并不意味着所有奇异期权的风险对冲总是比传统期权更复杂。例如取平均值的亚式期权，其平均周期是期权的整个有效期。随着时间的流逝，可以设想已经观察到足够多的标的物价格，此时平均价格已经十分稳定。尤其是期权快到期时，即使某一天的价格出现了较大波动，但对平均价格影响也不大。所以，对于平均值亚式期权，随着到期日的不断临近，该期权的 Delta 值通常接近 0，价值很稳定。

这里介绍两种风险对冲方法：动态期权复制法和静态期权复制法。对于一个期权头寸的风险对冲可以通过复制标的物的方式来保持 Delta 中性，这就是所谓的动态期权复制。很明显，这种方法的缺点是需要风险管理者频繁地调整被复制标的物的头寸数量，交易成本很高。相比之下，如果不是十分频繁地复制标的物头寸的期权管理方法就是静态期权复制方法。这种静态期权复制方法可以用于奇异期权的风险管理。这里以障碍期权为例说明如何使用静态期权复制法。

考虑一个 9 个月期的无红利的向上敲出看涨期权,标的股票的现价为 50,行权价格为 50,障碍水平为 60,无风险利率为 10%,波动率为 30%。该方法的基本思路是,要求在障碍期权到期时以及障碍水平触发时,复制头寸的价值与障碍期权的价值相等。障碍期权的自然边界条件为

$$c(S,0.75)=\max(s-50,0),当 S<60 时$$
$$c(60,t)=0,当 S>60 时$$

第二节 复合期权

一、复合期权的原理

复合期权是奇异期权中多因素期权的一个种类。复合期权(compound option)给予持有者在某一约定日期以某一行权价格买入或卖出一份期权的权利。投资者行使复合期权后,便会持有或卖出一份标准的期权。复合期权最早出现在外汇市场,现在被用于利率和股票市场。复合期权的基本种类有看涨期权的看涨期权、看跌期权的看涨期权、看涨期权的看跌期权以及看跌期权的看跌期权。很明显,这些期权是以期权为标的金融工具的期权。

看涨期权的看涨期权(a call on a call)是以看涨期权为标的物的看涨期权。该复合期权到期时,买方有权以行权价格 X_c 买入标的看涨期权。对于看涨期权的看涨期权来说,到期日的价值可表示为 $CC_{Tc}=\max(0,c_{Tc}-X_c)$。$c_{Tc}$ 表示标的看涨期权在到期 T_c 时刻的价值。

看跌期权的看涨期权(a call on a put)是以看跌期权为标的物的看涨期权。该复合期权到期时,买方有权以行权价格 X_c 买入标的看跌期权。因此,该复合期权在到期日的价值为 $CP_{Tc}=\max(0,p_{Tc}-X_c)$。$p_{Tc}$ 表示标的看跌期权在到期 T_c 时刻的价值。

看涨期权的看跌期权(a put on a call)是以看涨期权为标的物的看跌期权。该复合期权到期时,买方有权以行权价格 X_c 卖出标的看涨期权。因此,该复合期权在到期日的价值为 $PC_{Tc}=\max(0,X_c-c_{Tc})$。

看跌期权的看跌期权(a put on a put)是以看跌期权为标的物的看跌期权。该复合期权到期时,买方有权以行权价格 X_c 卖出标的看跌期权。因此,该复合期权在到期日的价值为 $PP_{Tc}=\max(0,X_c-p_{Tc})$。

投资者之所以买入复合期权,主要原因有两个:一是在不能确定是否需要防范风险的情况下提供风险防范的方法,二是复合期权是比直接购买期权更便宜的风险保护措施。与第二个原因相近的是,复合期权可以作为高杠杆工具进行投机,即投机者只需较少的资金便可买入复合期权,随后再看是否投入更多的资金来买进复合期权的标的期权,最后再决定是否花钱买进最终的标的物。

最后需要注意的是,复合期权有两个行权价格和两个到期日,一个是复合期权的到期日,一个是标的商品期权到期日。受两个到期日的影响,期权价值的判断非常复杂。因

此,无论是进行风险管理还是期权投机都需要正确理解和把握复合期权的价格。

二、复合期权的应用

复合期权在企业财务决策中具有十分重要的应用价值。较为经典的利率复合期权是上限期权的看涨期权(caption)和下限期权的看涨期权(floption)。例如,以利率上限和下限构造的复合期权可以使企业从事利率风险管理的手段变得更有弹性。

假定一家公司计划善意收购另一家公司,为筹措购买目标公司股份所需要的资金,必须借入一定数量的资金。不过由于该项兼并计划能否得到政府的批准还是未知数,借款之事只有等到政府做出正式裁决后才能确定。因此,企业面临两难的问题。一方面,企业担心在这段等待的时间内,市场利率会有所上升。如果这样,届时签订上限协定显然对作为持有方的企业不利。另一方面,由于是否需要借款还是个未知数,现在签订上限协议还为时过早。为避免因上述双重不确定性产生的风险,企业可以马上从某金融机构买入一个看涨期权。如果兼并被批准,企业就行使权利,让上限协定生效;如果兼并没有被批准,借款则无必要,企业可以放弃权利。可见,看涨期权起到了双重保险的作用。

三、复合期权的定价

1. 看涨期权的看涨期权定价

看涨期权的看涨期权立权人有权买入一份行权价格为 X,到期时间为 T 的看涨期权。看涨期权的看涨期权行权价格为 c^*,到期时间为 t,其价值用符号 $c_{看涨期权}$ 表示。在风险中性假设条件下,则

$$c_{看涨期权}(c^*,t) = e^{-rt}E(\tilde{c}_t)。$$

其中,c_t 是基础资产看涨期权在时刻 t 的价值。

$$c_{看涨期权}(c^*,0) = \begin{cases} c(S_t, T-t, X), & 如果 c_t > c^* \\ 0, & 如果 c_t \leq c^* \end{cases}$$

$$c(S_t, T-t, X) = Se^{-i(T-t)}N_1(d_1) - Xe^{-r(T-t)}N_1(d_2)$$

$$d_1 = \frac{\ln(S_t e^{-i(T-t)}/Xe^{-r(T-t)}) + 0.5\sigma^2(T-t)}{\sigma\sqrt{T-t}}, d_2 = d_1 - \sigma\sqrt{T-t}$$

对看涨期权的看涨期权定价,第一步是确定时刻 t 愿意执行复合期权的临界资产价格,该价格 S_t^* 可通过反复试错的办法找到,最终应使作为基础资产的看涨期权的价值等于复合期权的行权价格,即,

$$c(S_t^*, T-t, X) = c^*$$

在求出 S_t^* 后,欧式看涨期权的看涨期权价值为

$$c_{看涨期权}(c^*,t) = Se^{-iT}N_2(a_1,b_1;\rho) - Xe^{-rT}N_2(a_2,b_2;\rho) - e^{-rt}c^*N_1(a_2)$$

其中,$a_1 = \dfrac{\ln(S_t e^{-iT}/S_t^* e^{-rT}) + 0.5\sigma^2 T}{\sigma\sqrt{T}}, a_2 = a_1 - \sigma\sqrt{T}$

$b_1 = \dfrac{\ln(S_t e^{-iT}/S_t^* Xe^{-rT}) + 0.5\sigma^2 t}{\sigma\sqrt{t}}, b_2 = b_1 - \sigma\sqrt{t}$

$$\rho = \sqrt{\frac{t}{T}}$$

$N_1(b_2)$ 是复合期权行权价格的现值乘以时刻 t 资产价格大于临界资产价格的风险中性概率,也就是时刻 t 复合期权盈利时行权的预期成本。$N_2(a_2,-b_2;-\rho)$ 是资产价格在时刻大于 S_t^* 并在时刻 T 大于行权价格 X 的概率,时刻 T 期权要盈利,资产价格必须要跨过这两个界限。

2. 看涨期权的看跌期权定价

看涨期权的看跌期权立权人有权卖出一份行权价格为 X,到期时间为 T 的看涨期权。看涨期权的看跌期权行权价格为 c^*,到期时间为 t。可以通过第七章第二节介绍的看涨期权和看跌期权的平价关系(看涨期权的价格减去看跌期权的价格等于资产价格减去行权价格的现值),推导看涨期权的看跌期权定价公式为:

$$p_{看涨期权}(c^*,t) = Xe^{-rT}N_2(-a_2,-b_2;\rho) - Se^{-iT}N_2(-a_1,-b_1;\rho) + e^{-rt}c^*N_1(-a_2)$$

其中,所有符号如前定义。$N_1(-b_2)$ 是资产价格在时刻 t 小于临界资产价格 S_t^* 的风险中心概率,此时复合期权将被行权。$N_2(-a_2,-b_2;\rho)$ 是资产价格在时刻 t 小于 S^* 并在时刻 T 大于行权价格 X 的风险中心联合概率。

3. 看跌期权的看跌期权定价

假设基础看跌期权的行权价格为 X,到期时间是 T,复合看跌期权的行权价格为 p^*,到期时间为 t。在风险中性假设下,看跌期权的看跌期权价值为

$$p_{看跌期权}(p^*,t) = e^{-rt}E(\tilde{p}_t)$$

其中,p_t 是基础资产看跌期权在时刻 t 时的价值。

$$p_{看涨期权}(p^*,0) = \begin{cases} p(S_t,T-t,X), & \text{如果 } p_t > p^* \\ 0, & \text{如果 } p_t \leq p^* \end{cases}$$

$$p(S_t,T-t,X) = Xe^{-r(T-t)}N_1(-d_2) - Se^{-i(T-t)}N_1(-d_1)$$

$$d_1 = \frac{\ln(S_t e^{-i(T-t)}/Xe^{-r(T-t)}) + 0.5\sigma^2(T-t)}{\sigma\sqrt{T-t}}, d_2 = d_1 - \sigma\sqrt{T-t}$$

对看跌期权的看跌期权进行定价的第一步就是确定时刻 t 可以行权,卖出标的看跌期权的资产价格的临界值。该值 S_t^* 可以通过反复试错的方法求得,直到满足

$$p(S_t^*,T-t,X) = p^*$$

知道 S_t^* 后,欧式看跌期权的看跌期权价值为

$$p_{看跌期权}(p^*,t) = Se^{-iT}N_2(a_1,-b_1;-\rho) - Xe^{-rT}N_2(a_2,-b_2;-\rho) - e^{-rt}p^*N_1(a_2)$$

其中的符号定义一如前述。

4. 看跌期权的看涨期权定价

假设看跌期权的看涨期权的行权价格为 p^*,到期时间为 t,根据期权平价关系,可以推出看跌期权的看涨期权的定价公式为

$$c_{看跌期权}(p^*,t) = Xe^{-rT}N_2(-a_2,-b_2;\rho) - Se^{-iT}N_2(-a_1,-b_1;\rho) - e^{-rt}p^*N_1(-a_2)$$

第三节 多期期权

之前了解的期权都是单期期权。这种期权合约只有一个持续期,到期日或被行权,或被放弃。多期期权则不同,其虽然也是期权合约,但是却有连续并相继生效的多个持续期。在第一个期权到期时,期权买方可视情况行权或放弃,但在接踵而来的下一个时期中,买方又具有了相同的权利,直到最后一个时期结束,期权买方的权利才随之终结。多期期权适合对存在多期风险的金融交易进行保值。例如,当一个公司进行 5 年期的浮动利率融资时,如果半年付息一次,那么该公司一共面临 10 次不确定的利息支付。尽管可以缔结 10 个期限为半年的期权合约来规避风险,但这种做法常常只在理论上可行。实际上,多签订合约意味着要付出大量的交易成本。更重要的是,通常只有在较近的时间段内,期权成交才是顺畅的,较远的期权成交则比较困难。因此,想用多个单期期权管理风险存在很多现实困难,有效解决这个问题往往需要多期期权。主要的多期期权有利率上限、利率下限、利率双限、混合利率期权。

一、利率上限

利率上限期权(cap option)是在银行同业市场上进行交易的利率期权。它通过在未来特定时间内限定带有可变动利率或浮动利率的最高限额,从而确定利息成本的上限。如果市场利率比约定最高利率高,则期权出售者将差额支付给购买者。按照期权交易方式,期权出售者因对购买者做出一个保证而收入权利金,权利金的高低取决于市场利率和约定的最高利率。因为约定的最高利率与现行市场利率之间差价较大,所以平价平值利率上限期权出售者收到的权利金比实值期权出售者要求得高(见图 11-9)。

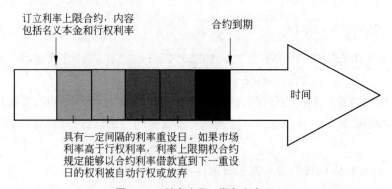

图 11-9 利率上限:期权行权日

利率上限期权的期限最常见的是 2～5 年,借款人买入利率上限期权,可以取得利率上升时的收入补偿(图 11-10),同时又能保留利率下降时的利益,可以在市场利率高于上限时享受固定利率,在市场利率低于上限时仍享受浮动利率。因而,利率上限期权是一种灵活的保值工具。

【例 11-1】 利率上限期权与买方结算

假定某公司一年从某家银行取得 2 千万元的浮动利率贷款,期限为 3 年。利率调整以 6 个月 Shibor 为基准。该公司觉得从今年起利率要上升,为了防范利率上升所带来的风险,该公司决定购买一笔期限为 2 年,数额为 2 千万元的利率上限,行权利率为 7%,参考利率为 6 个月 Shibor,权利金为 1.4%。第一次结算在 6 个月后进行,第二次结算在 12 个月后进行,第三次结算在 18 个月后进行(包括权利金在内的 3 次结算利率)。表 11-1 模拟了一个利率上限的买者的支付状况。

表 11-1 利率上限期权的结算——对买者而言

利率	第一次结算	第二次结算	第三次结算	平均值
Shibor	9%	8%	6.5%	7.8%
行权利率	7%	7%	7%	
权利金率	0.9%	0.9%	0.9%	
总利率支出	7.9%	7.9%	7.4%	7.7%

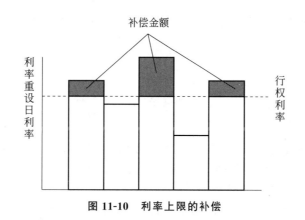

图 11-10 利率上限的补偿

对利率上限期权的卖者,只要市场利率不升到固定利率加权利金之和以上就会有收益,否则就有亏损,市场利率越高,亏损越多。

【例 11-2】 利率上限期权与卖方结算

某公司 3 年前,购买总值为 4 千万元的债券,期限为 5 年,以 6 个月 Shibor 为标准,浮动计息。到今年残留期限仅 2 年,该公司觉得从今年起,Shibor 要下降,为弥补利率下降所带来的损失,其决定卖一笔期限为 2 年,数额为 4 千万元的利率上限,行权利率为 10%,权利金为 0.5%,一次收完。参照利率为 6 个月 Shibor,第一次结算在 6 个月后进行,第二次结算在 12 个月后进行,第三次结算在 18 个月后进行。表 11-2 模拟了一个利率上限的卖者的收益情况。

表 11-2 利率上限的结算——对卖者而言

利率	第一次结算	第二次结算	第三次结算	平均值
市场利率	9.5%	9.3%	10.5%	9.77%
行权利率	10%	10%	10%	

续表

利率	第一次结算	第二次结算	第三次结算	平均值
权利金率	0.3%	0.3%	0.3%	0.3%
付款率	—	—	−0.5%	−0.2%
实际收益率	9.8%	9.6%	10.2%	9.9%

二、利率下限

利率下限期权(floor option)是通过固定一个最低利率回避利率降低的风险。利率下限期权出售者保证购买者可以在一定时期内获得一个最低利率,购买者支付权利金。如果在结算日参考利率低于期权合约中最低利率,则期权出售者将利差付给购买者。此时购买者获得一个选择权,可以在利率上升中得益,又可以防止利率低于期权合约中最低利率所产生的风险。

对利率下限期权的买者来说,在支付了一定权利金后,不管市场利率如何下降,都能以行权利率获得利息,消除利率大幅度下跌的风险;对利率下限期权的卖者来说,可以收取一定的权利金,只要市场利率不跌到行权利率减权利金之差以下,就有利可图。

【例11-3】 利率下限的结算

假定某公司从现在起存款5千万元,期限为2年,以6个月Shibor为标准,浮动计算。该公司担心在存款期内利率下降,决定购买利率下限期权,行权利率为8%,权利金率为0.6%,每次结算期限为6个月。

购买保底期权支付的总权利金为:50 000 000×0.6%=300 000元

年权利金率为:0.6%×12/18=0.4%

保底期权在有效期内变化情况如下:

6个月后,6个月Shibor为6%,低于行权利率,该公司收到款额为

(8%−6%)×180/360 ×50 000 000=500 000元

12个月后,6个月Shibor为6.5%,低于行权利率,该公司收到款额为

(8%−6.5%)×180/360 ×50 000 000=375 000元

18个月后,6个月Shibor为7%,低于行权利率,该公司收款额为

(8%−7%)×180/360 ×50 000 000=250 000元

三、双限与回廊

1. 双限

利率上限期权和利率下限期权的一个不利之处是构成期权的成本较高。而利率双限期权则有效地解决了这一问题。利率双限期权又称领子期权(collar option),实际上是利率上限期权和利率下限期权的结合。利率双限期权的购买者可以通过购买一个特定的行权利率的利率上限期权,同时又以较低行权利率卖出一个利率下限期权来缩小利率的波动范围。利率双限期权的实质是借款人买进一个看涨期权,同时卖出一个看跌期权,目的

是以收入的看跌期权的权利金抵销一部分付出的看涨期权的权利金。利率双限期权适合对稳定性有较强要求的市场参与者。

初学者首先应了解利率双限期权的优缺点。优点很明显，就是这种期权结构可以用来锁定浮动利率借款的最小成本，保证浮动利率贷款或投资的最小利息收益。缺点则是当利率出现有利于期权持有者的变化时，其收益会受到限制。即，如果一家公司选择购买利率双限期权以锁定最大借款成本时，其无法获得利率低于利率下限的好处；如果一家公司出售利率双限期权以保证获得投资收益时，却不能获得利率高于上限时的收益。

【例 11-4】 双限期权的基本原理

一家公司有 20 000 000 元的浮动利率负债，每隔 3 个月有一个贷款展期日，利息为 Shibor＋50 个基点，3 个月 Shibor 的当前水平是 7％，但利率的变动较大，并且可以预测，未来利率水平还会有较大的变动，该公司希望在随后两年内，借款成本不要超过 8.5％。由于行权利率为 8％ 的利率上限期权费高于公司愿意支付的水平，因此公司与一家银行进行一笔利率双限期权的交易，将 Shibor 锁定为 5％～8％ 的范围，双方协商后的净期权费定为 120 个基点，即出售行权利率为 5％ 的利率下限期权所获得的期权费，减去购买行权利率为 8％ 的利率上限期权所支付的成本后得到的结果。实际上，该公司就是买入了一份行权利率为 8％ 的利率上限期权，确保借款的最高成本 8％＋50 个基点，同时卖出一份利率下限期权，保证其在 5％＋50 个基点上履约。

假设 3 个月 Shibor 在前四个利率重设日分别为 6％、4.5％、7.5％ 和 9％。则补偿金额发生如下：

利率重设日的 Shibor 为 6％ 时，因为利率处于 5％ 和 8％ 之间，没有期权被行权，交易双方都不必支付补偿金额；

利率重设日的 Shibor 为 4.5％ 时，出售利率双限期权的银行将行权利率下限期权，将利率锁定在 5％。利率期权的购买方向银行支付一笔补偿资金；

利率重设日的 Shibor 为 7.5％ 时，没有期权被行权；

利率重设日的 Shibor 为 9％ 时，利率高于利率上限期权的行权利率，利率双限的上限期权购买者将行权以限定借款成本。银行将向购买者支付一笔补偿资金。

下一步是了解补偿资金如何计算和支付。假设每个季度为 91 天，具体的计算方式如下：

在第二个利率重设日，利率双限期权持有者有义务向出售方支付一笔资金，并将延期一个季度，在第三个利率重设日支付。补偿金额为：

$$[(5-4.5)\times 91\times 20\,000\,000]/(365\times 100)=24\,932\,元$$

这笔补偿资金将加入以利率 5％（4.5％＋50 个基点）计算的当期利息，使借款的总成本按 5.5％（5％＋50 个基点）的有效利率计算利息。

在第四个利率重设日，银行有义务向利率双限期权的持有者支付一笔补偿资金，并延期一个季度，在第五个利率重设日支付。补偿金额为：

$$[(9-8)\times 91\times 20\,000\,000]/(365\times 100)=49\,863\,元$$

公司的有效借款成本如表 11-3 所示。

表 11-3 有效借款成本模拟

起始日	到期日	贷款利率 Shibor+0.5%	补偿金额	总成本
期权合约起始日	重设日 1	7.5%		7.5%
重设日 1	重设日 2	6.5%		6.5%
重设日 2	重设日 3	5.0%	0.5%	5.5%
重设日 3	重设日 4	8.0%		8.0%
重设日 4	重设日 5	9.5%	−1.0%	8.5%

当然，如果公司不愿意支付任何期权费，则可以协商交易一笔零成本利率双限期权。即购买的利率上限期权的费用和出售的利率下限期权的收入相等。很明显，要得到这种利率双限期权，两个行权利率将十分接近，这相当于完全固定了未来的融资利率。

2. 回廊

回廊一般是通过买入一定行权利率的上限，同时出售一个更高行权价格的上限来组成。例如，买进一个5%的5年期上限，并卖出一个6%的5年期上限，其结果可降低111个基点的期权费支出。这笔节约的期权费大概占行权利率为5%的上限费用的40%左右。只有当利率大幅上涨时，借款方才不得不履约6%的上限。即便如此，5%上限的收入也可使实际借款成本减少1%。

【阅读材料 11-1】 中信泰富的外汇累计期权交易

【阅读材料 11-2】 深南电的原油复合期权交易

【思考与习题】

1. 绘出呼叫期权、回望期权及梯形期权的损益曲线，并用文字表述出来。
2. 试绘出一个棘轮期权的损益曲线。
3. 将具有同样期限的一个回望看涨期权和一个回望看跌期权组合起来，会得到何种损益？
4. 查阅中信泰富累计期权亏损案例，分析其所交易的期权产品存在的问题。
5. 查阅资料分析一下二元期权交易平台的赌博性质和主要原因。

6. 对于复合期权的买方来说，在复合期权行权时会获得何种、何方向的标的资产？请分类总结分析。

7. 如果投资者担心标的资产价格上涨，可采用期权规避风险。试比较采用期权和复合期权两种不同期权规避风险的具体方法、成本与收益。

8. 如何理解奇异期权的几个基本性质？

9. 尝试绘出一个双限期权的损益曲线。

10. 一家外贸企业之前购买了1个3个月期限的行权利率为7%的利率下限期权，后来为了节约成本决定不利用双限期权避险，那么该企业应如何操作？

11. 公司A发行了5年期的浮动利率债券，规模为 10 000 000 元人民币，利率为 Shibor＋50bp，为避免未来利率上升造成的借款成本增加，决定购入行权利率为 6.0% 的利率上限，期权费为 0.5%。试模拟未来5年内1年期 Shibor 利率分别为 4.0%、5.0%、6.0%、7.0%、8.0% 情况下的风险规避效果。

【即测即练】 扫描书背面的二维码，获取答题权限。

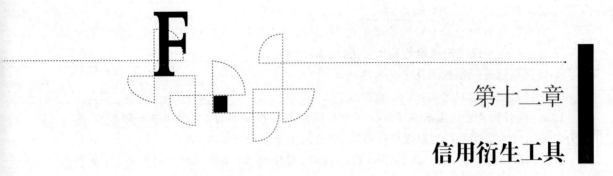

第十二章 信用衍生工具

信用衍生工具产生于20世纪80—90年代,是用来分离和转移信用风险的各种工具和技术的总称。信用衍生工具种类十分繁多,包含信用远期、信用期权、信用违约互换以及合成CDO等。其中,信用违约互换是构造其他信用衍生工具的基石。信用衍生工具被各类金融机构用于管理信用风险,同时也具备套利、增加金融机构杠杆、投机等功能。2008年美国爆发金融危机后,信用衍生工具被更多的人关注和研究。

第一节 信用衍生互换

信用衍生互换与金融互换在原理上具有一致性,所不同的是信用衍生互换主要针对的是信用风险问题,而金融互换则主要用于对金融资产市场价格波动风险的投机或风险对冲。信用衍生互换及其运用不仅是金融或金融工程理论的重要内容,同时也是资本市场和金融创新的焦点,具有独特的结构特点和发展趋势。

一、信用违约互换

1. 基础信用违约互换

信用违约互换是全球互换市场中规模最大的品种,其设计机制主要基于公司的违约。当一家机构持有某种资产如债券时,往往会担心发行债券的公司出现违约风险。为了防止这种风险对自己产生不利影响,其持有债券后可与其他投资者签订一个信用违约互换(credit default swap,CDS)的风险转移协议。简单地说,信用违约互换有些像购买保险。该协议通常规定,在一定期限内,买入方定期向卖出者支付一定的费用,如果在合约有效期内参考实体出现违约,造成信用违约互换的买入方所持有的资产亏损时,买入方可以选择终止合约规定的定期费用支付,并有权利将这些债券以债券面值卖给信用违约互换的卖出方(见图12-1)。如果参考实体没有出现违约或没有信用事件发生时,则买入方不会得到任何收益。

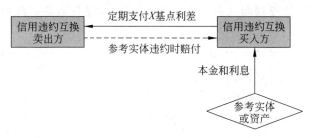

图12-1 信用违约互换的基本机制与结算方式

在信用违约互换中有以下术语。

1) 买入方和卖出方

买入方是指寻求规避风险的一方,例如债券的投资者担心债券出现违约,就会购买信用违约互换。卖出方是指愿意承担信用风险的投资者。卖出方的收益是买入方支付的类似保费的费用,支出方向是未来可能需要购买信用降低的资产。

2) 参考实体和参考资产

参考实体是指债务工具的发行人,有时又称标的发行人。参考实体可以是指一家公司或一个主权政府部门。参考资产是指正在寻求实施信用保护的特定资产,有时又称参考标的。

3) 违约

如,破产、无偿付能力、不能履行到期支付义务等。

4) 支付时间

信用违约互换协议定期付款时间是每季度末、每半年末或每年末。

5) 结算方式

在信用事件发生时,信用违约互换要进行结算。具体的方式可以为实物支付或者现金支付。实物支付是参考资产出现违约风险时,买方把参照资产按照合约确定的面值出售给卖方。现金支付则是卖方将面值和市值的差价以现金的方式向买方支付。

6) 面值

信用违约互换的面值就是信用资产的面值。

7) 合约期限

信用违约互换的合约持续期限有几个月、1年、3年、5年和10年。其中,5年是最为常见的期限。

2. 组合信用违约互换

组合信用违约互换可以使购买人有权在多个名称和(或)多项资产组成的参考中出现一个或多个违约事件时获得赔付。与单一名称的信用违约互换交易地域不同,组合信用违约互换在全球并不活跃,而是更多地集中在北美地区。

1) 一篮子信用违约互换

一篮子信用违约互换是多名称保护产品。信用违约互换所保护的参考债务是由互换中指定的所有参考名称发行的所有债务或特别指定的部分债务。理论上,一篮子信用违约互换可以覆盖所有参考名称的所有可能的违约,因此,类似于单一名称信用违约互换的组合。由于这种产品极其昂贵,因此,更为常见的是只补偿参考资产组合中的一项违约事件(或特别指定的违约事件组)引起的损失,然后终止。

2) 第 N 次违约信用违约互换

这种互换的基本原理是当参考资产组合出现第 N 次违约时,信用违约互换就会清偿第 N 次违约的损失。例如,考虑一个由 100 家不同的公司或参考名称发行的公开交易债券组成的参考组合。当参考组合中出现第一次违约时,信用违约互换就加以清偿。只要是参考名称之一的责任,究竟何种资产或哪家企业首先出现违约并不关键。清偿了首次违约之后,该信用违约互换即告终止。

对比来看,第二次违约时,信用违约互换将清偿参考组合发生的第二次违约。该信用违约互换对首次违约不承担赔付责任,且在清偿了第二次违约之后,该信用违约互换即告终止。

对于那些能较好地了解资产组合违约的频率,但不太掌握实际引起违约的名称或违约名称出现顺序的机构而言,第 N 次违约信用违约互换深受欢迎。假如一家银行向不同的公司发放了 100 项贷款并预期有 10% 的贷款将违约。该银行将设置贷款损失准备金,以覆盖前 10 次违约损失。如果银行希望多一点额外的保护,则它可以达成一项第 11 次违约信用违约互换。参考组合为这 100 项贷款资产,而当贷款组合中第 11 次违约出现时,信用违约互换卖方将向银行赔偿损失。以这种方式,该银行可保护自己不受其贷款组合的 11% 引起损失的影响。银行已经为前 10 次违约建立了准备金,并且针对第 11 次违约取得了信用保险,从而不必为第 11 次贷款违约预留损失准备金而绑定全部资本金。

3) 高级及次级一篮子信用违约互换

一篮子信用违约互换可在违约触发事件以及由信用保护出售人给信用保护购买人的赔付中包括不止一种资产。常见的此类信用违约互换类型是高级一篮子信用违约互换和次级一篮子信用违约互换。如,考虑一个 10 个名称的参考组合,其每个名称的基础信用额为 100 万美元。假设前 6 次违约与参考一篮子的次级债务有关,而后 4 次违约则包括高级债务。次级一篮子信用违约互换要赔付前 6 次违约中的任何一次或所有的违约,而高级一篮子信用违约互换仅赔付第 7 次到第 10 次的违约。

3. 信用违约互换与金融保险的比较

信用违约互换与金融保险在经济意义上的相似性相当明显,但二者并不能混为一谈。二者的差异体现在以下几个方面。

其一,参考资产和触发事件。保险在涉及能够触发违约事件的参考资产或参考名称时往往会更加具体。信用违约互换对违约事件的定义往往是相当广泛的。这就使信用违约互换与可比较保险产品之间表现出显著差别。例如,信用违约互换通常只能由已向大众公开披露的违约事件所触发。保险产品与之不同,可由未公开披露的违约事件所触发。

其二，持续的保障。当信用违约互换的违约事件出现时，信用违约互换通常就终止了。而保险产品只要财务担保的保单限额还未达到，就仍然有效。即使达到，选择性的复效条款也允许投保人支付额外保费后恢复部分或全部原始保单的限额，即使保单限额已由之前的索赔消耗殆尽。

其三，税收与会计。金融保险是保险合约，因而会受到保险的会计和税收准则的约束。相反，信用违约互换是一种衍生工具合约，因而与保险不同，其会计上必须按市值记账。

其四，提前解约。当信用保护出售人想避免现有义务时，信用保护是以信用违约互换的方式出售还是以保险的方式出售，出售人可选择的解约方式是不同的。在信用违约互换的方式中，只要信用保护购买人同意，交易总是可以解约的。信用保护出售人也可将信用违约互换让与新的保护出售人。保险则是较难逃脱的责任。

4. 信用违约互换与期权的比较

CDS的支出与期权的相似，收取保费的保护出售人承担在特定事件发生后进行支付的风险。但不应将CDS与真的信用期权相混淆，也就是不能与像债券或贷款这类的信用风险工具期权或信用利差期权相混淆。

在CDS中出售保护与持有一项债券多头头寸在信用风险上是相当的。在CDS中使用互换而不是期权这一术语正是源于这种相似性。这主要是要表达一个事实，即CDS实际上是互换双方在信用风险资产中的头寸，而不是购买和提供这种资产头寸的期权。正如其他期权中意外事件是市场价格的变化而不是遥远的信用事件一样，真的信用期权价值来自意料外的未来价值和市场价格的波动。如果一家机构能够在贷款或债券中定价头寸，它也能定价CDS。但是为了定价信用期权，往往需要关于波动性和隐含的期货信用利差的额外信息。

二、信用违约互换定价

1. 信用违约互换溢价的影响因素

信用违约互换的卖出方之所以愿意承担参考实体的风险主要是因为购买方支付的费用。在信用违约互换中，购买方付给卖出方的本金一定比例的费用称为信用违约互换溢价。

信用违约互换溢价的多少往往取决于交易的期限、参考实体违约可能性、互换提供者的信用评级、参考实体与互换出售者的关系以及预期的残值。合约的时间越长，银行的风险越大，溢价也就越高。参考实体违约的可能性越大，则需要支付的溢价越高。互换提供者的信用级别越高，违约的风险越小，因此也就需要支付更多的购买费用。但是，最重要的应当是合约出售者和参考实体之间的关系。信用违约互换的购买者必须关注合约售出者和信用参考实体的关系。如果二者不相关，则需要支付正常的费用，二者关系越紧密，则溢价越低，购买者甚至需要放弃签订合约。当参考实体违约时，可能的残值大小直接影响溢价高低。残值越小，互换卖出方的或有付款越大，因此溢价越高。

2. 信用违约互换溢价与债券的收益率的关系

信用违约互换可以用来对企业债券风险进行对冲。假定某投资者买入了一个 5 年期的企业债券,债券收益率为每年 7%,同时投资者又买入一个 5 年期信用违约互换,在信用违约互换中投资者买入了对自己持有债券发行人违约的保护。假定信用违约互换溢价为每年 2%,这里信用违约互换的作用是将企业债券转换为无风险债券(至少在近似意义上)。如果债券发行人不违约,投资者收益率为每年 5%(企业债券收益率减去信用违约互换溢价),投资者在违约发生前的收益率为 5%。如果债券发行人违约,信用违约互换合约可以保证投资者用债券换回债券的本金。投资者在收到本金后可以将资金以无风险利率进行投资。

n 年期信用违约互换溢价应该大约等于 n 年的企业债券的收益率与 n 年无风险债券收益率的差价。如果信用违约互换溢价远小于企业债券收益率与无风险债券收益率的差价,那么投资者通过买入企业债券和信用保护而得出的收益率(近似于无风险)会大于无风险利率;如果信用违约互换溢价远大于企业债券收益率与无风险债券收益率的差价,投资者通过卖空企业债券和信用保护而得到的借款利率会小于无风险利率。以上说明的套利只是接近完美。这些套利机会使得信用违约互换溢价不会远离企业债券收益率与无风险债券收益率的差价。

3. 定价方法

根据资产定价理论,任何金融产品的市场价值都等于一系列未来现金流的折现价值。一份 CDS 合约通常面临两种现金流,一种是固定的保费支出,另一种是可能发生的赔偿收入。CDS 的定价实质上是设定 CDS 的溢价(保费费率)。溢价设定的标准是保费支出的现值等于赔偿收入的现值,即 CDS 交易的净现值应该等于零。

第一步,计算保费支出的现值。首先考虑 CDS 在到期日违约。假定每年保费支出为 S,支付频率的倒数为 Q,则每次支付的保费为 SQ。假定在 t 时刻没有违约的概率为 $P(t)$,每个支付日的折现率为 $\delta(t_i)$,则第 i 次支付保费的现值则为 $\delta(t_i)P(t_i)SQ$。对各期支付的保费求和,就可以得到固定现金流支出的现值为

$$\sum_{i=1}^{n}[\delta(t_i)P(t_i)SQ]$$

其中,n 为合约覆盖的期间范围。

在此基础上,考虑 CDS 在两个到期日之间违约的情况。假定参考实体在时刻 $t_{(i-1)}$ 没有违约而在时刻 t_i 违约,则发生违约的概率为 $P(t_{i-1})-P(t_i)$,并假设违约只会发生在两个到期日中间的那一天,则支付的保费为 $\frac{SQ}{2}\{P(t_{i-1})-P(t_i)\}$。对各期支付的保费求和,就可以得到固定现金流支出的现值为

$$\sum_{i=1}^{n}\frac{SQ}{2}\{P(t_{i-1})-P(t_i)\}\delta(t_i)$$

综合考虑到期日违约和两个到期日之间违约的情况,则保费支出的总现值为

$$\sum_{i=1}^{n}\delta(t_i)P(t_i)SQ+\sum_{i=1}^{n}\frac{SQ}{2}\{P(t_{i-1})-P(t_i)\}\delta(t_i)$$

第二步，计算赔偿收入的现值。假定违约时间发生在 t_{i-1} 和 t_i 之间，R 为偿付率，则 CDS 合约买方可以得到的偿付比率为 $(1-R)$，现值为 $(1-R)\delta(t_i)\{P(t_{i-1})-P(t_i)\}$。对各期进行求和就可以得到或有现金流的现值之和：

$$(1-R)\sum_{i=1}^{n}\delta(t_i)\{P(t_{i-1})-P(t_i)\}$$

第三步，令保费支出的现值与赔偿收入的现值相等，则可以得出 CDS 的溢价为

$$S=\frac{(1-R)\sum_{i=1}^{n}\delta(t_i)\{P(t_{i-1})-P(t_i)\}}{\sum_{i=1}^{n}\delta(t_i)P(t_i)Q+\sum_{i=1}^{n}\frac{Q}{2}\{P(t_{i-1})-P(t_i)\}\delta(t_i)}$$

4. 信用违约互换指数

信用违约互换指数是一种信用衍生工具指数，可以用于跟踪信用违约互换的溢价。投资者运用信用违约互换指数可以获得或对冲一篮子信用风险。和单个的信用风险互换不同，信用违约互换指数是完全标准化的信用衍生证券，所以拥有较高的流动性及较小的买卖价差。这就意味着如果投资者要为一个含有不同种类的债券组合进行保值，用指数要比用很多单个的 CDS 来得方便与经济。

世界上有两种具有影响力的信用违约互换指数（见图 12-2）。一种是 CDX 指数，该指数涉及北美及新兴市场的公司管理。另一种是 iTraxx 指数，该指数涉及欧洲、日本及亚洲其他地区。iTraxx 指数体系中，交易最广泛的指数是 iTraxx Europe。该指数用于跟踪欧洲 125 家投资级公司信用违约互换溢价。这两种指数的发布公司每隔 6 个月就会发行一只新的指数。这样及时更新指数成分中的 CDS，是为了保证不会由于成分 CDS 的到期或者流动性降低而影响指数。

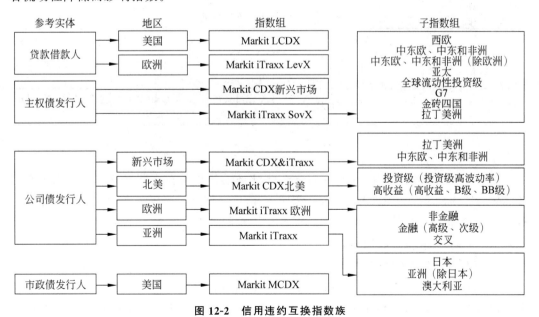

图 12-2　信用违约互换指数族

这些信用违约互换指数产品不仅是公开发布的指数，同时也给市场参与者提供了买

入或卖出信用违约互换组合的途径。例如,某投资银行作为市场的做市商对 5 年指数报出的买入价为 65 个基点,卖出价为 66 个基点。某个投资者可以从投资银行总共买入 125 个公司的、每个面值都为 800 000 美元、5 年的信用保护。投资者的费用为每年 660 000 美元。同时投资者也可以卖给投资银行总共 125 个公司的、每个面值为 800 000 美元、5 年的信用保护,投资者的收入为每年 650 000 美元。当某个公司违约时,信用保护的付款费用减少 660 000/125＝5 280 美元。

三、信用违约互换交易策略

CDS 的最初目的是管理信贷风险。但是,随着市场的发展,越来越多的投资者开始利用 CDS 进行投机与套利。

1. 风险管理

CDS 的最初功能是被债权人用于进行信贷风险管理。简单而言,通过购买以债务人为参考实体的 CDS,债权人可以降低风险损失。如果债务人最终违约,则在 CDS 上获得的赔付可以抵消债权损失。

【例 12-1】 利用 CDS 管理信用风险

养老基金 A 购买了价值 100 万美元的 B 公司五年期债券。为预防 B 公司违约,A 基金向保险公司 C 购买了价值 100 万美元的 CDS。CDS 的溢价为 200 个基点。A 基金每年要向保险公司 C 支付的 CDS 保费为 $100 \times 2\% = 2$ 万美元。如果按季支付,则 A 基金需要每季支付 5000 美元。表 12-1 模拟了在参考实体不违约与违约两种情景下,A 基金实现的风险管理效果。

表 12-1　CDS 风险管理分析

情　　景	投资者支付费用	风险管理效果
B 公司没有发生违约	100 000 美元	虽然 CDS 支出减少了 A 基金的投资收益,但却预防了 B 公司违约风险
B 公司在第三年年底违约	60 000 美元	A 公司获得 C 公司足额赔付,完全覆盖了 B 公司违约给资产组合造成的损失

2. 投机

随着宏观基本面的变化,金融市场对参考实体的评价也在不断变化。当市场预期参考实体的违约概率上升时,CDS 溢价将相应上升,反之亦然。当投资者预期参考实体违约概率上升时,他可以购买 CDS;当投资者预期参考实体违约概率下降时,可以出售 CDS。如果预期准确,则投资者将获得投机收益。

【例 12-2】 利用 CDS 投机

投机者 A 预期 B 公司在未来两年内违约概率较高,因此向保险公司 C 购买了 2 年期资产价值为 100 万美元的 CDS。信用违约互换溢价为 500 个基点。假设违约后 B 公司债券的偿付率为零。

表 12-2 模拟了在四种情景下,投机者 A 获得的相应投机收益。

第一种情形：A 支付的 CDS 费用为 100 万美元×5‰＝5 万美元。这时，获得 CDS 卖方，即保险公司的赔付 100 万美元（因为债券违约后，B 公司偿付率为零）。投机者可以获得 95 万美元的投机利润。

第二种情形：CDS 签订后，B 公司没有违约。这样 A 在两年内需要支付的 CDS 费用为 10 万美元。即，投机亏损 10 万美元。

第三种情形：B 公司在第一年内没有违约，而投机者 A 决定在第二年初轧平 CDS 头寸，锁定收益与风险。可分两个子情形进行分析。在第一种子情景下，B 公司违约风险上升，CDS 溢价由 5‰涨到 15‰。投机者出售 1 年期价值 100 万美元的 CDS，这时可以获得 100×15‰＝15 万美元保费。投机者 A 购买的两年期价值 100 万美元的 CDS 需要支付 100×5‰×2＝10 万美元保费。两者相抵后，投机者 A 可获得投机收益 5 万美元。在第二种子情景下，C 公司违约风险下降，CDS 溢价变为 2.5‰。投机者 A 决定出售 1 年期价值 100 万美元 CDS，这时可获得 100×2.5‰＝2.5 万美元保费。而投机者 A 购买的两年期价值 100 万美元 CDS 需要支付 10 万美元保费。两者相抵，投机者 A 将遭受投机损失 7.5 万美元。通过轧平 CDS 头寸，投机者减少了 2.5 万美元的亏损。

表 12-2　CDS 投机解析

情　　景		支付费用	获得偿付	投机收益
B 公司在第一年底违约		50 000	1 000 000	950 000
B 公司在两年内没有违约		100 000	0	−100 000
B 公司在第一年没有违约，投机者 A 在第二年初决定轧平持有的 CDS	C 公司违约风险上升，CDS 溢价从 500 基点提高到 1500 基点	100 000	0	50 000
	C 公司违约风险下降，CDS 溢价从 500 基点下降至 250 基点	100 000	0	−750 00

3. 套利

CDS 的套利功能建立在特定公司股价与该公司 CDS 溢价之间的负相关关系基础上。当公司股价上涨时，其 CDS 溢价降低，反之亦然。当股价变动与 CDS 溢价变动的时间不一致时，套利机会由之产生。这种利用同一家公司资本结构不同部分的相对市场无效性的套利被称为资本结构套利。

【例 12-3】　利用 CDS 开展套利

A 公司股价受不利消息影响下跌了 25‰，以 A 公司为参考实体的 CDS 溢价没有及时调整，仍为 500 个基点。投资者 B 判断未来 A 公司 CDS 溢价的上升幅度将会超过 A 公司股价上升幅度。于是他购入为期两年的价值 100 万美元的 A 公司 CDS，同时卖空 100 万美元 A 公司股票（假定没有保证金交易）。表 12-3 模拟了三种情景下投资者 B 获得的相应收益。

在第一种情景下，投资者 B 在一年后通过出售为期一年的价值 100 万美元的 A 公司 CDS 可以获得 100×15‰＝15 万美元保费，投资者 B 购买为期两年的价值 100 万美元的 A 公司 CDS 将支付 100×5‰×2＝10 万美元保费，投资者 B 通过做空 A 公司股票可以获得100×5％=5万美元收益。三者相抵投资者B可以获得10万美元综合收益。

在第二种情景下,投资者B轧平CDS合约可获得5万美元保费收入(同情景一),做空A公司股票将遭受100×5％=5万美元亏损,相抵之后综合损益为零。

在第三种情境下,投资者B轧平CDS合约的保费收支相抵,做空A公司股票将遭受100×10％=10万美元亏损,最终遭受10万美元综合损失。

表12-3 CDS套利分析

情 况	CDS损益	股票损益	综合收益
一年后A公司CDS溢价上升至1 500个基点,A公司股价下跌5％	50 000	50 000	100 000
一年后A公司CDS溢价上升至1 500个基点,A公司股价上升5％	50 000	−50 000	0
一年后A公司CDS溢价上升至1 000个基点,A公司股价上升10％	0	−100 000	−100 000

四、其他信用互换

1. 总收益互换

总收益互换(total rate of return swaps)是指信用保障的买方在协议期间将参照资产的总收益转移给信用保障的卖方,总收益可以包括本金、利息、预付费用以及因资产价格的有利变化带来的资本利得;作为交换,保障卖方则承诺向对方交付协议资产增值的特定比例,通常是无风险利率加一个差额,以及因资产价格不利变化带来的资本亏损。总收益互换是按照特定的固定利率或浮动利率互换支付利率的义务。在总收益互换中,信用保险买方或总收益支付方将从信贷资产或"参照信用资产"处获得的收益全部转移给交易对手,即信用保险卖方或总收益接受方,而得到一个事先约定的利率回报,该利率可以是浮动利率或者固定利率(见图12-3)。

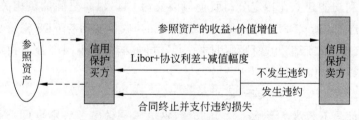

图12-3 总收益互换的基本原理

关于与总收益互换还需要注意两点。第一,总收益互换可基于单一名称资产或者基于多个名称资产,以及可与参考资产具有相同或更短的存续期。第二,选择名义本金额是为了决定总收益互换的实际现金流,而名义本金额与参考资产组合的面值可以相同也可以不相同。如果名义本金额低于参考组合的面值,这就等同于人工合成地卖出了基础组合的一部分,而大于组合面值的名义本金额就相当于人为的杠杆。在合约开始时,总收益互换的交易文件将明确规定参考组合市场价值的常规确定方法。这可由参与互换的双方之一作为计算代理方来完成,或者通过合约约定的第三方,或通过参考某种指数来完成。

【例 12-4】 总收益互换解析

一家银行以利率 12% 贷款给某企业 20 亿美元,期限为 5 年。如果在贷款期限内,该企业信用风险加大,银行将承担贷款市场价值下降的风险。银行为转移这类风险而购买总收益互换,按该合约规定(以一年为支付期),银行向信用保护卖方支付以固定利率为基础的收益。该支付流等于固定利率加上贷款市场价值的变化。同时,信用保护卖方向银行支付浮动利率的现金流。当合约规定固定利率为 15%,浮动利率为 13%,在支付期内贷款市场价值下降 10% 时,银行向交易对方支付的现金流的利率为 15%－10%＝5%,从交易对手处获现金流的利率为 13%。交换现金流后这笔收入可以用来冲销该银行在信贷市场上的损失。但是,总收益互换存在利率风险,如果浮动利率大幅度下降,那么互换后的现金流会受到极大影响。

从以上例子也可以发现,总收益互换不仅可以把信用风险转移出去,而且也将其他风险,如利率风险、汇率风险等转移了。如果由于信用事件而使参照信用资产的市场价值下降,那么信用保险买方就会因信贷资产市场价值的下降而遭受损失。但它在互换合约中所获得的利率收入就有可能大于其支付的总收益,于是两者的差额便可以被用于冲销它在信贷市场上的损失。

2. 资产违约互换

资产违约互换是一种单一名称信用违约互换,其名称不再是一家参考企业实体或公司证券,而是证券化产品。图 12-4 显示了资产违约互换的现金流情况。在交易中,固定利率参考资产或组合上的固定现金流,定期支付给互换交易商,以换得浮动利率 r 支付。资产互换常常用于将债券的固定息票支付转化为浮动利率 r 的等价产品。除了将固定风险转换为浮动风险外,资产互换也可改变原始资产所有人现金流的时机,例如将固定的半年收入流转换为浮动的每季收入流。在图 12-4 中,利差 X 是指资产互换利率。目前,大多数资产违约互换均基于资产支持证券。到目前为止,资产违约互换交易量仍比较低,其主要吸引力是在类似于单层合成抵押债务等结构中的运用。

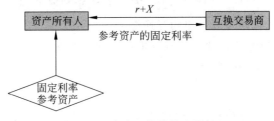

图 12-4 资产互换的基本原理

3. 股本违约互换

股本违约互换是最新进入信用衍生工具系列的产品。股本违约互换允许保护购买人获得对参考资产的保护,这里要保护的资产是股票。由于普通股没有所谓的信用违约事件,股本违约互换实际上类似于市场风险及价格保护工具。尤其当人们考虑股本违约互换中的触发事件不是不能支付、降级或类似的情况,而是预先确定的参考股票价格的下跌幅度(通常下跌70%)时,这一点十分明显。因此称为股本事件,而不是信用事件。股本违约互换实际上是一种深处于虚值状态的股本卖出期权。

除了定义股本事件和基础参考股本之外,还要遵照股本违约互换的文件——通常为ISDA主协议,从而使股本违约互换与可比的信用违约互换相符合——也将明确其他交易条款,像存续期(通常大约为5年)、名义本金以及股本事件发生时应当具有的支付责任等。某些股本违约互换要求保护出售人在股本事件发生之后,向保护购买人按基础股票价格的一定比例支付赔付款。在其他例子中,股本违约互换中的保护出售人必须在股本事件发生之后支付固定的款项,通常其数额等于股本违约互换的名义本金额乘以(100−X%),这里X%是预先指定的回收率。一旦发生了股本事件且款项得以支付,股本违约互换则终止。但在违约事件发生之前,股本保护购买人需要周期性(如每个季度)地向保护出售人支付费用。基本股本违约互换的一般结构见图12-5。

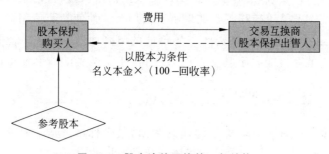

图12-5 股本违约互换的一般结构

例如,假设投资者ABC与互换交易商XYZ达成两年期的股本违约互换,其中XYZ是保护出售商,而ABC是保护购买人。参考资产是一家公司的普通股,在股本违约互换交易日时的每股交易价为100欧元。假设股本事件定义为股本违约互换交易日时每股收盘价的75%,回收额为40%,以及名义本金为1000万欧元。如果在接下来的两年中的任何时候,该公司的股票收盘价下跌到低于每股75欧元(开始每股100欧元股票价格的75%),保护出售商XYZ将向保护购买人ABC支付固定数额的现金600万欧元,即1 000万欧元×(100%−40%),同时股本违约互换终止。

与在信用违约互换中一样,股本违约互换中的保护购买人不必有可保利益,即保护购买人不必实际拥有购买保护时所基于的股票。

4. 或有违约互换

这种互换指只有当标准信用事件和额外信用事件都违约时,合约卖方才向买方支付补偿。额外信用事件可以是其他证券的违约,因此,或有违约互换比标准违约互换合约便宜(除非违约事件的相关性为1)。合约买方的目的(除了保护费率低)主要是为寻求一种弱保护,即只有当两个基础资产都违约时才获得保护。

5. 杠杆违约互换

杠杆违约互换指在违约发生时卖方的支付额是损失额的一定倍数。此类合约中规定违约发生时卖方的支付额通常是标准违约互换支付额加上资产名义总量的一定比例。因此,杠杆违约互换比标准违约互换贵。合约买方有出于投机的目的,也有出于管理简化的目的。有些资产管理者为了避免对不同资产都对冲违约风险的麻烦,采用单一的杠杆违约互换就可以对冲大部分名义资产违约风险。但如果杠杆违约互换合约中基础资产与买方的资产组合中真正的风险暴露不匹配,买方将暴露于风险中:资产组合中某合约违约,而杠杆违约互换中并没有对此资产进行保护。

第二节 信用期权

一、信用利差期权

1. 信用利差与期权

在金融市场上往往存在不同评级结果的债券品种。由于信用等级不同,这些债券的风险和收益各不相同。这就产生了一个基于不同信用水平的利率或收益率的差异。这个差异就是信用利差。准确地说,信用利差是指具有某一个特定有效期的信用敏感性债券组(如 AA 级公司)的收益率与具有相同有效期的另一无信用风险债券组(通常为国库券)收益率之间的差额。在这两组债券中一个具有较高的信用等级,风险较低,收益稳定;一个具有较低信用等级,风险较大,收益不稳。在一定时期内,由于债券等级或质量方面的差异,信用利差会发生一定的波动。

信用利差期权主要针对这种波动而设计。按照期权行权和结算方式划分,信用利差期权有两大类。一类是在行权时以信用敏感债券交付为主要特点的期权。另一类是在行权时以信用利差确定结算资金的期权,这类期权不涉及买卖双方对信用敏感债券的转移,而仅是在期权行权时由立权人向持有人就信用利差变化提供一种补偿。这两类信用利差期权在行权时具有显著的差异。

2. 以信用敏感债券交付为主要特点的期权

在债券领域,债券的票面价格(F)、市场价格(P)、票面利率(r)和到期收益率(y)是最关键的四个变量。债券收益率反映的是债券收益与其初始投资之间的关系。四个变量的关系是

$$P = \sum_{i=1}^{n} \frac{C}{(1+y)^i} + \frac{F}{(1+y)^n}$$

其中,C 为由票面利率(r)和票面价格(F)确定的利息。

可以看出,当债券价格越低时,购买债券的收益率越高。这样,对于一个已经持有债券的投资者来说,如果市场上的债券收益率不断上升,就意味着其持有的债券价格出现下跌。为了规避那些具有信用敏感问题的债券投资隐含的价格下跌风险,投资者可以考虑利用信用利差期权进行避险。

例如,以信用良好的参考债券(如国库券)为基础,和期权的卖出方签订一个信用利差看跌期权合约。合约中确定信用敏感性债券和参考债券的一个行权利差。在行权期,每个债券的具体收益率都对应着一个市场价格。当利差扩大时,市场上交易的信用敏感性债券的到期收益率会较高,而债券价格会较低。这时,如果信用敏感性债券的市场价格低于参考债券的市场价格,该看跌期权的购买者有权以参考债券的市场价格将信用敏感性债券出售给期权的卖出者。

【例 12-5】 信用利差看跌期权

最初的市场条件是:信用敏感性债券的票面价格为 100 元,利率为 8%,收益率为 8%,债券时间为 10 年;参考债券国库券的票面价格为 100 元,利率为 8%,收益率为 6%,债券时间为 10 年。两种债券的利息支付均为半年支付一次。

信用利差看跌期权合约内容:

- 合约有效期为半年。
- 合约确定信用利差为 300 个基点(即 3%)。
- 期权的购买者有权以行权日国债的市场面值出售信用敏感性债券。

半年后期权到期时的市场状况是:9 年半的信用敏感性债券的市场价格跌到 82.59 元,收益率则为 11%。9 年半的国库券的市场价格变为 90.75 元,收益率为 6.5%。这时,信用利差扩大,变为 11%−6.5%=4.5%。

这时,信用利差看跌期权的购买者有权以 90.75 元的价格向期权的售出者卖出市场价格跌至 82.59 元的信用风险债券。很明显,期权购买方减少了 8.16 元的损失。

从以上例子可以看出,这里的信用利差看跌期权中"跌"的意思是债券市场价格的相对下跌,而不是收益率的下跌。这类期权的基本特征体现在表 12-4 中。

表 12-4 以信用敏感债券交付为主要特点的信用利差期权特点

期权类型	市场价格	到期时获得有利的偿付
看跌期权	相对下跌	市场信用利差>行权信用利差
看涨期权	相对上涨	市场信用利差<行权信用利差

但是,这种以信用敏感债券交付为主要操作机制的信用利差期权也存在一定的问题需要投资者注意。在这类期权机制中,尽管期权到期日行权是以债券的价格变化为偿付依据,但是具体的偿付还要受到利率水平和信用利差变化的共同影响。在例 12-5 中 9 年半国库券在行权期的利率不是 6.5%,而是下降为 4.5%,并且信用利差上升 450 个基点。这时,9 年半的信用敏感债券的市场价格变为 93.70 元,而期权的行权价格则为 90.74 元。可见,由于国库券利率出现下降足以抵消信用利差的上升,所以这时的看跌期权没有对信用利差风险起到有效的规避。

3. 以信用利差确定结算资金的期权

这种信用利差期权也包括看涨期权和看跌期权。

看涨期权主要针对利差扩大而产生,当利差扩大时,看涨期权的购买者有权要求立权人偿付其损失。

看涨期权的偿付＝(期权行权时的市场信用利差－合约确定的信用利差)×名义本金金额×风险因子

看跌期权的偿付＝(合约确定的信用利差－期权行权时的市场信用利差)×名义本金金额×风险因子

其中的风险因子的计算方法是：风险因子＝10 000×信用敏感性债券利率中1个基点的变化所引起的价格变化百分比。通过引入风险因子，可以克服偿付同时取决于利率水平变化和信用利差变化的缺点。

为了举例说明这类期权的偿付问题，假设信用利差看涨期权目前的信用利差为300个基点，投资者希望能够避免利差扩大到350个基点以上的风险。相应地，假设期权合约中信用利差设定为350个基点，风险因子为5，名义本金为1 000万元，那么期权的偿付就变为：(期权行权时的市场信用利差－0.035)×10 000 000×5。

假如行权日市场利差为450基点，那么期权的偿付就为500 000元。

4. 信用利差期权的价值

假设到期不发生信用事件的信用利差服从正态分布，那么就可以利用B-S期权定价模型计算信用利差期权的价值。在计算出期权价值后，再乘上期权有效期内没有违约发生的概率，就可以得到最后的期权价值。

【例12-6】 信用利差期权的价值计算

计算行权价格为12%，风险因子为5，名义本金为1 000万，期限为3个月的欧式信用利差看跌期权的价值。假设当前的信用利差为11%，波动率为40%，期权有效期内公司违约的概率为0.1，3个月的无风险利率为5%。

利用B-S期权定价公式，可以计算看跌期权的价值，即：

$$p = 0.12e^{-0.05 \times 0.25} N(-d_2) - 0.11 N(-d_1) = 0.014$$

式中，$d_1 = \dfrac{\ln(0.11/0.12) + (0.05 + 0.5(0.4)^2) 0.25}{0.4 \sqrt{0.25}}, d_2 = d_1 - 0.40 \sqrt{0.25}$

该看跌期权的假设风险因子是1，本金为1。

接下来，可以以此为基础，测算风险因子为5，名义本金为1 000万的看跌期权的价值，即为

$$0.014 \times 5 \times 10000000 = 700000$$

如果违约了，看跌期权将过期失效，调整了违约/不违约的概率后，看跌期权的价值将为

$$700000 \times 0.9 = 630000$$

二、信用违约互换期权

信用违约互换是最重要也是发展最快的信用衍生工具，也许基于这个原因，市场发展出了信用违约互换期权。简单地说，信用违约互换期权有些像购买保险。信用违约互换的卖出方之所以愿意承担参考实体的风险主要源于购买方支付的费用。在信用违约互换

中，购买方所付给卖出方本金一定比例的费用称为信用违约互换溢价。从当前来看，信用违约互换溢价的未来水平也是难以预测的。为了防范未来的信用违约互换溢价风险，交易商自然而然地发展出信用违约互换期权。

一个信用违约互换期权就是在将来时刻 T 买入或卖出某参考实体信用保护的一种权利。如，一个投资人在交易商那里买入信用违约互换看涨期权。该期权合约规定，投资人在 1 年后，可以以每年 200 基点，买入一个 5 年期的某债券信用违约互换。如果 1 年后信用违约互换溢价高于 200 基点，则投资人有权以 200 基点购买信用违约互换，如果低于 200 基点则可以不行权。同样，投资人也可以买入一份信用违约互换的看跌期权，以便对下跌的信用违约互换溢价进行保护。还有一个特点需要注意。即，如果期权到期前参考实体违约，那么信用违约互换期权合约自动解除。

信用违约互换期权有时可以是一篮子参考实体的看涨期权。例如，在期权到期时，篮子中有 n 个参考实体没有违约，期权持有者就有权利以 $n \cdot X$ 基点的价格买入 n 个未违约实体的信用违约互换交易组合。这里的 X 是行权价格。另外，在信用违约互换合约有效期内，如果有任何一家参考实体违约，期权持有人会收到类似信用违约互换中的违约回报。

三、信用期权

还有一种期权类的信用衍生工具是信用期权。前述的信用利差期权主要适用于固定利率的票据或债券，信用期权则主要适用于浮动利率的票据或债券。信用期权也分看涨期权和看跌期权。信用看涨期权主要赋予期权购买者在特定的时间、以事先敲定的价格买进信用敏感性资产的权利。信用看跌期权主要赋予期权购买者在特定的时间、以事先敲定的价格卖出信用敏感性资产的权利。例如，投资者对持有的某种债券的信用等级表示担心，投资者可以买入信用看跌期权。如果债券信用评级出现下降，投资者就可以通过行权避免持有债券的损失。

信用类期权也有奇异期权形态，如数字价差期权、零费用领式期权等。

第三节 融资型信用衍生工具

一、信用联结票据

1. 基本结构

信用联结票据(Credit-Linked Notes, CLN)是将普通的固定收益债券和信用违约互换结合起来的一种衍生工具，其对发行者和投资者做了如下安排。

发行者。CLN 的发行者是购买某种参考资产组合上的信用保护的机构。该机构向投资者发行一种票据或债券，其现金流与参考组合上规定的损失具有反向关系。只要参考组合未遭受特定的违约事件，发行人就需要定期向投资者支付预定的本金和利息。当参考组合出现违约事件时，发行人可不支付利息，如有必要，也可不支付部分或全部本金，以便弥补参考组合因违约造成的损失。

投资者。投资者支付等于 CLN 面值的款项,之后要面对两种情况。其一,若无违约事件发生,将收取某种基础利率(如国债或回购协议利率)加利差(反映所购买的信用保护的价值,即信用违约互换利差)。作为承担风险的回报,这部分收益会很高。最终,本金也会返还给信用联结票据的投资者。其二,当参考资产发生违约事件时,CLN 持有人将把参考资产的面值减去预期的回收率的资金支付给发行人。

图 12-6 描绘出信用联结票据结构的运行机制。可以发现,从发行人的角度看,信用联结票据是一种比较经济的工具,等同于发行一次常规的票据加上通过信用违约互换从债券投资者那里购买的信用保护。

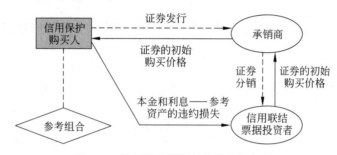

图 12-6　信用联结票据结构的运行机制

【例 12-7】　信用联结票据的结构

某信用卡公司为筹集资金而发行债券。为降低公司业务的信用风险,公司可以采取一年期信用联结票据的形式。此票据承诺,当全国的信用卡平均欺诈率指标低于 5% 时,偿还投资者本金并给付 8% 的利息(高于一般同类债券利率);该指标超过 5% 时,则给付本金并给付 4% 的利息。这样,信用卡公司就利用信用联结票据减少了信用风险。若信用卡平均欺诈率低于 5%,则公司业务收益就有保障,公司有能力给付 8% 的利息;而当信用卡平均欺诈率高于 5% 时,则公司业务收益很可能降低,公司则可付较少的利息,某种程度上等于是从投资者那里购买了信用保险。投资者购买这种信用联结票据是因为有可能获得高于一般同类债券的利率。

2. 收益与成本的判断

信用违约互换与信用联结票据之间的主要差别是,资金是否事先提出以弥补损失。非融资的信用违约互换将信用保护购买人暴露于信用保护出售人的信用风险之中,而信用联结票据则不存在这一问题。同时,信用联结票据实际上是一种债券,因而很可能上市交易并分销于投资者。如果投资者要求与许多企业债券发行的普遍特点相联系——如外部评级——这可使结构更复杂一些。虽然这是可以解决的问题,但有可能提高获得信用保护的成本。

二、合成 CDO

1. 资产证券化的含义和发展

资产证券化是 20 世纪 70 年代产生的一项重大金融创新,是世界金融业务发展的趋势之一。所谓资产证券化"是一个精心构造的过程。经过这一过程,贷款和应收账款被包装,并以证券的形式出售"。广义的资产支持证券(asset-backed security)包括住房抵押贷款支持证券(MBS)、债务抵押债券(CDO)和其他的资产支持证券(见图12-7)。全球资产证券发展具有三个特点:规模日益庞大、产品系列不断丰富、新型结构产品高速增长。

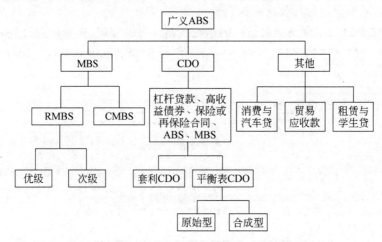

图 12-7 资产证券化产品的分类

注:RMBS 为住宅抵押贷款支持证券,CMBS 为商业地产抵押贷款支持证券

2. MBS 的构造

MBS 的基本结构是,把贷出的住房抵押贷款中符合一定条件的贷款集中起来,形成一个抵押贷款的集合体(pool),利用贷款集合体定期发生的本金及利息的现金流入发行证券。

在 MBS 形成过程中,SPV(special purpose vehicle)发挥着重要的作用。SPV 也称 SPE(special purpose entities),是一种特殊目的的实体机构。SPV 依据信托法律程序设立,独立于发起人(尽管可能是发起人设立),其职能是接受发起人的资产组合,并包装证券化资产和以此为基础发行资产化证券。在一般情况下,SPV 的资产都会进行登记、公告并有特定的保管措施,能够较好地保障资产稳定性和归属性,因此能够最大限度地降低发起人的破产风险对资产证券化的影响。

在图 12-8 中,SPV 将贷款池接受过来,发行了不同层次的债券。高级份额的债券风险小、利率低,但享有最稳固的收益。中层份额的债券风险增加,但利率也更高一些。股权份额没有评级,收益会很高,但承担的风险很大。

3. CDO 的构造

债务抵押债券(collateralized debt obligation,CDO)产生于 1988 年,是由债券组合派生出来的具有不同风险特性的金融产品。CDO 的资产组合十分分散,是一个包括了 ABS、MBS 等结构性产品、垃圾债券、新兴市场债券、银行贷款等高风险固定收益资产的分散组合,CDO 的资产池还可以包括 CDS、CDO。

CDO 结构的关键之处是基础抵押品组合的证券化。其与 CLN 的差别在于,CLN 通

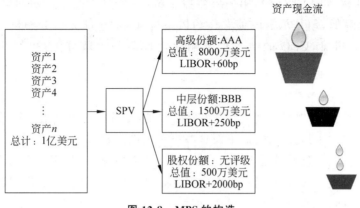

图 12-8　MBS 的构造

常由经营性公司发行，而 CDO 总是由 SPV 发行。CDO 结构包含向 SPV 转移一组债券、贷款或其他资产；SPV 出售由所转移组合的现金流支持的债务证券（CDO）；以及向转移者支付 CDO 销售的收入。可以将所有 CDO 看成是重新打包和分配信用风险的途径。在 CDO 结构中，持有抵押组合的 SPV 出售不同种类或层的证券，每种含有不同的风险或回报框架，其根据应付账款的优先级和时间确定。

图 12-9 显示了 CDO 的一个基本构造。

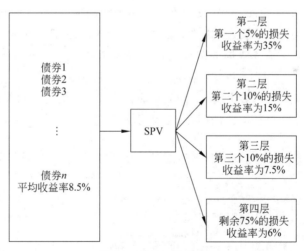

图 12-9　CDO 的构造

在这个例子中，包括 n 种债券的债券组合共派生出 4 个层级的债券。第一层的面值占整体债券的 5%，用于承受在 CDO 期限内交易组合里最先的 5% 损失；第二层的面值占整体债券的 10%，用于承担 CDO 期限内 5%～15% 范围内损失；第三层的面值占整体债券的 10%，用于承担 15%～25% 范围内的损失；第四层占整体债券的 75%，用于承担剩余的 75% 损失。这四个层的债权利率分别为 35%、15%、7.5% 和 6%，其与债券组合的平均收益率的关系是

$$35\% \times 5\% + 15\% \times 10\% + 7.5\% \times 10.0\% + 6\% \times 75\% = 8.5\%$$

在图 12-9 构造的 CDO 中,第一层收益率最高,但是承担着最初的债券违约风险。第四层收益率最低,但是承担的债券违约风险也最小,这部分债券的信用级别通常被定为 AAA 级。可见,CDO 的层不仅影响信用风险的重新分配,也影响信用风险的重组。

4. 合成 CDO 的构造

CDO 产生后,市场规模一直不大。主要原因是,尽管其在概念上比较易于理解,但设立复杂,而且管理起来昂贵。例如,下面这些事项的费用都很高:查看贷款或债券是否符合合格性标准,向贷款转移法定权利以及维护借款人的秘密(特别是在有此要求的辖区内)等。为了避免向 SPV 转移贷款或高收益债券的成本以及法律和管理问题,银行和其他发起人已经将 CDO 的证券化结构和非融资的信用衍生工具结合起来,形成合成 CDO(SCDO)。合成 CDO 产生于 1995 年。

典型的合成 CDO 会运用证券化技术,由发起机构(通常是银行)和 SPV 进行资产组合的信用违约互换。图 12-10 简单描述了合成 CDO 的基本机制和完整资本结构。可以从两个角度进行剖析。

第一,发起过程。发起银行卖出参考名义资产为 10 亿元的 CDS,获得信用保护溢价。在获得信用保护溢价后,发起银行以购买 CDS 的形式,将信用保护溢价转移给不同的投资者,对冲或降低风险。这里的发起银行用 1 亿元的参考资产购买信用 CDS。其中,10% 的信用保护由 SPV 提供。为此,SPV 发行不同信用等级的债券,如优级债、中间级债和股权级债。收入用于购买高质量资产,如政府证券等。SPV 把抵押品的利息收入和发起人支付的互换费支付给分层债务票据的购买人。如果参考债务发生违约或损失,SPV 补偿发起人。

第二,CDO 的收入与赔偿机制。CDO 实际上是从寻求信用违约保护的对手方获得周期性的保护溢价。作为保护溢价的回报,在参考资产违约时,CDO 将向保护买方支付相应的损失。

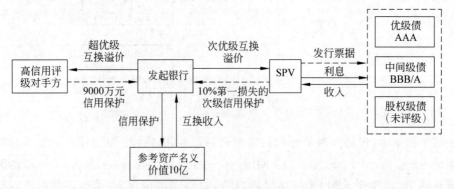

图 12-10 合成 CDO 的基本机制和完整资本结构

合成 CDO 可供不同投资者进行选择。表 12-5 是对合成 CDO 的主要领域和不同投资者的投资倾向进行的归纳。

表 12-5 合成 CDO 的主要领域和投资者投资倾向

客　户	分　层　类　型	投　资　逻　辑
银行、保险商	中间层	获取投资级收益
实际货币账户	中间层、股权层	获取收益、管理费、资产管理
杠杆交易账户	股权层、中间层	相对价值套利、相关性交易
再保险商	中间层（超级优先层）	获得尾部风险的低溢价

第四节　信用衍生工具市场的发展趋势

一、国际信用衍生工具市场的发展和监管

1. 产生和发展

1992 年，国际互换与衍生品协会（ISDA）首次正式提出信用衍生产品的概念。1999 年，ISDA 建立完成了场外 CDS 的标准合约，为该市场的发展奠定了基础。但是，推动 CDS 市场大规模发展的原因并不仅在于此，而是国际上，特别是美国处于一种"无监管"的状态。2000 年美国颁布了《商品期货现代化法案》（CFMA），结束了场外衍生品市场监管争议，明确了信用违约互换的"无监管"地位。所以进入 2000 年后，美国信用衍生工具市场开始急速发展。在美国次债危机爆发的 2007 年和金融危机全面爆发的 2008 年，美国 CDS 的名义本金额分别达到了 58.24 万亿美元和 57.40 万亿美元。在庞大的 CDS 市场发展过程中，参考资产日益繁多，除了债券、贷款等基础信用产品外，还有整个资产证券化链条所涉及的各类产品，包括 MBS、ABS、ABCP、CDO 的分层等。根据参考资产的不同，CDS 演变为资产支持 CDS（ABCDS）、合成 CDO、CDS 指数、CDS 指数分层等。

信用衍生工具市场发展的第二个分界岭是美国金融危机。在美国金融危机之前，其他信用衍生品的市场空间不大，发展受到挤压，占比逐渐萎缩。但是在 2008 年后，全球信用违约互换市场受到重创，大量的 CDS 存量被清算，新增的复杂 CDS 交易显著减少，信用利差期权和总收益互换则得到迅速发展，在信用违约互换市场中的比重不断提高（见图 12-11）。

2. 信用违约互换的问题

CDS 的快速发展和大规模交易引发了争议。前美联储主席格林斯潘曾认为"信用违约互换是一项重大的创新，在全球范围内分散了美国的信用风险，并增加了整个金融系统的抗风险韧性"。而投资界对信用违约互换有截然不同的看法。巴菲特认为信用违约互换是"大规模杀伤武器"，索罗斯认为信用违约互换是"达摩克利斯之剑"。在金融危机前，索罗斯要求旗下公司清理 CDS 头寸。

尽管这两方面截然不同的看法都有其依据，需要从工具本身的特质、历史发展条件、监管等多角度予以判断，但是 2003 年以后，CDS 日益成为投机的工具选择确实是不争的事实。如，雷曼兄弟公司发行的债券面值总额不过 1 500 亿美元，而以其为参照的信用违

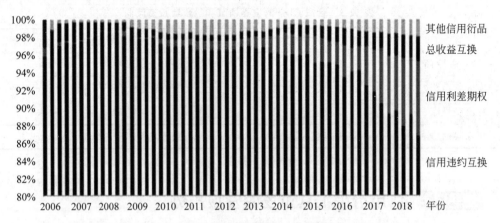

图 12-11 全球信用衍生工具的结构

数据来源:华创证券。

约互换本金达到 4 000 亿美元。也就是说,至少有 2 500 亿美元本金的信用违约互换是无券投机。当雷曼兄弟公司宣告破产后,如果按照当时 8.625% 的现金结算方式拍卖这些合约,则卖出相关信用违约互换的金融机构必须支付 3 660 亿美元的赔偿金额。

CDS 的问题更重要地体现在其对金融体系的影响上。在雷曼兄弟公司破产后,美国金融危机全面爆发。全球最大的保险公司 AIG 在 CDS 市场具有巨大的净卖出头寸,在 2008 年年底亏损超过 600 亿美元。为防止冲垮金融体系和实体经济,美联储最终通过非常规货币政策对 AIG 进行了救助,才使其起死回生(参见阅读材料 12-1)。

3. 监管改革

信用违约互换市场带来的系统性风险、交易对手风险、道德风险等推动了国际上对信用衍生工具的系列监管改革措施。

第一,采用中央交易对手清算机制。中央交易对手是信用衍生工具交易双方进行清算的中间媒介,一般由信用等级较高的大型金融机构担任。采用中央交易对手清算机制,不仅可以提供多边净额结算功能、降低交易成本,还可以有效地减少交易成员违约的概率。

第二,建立透明信息平台。监管部门针对金融危机前信用违约互换交易透明度低、监管部门和交易双方缺少决策的数据支持等问题,建立透明的信息平台向公众提供有关信用衍生工具交易的市场数据以及相关的报告。

第三,明确资本和保证金。在进行衍生品交易时,对系统重要性金融机构的资本和保证金应提出具体要求。信用衍生工具交易双方可以要求出具抵押,买方也可以要求卖方提供保证金,防止交易对手违约风险的发生。

第四,推进标准化。包括合约标准化、处理流程标准化和法律标准化。标准化可以有效降低复杂性,让市场参与者以更加简单直接的方式交易、结算和管理头寸。

二、国际上综合证券的发展趋势

各类信用衍生工具特别是信用违约互换为合成信用产品市场发展提供了重要的工

具。随着定价理论和金融技术的不断提升,发达资本市场上的信用联结票据、合成CDO规模都在以飞快的速度增长。这些综合证券的爆炸性和持续增长反映了一些清晰的市场趋势:

(1) 全球监管者逐渐承认衍生工具市场的增长和需要解决的问题。

(2) 初级证券供应不足,投资者越来越熟悉结构性信用产品,投资者对综合证券的需求越来越大。

(3) 综合产品允许投资者以专门的信用框架进行交易,并且通过分解收益的信用风险来利用市场上可得到的信用利差。

(4) 投资者对管理信用风险的需求不断增长:信用衍生工具允许一家公司主动承担或转移债券、贷款或固定收入工具组合的所有经济风险和收益,而不必真正购买和持有相应的资产。

(5) 投资者有意以流动的和高度透明的方式使用指标联结产品,从而暴露于新的或多种现有市场的风险之中。

实际上,这种增长已经造成多种基础资产和债务的全面增加。市场现在参考银行贷款、公司债、应收贸易账款、新兴市场债、可转换证券、项目融资贷款、住房抵押、杠杆贷款、指标产品和从其他衍生工具连结活动中产生的信用风险。典型的合成结构包括使用公司结构或SPV结构(这两种结构都将信用保护出售人置于与债券所有人完全一样的位置)的信用联结票据以及指标连结综合证券(该证券复制了基础资产组合的风险特征)。

需要认识的是,综合证券可通过结构性融资转移风险,结构性融资与提供可确定的一组资产或实体的证券的支付相连结。综合证券允许保护出售人承担与参考债务或指标相关的信用或其他风险,而不用直接获得或被要求持有这种由指标表示的债务或资产。

三、我国信用衍生工具市场的创新和监管

我国信用衍生工具市场最初产生于银行间市场。随着债券违约事件的不断出现,银行间市场上的信用工具增多,交易所市场也开发出了新的信用衍生工具(见图12-12)。

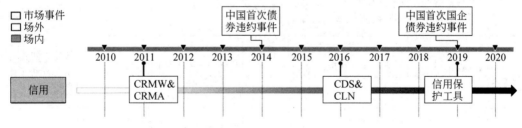

图 12-12 我国信用衍生品的发展与创新历程

资料来源:国际互换与衍生品协会(ISDA).发展安全、稳健、高效的中国衍生品市场(2021)[R].https://weibo.com/ttarticle/p/show?id=2309634721821521150221.

1. 银行间市场信用衍生工具的创新与监管框架

为满足资本市场的风险管理需求,防范信用风险聚集,中国银行间交易商协会

(NAFMII)于 2010 年 10 月发布了《银行间市场信用风险缓释工具试点业务指引》及相关文件,着手正式推出我国的信用衍生工具:信用风险缓释合约(CRMA)和信用风险缓释凭证(CRMW)。其中,CRMA 是典型的场外衍生工具,即信用保护得买方支付保费,卖方针对特定具体债务向买方提供信用保护。CRMW 则是由合格第三方创设机构创设的向持有人提供信用保护的可流通有价凭证,是标准化的信用衍生品,实行集中登记、托管和清算。这两项产品在推出当年表现稍显活跃,在此之后的交易十分清淡。

2016 年,中国银行间交易商协会修订发布《银行间市场信用风险缓释工具试点业务规则》,同步推出信用风险缓释合约(CRMA)、信用风险缓释凭证(CRMW)、信用违约互换(CDS)以及信用联结票据(CLN)。其中 CRMA 和 CRMW 分别为盯住债项的合约类和凭证类产品,CDS 和 CLN 分别为盯住实体的合约类和凭证类产品。现阶段,信用违约互换和信用联结票据业务参考实体为非金融企业时,其债务种类限定于在交易商协会注册发行的非金融企业债务融资工具。

2. 证券交易所信用衍生工具的创新与监管

交易所市场的信用保护工具分为信用保护合约和信用保护凭证两大类。其与银行间交易商协会信用衍生工具的对比见表 12-6,这里不再赘述。

表 12-6 我国六种信用衍生工具的对比

产品	信用风险缓释合约(CRMA)	信用风险缓释凭证(CRMW)	信用违约互换(CDS)	信用联结票据(CLN)	信用保护合约	信用保护凭证
保护范围	债券、贷款或其他类似债务		一个或多个参照实体		参照实体的一项或多项债务	参照实体的一项或多项债务
类别	合约类	凭证类	合约类	凭证类	合约类	凭证类
创设备案	不用备案,对创设机构无要求	对创设机构有较严格的准入条件,产品发行登记备案	不用备案,对创设机构无要求	对创设机构有较严格的准入条件,产品发行登记备案	对合约交易双方无要求,需由交易所对申报予以确认	对创设机构有较严格的准入条件,产品发行登记备案
参照债务	银行间市场发行的参照债务,可以为单一债券、贷款或其他类似债务		金融企业债或只能是非金融企业债融资工具(不包括企业债、公司债、贷款)		交易所市场发行的债券	
未来现金流	不可转让	转让方转让后相关权利义务终止	不可转让	转卖后,持有人更换,不改变卖方支付信用保费义务	不可转让	转让方转让后相关权利义务终止
交易方式	非标准化,不可转让,场外交易,存续期限由双方约定	标准化,可转让;场内交易,存续期限由出售方规定	不可转让,场外交易,存续期限由双方约定	场内场外交易,可转让,类似高收益债	非标准化,不可转让,场外交易,存续期限由双方约定	标准化,可转让;场内交易,存续期限由出售方规定

为配合信用保护工具的推出,2018 年 12 月中国证券业协会会同中国期货业协会、中国证券投资基金业协会、上海证券交易所、深圳证券交易所在《中国证券期货市场场外衍生品交易主协议(2014 年版)》基础上,制订了《中国证券期货市场衍生品交易主协议(信用

保护合约专用版)》,这一协议适用于信用保护合约交易。

2019年1月上海证券交易所、深圳证券交易所联合中国证券登记结算有限责任公司分别制订了《上海证券交易所 中国证券登记结算有限责任公司信用保护工具业务管理试点办法》和《深圳证券交易所 中国证券登记结算有限责任公司信用保护工具业务管理试点办法》。该产品的推出使证监会管辖范围内的衍生工具更加丰富,信用风险得以被有效管理。2021年7月19日上海证券交易所对《上海证券交易所信用保护工具交易业务指南》进行了修订和施行,以便利市场主体开展信用保护工具业务。图12-13和图12-14分别是沪深交易所的信用保护合约业务流程和信用保护凭证业务流程。

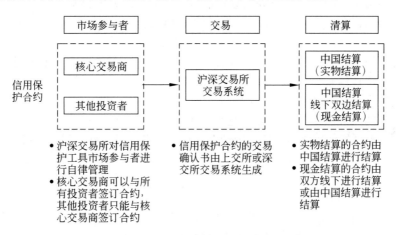

图12-13　沪深交易所信用保护合约业务流程

资料来源:赵恒珩,刘颖出.中国场外衍生品市场的演进和格局[R].https://baijiahao.baidu.com/s?id=1673620453509395768&wfr=spider&for=pc.

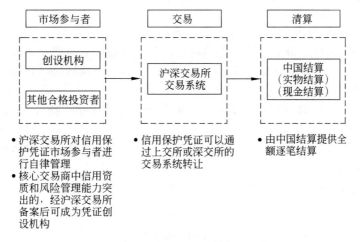

图12-14　沪深交易所信用保护凭证业务流程

资料来源:赵恒珩,刘颖出.中国场外衍生品市场的演进和格局[R].https://baijiahao.baidu.com/s?id=1673620453509395768&wfr=spider&for=pc.

【阅读材料 12-1】 CDS、AIG 与金融危机

【思考与习题】

1. 什么是信用违约互换？其和期权、保险的区别与相似性有哪些？
2. 思考如何构筑一个 CDS 远期合约和 CDS 期权。
3. 在信用违约互换中是否存在信息不对称问题？为什么？
4. 阐述信用违约互换的现金结算和实物结算。查阅资料看是否还有其他结算方式。
5. 比较信用违约互换与金融保险、期权的差异。
6. 影响信用违约互换溢价的主要因素有哪些？这些因素如何体现在 CDS 定价中？
7. 信用违约互换溢价与债券的收益率之间有何关系？
8. 查阅资料分析信用违约互换在美国金融危机中发挥了何种作用？如何客观地认识？
9. 世界上具有影响力的信用违约互换指数有哪些？查阅资料对其构成和功能进行进一步的了解。
10. 什么是信用利差期权？
11. 总收益互换的基本原理和潜在问题有哪些？
12. 请阐述信用联结票据的基本构造原理。
13. 请说明 CDO 与合成 CDO 的构造原理。
14. 查阅相关资料思考为什么要对 CDS 加强监管。
15. 中国是否有必要发展 CDS 市场？为什么？查阅资料，分析一下我国信用衍生工具市场的发展过程与主要问题。
16. 银行以 10% 的固定利率向企业发放贷款 1 亿元，同时与投资者签订一份总收益互换。该互换规定，银行承诺支付该贷款的利息和贷款市场价值的变动部分之和，获得相当于 Shibor+50bp 的收益。若当前 Shibor 为 9%，且一年后贷款的价值下跌至 9500 万元。则投资者需支付给银行多少元？
17. 假定 5 年期国债的收益率是 7%，5 年期公司债的收益率是 9.5%，一个针对该公司债券提供保护的 5 年期 CDS 溢价是每年 150 个基点。请思考：(1)是否存在理论上的套利机会？(2)当 CDS 溢价由 150 个基点变为 300 个基点，理论上的套利机会又如何？(3)这种理论上的套利机会是否会存在？为什么？

【即测即练】 扫描书背面的二维码，获取答题权限。

参 考 文 献

[1] 安德鲁·卡萨皮斯.精通信用衍生品[M].北京：北京邮电出版社,2012.
[2] 安毅.期货市场学[M].2版.北京：清华大学出版社,2020.
[3] 安毅.期权市场与投资策略[M].北京：经济科学出版社,2014.
[4] 常清.期货、期权与金融衍生品概论[M].北京：教育科学出版社,2009.
[5] 彼得·纽曼,默里·米尔盖特,约翰·伊特韦尔.新帕尔格雷夫货币金融大辞典(第一、二、三卷)[M].北京：经济科学出版社,2000.
[6] 布莱恩·科伊尔.利率风险管理(上)[M].北京：中信出版社,2003.
[7] 布莱恩·科伊尔.利率风险管理(下)[M].北京：中信出版社,2003.
[8] 布莱恩·科伊尔.货币利率风险管理(上)[M].北京：中信出版社,2003.
[9] 布莱恩·科伊尔.货币利率风险管理(下)[M].北京：中信出版社,2003.
[10] 查尔斯·W.史密斯.管理金融风险——衍生产品、金融工程和价值最大化管理[M].北京：中国人民大学出版社,2003.
[11] 陈蓉,郑振龙.期货价格能够预测未来的现货价格[J].国际金融研究,2007(9)：70-74.
[12] 陈雨露,汪昌云.金融学文献通论原创论文卷[M].北京：中国人民大学出版社,2006.
[13] 陈植.外汇交易员详解人民币五跌停 套利魅影寻踪[N].21世纪经济报道,2015-02-03.
[14] 方世圣.股指期货套保与套利[M].上海：上海远东出版社,2010.
[15] 弗兰克·J.法博兹.债券市场分析和策略[M].北京：北京大学出版社,2007.
[16] 弗兰克·J.法博兹,弗朗哥·莫迪利亚尼.资本市场机构与工具[M].4版.北京：中国人民大学出版社,2011.
[17] 弗兰克·J.法博兹.固定收益证券手册(上册、下册)[M].7版.北京：中国人民大学出版社,2014.
[18] 盖伊·科恩.简易期权[M].北京：机械工业出版社,2007.
[19] 盖伊·科恩.期权策略[M].北京：机械工业出版社,2008.
[20] 高小婷,牛广济.国债期货组合对冲MBS利率风险的应用分析[J].衍生品评论,2019(1).
[21] 戈登·F.皮尔瑞.改革后的金融衍生品和期货指南[M].北京：化工出版社,2016.
[22] 巩勋洲,张明.透视CDS：功能、定价、市场与危机[R]. Nov. 29, 2008.
[23] 国际互换与衍生品协会(ISDA).发展安全、稳健、高效的中国衍生品市场(2021)[R].https://weibo.com/ttarticle/p/show? id=2309634721821521150221.
[24] 哈佛·阿贝尔.期权的电子交易[M].广东：海天出版社,2003.
[25] 胡俞越.期货期权[M].北京：中央广播电视大学出版社,2006.
[26] 黄河.互换交易[M].湖北：武汉大学出版社,2005.
[27] 杰夫·欧金.期权交易策略[M].北京：中国经济出版社,2013.
[28] 科尼特·D.史密斯.期权策略[M].上海：百家出版社,2003.
[29] 克里斯托弗·L.卡尔普.管理资本和风险的艺术——结构性金融与保险[M].北京：中国金融出版社,2008.
[30] 刘逖.期权工程高级期权策略自修讲义[M].上海：上海人民出版社,2020.
[31] 劳伦斯·G.麦克米伦.期权投资策略[M].北京：机械工业出版社,2009.
[32] 劳伦斯·G.麦克米伦谈期权[M].北京：经济科学出版社,2008.
[33] 林伟斌.期货市场"价格发现功能"的再思考[R].上海：中国金融期货交易所,2013.
[34] 刘海龙,吴冲锋.期权定价方法综述[J].管理科学学报,2002(4)：67-73.

[35] 刘俊奇.国际金融衍生市场[M].北京：经济科学出版社,2002.

[36] 刘振亚.美国期权市场[M].北京：经济科学出版社,2001.

[37] 刘仲元.股指期权教程[M].上海：上海远东出版社,2014.

[38] 路透.金融衍生工具导论[M].北京：北京大学出版社,2001.

[39] 罗伯特·E.惠利.衍生工具[M].北京：机械工业出版社,2010.

[40] 洛伦兹·格里茨.金融工程学[M].北京：经济科学出版社,1998.

[41] 罗斯·米勒.实验经济学——如何构建完美的金融市场[M].北京：中国人民大学出版社,2006.

[42] 罗素·罗兹.期权价差交易[M].上海：上海财经大学出版社,2013.

[43] 迈克斯·安斯拜切.新型期权市场[M].北京：中信出版社,2002.

[44] 买建国.外汇理论与实务[M].上海：立信会计出版社,2008.

[45] 茅宁.期权分析——理论与应用[M].江苏：南京大学出版社,2000.

[46] 戎志平.国债期货交易实务[M].北京：中国财政经济出版社,2017.

[47] 沙石.金融衍生品微观交易的宏观内涵[OL].衍生品研究网,2016.

[48] 上海证券交易所.ETF投资从入门到精通[M].上海：上海远东出版社 2014.

[49] 施兵超.金融衍生产品[M].上海：复旦大学出版社,2008.

[50] 宋逢明.金融工程原理[M].北京：清华大学出版社,1999.

[51] 王一涵.信用违约互换的国际监管经验与启示[J].银行家,2019(6).

[52] 魏振祥.期权投资[M].北京：中国财政经济出版社,2003.

[53] 魏振祥.商品期权[M].北京：机械工业出版社,2016.

[54] 吴晓求.现代金融体系导论[M].北京：中国金融出版社,2019.

[55] 徐高.金融经济学二十五讲[M].北京：中国人民大学出版社,2018.

[56] 易纲.中国的利率体系与利率市场化改革[J].金融研究,2021(9).

[57] 伊斯雷尔·尼尔肯.实用信用衍生品[M].北京：机械工业出版社,2002.

[58] 应展宇.储蓄投资转化中的资本市场：功能视角的经济分析[M].北京：中国人民大学出版社,2004.

[59] 约翰·道恩斯,乔丹·艾略特·古特曼.金融与投资词典[M].上海财经大学出版社,2008.

[60] 约翰·赫尔.风险管理与金融机构[M].北京：机械工业出版社,2013.

[61] 约翰·赫尔.期权与期货市场基本原理[M].北京：机械工业出版社,2008.

[62] 约翰·赫尔.期货期权入门[M].北京：中国人民大学出版社,2001.

[63] 约翰·赫尔.期权、期货与其他衍生产品[M].9版.北京：机械工业出版社,2015.

[64] 约翰·赫尔.期权、期货与其他衍生产品习题集[M].7版.北京：机械工业出版社,2012.

[65] 约翰·F.马歇尔.金融工程词典[M].北京：机械工业出版社,2003.

[66] 约翰·F.盛玛,乔纳森·W.罗保.期货期权[M].上海：上海财经大学出版社.

[67] 赵恒珩,刘颖出.中国场外衍生品市场的演进和格局[R].https://baijiahao.baidu.com/s? id=1673620453509395768&wfr=spider&for=pc.

[68] 郑振龙.中国期权市场发展的理论与政策建议[J].衍生品评论,2016(12)：11-16.

[69] 郑州商品交易所.期权套期保值[R].http://options.czce.com.cn/Admin/Article/UploadWord/200581219650170.doc.

[70] 郑州商品交易所期权推进组.商品期货期权套期保值[R].郑州商品交易所,2013.

[71] 中国金融期货交易所国债期货开发小组.国债期货产品制度设计及应用策略[M].北京：中国财政经济出版社,2013.

[72] 中国金融期货交易所外汇交易部.外汇期货国际经验与国内市场设计[M].北京：中国财政经济出版

社,2015.

[73] 中国金融期货交易所期权事业部.股指期权入门[M].北京:中国财政经济出版社,2020.
[74] 中国期货业协会.国债期货[M].2版.北京:中国财政经济出版社,2020.
[75] 中国期货业协会.金融期权[M].2版.北京:中国财政经济出版社,2020.
[76] 中国期货业协会.期货市场教程[M].北京:中国财政经济出版社,2007.
[77] 中国期货业协会.场外衍生品[M].2版.北京:中国财政经济出版社,2020.
[78] 中国期货业协会.金融衍生品习题集[M].2版.北京:中国财政经济出版社,2020.
[79] 周怡,马克.信用衍生品市场发展问题探讨[J].西南金融,2020(2).
[80] 朱国华,毛小云.金融互换交易[M].上海:上海财经大学出版社,2006.
[81] 朱玉辰.沪深300股指期货交易手册[M].上海:上海远东出版社,2010.
[82] 中国银行间市场交易商协会.信用衍生产品理论与实务[M].北京:北京大学出版社,2017.
[83] 中国银行间市场交易商协会.中国场外金融衍生产品市场发展报告(2010)[M].北京:中国金融出版社,2011.
[84] 中国银行间市场交易商协会.中国场外金融衍生产品市场发展报告(2011)[M].北京:中国金融出版社,2012.
[85] 中国银行间市场交易商协会.中国场外金融衍生产品市场发展报告(2012)[M].北京:中国金融出版社,2013.
[86] 中国银行间市场交易商协会.中国场外金融衍生产品市场发展报告(2014)[M].北京:中国金融出版社,2015.
[87] 中国银行间市场交易商协会.中国场外金融衍生产品市场发展报告(2015)[M].北京:中国金融出版社,2016.
[88] 中国银行间市场交易商协会.中国场外金融衍生产品市场发展报告(2018)[M].北京:中国金融出版社,2019.

教师服务

感谢您选用清华大学出版社的教材！为了更好地服务教学，我们为授课教师提供本书的教学辅助资源，以及本学科重点教材信息。请您扫码获取。

❯❯ 教辅获取

本书教辅资源，授课教师扫码获取

❯❯ 样书赠送

财政与金融类重点教材，教师扫码获取样书

清华大学出版社

E-mail: tupfuwu@163.com
电话: 010-83470332 / 83470142
地址: 北京市海淀区双清路学研大厦 B 座 509

网址: http://www.tup.com.cn/
传真: 8610-83470107
邮编: 100084